Heinrich Prescher

Geschichte und Beschreibung der zum fränkischen Kreise gehörigen

Reichsgrafschaft Limpurg

Heinrich Prescher

Geschichte und Beschreibung der zum fränkischen Kreise gehörigen Reichsgrafschaft Limpurg

ISBN/EAN: 9783743497900

Hergestellt in Europa, USA, Kanada, Australien, Japan

Cover: Foto ©ninafisch / pixelio.de

Weitere Bücher finden Sie auf **www.hansebooks.com**

Heinrich Preschers
Limpurgischen Pfarrers zu Gschwend

Geschichte

und

Beschreibung

der

zum fränkischen Kreise

gehörigen

Reichsgrafschaft

Limpurg

Zweyter und lezter Theil,

welcher die Topographie enthält,

nebst den noch rückständigen Geschlechtstafeln und einer
illuminirten Charte.

Stuttgart

bey Christian Gottlieb Erhard

1790.

Vorbericht.

Die gute Aufnahme und billige Beurtheilung, welche der erste Theil der Geschichte und Beschreibung Limpurgs an hohen Orten und bey einem achtungswürdigen Publikum gefunden hat, fordern mich auf, hie zuförderst auf einige Erinnerungen mit näheren Erläuterungen zu dienen. Die erste geht Schenk Walther und seine einfache oder zweyfache successive Existenz an. Der Herr Recensent in der Allg Lit. Zeitung d. J. N. 256. vermutet uemlich aus Gründen, daß zween Schenke von Limpurg, Namens Walther, nach einander gelebt haben, mithin auch die Urkunden, in welchen ein Schenk Walther v. J. 1230. bis ungefehr 1284. vorkommt, nicht von einer sondern zwey Personen, nemlich Vatter und Sohn verstanden werden müssen. Es gründet sich diese Vermuthung vornemlich

auf

auf eine Urkunde v. J. 1253. in welcher Otto von Eberstein bezeuget, daß Hr. Conrad von Crautheim (Urk. patruus contectalis nostræ ex consensu nostro & ex bona voluntate nostra, ac ipsius uxoris nostræ) dem Schenken von Limpurg (der nach der kurzen Handelsweise der alten nicht mit Namen bestimmt ist,) einige von des Schenken Vatter Hn. Gottfried von Hohenlohe und ihm zur Genugthuung abgetrettene Güter, nach seinem Absterben, ohne irgend einen Vorbehalt (libere possidere) wieder zustellen wolle. Die Urkunde schließt sich mit den Worten: Acta sunt hæc Anno MCCLIII. VIII. Calend. Januar. ist von Ludewig seiner Erläuterung der güldenen Bulle einverleibet und aus Fröschlins handschriftlicher Kronik, wie die übrigen dort befindlichen Limp. Urkunden, genommen worden. Der in der Urkunde vorkommende Vatter des Schenken läßt freylich den Umständen nach kaum an einen andern, als den Schenk Walther denken, der im J. 1237. an Gottfried von Hohenlohe sein Castrum Schenkenberg und andere Güter hat abtretten müssen; so wie man um d. J. 1253. von keinem andern regierenden Schenken von Limpurg, als einem Walther weiß, dem auch nach einer vorhandenen Urkunde eines Eberhards Grafen von Eberstein v J. 1251. K. Konrad de precaria sua in civitate Hallen 450. Pfund jährlich versezt hat. Nur ist in der Urk. v. J. 1237. Cunradus de Crutheim senior,

nior, ein Schwager Gottfrieds von Hohenlohe, nicht genannt, auch keines der Güter namentlich angeführt. Vermuthen läßt sich aber gleichfalls, daß er als Verbündeter Gottfrieds, an den Abtrettungen seinen Theil erhalten, und im Alter, da er ohnehin kinderlos war, und durch andere Betrachtungen bewogen, dem Sohn Walther die ehmals väterlichen Güter mit seinem Tode wieder einzuräumen versprochen habe. Indessen kann man doch noch Zweifel erheben. Warum hat weder Fröschlin noch die alte pergamentne Geschlechtsbeschreibung die Schenken Walther, Vatter und Sohn unterschieden? Die leztere enthält doch die alte Familien=Ueberlieferung, nennet nur Einen Walther, seine Gemahlin eine edle Gräfin von Decke, seinen Vatter Johannes. Man könte sagen, dieser Johannes habe vielleicht mit G. von Hohenlohe eine Fehde gehabt u. s. w. Man dürfte bemerkbar finden, daß Walther der ältere und der jüngere in keiner Urkunde durch diese sonst gewöhnliche Alters=Bestimmung unterschieden werden, daß Ein S. Walther v. J. 1230. bis 1284. Alters halber gar wohl alle die Handlungen, welche die Urkunden enthalten, habe verrichten können, und die Stellen in den Urkunden v. 1260. und 1270. die seines Vatters (ohne Namen) erwähnen, auch wohl von Schenk Johannes gelten können. Allein ich gestehe, die Urkunde v. J. 1253. macht mich selbst geneigt, zween Walther, Vater und

und Sohn, samt Walther, dem Enkel, Johanniter-Ritter, anzunehmen. So ungewiß bey dieser Voraussezung bleibt, von welchem Walther, dem ältern oder jüngern, in den Urkunden v. 1241. bis 1251. die Rede ist, so erklärt sich doch dadurch noch ein bemerkenswerther heraldischer Umstand.

Fröschlin hat nemlich schon angemerkt: daß Schenk Walther sein Sigill ungleich geführt, einmal so, das andermal anderst, 1237. im Schild blos die fünf Streitkolben, wie sie auch auf dem Grabstein Friederichs I. vorkommen, 1255. und später zwar ebendieselben Kolben, aber so, daß die zwey untern mit zwey Schenkenbechern besezt erscheinen. So hätten demnach die zween Walther, wenn sie wirklich in doppelter Persöhnlichkeit existirten, auch zwey verschiedene Siegel geführt. Ich bin so wenig für die eine oder andere Hypothese eingenommen, daß ich diese Bemerkung hier mit Vergnügen nachhole.

Auch würde ich das in Herrn von Normann Observationibus befindliche Siegel eines Schenk Walthers v. J. 1260. (welches das andere von den eben angeführten ist,) gerne in den Kupfertafeln des ersten Theils in die Reihe der übrigen aufgenommen haben, wäre mirs damals schon bekannt geworden, obwohl die dort abgebildeten Limp. Siegel und Wappen von lauter Originalien genommen sind. Uebrigens,

gens, wenn ich durch diese kleine Nachlese bey den Lesern einigen Dank verdiene, so bekenne ich, daß er weniger mir, als dem würdigen Recensenten gebühret, der mich dazu veranlaßte.

In Ansehung des alten Denkmals an der Kirche zu Welzheim bin ich auch noch eine kleine Antwort schuldig. Freylich siehet das Ding, welches der kaiserliche Adler unter seinem linken Fittiche eigentlich nicht trägt, sondern schüzt, (Tab. VIII. im ersten Theile des Buchs) mehr einem Wappenschilde, als einem Quadersteine ähnlich; aber die untere Rundung desselben rührt blos von dem Kupferstecher her, der die Originalzeichnung nicht richtig nachbildete. An dem Denkmal selbst läßt sich der erhaben gebildete schwebende Würfel nicht mißkennen. Jeder deute ihn, wie es ihm am besten dünckt; aber die Abtheilung in der Mitte macht ihn nach meinem Bedenken noch nicht zu einem Wappen. Die Schere in dem andern benachbarten Schilde gebe ich nicht weniger gerne jedem Kenner der Symbolick des Mittelalters zum besten. Diese ist allerdings vermög des Schildes eine Wappen-Figur — ob der darüber stehenden Kaiserin, oder einer andern Person, oder einer edlen Familie? das läßt sich fragen, und wird vielleicht nie ganz befriedigend ausgemacht werden. Ist es vielleicht das Wappen des Baumeisters oder Bildhauers? oder eines Abts von Lorch? oder

oder irgend eines Edlen, der etwas an die Kirche ge⸗
stiftet hat? Wie vielerley Muthmasungen finden hier
statt! und auch wieder nicht statt, wenn man be⸗
denkt, daß der Adler unter der Figur des Kaisers
sichtbar seine Beziehung auf dieselbe hat, und war⸗
um sollte nun das andere Wappen daneben, die dar⸗
über stehende Kaiserin gar nicht angehen, sondern
weiß nicht, wem? der der ganzen erhabenen Grup⸗
pe ganz fremd ist, zugehören? Es soll an einem al⸗
ten jezt nicht mehr stehenden Gebäude noch vor we⸗
nigen Jahren die gleiche Figur zu sehen gewesen seyn;
aber man kan nun nicht mehr vergleichen und wenig
sicheres daraus schließen.

Die Becher, welche zwey der Statuen in ihren
linken Händen halten, kann ich mir am allerwenig⸗
sten in einiger Beziehung auf das nachherige Schen⸗
kische Wappen gedenken. Welzheim wurde erst im
J. 1335. von Limpurg erworben; kamen etwa jezt
erst die Becher in das Limp. Wappen? Nein sie sind
als Symbol des Schenkenamtes, wenigstens durch
ein Siegel eines Schenken, lange zuvor beurkun⸗
det. Freylich hier und dort Becher, die sich im gro⸗
ßen Ideen⸗Reich leicht und schnell associiren, aber
wie viel behalten sie mit einander gemein, wenn sie
die historische Fackel beleuchtet? Die Dynasten von
Limpurg führten notorisch ihren Wappen⸗Becher um
ihres Schenkenamts willen; es kann so gar seyn,

daß

daß diesem Ast eines kochergaugräflichen Geschlechts dies Amt und die daſſelbe bezeichnende Figur von den Schwäb. Kaiſern neuerdings verliehen oder beſtättiget worden, und doch die Becher am Denkmal mit den Bechern der Schenken in ganz keiner Verwandtſchaft ſtehen. Den Reichs-Schenkenbecher verliehen Kaiſer, nicht Kaiſerinnen, und doch hält die Kaiſerin am Denkmal auch einen Becher. Auch dies möchte zu bemerken ſeyn, daß das ganze gar nicht ausſieht, als ſollte hier die Verleihung des Schenkenamts ſymboliſirt ſeyn, warum hier an einer Kirche? warum ſonſt nirgend ein Neben-Attribut, z. E. das Limp. Familien-Wappen? Würden bey dieſer Hypotheſe nicht die übrigen Theile des Denkmals noch weit räthſelhafter? Gienge nicht alle Einheit in der Vorſtellung verlohren, ſtatt daß, wenn wir das Frontiſpiz der Kirche in der rechten Hand der einen Frauensperſon als Schlüßel des ganzen nicht verkennen wollen, alle andre Umſtände ſich doch ziemlich in daſſelbe einrangiren laſſen? Daß die Kelche zum Kirchengebrauch ohne Deckel zu ſeyn pflegten, wie die auf alten prieſterlichen Grabſteinen, thut uns in der Hauptſache keinen Eintrag. Der Becher der Frauensperſon ſieht ſo gar einem Kirchenkelch ganz ähnlich, und das, was man für den Deckel nehmen könnte, ſieht wohl noch mehr einem Kügelchen gleich, das irgend eine Sache von bedeutendem Werth anzuzeigen ſcheint. Uebrigens müßte

müßte der Kirchenkelch, in der symbolischen Deutung der Kirchen-Dotation, nicht einmal da seyn. Es war den Alten so gewöhnlich, durch Becher, auch gedeckelte, Schenkungen von Werth zu bezeichnen, daß man selten alte Vorstellungen von den morgenländischen Weisen siehet, worauf nicht Becher zum Vorschein kommen. Man verzeihe diese kleine Schuzrede in Betracht eines kaiserlichen Denkmals, und daß dergleichen aus jenem Zeitalter eben so häufig nicht sind. Für den zweyten Theil des Buches, werde ich mich, als Vorredner kürzer fassen können.

S. 52. hat sich ein Fehler eingeschlichen, der aber aus dem Context sich so bald verbessert, als dieser gelesen ist. Da alle Personen in der Geschlechts-Tabelle nach ihrem Alter gereihet sind, so sollte auch die Gräfin Jul. Dor. Louisa von Wurmbrand zuerst, nach derselben die Gräfin Wilhelmina Christina von Solms-Assenheim stehen, und jene die erste, diese die zweyte gräfliche Erbtochter von Limpurg-Gaildorf heißen.

Im 23. Abschn. unter der Rubrik: Neueste Verfassung, sind die eingepfarrten Orte, und die Seelenzahl der Limpurgischen Pfarreyen, wie sie zur Zeit des Abdrucks, mit Mühe, sich hatten erkundigen lassen, angegeben. Um aber der Sache noch näher

näher auf den Grund zu kommen, stellte ich noch sorgfältigere Nachforschungen an, wodurch sich einige Varianten ergaben, die man in der Topographie und in den wenigen Zusäzen findet, die im 1. Theil angegebene Volkszahl aber noch größer erscheint. Kenner und die in diesem Fache selbst gearbeitet haben, wissen, welche Unverdrossenheit erforderlich ist, in solchen Dingen sich und andern Befriedigung zu verschaffen.

Die Topographie ist so genau und umständlich bearbeitet, als es immer seyn konnte. Ich appellire deßhalb an Sach- und Landes-Kundige. Man wird einsehen, wie viele Fragen man sich beynahe für jeden einzelnen Ort, in Hinsicht des ehmaligen und jezigen, politischen, kirchlichen, sittlichen, natürlichen und Gewerb-Zustandes, selbst daraus auflösen kann. Die Beschreibung der Herrschaft Speckfeld hätte ich umständlicher verfaßt, wenn ich selbst von derselben, wie von den übrigen Herrschaften, auf eigne Einsicht gegründete Lokal-Kenntnis gehabt hätte. Bey der Abtheilung: Ehemalige Besitzungen, finden auch Nachlesen Statt. Aber das gelieferte durfte als Theil des Ganzen, das Ebenmaas nicht zu sehr verlieren, und wird doch hinreichend seyn, manche gute nähere Aufklärung zu geben.

Die

Die Charte mag und wird sich hoffentlich selbst empfelen, wenn gleich einzelne kleine Hofgütchen und Häuser darauf fehlen, die aber den kleinen Raum zu sehr überladen hätten. Gleichet sie in dieser Rücksicht einer durch ihre Entfernung dem Auge nicht in allen ihren Theilen erkennbaren Fläche, so wird das Buch zu Hülfe genommen, dem Auge die Dienste eines Tubus thun, und es nicht weit irren lassen.

Inhalt

Inhalt des zweyten Theils.

Fortsezung der Ersten Hauptabtheilung.

Allgemeine Geschichte des Landes und seiner Regenten.

Achtzehnter Abschnitt.
Ueber den kirchlichen Zustand, während des dritten Zeitraums.   Seite 3.

Neunzehnter Abschnitt.
Vierter und lezter Zeitraum der Limpurgischen Geschichte vom Jahr 1690. bis auf die neueste Zeit. Es entstehen Streitigkeiten über die Erbfolge in den Gaildorfischen Herrschaften, und über die Limp. Reichslehen, werden aber verttagen.   S. 26.

Zwanzigster Abschnitt.
Das ganze neuere Haus Limpurg wird tabellarisch vorgestellt, und die neueren Erbfolge-Veränderungen angezeigt.   S. 51.

Ein und zwanzigster Abschnitt.
Vermischte politische Merkwürdigkeiten.   S. 75.

Zwey und zwanzigster Abschnitt.
Kirchliche Merkwürdigkeiten.   S. 98.

Drey und zwanzigster Abschnitt.
Neueste Verfassung.   S. 112.

Zweyte Hauptabtheilung.
Beschreibung der einzelnen Landes-Antheile an der Grafschaft Limpurg und aller dazu gehörigen Ortschaften.

I. Die gemeinschaftliche Stadt Gaildorf.   S. 141.
II. Der Limpurg-Gaildorf-Wurmbrandische Landes-Antheil.   S 169.
III. Der Limpurg-Gaildorf-Solms-Assenheimische Landes-Antheil.   S. 223.
IV. Der Limpurg-Sontheim-Schmiedelfeldische Landes-Antheil.   S. 249.
V. Der Limpurg-Sontheim-Gröningische Landes-Antheil.   S. 277.
VI. Der Limpurg-Sontheim-Obersontheimische Landes-Antheil.   S. 297.
VII. Der Limpurg-Sontheim-Gaildorfische Landes-Antheil.   S. 311.
VIII. Der Limpurg-Sontheim-Michelbachische Landes-Antheil.   S. 327.
IX. Die Herrschaft Limpurg-Speckfeld.   S. 347.
X. Ehemalige Besitzungen des Hauses Limpurg.   S. 367.

Beylagen S. 421.

I. Ueber die vornehmsten Quellen und Hülfsmittel der Limp. Geschichte.
II. III. Die ältere Häuser Limpurg-Gaildorf und Limpurg-Speckfeld auf zwey Geschlechts-Tafeln.

Um die Topographie anschaulicher zu machen, ist eine Charte beygefügt, welche die Grafschaft, nach ihren neuesten Abtheilungen darstellt. Es ist aber zu merken, daß da eine Herrschaft in dem Umfang der andern Zehenden, Waldungen ꝛc. besitzt, auch fremden Herrschaften einiges zugehört, das Areal jeder Herrschaft nicht nach der blosen Ansicht ganz genau zu schätzen ist. Die entlegene Herrschaft Speckfeld konnte ohnehin auf dem engen Raum nicht mit aufgestellt werden.

Fort-

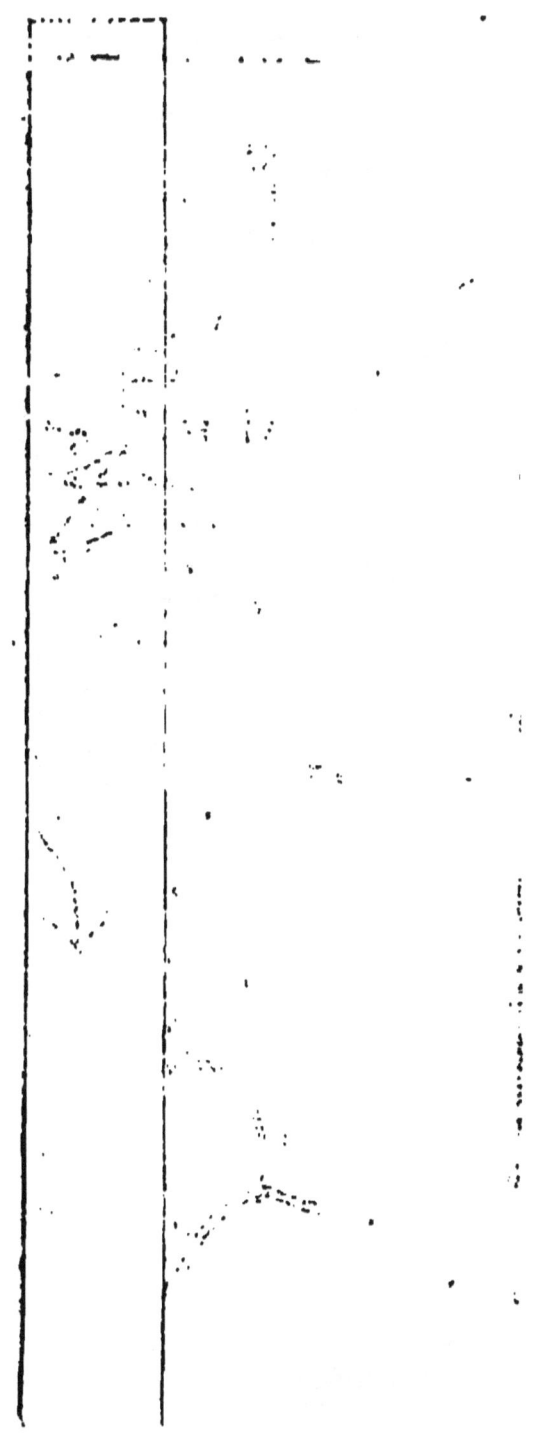

Zur Erlæuterung

- ◉ Stadt.
- 🏛 Ansehnl. Marktflecken.
- 🏰 Schloss, auch wohl mit einem Flecken.
- ■ Burgstall.
- ⚜ Marktflecken.
- .⚜ Flecken oder Dorf mit einer Pfarrkirche.
- ● Dorf oder Weiler.
- ∘ Hofgut, auch wohl nur ein einzelnes Haus.
- ✱ Mühle.
- ✱ ✱ bey der Quelle des Steigersbachs und des Wieslauf Flüsse

Fortsezung
der
Ersten Hauptabtheilung:

Allgemeine
Geschichte des Landes
und
seiner Regenten.

Achtzehenter Abschnitt.
Ueber den kirchlichen Zustand.

Das Limpurgische Kirchenwesen damaliger Zeit erfordert noch eine besondre kleine Abhandlung. Denn dasjenige, was davon bereits gelegentheitlich berührt worden, kann für keine eigentliche Beschreibung desselben gelten.

Die Landesherren waren zum Theil selbst Theologen, und alle halfen im dreyßigjährigen Krieg die protestantische Sache vertheidigen. Man kann also um so mehr glauben, daß sie das evangelische Kirchenwesen, wie ihnen hie und da nachgerühmt wird, und auch ihre Veranstaltungen beweisen, zu erhalten und zu verbessern gesucht haben.

Die eigentliche Beschaffenheit der ältern Limpurgischen Kirchenverfassung ist aber am besten aus den Kirchen=Ordnungen zu ersehen, dergleichen jede Hauptlinie für ihre Herrschaften besonders bekannt machte. Die ausführlichere Kirchenordnung für die Kirchen der Gaildorfischen Linie, ist schon vor dem Jahr 1611. von Schenk Albrecht und Schenk Karl, doch allein geschrieben, ihren Kirchendienern eingehändigt worden.

den. Sie führet den Titel: *Cynosura Ecclesiastica* oder Christliche Kirchen Ordnung. Wie es in den Kirchen der Löblichen Herrschafft Limpurg, Geilndorffer *Lineæ*, mit der Lehr Göttlichen Worts, und den *Ceremonien* auch mit andern darzu nothwendigen sachen solle gehallten werden. Wahrscheinlich ist sie aus der Feder des beliebten Superintendenten Felix Roschmanns geflossen.

In der Vorrede wird der christlichen Einigkeit ihr verdientes Lob gegeben, und zwar erkannt, daß darauf unser ewiges Heil und Seligkeit nicht stehe, sondern allein auf Christo und dem Glauben an ihn, doch hätte sie sonst ihren besondern Nuzen, und man hoffe daher, daß Jeder geneigt und beflissen seyn würde, daß Gott in der christlichen Versammlung nicht nur in einem Geist, sondern auch auf einerley Weise gedient werde. Hierauf folgen 11. Kapitel. Das erste handelt von der Lehre, worinn die Kirchendiener in Ansehung ihres öffentlichen Vortrags auf die heilige Schrift, die Augspurgische Konfession, deren Apologie und die Formula Koncordiä angewiesen werden. Das andere Kapitel hat die Ueberschrift: Von Sonntags- und Wochen-Predigten samt dem Katechismo insgemein. Hier wird insonderheit darauf gedrungen, daß der Sabbath oder Sonntag recht gefeiret, die Glaubens-Artickel aus der h. Schrift recht klar und deutlich, auch faßlich für die Einfältigen vorgetragen, und dahin gesehen werde, daß sich die Kraft derselben auch in Werken des Geistes offenbar mache. Besonders sollten auch die Laster, und unter denselben das leider gewöhnliche, aber schröckliche Gotteslästern, Trunkenheit, Uebelnachreden ꝛc. mit Ernst gestraft werden. Die Pfarrer sollten auch Fleiß anwenden, daß die Jugend in Schulen und Kirchen singen lerne, weil das Gesang

sang ein feiner Wohlstand bey dem Gottesdienst sey, Gott dadurch gepriesen, und die Herzen zu geistlichen Freuden erwecket werden. Es wird hierauf genau angeordnet, wie es mit der Zeit des Frühgottesdienstes, und der Ordnung des Gesangs, der Kirchen-Musik, wo man dieselbe haben könne, des Eingangs, der Verlesung des Evangelii, des ordentlichen Sonntagsgebets, (welches mit dem noch jezt gewöhnlichen und dem Wirtembergischen ganz übereinstimmt,) der öffentlichen Fürbitten, der Verkündigungen, und andrer Kollecten und Gebett durchs ganze Jahr gehalten werden sollte.

Nachmittags sollte eine Predigt über den Katechismus gehalten werden, und zwar also: wenn der Text des Katechismi gelesen worden, sollte derselbe eine halbe Stunde zu gutem Verstand der Kinder und Einfältigen erklärt, mit klaren Sprüchen der h. Schrift wohl erwiesen, und daraus Lehr, Warnung und Trost aufs einfältigste angezeigt, der ganze Katechismus aber in einem Jahr also durchgebracht werden. Wie es nun hierauf weiter gehalten worden, will ich mit den eignen Worten des Buchs ausführen:

„Zu Ende der Predigt lasse der Prediger die Kinder, so des Catechismi berichtet und fertig erzehlen können, auftretten und ein jedes seine gebühr mit erhobener Stimm deutlich und verständlich (da je eines umb das andere fragt oder Antworttet) hersagen, biß zu End, da er dann einem jeden, auß der heyl. Pfleg zu mehrerem antrieb einen Pfening reiche, Er hallte aber bey den andern an, daß Sie dem Recitirenden alle Wortt bey sich heimblich nachsprechen, damit wo sie solche nicht oder nit allerdingß gelernet, desto besser

besser begreiffen und faßen mögen, sonderlich die so nicht zur schulen geschickht werden. Da nun die Recitatio Catechismi vorüber, So beschließe Er mit dem gewöhnlichen hernachfolgenden gebett, und gebe nach einem kurtzen gesang gleich darauf den Segen„

So sollte es in der Stadtkirche zu Gaildorf an jedem Sonn= und Feyertag Nachmittags gehalten werden, nur mit dem Unterschied, daß an jenen Tagen der Diakonus, an diesen der Pfarrer das sogenannte Catecheticum zu halten hatte.

Auf den Dörfern war es etwas anders eingerichtet. Hier sollte nach dem Gesang und Vater Unser der Katechismus in Frag und Antwort, und nach dessen Vollendung eine aus den gedruckten und hiebevor eingeführten 12. Predigten der Ordnung nach, vor dem Altar abgelesen, und dann mit dem Vater Unser und Segen ohne Gesang beschlossen werden. Und dieses den einen Sonntag, den folgenden nach dem Gesang eine kurze Rede im Altar gehalten, darauf der Katechismus von zwey oder vier Kindern, wie mans haben konnte, recitirt, und dann jedem ein Pfennig gegeben, die in der vorgehenden Predigt aber enthaltenen Fragen examinirt, explicirt und der Nuz derselbigen gewiesen werden. Es könnten, heißt es ferner, auch die kurzen Sprüche und Psalmen, die in Schulen gefaßt worden, dazu gezogen werden. Den Beschluß machte ein vorgeschriebenes Gebet und der Segen.

Es wird den Pfarrern eingeschärft, Alte und Junge oft zu ermahnen, daß sie zum Katechismo kommen, zu dem Ende auch ein Register über das Pfarrvolk, darinn die Kinder, Knechte und Mägde ver=

verzeichnet stehen, zu halten, und bey den Schulmeiſtern die gute Anſtellung zu thun, daß die Schüler auch kurze Sprüche h. Schrift ſamt dem Morgen- und Abend-Segen auswendig lernen. Zu Gaildorf, heißt es ferner, würden auch die vornehmſten Pſalmen vorgegeben, könnte mans auf den Dörfern auch ſo dahin bringen, wäre es ſehr nüzlich An hohen Feſten ſoll Nachmittags keine Katechismus-Uebung, ſondern eine Predigt über die Epiſtel gehalten werden.

Wochenpredigten ſollten zu Gaildorf am Freytag Vormittags durchs ganze Jahr gehalten werden, es falle dann ein Feyertag ein, da die Litaney nach der Feyertags-Predigt zu verleſen. Auf den Dörfern ſollte es eben ſo gehalten werden, auſſer in der durchs Herrſchaft-Mandat beſtimmten Zeit groſer Feldgeſchäfte. Texte und Erklärung der Bücher A. und N. Teſtaments, ſollten mit Gutachten des Superintendenten nach Bedürfnis der Gemeine und der Zeitumſtände vorgenommen werden.

Das dritte Kapitel ordnet den Tauf-Actum an, und hat nichts eigenes. Das vierte iſt überſchrieben: Von Verhör der Communicanten vnndt Privat-Abſolution. Vor jedem Sonntag, der ein Abendmalstag iſt, ſoll am Samstag Vormittags eine Beicht- oder Vorbereitungs-Predigt, doch nur eine halbe Stund lang gehalten, und darinn das 11. Kap. der der 2. Ep. an die Kor. die Bußpſalmen und was ſonſt nuz- und erbaulich ſeyn möchte, erklärt werden. „Hierauf verhöre der Pfarrer die Confitenten nach und nach, vnd da derſelben viel, ſollen Sie doch nicht hauſenweiß fürgenohmen oder verhört werden, Sonderlich ſollen Sie die Pfarrer alle vnd jede dahin hallten, daß Sie eine Beicht ſagen, welches leichtlich sein kann, wann Sie die, so alle Sonntag von der Cantzel abgelesen würdt, fleißig merken, vnd bey dem anzeigen erzehlen.„ Der Pfarrer soll die Jungen allerley aus dem Katechismo fragen, (auch Alte, bey denen ein Zweifel des Verstands in Gottes Wort,) von der Sünde, von Christo, von Gott, vom h. Abendmal. Er soll alle und jede gebührend vermahnen, die Vermahnung aber nach Gelegenheit jeglicher Person schärpfen oder lindern, erlängern oder abkürzen. Im fünften Kap. vom heil. Abendmal, wird befohlen, daß dieses in allen und jeden Kirchen der Herrschaft alle vier Wochen gehalten werde. Die Liturgie ist der Hauptsache nach der Wirtembergischen gleich. Das sechste Kap. von hohen Festen und andern Feyertagen, ordnet unter andern an, wenn das Festum Matthiæ in den Kalendern auf ungleiche Tage gesezt werde, soll es ohnfehlbar auf den 24. Febr. und das Festum Annunciationis, wenn es in die Charwoche falle, auf den Freytag vor Palmarum gefeyert werden. Das siebente Kap. von Passions-Predigten, enthält, weil man die wichtige Historie vom Leiden Christi in zweyen oder dreyen Predigten nicht hinlänglich auslegen könne, so sollen solche die Pfarrer die ganze Fasten durch alle Sonn- und Feyertage erklären. Der Text soll ein Jahr aus dem Evangelisten Mattheo, hernach aus dem Marco, das dritte aus dem Luca, und das vierte aus dem Johanne seyn. Damit aber doch das Evangelium nicht übergangen werde, so soll dasselbe Nachmittags anstatt der Katechismus-Predigt erklärt, doch aber auch der Katechismus gehalten werden. Das achte Kap. von der Ehe und Einleitung der Eheleuth, enthält den Trau-Actum, wie er hier und andrer Orten gewöhnlich noch verrichtet wird. Die Eheordnung soll alle Jahre zweymal, nemlich am ersten Sonntag des Februarii,

und

und am erſten des Septembers von allen Kanzeln ver=
leſen werden. Hierauf folgt eine Forma, wie Per=
ſohnen, ſo wider Göttl. vnd Welltl. Obrigkeit Ver=
botten in vnzucht betretten, den Kirchen abbittung
thun, vnd derſelben wider eingeſöhnet werden ſollen.
Im neunten Kap. von Beſuchung der Kranken, iſt
der Schluß bemerkenswerth: „Fienge dann die Peſt
an zu regieren, vnd weren allbereit ein Perſohn etli=
che darauf gangen, ſolle ein ieder Pfarrer ſolches alß=
bald nach Hof berichten, damit ihme mögen beqüe=
me Artzeneyen für ſich vnd andre zugeſchickht werden,
vnd dann bey den Kranckhen mit beſuchung vnd troſt,
an ſeiner trew vnd fleiß nichts verwinden laſſen.„
Das zehente Kap. vom Begräbnis, enthält auſſer ei=
nigen Vorſchriften, die Beerdigung der Leichen be=
treffend, etliche kurze Leichreden zum Vorleſen. End=
lich das eilſte Kap. von Beſtellung des heyl. Predig=
ambts vnd auf= vnd annehmung Newer angehender
Kirchendiener, beſtimmt, wie es mit der Probpre=
digt, dem Examen, der Ordination und Präſentation
der Geiſtlichen gehalten werden ſoll.

Der erſten Bekanntmachung dieſer Kirchen=Ord=
nung folgte bald die **Kirchen=Viſitations=Ord=
nung: Wie dieſelbe in der Löblichen Herrſchafft
Limpurg Geylndorffer Lini ſoll gehalten werden.**
Sie iſt datirt Gaylndorff, Vnder beeder Irer Gn.
Gn. Handtvnderſchrifften vnd fürgetruckhten deren
Cantzley Secreten, den 22. May Anno 1611. Es
wird ſich gleich im Anfang auf die neulich verfaßte,
publicirte und ins Werk gebrachte Kirchen=Ordnung
bezogen, und bemerkt, daß man ſie zu Fortpflanzung
reiner Lehre, Einträchtigkeit der Lehrer und Zuhörer,
wie auch aller Gottſeligkeit ſehr bequem und dienſtlich
gefunden; damit nun ſolche erhalten, und Gottes
Gnad

Gnad und Segen immer gemehrt werden möchte, haben Ihre Gn. Gn. die gnädige Anstellung gethan, daß auch eine gewiße und richtige Visitationsordnung begriffen und ehestens ins Werk gezogen würde. Es wird darinn verordnet, daß der Superintendent nebst einer von Ihren Gn. ihm zugeordneten politischen Person alle Jahre einmal, um Johannis oder überhaupt zwischen Ostern und Bartholomäi einen jeden Pfarrer und auch den Diaconum zu Gaildorf, als Pfarrer zu Münster visitiren soll. Der Fragen, die hieben an den Pfarrer gethan werden sollen, sind 20. derer an die Gemeine, oder den Amtmann und die Gerichtspersonen 10. Zur Probe nur drey von den ersteren. N. 10. Ob Jemandt mit dem Wiederthauff Schwenckhfeld Sacramentirer vnd andern Secten behafft were oder sonst Schwermer Underschlaiffte, herbergte oder Gemeinschafft mit Ihnen hette. N. 13. Ob Persohnen bey seiner Kirchen, die seine Predigten oder deß Herrn Abendtmahl nicht besuchen, oder sonsten verächtlich davon Reden, Ihre Kinder vnd Ehehalten zum Catechismo nicht fürdern, oder Zauberey, Wahrsagens, Segensprechens, Walfahrtens vnd gelobens an Päbstische Ortt, Ehebruchs, Vnzucht, Volltrinkhens, Wuchers, Spielens, ohnversöhnlichen Haß vndt Neydts, Fluchens vnd Schwörens, vnd ander ärgerlich Laster sich gebrauchen, wer dieselbe alle mit Nahmen, vnd waß Ihr Verhandtlung. N. 16. Wie es vmb die Schuel stehe, mit waß Ordnung vnd wie Er Sie visitir, waß deß Schuelmeisters Vleiß vnd Vnfleiß, vnd ob die Schuel an Lehr vnd Disciplin, auch mit dem Gesang wohl angerichtet seye.

Das Limpurg-Gaildorfische Kirchenwesen hatte also nächst der Landesherrschaft dem Sup. Roschmann

mann viel zu danken. Aber auch seine Nachfolger hatten ihre Verdienste um daſſelbe. Johannes Donner, der h. Schrift Doktor, der jenem im J. 1615. im Superintendenten-Amt folgte, bemerkte bald, daß die öffentlichen Katechismus-Unterweiſungen einer Verbeſſerung nöthig hätten. Seine Vorſtellung machte höhern Orts Eindruck, und ihm ward aufgetragen, eine Anzahl faßlicher Katechismus-Predigten zu verfaſſen, die auf dem Land einen Sonntag über den andern der Gemeine vorgeleſen, den folgenden Sonntag aber in Fragen und Antworten zergliedert, und alſo vermittelſt derſelben die Religionslehren dem Volk faßlicher und behaltlicher gemacht würden. Die Predigten wurden gedruckt und ausgetheilt. Dies geſchah im Jahr 1617. Eine alte geſchriebene Nachricht meldet hiebey, daß etliche Geiſtliche ſchon am 5. May beſchloſſen hätten, den Hälliſchen Katechismum erſtlich an die Hand zu nehmen, und bey den Schulern einen Anfang zu machen, diejenigen aber, ſo bey den Schulen nicht hergekommen, ſo lang bey den alten Fragen zu laſſen, bis man nach und nach auch ein mehreres erlangen möchte. Dies erklärt die obangeführte Kirchenordnung im Punkt der Katechismusunterweiſung, und eine Frage in der Viſitationsordnung (es iſt die dritte): Ob der Pfarrer ſonntäglich den Katechismum mit den verordneten Fragen in der Kirchenordnung vermelt, halte, und wie die Jugend denſelben begreife, ob ſie fleißig bey der Predigt und Examine erſcheine? Man ſiehet hieraus, daß bis ins Jahr 1617. die Katechismuspredigten von den Pfarrern ſelbſt gehalten, aber nur wenige Fragen getrieben wurden; nun aber die Donneriſchen Predigten abgeleſen, aber am folgenden Sonntag deſto mehr darüber gefragt werden mußte. Es mußten alſo von

Luthers

Luthers erstem Reformations-Versuch völlige 100. Jahre vergehen, bis die Pfarrer wahre Katecheten zu werden anfiengen. Man wird aber auch bemerken, daß die Gaildorfische Kirchenordnung in den hieher gehörigen Stellen während der Donnerischen Inspektion etwas geändert worden. Im Jahr 1620. wurde jene Form der Kirchenbuße, die dem achten Kapitel der Kirchenordnung einverleibt ist, in Tübingen besonders gedruckt, a) welche sich auch noch bey den Kirchen befindet. Unter des Sup. M. Georg Albrechts Inspektion wurden auch zweymal Synoden oder Conventus ecclesiastici seiner Diöces-Genossen im Gaildorfer Pfarrhaus gehalten, das erstemal wegen Veränderung der Kirchenordnung (so zeichnete es Albrecht selbst auf,) das andremal, um den ersten Theil des Antibellarmini biblici durchzudisputiren. b) Jene Veränderung war aber nicht groß. Es wurde z. E. angeordnet, daß man bey dem gemeinen Nothgebet auf die Knie fallen und daß in allen Kirchen an Abendmalstagen vom h. Abendmal gepredigt werden sollte, in den Beichtpredigten aber von der Buße und Beicht. Ueberhaupt kam es unter Albrechten auf, daß ganze Theile des Systems durchgepredigt wurden, so wie er selbst nur über die Materie von den lezten Dingen 289. Predigten gehalten hat. Er hatte auch nach Inhalt eines herrschaftlichen Dekrets vom 1. December 1638. die Nachmittags-Predigten zu Gaildorf, die eigentlich nach der alten Kirchenordnung dem Diakonus zugehörten, übernommen, und

bey

---

a) bey Dieterich Werlin, auf 2. Bogen. Auf dem Titel steht noch: In Lympurgischer Herrschafft Kirchen, Gellendorffer Lineen angeordnet.

b) D. 17. Aug. 1631. und d. 15. Sept. 1633. Den Antibellarminus hatte Albrecht selbst drucken lassen. Pars 1. & 2. Nördlingen 1633. 4.

bey den vielen Predigten überschwere Mühe und Arbeit angewendet, also daß er auch lieber das Leben dabey zugesezt, als davon abgelassen haben würde; es wurde aber nun Nachmittags: Predigt und Kinderlehr, welche leztere, vermuthlich durch Albrechts Anordnung um 11. Uhr gehalten worden, verbunden, und beydes dem Kaplan zu halten aufgegeben, ohne daß die Frühpredigten zu Münster deswegen eingestellt werden dürften. Bey Bekanntmachung dieser Anordnung wurde sowohl Alten als Jungen ernstlich eingeschärft, diese neuangeordnete Abend- und Katechismus-Predigten fleißig zu besuchen. Albrecht hat aufgezeichnet, daß er und sein Diakonus im Jahr 1636. 297. und im nächstvorhergehenden 336. Predigten gehalten haben.

Ein kurzer Ueberblick auf den Begrif der Limpurg-Speckfeldischen Kirchenordnung soll uns nun die Verfassung der Kirchen jenes Landesantheils anschaulich machen. Diese Kirchenordnung ist gedruckt zu Schwäbisch-Hall bey Hans Reinhard Laidig, Anno 1666. auf 442. Quart-Seiten und führet den Titel: **Limpurgische Kirchen-Ordnung, Wie es beedes mit der Lehr, und Ceremonien, bei allen und ieden Christlichen Pfarr-Gemeinden, der Herrschafft Limpurg, Speckfelder Lini, soll gehalten werden.** In der Vorrede entbieten Philipps Gottfried, Grav von Hohenlohe und Herr zu Langenburg, als Vormund des minderjährigen Herrn zu Limpurg, benanntlich H. Georg Eberharden, sodann Franciscus, Heinrich Casimir und Vollrath, alle Herren zu Limpurg ꝛc. ihrem Superintendenten und übrigen Inspectoribus und Pfarrern ihren gnädigen Grus, und übergeben ihnen diese neuen Kirchen-Agenda, nicht als ob bisher dergleichen gänzlich ge-

gefehlt, sondern weil im vorigen leidigen Krieg, und auf Absterben der alten Kirchendiener, solche allein geschriebene Verordnungen verkommen, und Ungleichheit eingerissen. Diese neue Kirchenordnung wird als dem Wort Gottes gemäs, ernstlich eingeschärft, und erklärt, daß die dermaligen und alle ihre künftigen Pfarrer darauf verpflichtet werden sollen.

Das 1. Kap. handlet von der Taufe. Es sind dem Tauf-Ritual gute Erinnerungen vorgesezt, als z. E. daß sich die christliche Kirche in Ansehung der Zeit der Taufe ihrer Freyheit bedienen könne, ohne an Ostern und Pfingsten, wie es in der ersten Kirche verordnet gewesen, gebunden zu seyn; jedoch achte man es für nüzlicher, daß die Kinder, ausserhalb der Noth ihrer Schwachheit, nicht zur Zeit, da keine Kirchversammlung vorhanden, sondern auf den Sonn-Fest-Feyer-Frey- oder Gebet-Tag, da eine Menge des Volks versammlet, zu tauffen vorgetragen werden. Das übrige im Kap. ist der Gaildorfischen Agende ganz gleich, und in keiner vom Exorcismus eine Spur. Das 2. Kap. hat abermals seine besondre Vorrede, worinn erstlich Luther, hernach Brenz wegen ihrer Katechismen gepriesen, und von der Luthero-Brenzianischen Katechismusarbeit gesagt wird, daß sie von der seligen Reformationszeit an in den Limpurgischen Kirchen nuzbarlich gebraucht worden, und ferner gebraucht werden solle. Es wird verordnet, daß, so wie in den Fränkischen (zur Herrschaft Speckfeld gehörigen) Kirchen Luthers, in den Sontheimischen aber Brenzens Katechismus bis daher üblich gewesen, es auch fürohin dabey verbleiben soll. Die Kirchendiener sollen dem Volk die gebräuchliche Katechismus-Lehre ordentlich und verständlich vortragen, also, daß auf
alle

alle und jede Sonntage Nachmittags, wann sonst
keine Predigten zu halten vorfallen, nach Verlesung
von der Kanzel einer der Kirchenordnung einver:
leibten Katechismus = Predigt, der jedes Orts ge:
bräuchliche Katechismus, mit dem jungen Volk frag:
weise, bisweilen vor dem Altar, dann auch bey den
Manns = und Weiber = Stühlen geübt, und einfäl:
tigst erklärt werde, wobey aber Bescheidenheit em:
pfohlen, und erinnert wird, diese Nachmittags = Ka:
techismus = Uebung samt dem Gebet und Gesang,
Ueberdruß zu verhüten, nicht über eine Stunde aus:
zudehnen. Hierauf folgt der Katechismus Lutheri,
der Katechismus Johann Brentii, und 17. Kate:
chismus = Predigten, welche samt dem vorhergehen:
den Inhalt dieses Kapitels den größten Theil des
Buchs ausmachen, und von S. 19. bis 302. rei:
chen. Auf dieser lezten Seite wird noch erinnert,
daß diese 17. Predigten von Limpurgischen Kirchen:
dienern verfaßt seyen, und das ganze Corpus doctrinæ orthodoxæ begreifen. Das dritte Kap. hat
auch wieder eine Vorrede. Ihr kurzer Inhalt ist
folgender: man soll täglich Buse thun, aber die
Beichtstunden seyen eigentlich angestellt, daß man
zur Erkenntnis und Bereuung allerley grober Sün:
den, damit man sich an Gott und Menschen ver:
sündigt habe, gebracht, aus dem Evangelio aufge:
richtet und solche zu fliehen ermahnt werde. Es
sollen die Pfarrkinder ermahnt werden, vor dem
Gebrauch des h. Abendmals sich mit Reu und Leid
über die Sünde, mit Verlangen nach der Absolu:
tion und Abendmal, und mit gutem Vorsaz der
Lebensbesserung, und zwar des Jahrs oftmals im
Beichtstuhl einzufinden. Dabey soll diese Ordnung
gehalten werden: nach dem Gesang soll der Pfar:
rer vor dem Altar die nächstfolgende Ermahnung

oder

oder einen Bußpsalmen samt kurzer Summarie verlesen, das auch beygedruckte Gebet und das Vater Unser sprechen; hierauf wieder ein Gesez gesungen, darauf die gemeine ofne Beicht nebst der Absolution gesprochen, und mit den Worten: der Friede ꝛc. geschlossen werden. Dann soll der Privat-Beicht-Aktus im Beichtstuhl, nicht aber nur mit einzelen, sondern auch mit etlichen Personen zugleich vorgenommen werden, wobey allerley erinnert wird, unter andern, daß die Beichtväter über die Privatbeicht, nach dem Exempel Lutheri stark halten sollen, Beichtpfennige, wo sie vorhin üblich gewesen, zwar nehmen, aber nicht fordern mögen. Darauf kommen: Vermahnung, Gebet, Beicht und Absolutions-Formel. Das vierte Kap. vom h. Abendmal enthält dieselbe Liturgie, wie die Gaildorfische Kirchenordnung, bis auf die Worte, nur hie und da mehr abgekürzt. Das fünfte Kap. ist überschrieben vom Gebet, und enthält die ordentlichen und ausserordentlichen Gebete, die durchs ganze Jahr in den Kirchen sollen gesprochen werden. Das sechste Kap. handelt kurz vom Kirchengesang. Das siebente von Feyertagen. Man wolle sich zwar nach Pauli Lehre kein Gewissen über bestimmten Feyertagen, Neumonden oder Sabbathen machen lassen, doch sollen die Sonntage mit Besuchung des öffentlichen Gottesdienstes, auch zu Haus mit Lesung der heiligen Schrift ꝛc. und sonst heilig und still zugebracht. In Ansehung der an gemeinen Feyertagen gestatteten leiblichen Ergözlichkeit beziehet man sich auf die Kirchen-Mandate. In den Residenzorten soll durchs ganze Jahr an Freytagen Vormittags eine Predigt gehalten werden, ausgenommen da eine Fest-Feyertags- Hochzeit- oder Leichpredigt einfällt; in andern Orten aber soll von Ostern bis Michaelis anstatt

der-

derselben eine Betstunde gehalten, jedoch, wenn Regenwetter die Feldgeschäfte hindere das Volk auch zu Anhörung einer Predigt berufen werden. Der Mitwoch soll zu gewöhnlichen Betstunden verbleiben. Hierauf werden der Reihe nach alle zu feyrende Tage genennt, und weiter verordnet, daß fürohin auch der Tag der Heimsuchung Mariä, und zugleich daran das h. Friedensfest, nicht weniger der Tag S. Michaelis gefeyret, mit dem Gedächtnis S. Pauli Bekehrung, und Mariä Magdalenä Tag es aber also gehalten werden soll, daß dieselben zwar nicht gefeyret, doch also erhalten werden, daß, wenn sie auf einen Sonn- oder Feyertag fielen, an derselben Nachmittagen, wenn sie aber auf einen Werktag fielen, an dem Freytag derselben Woche ohnfehlbar gepredigt, und dieses Sonntags zuvor verkündet werde. Das achte Kapitel hat zur Ueberschrift: von der Kirchendiener Beruf, Ordination und Präsentation, auch geistlichen Kirchen-Habit. Der darinn angeordnete Ordinations- und Präsentations-Aktus kommt der Hauptsache nach mit dem Gaildorfischen überein, jedoch sind die Ausdrücke verschieden. In Ansehung des Kirchenhabits ist verordnet, daß die Kirchendiener in allen ihren Amtsverrichtungen, sowohl publice als privatim, bey den Gähtaufen und Krankencommunionen, wenn es nicht Nothfall hindert, samt dem schwarzen Kirchenrock, den weißen Chorrock gebrauchen. Ihr Privathabit soll auch theologisch und bescheiden seyn. Hierauf wird 1. Name, 2. Farbe, 3. Ermel, 4. Falten des Kirchenrocks und des Chorhemds, im ältern Geschmack gedeutet, z. E. daß die vielen Falten des weißen Chorrocks die Kirchendiener erinnern sollen, daß sie fleißig seyen, zu halten die Einigkeit im Geist durch das Band des Friedens; daß gleichwie eine Falte an der andern hangt, und

viel Falten nur ein Kleid oder Rock sey, also sie
auch als Glieder, durch brüderliche Liebe an einander
hangen, und doch nur ein Kollegium machen. Das
Chorhemd, so wie es in Gaildorfischen und Speckfeldischen Kirchen gebräuchlich ist, wird nemlich vermittelst eines besondern Holzes zu lauter kleinen an
einander hangenden gestreiften Falten oder Runzeln
formirt, welches, wie man hier siehet, nicht nur her-
kömmlich, sondern in den Speckfeldischen Kirchen
auch gesezlich ist. Das neunte Kap. handelt von der
heil. Ehe, Hochzeiten und herrschaftlichen Eheordnung. Der Trau-Aktus ist mit dem Gaildorfischen
übereinstimmend. Hierauf folgt die Limpurg-Speck-
feldische Eheordnung, so wie sie jährlich zweymal
1. am 2. Sonntag nach dem h. Oberstag, 2. am 20.
Sonntag nach Trinit. in allen Kirchen verlesen werden soll. Das zehente Kap. enthält Erinnerungen
über den Kranken-Zuspruch, welchen eine Summa
eines recht evangelischen Patienten-Trosts, von Wort
zu Wort, aus der vor mehr denn ein hundert Jahren, bald nach der seligen Reformation dieser Herrschaft gegebenen Instruktion, aus einem alten ge-
schriebenen Exemplar angehängt ist. Das eilfte Kap.
ordnet die Begräbnis-Gebräuche an. Es folgen
auch etliche kurze Leichreden. Eine derselben über
den Jüngling zu Nain steht auch in der Gaildorfischen Kirchenordnung, die andern sind verschieden.
Angehängt sind Gebete, theils auf dem Gottesacker,
theils nach der Leichpredigt zu sprechen. Das zwölfte
Kap. von der Kirchenbuse, enthält eine öffentliche
Abbitt- und Absolutions-Formel, der Gaildorfischen
ähnlich, aber in andern Ausdrücken verfaßt. Eine
Note ordnet an, daß Leute, die in Unzucht zusammen
kommen, und mit dem Strohkranz zur Kirche gehen
müssen, vor der Trauung vor den Altar treten, auf

vor-

vorgeschriebene Weise Kirchenbuſe thun, hernach wie=
der in ihre Stühle gelaſſen, wo ſie die Strohkränze
abzulegen Erlaubnis haben, und darauf erſt ordent=
lich getraut werden ſollen. Das dreyzehente Kap.
von den Schulen, gibt Bericht, daß zwar jedermann
auf die Schulen der Herrſchaft, an welchen der Kir=
che und dem Staat hoch gelegen ſey, ein Aug haben,
geiſt= und weltliche Beamte aber ſonderlich bedacht
ſeyn ſollen, auf Abgang eines oder des andern Schul=
dieners, andre tüchtige Leute beyzuſchaffen. In den
Dörfern, ob wohl zu wünſchen wäre, daß durchs
ganze Jahr die Schulen gehalten würden, ſoll doch
der nöthigſten Feldgeſchäfte wegen, dieſelben von
Oſtern bis zwiſchen Michaelis und Martini einzuſtel=
len erlaubt ſeyn, dagegen aber die Kinder deſto fleiſſi=
ger an den Sonntags=Nachmittagen zur Kinderlehr
zu ſchicken ſeyen. In Orten aber, wo Latein, Mu=
ſik und Rechnen getrieben wird, ſollen die Schulen,
die Ernd= und Herbſt=Vakanzen ausgenommen,
durchs ganze Jahr offen ſeyn. Jeder Pfarrer ſoll
ſeine Orts=Schule wöchentlich, im Nothfall täglich
beſuchen, die Inſpektores die Hauptſchulen der Reſi=
denzorte jährlich zweymal, die Dorfſchulen einmal
viſitiren, und über der vor vielen Jahren verfaßten
Schulordnung halten. Das vierzehente Kap. von
Kirchen=Viſitationen, berichtet, daß dieſelben in der
Herrſchaft von den gottſeligen Vorfahren angeordnet
worden, und althergebrachter Praxi gemäs, jährlich
kontinuirt werden ſollen. Es folgt eine Inſtruktion
für die Viſitatoren, mit vielen Fragen. Man ſiehet
auch daraus, daß der Katalogus der Pfarrkinder,
oder das Seelenregiſter öffentlich dabey abgeleſen,
und bemerkt wurde, um wie viel die Pfarren ab= oder
zugenommen. Das fünfzehente und lezte Kap. enthält
die Geſchichte von Zerſtöhrung der Stadt Jeruſalem,

welche

welche am 10. Sonnt. nach Trin. alljährlich verlesen werden soll, samt angehängter kurzen Ermahnung und Gebet. Es mag der Obersontheimische Superintendent M. Johannes Spindler, vornemlich die Feder bey Abfassung dieser Kirchenordnung geführt haben. c)

Was das Innere des öffentlichen Predigt-Vortrags betrift, wie es sich aus vielen gedruckten Predigten ergibt, so war es meist erbaulich und zur Fassungskraft des Volks herabgestimmt; die Exegetick freylich manchmal sonderbar, wie mans nicht anders vermuthen kann. Hie und da trift man mancherley Wortspiele, und gesuchten Witz an, der fast den Eindruck der ernsthaften Wahrheiten hätte schwächen sollen, wenn die Zuhörer nicht daran gewöhnt gewesen wären. Lateinische und griechische Sentenzen kommen häufig vor, und häufig Geschichtchen, aus alten und neuen Schriftstellern, die zwar den Vortrag belebten, und erläuterten, an deren Statt aber doch etwas unterrichtenderes hätte vorgetragen werden können. Mit Schriftstellen waren die Predigten sehr überladen. Die Scholastick regte sich hie und da auch noch stark, wodurch der Vortrag sehr gekünstelt und gezwungen wurde. Denn bald muß er sich in die Form der 10. Prädikamente, bald der 7. Rationen schmiegen. Manchmal müssen einzele Buchstaben eines lateinischen oder deutschen Worts die Materie zur Rede, und zugleich ihre Form an die Hand geben. Bey der Huldigungspredigt Schenk Christian Ludwigs, wurde sein Name Christianus analysirt, und gezeigt, wie der neue und jeder christliche Regent seyn müsse: 1. Credens. 2. Humilis. 3. Rectus. 4. Immaculatus. 5. Sanctus. 6. Tolerans.

---

c) Er war dafür bekannt. Wibel. Th. 4. S. 265.

rans. d) 7. Impendiosus. 8. Amans. 9. Nitidus. 10. Utilis. 11. Studiosus. Bey einer andern Gelegenheit wurde die Stadt Gaildorf gepriesen, wie sie nach ihren acht Buchstaben sey: 1. Gotteshaus, 2. Ehrenhaus, 3. Jesushaus, 4. Liebhaus, 5. Dankhaus, 6. Opferhaus, 7. Rathhaus, 8. Friedhaus. Allein das war um die Mitte des 17. Jahrhunderts herrschender Geschmack, der sich aber, wie man mit Vergnügen bemerkt, gegen das Ende desselben immer mehr verlor. Man findet nun häufiger Vorträge, welche die Grundideen des praktischen Christenthums mehr entwickeln.

Die dusere Kirchendisciplin wurde durch sogenannte Kirchen-Mandate bestimmt, davon in einem der folgenden Abschnitte etwas ausführlicheres vorkommen wird.

Ueber der Ordination wurde steif gehalten, so gar daß auch ein Wirtembergischer Stipendiat M. Johann Philipp Glückh, eh er zum Welzheimer Vikariat gelangte, im Jahr 1634. am Sonntag Sexagesima durch Sup. Albrecht vorher nach dem Limpurgischen Ritual ordinirt wurde. Er wurde aber vom Herzoglichen Konsistorio dazu nominirt, und der vorher zu Welzheim als Vikarius angestellte Hällische Kandidat wieder entlassen.

Wie es mit den gemeinen Schulen aussah, läßt sich nun aus dem vorhergehenden, und aus andern Umständen nicht schwer angeben. Man traf häufig Leute an, die bey den Schulen nicht herkommen waren, und in der Gaildorfischen Kirchenordnung

---

d) Wird aber nicht auf Religions-Toleranz, wie man etwa vermuthen möchte, sondern überhaupt auf Regierungs-Last gedeutet. Albrecht hielt die Predigt.

findet man Kap. 2. den Ausdruck von Kindern, die nicht zur Schule geschickt werden. Hieraus gewinnt es so ziemlich das Ansehen, daß es wenigstens in der ersten Hälfte des 17. Jahrhunderts in der Eltern Willkühr gestanden, ob sie ihre Kinder in eine Schule schicken wollten, oder nicht. Weil es Geld kostete, und die Kinder in der Schulzeit ihren Eltern nicht nützlich seyn konnten, so hatte man wohl Anfangs den Muth nicht, allen und jeden von Obrigkeits wegen die Pflicht, die Kinder zur Schule anzuhalten, aufzulegen, und im Nothfall Zwangsmittel zu gebrauchen; und in den unglücklichen, geld- und volkarmen, dagegen verwirrungsvollen Kriegszeiten mußte dieses noch mehr Schwierigkeiten haben. Man hofte dabey, daß die Prediger in den sonntäglichen Katechismusübungen und in den Beichtverhören den ungeschulten Kindern doch das wesentlichste des Christenthums beybringen würden, welches aber wohl schwer mag hergegangen seyn. In den ruhigern Zeiten nach dem dreyßigjährigen Krieg, wie man aus der Speckfeldischen Kirchenordnung sieht, wurde es schon genauer genommen, und verordnet, daß die Nachlässigkeit der Eltern bey Amt angezeigt, und sie von demselben zu ihrer Schuldigkeit angehalten würden. Albrecht that das seine zu Gaildorf zur Aufnahme der Schulen auch, und er ward durch sein Biblisches A B C und Namen-Büchlein, welches uns Jahr 1634. zum erstenmal gedruckt, e) und seitdem an so vielen Orten so oft aufgelegt worden, ein Reformator und Wohlthäter nicht nur der Limpurgischen, sondern auch vieler anderwärtigen Schulen. Ein Verdienst, welches nach dem Maasstab jener Zeiten genommen, gewiß keines seiner geringsten ist.

Daß

e) zu Nördlingen. Es hat nun an vielen Orten volle 1 1/2 Jahrhunderte regiert.

Daß es auch damals alte Leute gegeben, die gar nichts von ihrem Glauben wußten, weil sie nicht in Schulen geschickt worden, und manche Eltern ihre Kinder nach Willkühr wieder aus der Schule genommen, lieset man wörtlich in einer Albrechtischen Predigt, womit er zu Gaildorf am 4. Adv. Sonntag 1631. die Schule empfohlen. f)

In Ansehung der Zubereitung zum h. Abendmal wird in der Gaildorfischen Kirchenordnung erfordert, daß die jungen Leute eine Beicht sagen können, und den Katechismum wissen, in der Speckfeldischen, daß sie etliche Zeit vorhero informirt, und wenn sie in der Lehr und Glaubensbekänntnis recht erfunden worden, zum h. Abendmal gelassen werden sollen. So auch die, welche von einer fremden Religion zur evangelischen tretten wollen.

So lang die Zeiten so kriegerisch waren, so war es auch die Dogmatik und der Kanzelvortrag, worüber man nicht wundern darf. Daß man aber daraus, daß die Glaubensgegner gewaltsam reformirten, einen gültigen Schluß machen wollte, als dürften die Evangelischen überhaupt auch intolerant seyn, und z. E. die Juden durch allerley harte Mittel dahin bringen, Christen zu werden, ist doch sonderbar. So wurde im Jahr 1641. zu Gaildorf, aus Gelegenheit eines öffentlichen Taufactns, in einer Predigt von Sup. Albrecht angeführt, was Luther zur Bekehrung der Juden für dienliche Mittel vorgeschlagen hätte, die er denn in ihrem hohen Werth bleiben lässet; er fährt aber fort, daß er für dießmal so scharf nicht verfahren, sondern allen christlichen, gewissenhaften Regenten folgende Mittel zu bedenken geben

f) Misc. Pr. Th. 2. S. 16.

geben wolle: 1. daß man den Juden außer der Bibel alle ihre Bücher nehme. Daß es recht sey, wird daraus erwiesen, daß den Lutheranern auch ihre Bücher genommen, und Lesen und Singen verboten werde. 2. Man soll die Juden zwingen, mit Weib und Kindern in die Kirchen zu gehen. Ursach und Beweis: man macht es uns, wenn an einem Ort reformirt wird, auch nicht anders. 3. Wenn ein Jud wider unsern Heiland und die Christen Lästerworte ausgießt, soll ihm die Zunge zum Nacken herausgerissen, oder derselbe nach seinem Gesez gesteinigt werden. Grund: Ist man doch befugt, dergleichen den Christen zu thun, wann sie ihren Gott lästern, warum nicht auch den Juden? 4. Man soll ihnen alles Schachern und Wuchern verbieten, weil sie dadurch reich, die Christen aber arm werden, welches ihre boshaftige Verstockung und muthwillige Verhärtung vermehrt. 5. Man soll sie zu allerley Dienstwerk, zu gemeinem Bauen, Holz, Stein, Kalch, Sand und dergleichen zu führen, gebrauchen, wie im A. T. die Gibeoniter unter den Juden Holzhauer und Wasserträger seyn mußten. Albrecht sezt hinzu: o wollte Gott, daß es allenthalben fleißig geschähe, wie gute Hofnung wollte ich von der Juden Bekehrung haben! Ja er glaubt gewißlich, die verlohrnen Juden würden einst die Regenten vor dem strengen Richterstuhl J. C. verklagen, welche sich dieser Mittel nicht gegen sie bedient, sondern sie in ihrem Gebiet geduldet und geschüzt hätten, und diese Regenten würden dann mit jenen geduldeten Juden in Ewigkeit verdammt und verlohren seyn. Die Strafrede endigt sich mit folgender Apostrophe: Merket auf, ihr Regenten, die der Herr zu seines Reichs Amtleuten gesezt hat, erweget diese Sach fleißig, und bedenket euch unterdessen wohl,

was

was ihr auf diese schwere Anklag dem gerechten Richter wollet antworten. Wem dieses Albrechtische Fragment hart auffällt, der bedenke, daß es weit gelinder ist, als Luthers Rath, der auch die Synagogen mit Feuer verbrannt, und die Häuser der Juden abgebrochen haben wollte; und aus dem Zeitalter der Ferdinande, nicht der Friedriche und Josephe.

Die Bekehrung des Juden, der Albrechten auf diese Kanzelmaterie brachte, ist auch sonderbar genug, um noch erzählt zu werden. Es war ein Marquetender bey dem Rakowizischen Regiment, Namens Moses Jacob, von Lemberg in Polen gebürtig, und, doch um keines Verbrechens, sondern um einer geringen Geldschuld willen, zu Gaildorf in den Burgerthurn gelegt worden. Gleich den folgenden Tag ließ er Albrechten zu sich rufen, und erzählte ihm, daß er bey hellem Mittage, nach 12. Uhr, ein starkes Windbrausen, und hierauf eine Stimme zu zweyen malen gehört: Willt du deine Seele noch dem Teufel ergeben, und den christlichen Glauben nicht annehmen? Da er nun hierauf geantwortet: ich wollte gern wissen, wer mit mir redet? Vater, seyd ihrs? in Meynung, es wäre der Wächter auf dem Thurn, so habe die Stimme abermal gesprochen: du sollt mich sehen, und damit seye der Kerker voll Lichts und eines unaussprechlichen Glanzes geworden. Kurz, dies Gesicht machte den Juden frey, er wurde einige Zeit unterrichtet, und am 10. Jenner des angezeigten Jahrs zu Gaildorf, in Gegenwart aller 9. zur diesseitigen Herrschaft gehörigen Pfarrer, mit Beylegung des Namens Josua, getauft, wobey die hochwohlgebohrnen gnädigen Landesherrn Taufzeugen waren, und Predigt und Taufactus wurden gedruckt. Hätte übrigens die gnädige Landesherrschaft die Albrechtischen Grundsäze der Judenbekehrung zu Landesgesezen gemacht, so würden vierzig Jahre nachher wohl keine Juden zu Gaildorf aufgenommen worden seyn.

Graf Philipp Albert, der vermuthlich seinen Landesantheil durch sie mehr zu bevölkern suchte, bekannte sich auch im Jahr 1681. zur katholischen Religion, doch ohne daß deswegen auch Katholiken aufgenommen, oder etwas in der kirchlichen Verfassung geändert worden wäre.

+++++++++++++++++:+++++++++++++++

Neunzehenter Abschnitt.

Vierter und lezter Zeitraum der Limpurgischen Geschichte vom Tod Graf Wilhelm Heinrichs zu Limpurg-Gaildorf (1690.) bis auf die neueste Zeit. Das Haus Speckfeld rechtet mit dem von Gaildorf, beyde mit des Königs in Preussen Majestät. Der erste Streit wurde noch vor Ende des Jahrs 1690. der andre 1746. und 1748. vertragen.

Mit dem Aussterben des Limpurg-Gaildorfischen Mannsstamms in der Person Graf und Schenk Wilhelm Heinrichs im Jahr 1690. fängt eine neue Periode, und mit derselben eine Reihe von Begebenheiten und Veränderungen an, die eigentlich den Grund von der izigen Beschaffenheit der Limpurgischen Lande enthält, und daher eben nicht weitläuftig, aber doch ordentlich aufgeklärt seyn will.

Ge-

Gedachter Herr hinterließ vier unmündige Gräfinnen Töchter, davon zwey frühzeitig verstarben, zwey aber sich nachher vermählten, die eine, nemlich Juliana Dorothea, mit einem Grafen von Lowenstein-Wertheim, und nachher zum zweytenmal mit einem Grafen von Wurmbrand, die andre, nemlich Wilhelmina Christina, mit einem Grafen von Solms. Aber das Erbe blieb ihnen nicht ungetheilt. Die damals noch einzig lebende zwey Zweige des Limpurgischen Mannsstamms, Graf Vollrath in Obersontheim, und Graf Georg Eberhard in Sommerhausen, machten Ansprüche darauf. Es entstund ein Rechtsstreit darüber bey Kaiserlicher Majestät und insbesondre beym Reichshofrath. Aber er währte nicht lange, indem die den beyden fränkischen Kreisausschreibenden Fürsten zu Bamberg und Brandenburg aufgetragene Vermittlung zwischen den streitenden Partheyen von so guter Wirkung war, daß noch in demselben Jahre die Sache freundschaftlich beygelegt, und eine Theilung beliebt wurde, vermög deren die Hälfte des Erbes, und damit insonderheit auch die halbe Stadt Gaildorf an Limpurg-Sontheim und Speckfeld, unter dem Namen Limpurg-Schmidelfeld fiel. a) Dadurch wurde zwar der Ruhestand auf einer Seite wieder hergestellt; aber bald gab es eine neue Unruhe, die sich nicht so leicht beylegen ließ.

Es war nun bekannt, daß der ganze Limpurgische Mannsstamm auf dem Aussterben stünde, indem beyde noch übrige männliche Zweige nur Töchter am Leben hatten. Man war auch zuerst am

Kaiser-

---

a) S. oben 15. Abschnitt. Der Vorgang wird hier kürzlich wiederholt, um die von Graf Wilhelm Heinrichs Tod herrührenden Veränderungen in einen Prospekt zu bringen.

Kaiserlichen Hof der Meinung, daß die Limpurgischen Besizungen, wenig ausgenommen, in Reichslehen bestünden, und auf den Fall der gänzlichen Erlöschung des Mannsstamms nichts im Weg stehen würde, dieselben nach Gefallen wieder zu verleihen. Unter dieser Voraussezung bekam der Churfürst von Brandenburg, nachmalige erste König von Preussen, Friedrich I, der bekanntlich dem Kaiser Leopold auch manchen Gefallen that, im J. 1693. von gedachtem Kaiser ein Expektanzdekret auf die Limpurgischen Reichslehen, die man bald erledigt zu sehen erwarten konnte. Ein Umstand von Seiten des Limpurgischen Hauses schien die Sache sehr zu erleichtern.

Schenk Georg Eberhard, der bisher mit seinem Bruder Vollrath in Gemeinschaft regiert hatte, übernahm in diesem Jahr die Alleinregierung der Herrschaft Speckfeld, b) und um vermeintlich
für

b) Vermög Winterhäuser Vertrags vom Jahr 1693. Es wurde darinnen ausgemacht, daß Schenk Vollrath für seinen, an dem Ganzen der seiner Hauptlinie zustehenden, bisher in Gemeinschaft verbliebenen Landschaften, gebührenden Antheil, die gesammte sogenannte äussere und bey Schwaben gelegene Herrschaft, worinnen die vor drey Jahren ihnen beyden zur Hälfte erblich angefallenen Galldorfischen Lande mitbegriffen wären, mit allen Zugehörungen und Gerechtigkeiten; Schenk Georg Eberhard aber für seinen Antheil, die ganze innere und in Franken gelegene Herrschaft, mit allen ihren Zugehörungen und Gerechtigkeiten, doch dem bey ihrem Haus eingeführten Juri Senii ohne Schaden und Nachtheil, jeder für sich allein inne habe, und in Gemäsheit der Erbrinigung (vom Jahr 1604.), regieren, geniessen und besizen sollen.

Dabey aber wurde noch insonderheit, auf den Fall der gänzlichen Verlöschung des Mannsstamms, welcher damals schon als leicht möglich angesehen werden konnte, der Schenk-Vollrathischen Frau Gemahlin, aus dem Hause Limpurg-Galldorf, ihr besonders auf der Limpurg-Schmiedelfeldischen Herrschaft zustehendes Erbrecht ausdrücklich provisorisch vorbehalten.

für sich und seine Kinder zu rechter Zeit zu sorgen, überließ er an den Churfürsten von Brandenburg, der ihn zu seinem Generalmajor ernannte, auf den Fall seines Absterbens unter gewissen Bedingungen seine Lande.

Damit war sein Bruder Vollrath durchaus nicht zufrieden, und erregte, weil in den Lehenbriefen ohnehin nicht klar genug bestimmt war, was denn eigentlich zu den Reichslehen gehöre, gegen Schenk Georg Eberhard den Reichs-Proceß Limpurg contra Limpurg puncto Separationis Feudi ab Allodio, worinn es gleichwohl zu keinem Endurtheil kam. Graf und Schenk Georg Eberhard starb darüber, am 15. April 1705. Graf Vollrath trat sogleich auch die Speckfeldische Regierung an.

Und konnte dieses auch, in Kraft des mit Schenk Georg Eberhard im Jahr 1699. zu Markt-Einersheim getroffenen Vergleichs, und der darinn von neuem anerkannten und bestättigten ältern Hausverträge, mit bestem Fug und Recht thun. c)

Allein, wie schon angeführt worden, das Vernehmen beyder Brüder blieb, dieses brüderlichen Vertrags ohngeachtet, nicht das beste. Die mit dem königlich Preußischen Hause einseitig getroffene Uebereins

---

c) Es wurde darinnen der Schenk-Vollrathischen Frau Gemahlin, auf den Fall des gänzlichen Abgangs des Mannsstammes, für sich und ihre Kinder ihr Schmidtfeldisches Erbrecht aufs neue gesichert, einander alle gegenseitige brüderliche Treue zugesagt, und insbesondere ausgemacht, daß, welcher Bruder von beyden auch den andern überleben möchte, derselbe für des Verstorbenen Wittwe und Kinder sorgen, und Vaterstelle der gestalten vertretten solle, daß er gegen sie, wie gegen eigne Gemahlin und Kinder, mit Rath und That, sich getreulich in allwege erzeigen wolle.

einkunft Schenk Georg Eberhards, erhielt keineswegs die Beystimmung von Seiten Schenk Vollraths und der Seinigen. Man suchte seine Rechte, so gut man konnte, zu gewahren, und wollte oder konnte zu den Limpurgischen Reichslehen nicht alles rechnen, was von andern dazu gerechnet werden wollte.

Der König in Preussen bestund dagegen fest auf seinen Ansprüchen, und ließ sich im J. 1706. seinen Leopoldischen Expectanzbrief auch von Kaiser Joseph bestättigen. Man feyerte auch Limpurgischer Seits nicht. Man durchsuchte die Archive, und stellte im Jahr 1710. eine in jure & facto bestgegründete Deduktion und Vorstellung, die Separation der Limpurgischen Reichslehen von dem Allodio betreffend. Mit Beylagen sub Lit. A. usque Z. & Aa. Bb. Cc. fol. 1710. — ans Licht.

Hierauf erschien unterm 29. November eben dieses Jahrs ein Kaiserliches Provisional-Conclusum, des Inhalts: daß als ungezweifelt Reichslehen zu halten, und bey ereignendem Falle dem Expectivato einzuräumen seye: Der Wildbann, und Forstrecht, dann die Erz- und Bergwerke, Geleit und Zoll bey Münkheim, ingleichen verschiedne Halsgerichte, samt dem Bann über Blut zu richten: ein und andere weitere Stücke aber, als die Gerichte in der Herrschaft, samt der Mannschaft, so Limpurg fürbaß leihet, zu gütlicher Komposition oder weiterer Allerhöchst-Kaiserlicher rechtlicher Erkänntniß ausgesezt bleiben sollen. Die Gerichte in der Herrschaft und die Mannschaft, so Limpurg fürbaß leihet, waren eigentlich die räthselhaften Punkte in den Lehenbriefen, die jeder Theil seinem Interesse gemäß deutete. Da nun diese noch ausgesezt bleiben sollten,
so

so war auch weder der König in Preussen, noch Graf Vollrath durch jenes Urtheil zufriedengestellt.

Man versuchte indessen die angerathene gütliche Vertragung der Sache, und trat von beyden Seiten, unter Vermittlung einer Kaiserlichen subdelegirten Kommission, welche Bamberg, Würzburg, und Wirtemberg aufgetragen war, in Schwäbisch-Hall zusammen. d) Dieß geschah im Jahr 1712. im Monat September. Man unterließ nicht von Seiten Limpurgs, vermittelst Vorlegung der nöthigen Original-Urkunden, darzuthun, wie alle und jede Limpurgische Orte erworben worden, und solchergestalt zu erweisen, daß sie samt der ihnen anhängigen Landeshoheit Allodia seyen, und also keineswegs unter eröfnete Reichslehen gerechnet werden könnten. Allein es wurde kein Vergleich erzielet.

So

---

d) Das Personale, wie ich es in einem gleichzeitigen Verzeichnis finde, bestund bey dieser Zusammenkunft in folgenden Personen:

 Von Seiten Bamberg, dessen Insul damals der
  Churfürst von Mainz trug.
 Geheimer Rath von Scharpf.
  Würzburg.
 Kanzler Adelmann.
  Würtemberg.
 Regierungsrath Abel.
  Von wegen Ihro Königl. Majestät in Preussen.
 Geheimer Rath von Böhringer zu Goldbach.
  Von Seiten des hochgräflichen Hauses Limpurg-
   Sontheim und Galldorf.
Kanzley-Direktor Mohr.
Rath und Konsulent Sturm.
Kanzleyrath Erker zu Sommerhausen.
Kanzleyrath Schneider.
Gutbier, Solms. Hofrath.
Lehens Sekretarius Wägelin.
Hirsching, Wurmbrandischer Sekretarius.

So stunden die Sachen bis ins folgende Jahr, (1713.) da Schenk Vollrath, als der lezte seiner Linie, und des Limpurgischen Gesammthauses starb. Dieser so merkwürdige und in Ansehung seiner Folgen so wichtige Todesfall ereignete sich den 19. August, Nachmittags um 2. Uhr. Es war der Sonnabend vor dem zehenten Sonntag nach Trinitatis. Man unterließ damals nicht, es für sehr ominos auszudeuten, (wie man überhaupt in ältern Zeiten dergleichen Ausdeutungen sehr liebte,) daß auf den Todestag gleich der Thränen-Sonntag folgte. e) Die Verbindung der Ideen ist übrigens aus dem Zustand der Sachen damaliger Zeit wohl zu erklären. Die Landesherrschaft war geliebt; man stellte sich grose, zum Theil für dieselbe und für Land und Leute bedenkliche Aenderungen vor. Es war ausgemacht, daß die Reichs- und andere Lehen, die nicht unstreitig Kunkellehen waren, wegfallen, und etwa nur schwer wieder zu erhalten stehen würden. Es war aber noch insonderheit in Betreff der Reichslehen nicht, wenigstens zur Befriedigung beyder rechtenden Theile nicht ausgemacht, was und wie viel dazu, und nicht dazu gehöre. Man konnte einer Besitznehmung des ganzen Landes von Seiten Seiner Majestät des Königs in Preussen, ohne Propheten-Geist entgegen sehen, da die Sachen noch so wenig verglichen waren, der König öffentlich auf die Landeshoheit und anderes, jedoch mit einiger Beschränkung in Kraft der ihm zugesagten Reichslehen, Anspruch machte, und der Preussische Geheime Rath Freyherr von Böhringer, schon geraume Zeit her, sich in Goldbach f)

ohn-

---

e) Mors luctuosa ominosa, heißt es bey dieser Todesanzeige in einem alten Manuscript.

f) Auf einem zu den vormalig gräflich-Severischen Gütern gehörigen Ort, an den Gränzen der Grafschaft Limpurg. Er

war

ohnweit Kreilsheim, aufhielt, auch bereits zur Besitzergreifung förmlich bevollmächtigt war.

Man säumte daher, sonderlich in Gaildorf nicht, die Unterthanen den Allodial=Herrschaften aufs neue huldigen zu lassen. Gleich den Tag nach dem Todesfall, am 20. August, als am 10. Sonntag nach Trinitatis, nachdem zuvor in den Landes=Kirchen die Trauer öffentlich angekündigt worden, wurde, und zwar Nachmittags um 1. Uhr die Bürgerschaft zu Gaildorf, in den grosen Saal des gräflichen Schlosses gefordert, und ihr der neue Huldigungseid abgenommen. Am folgenden Montag wurde sie nebst der umliegenden Bauerschaft nochmals dahin zusammen berufen, und diesen Leuten durch einen kaiserlichen Notar erklärt, worauf es bey dem gegenwärtigen Rechtsstreit eigentlich ankomme, die Unterthanen hätten also ihre Treue gegen ihre angebohrne Herrschaft ferner zu beobachten, Zinß, Schazung ꝛc. zu reichen.

Indessen stund es nur 2. Tage an, so kam, nemlich am Mittwoch den 23. August, der Herr von Böhringer über Sontheim, Adelmannsfelden, Schmidelseld und Sulzbach, auch in Gaildorf an. Es wurde ein königliches Manifest verkündet, an allen Orten die Preussischen Adler angeheftet; eine Huldigung geschahe diesmal noch nicht. Im Nahmen der Allodial=Herrschaften wurden die königlichen Abgeordneten von jener ihren Räthen bewillkommt. Am

9. Des

---

war um so bequemer zum Aufenthalt für den Herrn von Böhringer, da er damals wirklich preussisch war, weil der lezte Graf von Geyer ihn mit seinen übrigen Gütern an den König in Preussen überlassen hatte. Im Jahr 1729. kamen diese Güter an das markgräfliche Haus Brandenburg=Onolzbach.

9. December, als am Sonnabend vor dem 2. Advents-Sonntag, langten auf einmal königlich-Preussische Truppen zu Gaildorf an. Es war eine Abtheilung von denen, die den Feldzug am Rhein mitgemacht hatten, ein Bataillon, über 600. Mann stark, unter den Befehlen des Obristlieutenants von Waldau. Gaildorfs Thore konnten sie zwar auf den Fall der Gewalt nicht lange aufhalten, und an keinen thätlichen Widerstand konnte drinnen auch nicht gedacht werden. Aber man unterhandelte mit den Truppen, und in der Zwischenzeit blieben freylich die Thore gesperrt. Endlich schlugen einige Einwohner selbst die Schlösser von den Thoren ab, und die Krieger zogen in guter Ordnung ein. Der Stab und zwey Kompagnien blieben im Städtchen, die andern wurden aufs Land vertheilt, bald darauf auch noch eine von denen in der Stadt, bequemerer Verpflegung wegen. Den 30. December wurde ein königliches Patent, etliche Bogen stark, sowohl an die Kirchenthüren, als an das Rathhaus zu Gaildorf affigiret.

Im folgenden Jahr 1714. den 15. und 16. Jenner nahm der königliche Rath und Renteyverwalter Löbelin von Goldbach, mit Zuziehung eines kaiserlichen Notars Vockerodt von Schwäbisch-Hall, im Namen Seiner königlichen Majestät, zu Gaildorf, die Huldigung von den dortigen Bürgern und den Unterthanen aus den Aemtern, auch den Sontheimischen, ein. Den 28. Jenner kam auch der Geheime Rath von Böhringer wieder nach Gaildorf. Es wurden zu verschiednenmalen die Geistlichen vorgefordert, und ihnen auferlegt, Handtreue abzulegen, und für des Königs Majestät namentlich, als für den Landesherrn bey öffentlichen Gottesdiensten zu beten. Nur nach und nach willigten sie ein, bis auf
die

die beyden Superintendenten, Müller und Apin, in Obersontheim und Gaildorf, welche auf ihrer unterthänigsten Entschuldigung beharrten, daß sie wegen Gewissensscrupeln ohnmöglich einwilligen könnten; sie suchten endlich doch bey ihrer bisherigen Landesherrschaft Relaxation ihrer Pflichten, die sie aber nicht erlangten. Bey allem dem, ob ihnen schon ihre Scrupel als unnöthig verwiesen, das Recht des Königs demonstrirt, auch wohl ein Wörtlein von bedenklichen Folgen vorgebracht wurde, widerfuhr ihnen nichts widriges.

In der That aber wußte man am Ende Jenners schon von Wien her, daß sich die Sachen in Kürze ändern würden. Denn die Allodial=Herrschaften (die Frau Gräfin von Wurmbrand ausgenommen, welche als eine Dame von Geist und Erfahrung, Umstände zu bemerken glaubte, die ihr von der königlichen Gnade mehr Vortheile versprachen, als bey den rechtlichen Gegenschritten, und welche bey dieser Partie, wie die Folge näher entwickelt wird, auch nicht übel fuhr,) fleheten fortwährend des Kaisers und des Reichs Hülfe und Schuz an.

Der Kaiser wollte die ganze Sache nur gütlich und im ordentlichen Wege Rechtens ausgetragen haben, hatte auch schon unterm 29. August des Jahrs 1713. an den König geschrieben, daß derselbe mit Thätlichkeiten an sich halten, und gesichert seyn solle, daß bey nachfolgender Relation und Erwägung der Kommissionsakten, alles, was zu Behauptung der Gerechtsame von beyden Theilen beygebracht worden, auf das genaueste werde in Betrachtung gezogen, und die Gott wohlgefällige Justiz administrirt werden. Unterm 20. December ernannte der Kaiser aufs neue eine Kommission in dieser Sache, und

C 2 zwar

zwar auf dieselbe Stände, die schon einmal im Jahr 1712. einen wiewohl zu gänzlicher Beylegung der Sache nicht gedeihlichen Vermittlungs = Versuch gemacht hatten, und denen nun vornemlich aufgetragen wurde, die limpurgischen Allodial = Erben bey demjenigen Stand, worinn alles in Ansehung der bereits entschiedenen oder noch zur Entscheidung ausgestellten Allodien, nach dem Absterben Schenk Vollraths gewesen, aus kaiserlicher Autorität zu erhalten. Die kaiserliche Kommission nahm zuerst ihren Aufenthalt zu Hall. Von da veranlaßte sie durch ein kaiserliches Kommissions = Patent den 13. Februar 1714. den Abzug der königlichen Truppen, welcher den 21. desselben Monats in guter Ordnung und friedlich geschah, nachdem sie zehen Wochen und vier Tage im limpurgischen gelegen waren, welches bey dieser Gelegenheit zwar kein freywilliger, aber desto unverdächtigerer Zeuge der guten Preussischen Disciplin wurde.

Am 25. wurde von der kaiserlichen Kommission Befehl nach Gaildorf gesandt, daß alle und jede, geist = und weltliche Bediente, Bürger und Unterthanen sich auf dem Rathhaus zu Gaildorf einfinden sollten, um die Verordnung der Kommission anzuhören. Sie rückte am 26. selbst zu Gaildorf ein, und am 27. erschien sie auf dem Rathhaus, wo eine Erinnerung an die Versammlung geschah, und einigen neuerdings Handtreue zu geben auferlegt wurde. Es wurden auch kaiserliche Patente angeschlagen. In die Stelle der Preussen rückte ein Kreißkommando.

Durch diese Kommission wurden die Allodial = Erben wieder in ihre vorige Rechte und Nuzungen eingewiesen, an Preussen aber für dieselbe Zeit, blos eine auf die unstrittigen Reichslehen beschränkte Inspektion

spektion zugestanden, in Erwartung, wie die noch in Zweifel gesezten übrigen Stücke von dem kaiserlichen Reichshofrath entschieden werden dürften, wenn etwa die zugleich beyden Theilen vorgeschlagene und angerathene gütliche Uebereinkunft nicht erfolgen sollte.

Die Allodial-Erben stellten bey dieser Gelegenheit ans Licht: Fernerweite in Jure & facto bestgegründete Deduktion und Vorstellung, vornemlich die als noch dubios ausgesezte drey Punkten: von der Mannschaft, von denen Gerichten, und von denen alten Hohenlohischen Lehen betreffende. Anno 1714. Fol.

Desgleichen:

Gemeinsame Limpurgische Extractus der vorhandenen Akquisitions- und anderer Allodial-Dokumenten. 1714. Fol.

In den leztern ist von Ort zu Ort gezeigt, in welcher Eigenschaft Limpurg dieselben von Alters her besize.

Die Allodial-Erben hatten nun zwar, vermöge der Immission der kaiserlichen Kommission, wieder die völlige Nuzniesung ihrer Allodien, und der ihnen darauf zustehenden Rechte; aber sie waren damit noch nicht mit des Königs in Preussen Majestät vertragen. Es lag Kreiß-Mannschaft im Land; es war eine Preussische Lehens-Inspektion da, und beydes war doch immer unbequem. Die Gränzlinien der beyderseitigen Rechte schienen auch noch immer zu unbestimmt, um mit völliger Ruhe in die Zukunft blicken zu können.

Im Jahr 1719. deducirte der König sein Recht durch folgende öffentliche Druckschrift: das unumstößliche Recht Sr. Königl. Majestät in Preussen an denen durch Absterben der Herren Schenken von Limburg erledigten Graf- und Herrschaften, einer gewissen ausgestreueten Schrift, genannt: In jure & facto bestgegründete Deduktion und Vorstellung, die Separation der limburgischen Reichslehne von dem Allodio betreffend. Mit Beylagen sub Lit. A. — Z. & Aa. Bb. Cc. Gedruckt im Jahr 1710. Rechtsbeständig entgegengesezt, worinnen unter andern der wahre Ursprung derer Grafschaften, deren Feudalität und da vorwaltende Präsumtion, die aus denen Regalien erwachsene Landeshoheit, der rechte Verstand derer Lehenbriefe, und die Kraft von denen Geständnissen der Vasallen, mithin das Sr. Königl. Majestät zustehende Reichslehen wider die angemaßte Einwürfe und Verkleinerungen gründlich gerettet wird. Mit Beylagen sub Lit. A. — Z. & Aa. usque Ff. incl. Gedruckt zu Berlin im Jahr 1719. Fol.

Dieser Staatsschrift folgte bald eine zweyte, von welcher ich aber nicht weiß, ob sie besonders gedruckt existirt, unter dem Titel:

Deductio, daß das Recht wegen der limburgischen Lande, Sitz und Stimme auf Reichs- und Creißtagen zu haben, nicht von den Allodial- sondern Lehn-Stücken gedachter Lande dependire, und folglich die limburgischen Allodial-Erben solches Ihro Königl. Majestät in Preussen, als Expectativo an gemeldten Stücken nicht disputirlich machen können. Vom Jahr 1721.

Man muß den Inhalt dieser Staatsschriften selbst einsehen, um sich hinlänglich zu belehren; alles,
was

was man kürzlich davon sagen könnte, wäre dazu unzureichend. Die Titel zeigen die Absichten an, unter denen sie verfaßt wurden.

Die Allodial-Herrschaften liesen das Jahr darauf noch eine Deduction von ihrer Seite ans Licht stellen, welche den Titel führet:

Limburgische weitere gründliche Deduction und Actenmäsige Information in puncto Separationis feudorum ab Allodio &c. Mit Beylagen. Gedruckt im Jahr 1722. Fol.

Beyde Theile schienen nun alles gesagt zu haben, was sich zum Behuf ihrer Sache wollte sagen lassen. Es kam nun darauf an, ob der höchste Richter ein entscheidendes Urtheil fällen, oder die rechtenden Theile selbst sich gütlich aus einander sezen wollten. Das erste geschahe nicht, und das andre verschob sich von einer Zeit zur andern.

Es wurden aber nicht nur Staatsschriften von den hohen litigirenden Theilen gewechselt. Der grose Staatsrechtslehrer und Historiker, Herr Kanzler von Ludewig zu Halle im Magdeburgischen, nahm auch gewissermasen in einer Privatschrift, in seinem grosen Kommentar über die güldene Bulle, Theil an dem Streit. Er widmete dem Hause Limpurg eine Reihe Blätter. Er stellte einige neue historische Säze auf, gab ihnen jedoch selbst mehrentheils nur die Gestalt historischer Vermuthungen, die aber ein nachtheiliges Licht auf die Lande der Allodial-Erben fallen ließen.

Nach denselben ist die Graf- und Herrschaft Limpurg erst um die Mitte des dreyzehenten Jahrhunderts den Schenken von Limpurg, von den schwäbischen Kaisern eingeräumt worden. Sie bestund damals

mals in einem blosen Wald, einem Reichswald, der Virngrund genannt. Die Schenken reuteten ihn aus, und legten Orte drinn an. Sie mögen noch andere Güter und Erbstücke dazu erkauft haben. Sie selbst sind Stammsverwandten der Kolben von Wartenberg und derer von Winterstätt, und eigentlich vom Rhein, um die angegebne Zeit an den Kocher versezt, um den schwäbischen Kaisern näher zu seyn. Es wäre dieses alles gut, wenn sich diese Vermuthungen nur zu andern Umständen, die man aus den alten Quellen gewisser erkennet, arten wollten. Die Schenken von Limpurg waren wenigstens lang vor jener Zeit im Kochergau und andern Gegenden von Ostfranken angesehen, mit den alten fränkischen Grafengeschlechtern gesippt, und an fränkischen Vasallen mächtig. Die heutige Grafschaft Limpurg, an den schwäbischen Gränzen nemlich, machte auch eigentlich von Alters her, ihrem grösten Theile nach, einen Theil des alten Kochergaues, und anderer benachbarter Gauen, nicht des grosen fränkischen Pagi Virngrund aus, und sie kann nicht wohl erst in der Mitte des dreyzehenten Jahrhunderts durch Neureute entstanden seyn. Viechberg war zu Anfang des neunten Jahrhunderts schon eine Pfarrey. g) Rotaha und Westheim kommen in diesem Jahrhundert auch schon vor. h) Die zwey Brezzingen, i) Alsin-Sulzbach am Kocher, k) Gebenweiler und Geifertshofen, l) Winzenweiler, m) im elften.

g) Cruf. Annal. P. II. lib. 1. c. 12.
h) Bey dem Jahr 855. Georgii Uffenh. Nebenst. Stük 9. §. 1. Anmerk.
i) Hanselmanns Beweis von der Römer Macht. Th. 2. S. 399.
k) Dipl. Imp. Henrici II. Coenobio Elvacensi concesso de anno 1024.
l) Georgii l. c. Band I. Seite 1148.
m) Wibels Hohenl. K. u. R. Hist. Th. 3. Cod. p. 34.

ten. **Schmidelfeld,** n) auch **Airnberg** o) (Kir-
chen-Kirnberg) im zwölften. Als im Jahr 1027.
Kaiser Konrad der Andere, dem Wirzburgischen Bischof Megenhard, einen waldigen Strich Landes,
der einen grosen Theil der heutigen Grafschaft Limpurg begreift, zwischen dem Rothfluß, dem Kocher,
dem Steigersbach, und von da durch die Gränzen
der Franken und Schwaben bis zum Ursprung der
Wislauf laufend, schenkte, so werden schon eine
Menge Grafen angeführt, die in diesem Bezirk die
Jagdgerechtigkeit besasen, und in die Schenkung ein-
willigten. p) Folglich kann die Gegend um jenen
Bezirk ohnmöglich so sehr wüste und menschenleer
gewesen seyn.

Dieses und mehr fällt dem, welchem Geschichte
und Lokal-Kenntnis der Kochergegenden nicht fremd
ist, bey den Ludewigschen Säzen auf. Doch der ge-
lehrte und verdienstvolle Mann gab sie ja als Vermuthungen, und diese können Diplomen nicht prä-
judiziren.

Ueberhaupt wollte die wichtige Frage von dem
an sich wohl und theuer erworbenen und freylich nicht
leicht abzuweisenden Rechte Seiner Majestät des
Königes in Preussen auf die Limpurgischen Reichslehen, bey den historischen und diplomatischen Dunkelheiten, die von verschiedenen auf verschiedene Weise
zu heben versucht wurden, nicht in den Studierstu-
ben und auf Kathedern, sondern im Kabinet ent-
schie-

---

n) Wibel l. c. Th. 2. Cod. p. 32.
o) Sattlers hist. Beschreib. von Wirt. Th. 1. Seite 143.
p) Das Diplom kann man im Kriese, Ewsins, Hanselmann und Wibel finden, aber in Nebendingen mit ziemlichen Varianten.

schieden seyn. Und da hat sie auch endlich, da die Zeitumstände dazu reif waren, ihre bestimmteste Entscheidung gefunden.

Allein es stund, von der Ausgabe der lezten gedruckten limpurgischen Deduktion noch eine gute Zeit an.

Preussischer Seits, so wie auf Seiten der Limpurgischen Allodial=Erben mußte man endlich eines Rechtsstreits, bey dem so wenig Austräglichkeit zu Stande kommen wollte, müde werden. Doch wollte man auch so schlechterdings von seinen bisher behaupteten Ansprüchen nicht abstehen, theils weil die Ausdrücke der Lehenbriefe: und alle Gericht, die Sie, die Schenken, in ihren Herrschaften haben, und darzu die Mannschaft, die sie fürbaß leihen, doch immer räthselhaft schienen, theils weil diejenigen limpurgischen Reichslehen, welche dafür erklärt und an Preussen eingeräumt waren, nur eine geringe Vergeltung für die zum Dienst des Kaisers und des Reichs hergegebnen Völker ausmachten, als an deren Statt sie seyn sollten. Diese Betrachtung half wohl den Vergleich, zu welchem Limpurg unter anständigen Bedingungen nicht ungern die Hände geboten hätte, um auf alle Fälle den Ruhestand zu befestigen, und überhaupt freyere Hände zu bekommen, nicht sonderlich befördern. q)

Doch als der grose Friedrich zur Regierung kam, blieb diese Sache nicht lange im alten zweydeutigen

q) Es stehet also zu begreifen, warum der kön. Preussische Hof das schon in der Hand geglaubte Aequivalent nicht so schlechterdings fahren lassen, oder gleichsam unter den Händen schwinden sehen wollte, obschon übrigens König Friedrich Wilhelms Majestät in der Sache sehen liessen, daß Sie gnädig zu seyn, wie zu rechten müßten. S. weiter unten.

tigen Zustand. Der Monarch, so wie er auf der einen Seite mit dem Haus Oestreich seine Sachen abmachte, so that er auch auf der andern einen Schritt, der Limpurg zum gewünschten Frieden half; Er trat schon im Jahr 1742. den 22. Merz, seine Limpurgischen Reichslehen Afterlehensweise an den Herrn Markgrafen zu Brandenburg-Onolzbach ab. Dieser schloß nach allerley Vermittlungen, mit den Gräflich-Solms-Assenheimisch- als Gaildorfischen, und den Schmidelfeldisch-Sontheim- und Speckfeldischen Allodial-Erben unterm 15. Aug. 1746. einen Vergleich.

Dieß ist in Rücksicht der Limpurgischen Verfassung eine Haupturkunde. Ihr Inhalt darf daher nicht übergangen werden. Nach deren

Art. 1. überlassen genannte Limpurgische Herrschaften, an Brandenburg ¼ gehabten Gaildorf- und Schmidelfeldischen Craiß-Voti, wogegen und um der weiter von jenen abgetrettnen Limpurgischen Ortschaften willen, Brandenburg sieben Matrikular-Gulden übernimmt.

Art. 2. Treten Jene an Brandenburg ab ihre ⅞ des Limpurgischen Schildlehen-Hofs; wie auch)

Art. 3. folgende Orte: Oberspeltach, Goldbach, Ingersheim, Gollach-Ostheim, Pfalenheim, Bergtheim und Seyderzell, Markertshofen, Untersontheim und Ummenhofen, freylich in einem Theil jener Orte nur einige Unterthanen.

Art. 4. Brandenburg überlässet und überträgt an die Limpurgischen Allodial-Erben als ein Reichs-Unterafterlehen, alle Reichslehenbare Rechte und Regalien in ihren Limpurgischen Landesantheilen, wobey besonders bestimmt wird

1.) Das

1.) Das Successions-Recht,
2.) Die Uebernehmung der Lehen-Trägers-Stelle,
3.) Vollmacht zur limpurgischen Belehnung,
4.) limpurgische Sterbfälle,
5.) Lehen-Taxen,
6.) Successionsordnung in den limpurgischen lehenbaren Regalien,
7.) Qualität des Lehens, (feudi franci),
8.) Lehens-Veränderungs-Fälle,
9.) Befreyung von Laudemial-Gebühren,
10.) Wie es in Felonie-Fällen zu halten,
11.) Die Cognition des Onolzbachischen Lehenhofs in Causis feudalibus.

Art. 5. Brandenburg läßt die drey nach dem Reichshofraths-Concluso vom Jahr 1710. noch zweifelhafte Punkte fahren, und entsagt aller dießfallsigen Prätension, der bisherige Proceß aber super petitorio wird aufgehoben.

Art. 6. Wird die Einrichtung des neuen hochfürstlichen Lehenbriefs bestimmt.

Art. 7. Werden die überlassenen Reichslehenbare Rechte und Regalien auch auf die in dem Reichslehenbaren Halsgerichtsbezirk angesessenen Unterthanen und Güter ausgedehnt, und auf den Fall mit der Nachbarschaft darüber entstehender Zwistigkeiten, die Onolzbachische Assistenz, jedoch ohne Kosten, garantirt. So wie nun Brandenburg an die limpurgischen Erben alle gesammte und bisher sowohl besucht als unbesuchte Reichslehenbare Gerechtsame und Regalien

galien lauter und vollkommen überläßt, so behält es sich doch bevor

1.) den Reichslehenbaren Zoll zu Geißlingen und unter den Thoren zu Schwäbisch-Hall, wie auch

2.) die dazu gehörigen beyden Geleite, in dasiger Gegend zu Münkheim und Geißlingen. Die innerhalb der Gräflich-Limpurgischen Lande aber hergebrachte Zölle werden von Onolzbach ohne Widerspruch erkannt. Doch beeden Theilen auf ihre eignen Waaren und Güter gegenseitige Geleits- und Zoll-Freyheit pactirt, auch die wechselseitige Stellung der Defraudanten garantirt.

Auf diese Weise erreichte ein langwieriger, ohngefähr fünfzig Jahre hindurch daurender Rechtsstreit, auf dessen Gang ganz Deutschland aufmerksam war, endlich seine Endschaft; und der Graf und Mitinteressent Johann Eberhard Adolph von Rechteren empfieng noch in eben diesem Jahr (1746.) für Solms, Schmidelfeld, Sontheim und Speckfeld die Reichs-Unterafterbelehnung.

Aber hiedurch war Wurmbrand noch nicht beruhiget. Die Gräfin dieses Namens, Juliana Dorothea, Gemahlin Graf Johann Wilhelms von Wurmbrand und Stuppach, Kaiserlichen wirklichen Geheimen Raths und Reichshofraths-Präsidenten, hatte gleich Anfangs, nachdem der König in Preussen die Limpurgischen Lande besezen lassen, die Partie ergriffen, sich der Königlichen Gnade zu ergeben, und dadurch den König bewogen, derselben über die Reichslehen in ihrem Landesantheil schon im Jahr 1718.

1718. die provisorische Belehnung zu ertheilen. Sie nahm daher an allen gegen Preussen von den übrigen Limpurgischen Allodial= Erben angestellten Actionen ganz keinen Theil, und wurde daher auch von der angeordneten Lehens= Inspektion in ihrem Landesantheil im mindesten nicht beeinträchtigt, sondern genoß durch des Königs besondre Milde die ungehinderte Ausübung und Nuzung der Regalien in demselben ohne Ausnahme. Allein die gemeldte provisorische Belehnung im Jahr 1718. war nicht genug bestimmt, und insonderheit in Ansehung künftiger Erbfälle so wenig beruhigend, daß sie den König mit der Bitte, die Sache nach ihrem Wunsch gänzlich beyzulegen, unabläßig angieng. Allein sie starb im Jahr 1734. ohne daß die Sache auf einen andern Fuß gesezt war.

Ihren Erben war es vorbehalten, erst nach vierzehen Jahren ein Werk zu vollenden, woran sie der Tod gehindert hatte. Denn ob schon die Gräfin von Solms= Rödelheim und die Herzogin von Sachsen= Gotha= Roda, als Descendentinnen der Gräfin von Wurmbrand, und rechtmäsige Erben ihres Landesantheils die Traktaten nicht unterliesen, und keine Mühe sparten, die Sache in erspriessliche Wege einzuleiten, so wollte es doch Anfangs nicht gelingen. Allein durch die im Jahr 1742. von Preussen an Brandenburg= Onolzbach geschehene Limpurgische Reichs= After= Belehnung, und den zwischen diesem fürstlichen Haus und den meisten Limpurgischen Allodial= Erben im Jahr 1746. zu Stand gekommenen gütlichen Vergleich war nun der Weg dazu bereitet. Im J. 1748. den 11. May kam der Traktat auch zwischen dem Haus Brandenburg und den Gräflich WurmbrandischenDescendentinnen zu Stand. Er ist nach seinem Inhalt folgender:

Bran=

Brandenburg verleihet an die Limpurg-Wurmbrandische Gemeinherrschaften Unter-After-Lehensweise alle Reichslehenbare Rechte und Regalien und insonderheit Ein Quart an dem vormals Gaildorf und Schmidelfeld zugehörigen ganzen Kreiß-Voto, wogegen Wurmbrandischer Seits an Brandenburg ⅞ des Limpurgischen Schildlehenhofs, samt dem Zoll zu Geißlingen und unter den Thoren zu Schwäbisch-Hall, wie auch dem Geleit zu Geißlingen und Münkheim abgetretten wird. Doch weil die übrigen drey Quarte jenes Kreiß-Voti von Solms-Assenheim und Schmidelfeld, neben andern Vergleichs-Gegenständen an Brandenburg abgetretten worden, so fand man für nöthig, noch folgende Bestimmungen hinzuzufügen:

1.) Solle Onolzbach der drey Quart halber, das angeregte Votum bey den ersten Kreißtagen ganz allein, und bey dem vierten den Gräflich-Limpurg-Wurmbrandischen Herrschaften ebenfalls ganz allein zukommen, wobey auch bestimmt wurde, wie es zu halten, wenn der Kreißtag über drey Jahre währen sollte.

2.) Wann der Turnus dieses Voti auf Brandenburgischer Seite, soll von allen Kreißakten und Vorfallenheiten durch den Anspachischen Kreiß-Sekretar (gegen Gebühr,) hieher Mittheilung geschehen; und

3.) Bey dem Wurmbrandischen Turno den diesseitigen Herrschaften frey stehen, das Votum durch eignen Abgeschickten zu führen, oder durch den Brandenburg-Onolzbachischen Kreiß-Gesandten gegen billige Erkenntlichkeit vertretten zu lassen.

Weil

Weil übrigens der Wurmbrandische Landesantheil seit den Hausverträgen von den Jahren 1690. und 1707. in seiner alten Gröse blieb, so wurde auch an der Wurmbrandischen Matrikular-Anlage zu zehen Gulden nichts verändert.

Indessen diente doch jener Hauptvergleich noch nicht zu gänzlicher Beruhigung der Gräflich-Wurmbrandischen Descendentinnen, welche wünschten, daß auf alle sich ereignen könnende Fälle, in Ansehung der Lehensfolge und selbst der Felonie die bestimmteste Rücksicht genommen werden möchte. So entstund noch eine so betitelte Neben-Konvention unterm 22. August desselben Jahrs, wodurch alle übrige Anstände völlig gehoben wurden. Sie mag dieses Kapitel, wie die Rechts-Angelegenheiten mit dem hochfürstlichen Hause Brandenburg, schließen.

Inhalt der Neben-Konvention zwischen des Herrn Marggrafen von Brandenburg-Onolzbach Durchlaucht und den hochgräflich-Limpurg-Wurmbrandischen hohen Descendentinnen und Allodial-Erben. Onolzbach, den 22. Aug. 1748.

Art. I.

Auch diejenigen Personen, welche der jeztlebenden Frauen Transigentinnen Erben und Nachkommen, zu ihren Successoribus in ihrem in dem 1707. schwesterlichen Theilungs-Receß beschriebenen Limpurgischen Allodial-Landes-Antheil per Conventionem inter vivos, oder per Testamentum ernennen,

oder

oder durch Kauf, Tausch und andere Wege veräus-
sern würden, sollen künftig auch in den Reichslehen
succediren, jedoch mit der Bedingung, daß gleich
beym Antritt der Succession semel pro semper in
das hochfürstliche Haus pro Concessione 50. Duca-
ten bezahlet, und was im Haupt-Receſs ratione
qualitatis perſonarum, und der auf 300. fl. pactir-
ten Cammer-Revenüe verglichen, ohnverbrüchlich
gehalten werden soll.

Art. II.

Dafern etwan von einem oder anderm der Erben und Nachkommen der Wurmbrandiſchen Deſcendentinnen ſolche Ihnen Unter-after-Lehens-
Weiſe verliehene Reichs-Lehen in die Hände Eines
der hohen Lehens-Herren refutirt werden möchten,
ſoll ſothane Lehens-Portion von unpartheyiſchen
Taxatoribus æſtimirt, und von dem Hauſe Brandenburg gegen Erhaltung des angeſezten propor-
tionirlichen Geld-Quanti den übrigen Gräfl. Wurmbrandiſchen Convaſallis überlaſſen,

Art. III.

In allenfallſigen Felonie-Fällen aber es alſo
gehalten werden, daß wie in denen darüber entſte-
henden Proceſſen die Rechtfertigung denen von
dem Hochfürſtl. Haus nach der Obſervanz niederzu-
ſezenden Paribus Curiæ verbleibet: Alſo wann darauf erkannt, und die Perſona peccans Ihrer Por-
tion und Rechtens verluſtig erkläret, und pro re nata die alſo verwürkte Lehens-Portion nach denen
Rechten derer unterſchiedlichen Felonie-Fällen, nicht
denen Convaſallis, ſondern dem hohen Lehen-Herrn
zuerkannt worden; Alsdann die nur berührte Lehens-Portion von dem Durchl. Lehens-Herrn nicht

eingezogen, noch weniger aber die Poſſeſſion davon jemalen Via facti ergriffen, ſondern nachdem die Sententia feloniæ declaratoria l. feudi privatoria ihre Rechtskraft erlangt, alsdann erſt die dem hohen Lehens=Herrn adiudicirte Lehens=Portion von unpartheyiſchen Taxatoribus lediglich nach dem Geld=Ertrag æſtimirt, und um das davor angeſezte Geld=Quantum denen übrig Gräfl. Limpurg. Convaſallis überlaſſen, dem hohen Lehens=Herrn aber alſofort nach Endigung der legalen Taxation, von ſolchem Geld=Quanto die Reichs=Conſtitutionsmäſige Zinße, mit 5 pro Cent, ſo lange die Perſona poccans oder deren Deſcendenz am Leben ſeyn wird, entrichtet werden ſollen. Und da

Art. IV.

auch in dem den 15. Aug. 1746. mit den übrig Gräfl. Limpurg. Allodial-Herrſchaften errichteten Receſs §. V. wegen Renunciation des im Concluſo, d. d. 29. Nov. 1710. Ihro Königl. Majeſtät in Preuſſen ausdrücklich vorbehaltenen Rechtfertigung in puncto ulterioris ſeparationis feudi ab Allodio Limpurgico ausdrücklich Vorſehung geſchehen, und von Sr. Hochfürſtl. Durchlaucht auf alle Anſprüche und Forderungen renuntiirt worden: So wird deſſen Inhalt auch gegen die Gräfl. Wurmbrandiſchen Deſcendentinnen und deren Succeſſores durchgängig beobachtet werden.

Zwanzigster Abschnitt.

Das neuere Haus Limpurg, oder die hohe Nachkommenschaft der lezten männlichen Zweige des ältern Hauses, tabellarisch vorgestellt.

Da die Besitzungen der lezten Grafen und Herrn zu Limpurg, dem größten Theil nach als allodial, auf ihre weibliche hohe Nachkommen vererbt werden konnten, und wirklich vererbt wurden, wie man schon aus dem vorigen Abschnitt ersieht, diese aber sich nach einander iu mancherley Grafen- und Fürstenhäuser vermählten, so mußten die limpurgischen Regenten nothwendig immer mehr vervielfältigt werden. Diese Vervielfältigung zog Theilungen, auch endlich Veräusserungen nach sich, die alle zu einiger Beurtheilung der jezigen Gestalt des Landes und seiner verschiedenen Verfassungen zu wissen nöthig sind. Eine kurze Nachricht hievon, kann man daher auch mit Recht hier suchen, und dazu gehört vor allen Dingen eine zuverläsige Nachricht von der Abstammung der jeztlebenden gnädigsten Herrschaften, aus dem limpurgischen Grafen- und Schenken-Haus, die ich, Kürze und leichterer Uebersicht wegen, hier tabellarisch mittheile.

A.
Graf Wilhelm Heinrichs zu Limpurg-Gaildorf hohe Nachkommenschaft.

Lezter Graf zu Limpurg-Gaildorf, Wilhelm Heinrich, in welchem der männliche Stamm dieser Hauptlinie erlosch den 12. May 1690.

Gem. Elisabetha Dorothea, geb. Semperfreyin von
Limpurg-Gaildorf, Wilhelm Ludwigs, Herrn und
Erbschenken zu Limpurg-Gaildorf Tochter, welche
sich noch in eben diesem Jahr mit Gr. Ludwig von
Dänewald vermählte, und mit demselben nach
Wien zog.

Deren Kinder und Erben:
1.) Von welchen zwey frühzeitig verstarben:
 a) Juliana Charlotta, geb. 29. Aug. 1685. gest.
 zu Pfedelbach, 22. März 1699. zu Gaildorf
 beygesezt Montags nach Palmarum.
 b) Sophia Elisabetha, geb. 7. Aug. 1688. gest.
 15. May 1705. im Bad zu Ems, als Braut
 Graf Georg Friedrichs, Burggrafen zu Kirchberg, zu Gaildorf beygesezt den 16. Junius.

2. Welche den Regentenstamm fortpflanzten:
 a) Die erste gräfliche Erbtochter Graf Wilhelm
 Heinrichs, welche den Regentenstamm fort-
 pflanzte, war:
  Wilhelmina Christiana, geb. 24. Sept. 1679.
  gest. 15. Dec. 1757.
  Gemahl: Ludwig Heinrich, Graf zu Solms-
  Assenheim, und seit 1722. auch zu Solms-
  Rödelheim, geb. 25. Aug. 1667. verm.
  27. Jun. 1695. gest. 1. May 1727.

 Ihre hohe Nachkommen:
 α) Dorothea Sophia Wilhelmina, geb. 27. Jan.
 1698. gest. 6. Febr. 1774.
  Gemahl: Josias, Graf von Waldeck, Kön.
  Franz. Brigad. geb. 20. Aug. 1699. v.
  27. Jan. 1725. gest. 2. Febr. 1763.

Kinder

Kinder und Erben im Limpurgischen Antheil.

aa) **Wilhelm Josias Leopold**, regierender Graf von Waldeck, in Bergheim, mitregierender Graf und Semperfrey zu Limpurg-Gaildorf, Rön. Franz. Obrister, geb. 16. Oct. 1733. † 4. Jun. 1788.

Gemahlin: Christina Wilhelmina, Graf Gustav Friedrich zu Isenburg-Büdingen Tochter, geb. 24. Jun. 1756. v. 5. März 1772. Dermalen Vormünderin ihrer hochgrfälichen Kinder:

1. Josias Wilhelm Friedrich Christian Karl, geb. 13. May 1774.

2. Karl, geb. 17. Nov. 1778.

3. Karoline Christine Louise, geb. 6. Oct. 1782.

4. Georg Friedrich Karl, geb. 31. May 1785.

bb) **Karolina Christina Johanna Louise Friderika**, Gräfin zu Waldeck, mitregierende Gräfin und Semperfreyin Limpurg-Gaildorf, geb. 24. Jun. 1729.

s) Wilhelm Karl Ludwig, regierender Graf zu zu Solms-Rödelheim, Sen. Fam. geb. 3. Febr. 1699. gest. 27. Aug. 1778.

Gemahlinnen:

I. Maria Margaretha Leopoldina, Gr. Joh. Wilhelm von Wurmbrand Tochter, (S. oben unter A. 2. a *s*.) gest. 14. Dec. 1756.

II. So-

II. Sophia Wilhelmina Christiana, Gr. Kasimir zu Sayn-Witgenstein-Verleb. T. v. 10. May 1757. gest. 21. May 1760.

III. Sophia Henr. Albertina, Gr. Heinrich Karl zu Solms-Wildenfels Tochter, geb. 18. Oct. 1739. v. 26. Aug. 1763.

Einzige überlebende Tochter und Erbin von der ersten Gemahlin:

Christiana Wilhelmina Louise, regierende Fürstin zu Leiningen, mitregierende Gräfin und Semperfreyin zu Limpurg-Gaildorf. (S. l. c.)

γ) Eleonora Friderika Juliana, geb. 23. Sept. 1703. gest. 1. Jul. 1762.

Gemahl: Karl Friedrich, Graf von Jsenburg-Büdingen in Meerholz, geb. 27. Nov. 1700. v. 24. Febr. 1725. gest. 14. März 1774.

Kinder und Erben:

aa) Johann Friedrich Wilhelm, regierender Graf von Jsenburg-Büdingen in Meerholz, mitregierender Graf und Semperfrey zu Limpurg-Gaildorf, Sen. des gesammten Jsenburgischen Hauses, des Churpfälz. Löw. O. Ritter, geb. 2. May 1729.

Gemahlin: Christiana Karolina Louise, Gr. Karl Walrad, Wild- und Rheingrafen zu Grumbach Tochter, geb. 4. Apr. 1733. v. 11. Jun. 1762.

bb) Christiana Louise Charlotte, gebohrne Gräfin von Jsenburg-Büdingen, vermählte

mählte und verwitwete Gräfin von Waldeck, mitregierende Gräfin und Semperfreyin zu Limpurg-Gaildorf, geb. 22. Nov. 1742.

Gemahl: Georg Friedrich Ludwig Belgikus, geb. 20. Jul. 1732. gest. 9. April 1771.

8) Sophia Louise Christiana, geb. 31. Dec. 1709. gest. 17. Jan. 1773.

Gemahl: Friedrich Ludwig, regierender Graf von Löwenstein-Wertheim, mitregierender Graf und Semperfrey zu Limpurg-Sontheim, Kaiserl. Kämmerer, geb. 14. März 1706. v. 13. Jun. 1743.

* S. hiezu die nächstfolgende Note.

9) Johann Ernst Karl, jeztregierender Graf von Solms-Rödelheim, mitregierender Graf und Semperfrey zu Limpurg-Gaildorf, geb. 8. Maj. 1714.

Gemahlin: Amöna Charlotte Eleonora Friderika, Gr. Johann Ludwig Vollraths von Löwenstein-Wertheim Tochter, geb. 14. Febr. 1743. v. 10. Sept. 1761.

Note.

Warum der den hohen Nachkommen der zweyten gräflichen Erbtochter Graf Wilhelm Heinrichs, Wilhelmina Christiana, vermählten Gräfin zu Solms-Assenheim, zustehende Antheil an der Herrschaft Limpurg-Gaildorf, der Solmsische genennt wird, ist für sich selbst klar. Aber es muß bemerkt werden, daß der Antheil der Graf Friedrichschen Gemahlin von Löwenstein-Wertheim durch ihren Tod im Jahr 1773. (Lit. 8.) den übrigen vier Limpurg-Gaildorf-

Solmsischen Gemeinschafts-Herrschaften, den Hausgesetzen zu Folge, zu gleichen Theilen zufiel, und der regierenden Fürstin Christiana Wilhelmina Louise zu Leiningen Durchlaucht ihr im Jahr 1778. vom Vater ererbtes ¼ am ganzen Limpurg-Gaildorf-Solmsischen Antheil durch eine s. d. Montauben 26. Nov. und Erbach 15. Dec. 1783. geschlossene Konvention, an Ihres Herrn Tochtermanns, des regierenden Grafen Franz von Erbach-Erbach (geb. 29. Oct. 1754. Churbraunschweigischen Gen. Maj. der Infanterie, St. Joh. und Churpfälz. Löw. O. Ritter,) und Hochders Frau Gemahlin Louise Charlotte Polyxena, (geb. 27. May 1756. v. 1. Sept. 1776. gest. 13. Jan. 1785.) Erlauchten überlassen haben. Besitz davon wurde am 24. und 26. Jan. 1784. genommen.

   b) Die zwente gräfliche Erbtochter Graf Wilhelm Heinrichs zu Gaildorf:

      Juliana Dorothea Louise, geb. 10. May 1677. gest. 4. Oct. 1734. Hat sich zwenmal vermählt, und von beyden Gemahlen Kinder und Erben nachgelassen.

      *) Erster Gemahl: Eucharius Kasimirus, Graf von Löwenstein, Wertheim und Virneburg. v. 1693. gest. 1. Jan. 1698.

Tochter:

Juliana Dorothea Louise, geb. 8. Jun. 1694. gest. 15. Febr. 1734.

   Gemahl: Heinrich I. Graf Reuß, zu Schlaiz, geb. 10. März 1695. v. 7. März 1721. gest. 6. Dec. 1744.

Tochter:

Louise, geb. 3. Jul. 1726. gest. 28. May 1773.

Erster Gemahl: Christian Wilhelm, Herzog zu Sachsen-Gotha, Königl. Poln. und Chursächs. Gen. L. der Kav. Ritter des weisen Adler-Ordens, resid. in Roda. geb. 28. May 1706. v. 28. May 1743. gest. 19. Jul. 1748. ohne Erben.

Zwenter Gemahl: Johann August, Herzog zu Sachsen-Gotha, Kaiserl. Königl. General-Feld-Marschall und Obrister eines Drag. Reg. des W. A. O. Ritter, des ersten Gemahls Bruder, geb. 17. Febr. 1704. v. 6. Jan. 1752. gest. 8. May 1767.

Prinzessinnen:

aa) Augusta Louise Friderika, geb. 30. Nov. 1752.

Gemahl: Jhro Durchlaucht, Friedrich Karl, Erbprinz von Schwarzburg-Rudolstadt, geb. 7. Jul. 1736. v. 28. Nov. 1781.

bb) Louise, geb. 9. März 1756. Regierende Herzogin zu Mecklenburg-Schwerin.

Gemahl: Jhro Durchlaucht, Friedrich Franz, der regierende Herzog zu Mecklenburg-Schwerin. geb. 10. Dec. 1756. v. 1. Jun. 1775.

Note.

Beyde Durchlauchtigste Prinzessinnen haben ihren erblichen Antheil an der Grafschaft Limpurg, doch unter Vorbehalt des Titels und Wapens von Limpurg an des Regierenden Herzog Karls von Wirtemberg Durchlaucht überlassen, wovon das nähere in der Folge vorkommen wird.

s) Zweyter Gemahl der Juliana Dorothea Louise, geb. Erbgräfin und Semperfreyin zu Limpurg: Johann Wilhelm, Graf von Wurmbrand, von der Oesterreichischen oder Stuppachischen Linie, Kaiserl. Kön. wirkl. Geh. Rath und Reichshofraths-Präsident, des güldnen Vliesses Ritter, geb. 18. Febr. 1670. v. 5. Oct. 1700. gest. 17. Dec. 1750.

Tochter:

Maria Margaretha Leopoldina, geb. 21. Jul. 1701. gest. 14. Dec. 1756.

Gemahl: Wilhelm Karl Ludwig, Graf von Solms-Rödelheim, geb. 3. Febr. 1699. v. 3. Oct. 1722. gest. 27. Aug. 1778.

Tochter und Erbin:

Christiana Wilhelmina Louise, regierende Fürstin zu Leiningen, mitregierende Gräfin und Semperfreyin zu Limpurg-Gaildorf, geb. 24. Apr. 1736.

Gemahl: Ihro Durchlaucht, Karl Friedrich Wilhelm, der regierende Fürst zu Leiningen, in Dürkheim, Churpfalzbayrischer Gen. L. der Kav. Innh. eines Drag.

Drag. Reg. des St. Hub. und Pfälz. löw. Ordens Ritter, zugleich bisheriger Administrator des Dero Durchlauchtiger Frau Gemahlin zustehenden Antheils an der Grafschaft Limpurg. geb. 14. Aug. 1724. v. 24. Jun. 1749.

Note.

Der nun Herzoglich-Wirtembergs und Fürstlich-Leiningische gemeinschaftliche Landesantheil heißt der Gräflich-Wurmbrandische, wovon der Grund gleich auffällt.

B.

Graf Vollraths zu Limpurg-Speckfeld, in Obersontheim residirend, hohe Nachkommen.

Lezter männlicher Zweig der Limpurg-Speckfeldischen Linie, Graf Vollrath, starb 19. Aug. 1713.

Gemahlin: Sophia Eleonora, geb. Semperfreyin von Limpurg-Schmidelfeld, Johann Wilhelms, Herrn und Erbschenken von Limpurg-Schmidelfeld Tochter, nach seinem Tod gebohren den 29. Nov. 1655. v. 1. Sept. 1673. zu Speckfeld, gest. 18. May 1722.

Ihre fünf gräfliche Erbtöchter, welche auch den Limpurgischen Regentenstamm fortpflanzten:

I.

Wilhelmina Sophia Eva, geb. 31. Oct. 1677. gest. 21. Aug. 1735. zu Grumbach, als des hochgr. Hauses Seniorin und Lehensadministratorin.

Gemahl: Rudolph, Graf von Pröfing. geb. — — v. 20. Febr. 1701. gest. — —

Von

Von Ihren fünf Kindern blieb aber nur
am Leben:

Juliana Francisca Leopoldina Theresia, geb. 15.
Febr. 1709. gest. 13. Dec. 1775.

Gemahl: Karl Walrad Wilhelm, Wild- und Rheingraf zu Grumbach, geb. 10. Oct. 1701. v. 13.
Sept. 1728. gest. 12. Jul. 1763.

Kinder und Erben:

1. Karl Ludwig Wilhelm, geb. 14. Jul. 1729. reg.
Graf, des W. A. und Churpf. Löw. O. R.
Gem. Elis. Christ. Mariana, Fürst Karl Friedrich
Wilhelm zu Leiningen Tochter, v. 17. May
1768.

2. Leopold. Sophia Wilh. geb. 17. Nov. 1731.
Gem. Georg Wilhelm, Graf zu Erbach-Erbach,
v. 2. May 1753. † 31. May 1757.

3. Karolina Frider. geb. 4. April 1733. Gem.
I. Joh. Friedr. Wild- und Rheingraf zu Dhaun,
† 27. Jan. 1750.
II. Karl Friedr. Graf von Wartensleben, K.
K. Käm. Holl. Gen. L. und Ges. im Reich,
† 1783.

4. Christiana Karolina Louise, g. 20. April 1734.
Gem. Joh. Friedr. Wilhelm, Graf zu Isenburg-
Meerholz, v. 11. Jun. 1762.

5. Christiana Franc. Eleon. geb. 10. Aug. 1735.
Gem. Christian Joh. Graf zu Leiningen-Wester-
burg, † 18. Febr. 1770.

6. Philipp. Augusta, geb. 6. Dec. 1737.
Gem.

Gem. Karl Gustav Reinh. Graf zu Leiningen-
Westerburg.

7. Soph. Henrika, geb. 14. May 1740.
Gem. Friedrich, Landgraf zu Hessen-Philipps-
thal, † 15. Nov. 1777.

8. Wilh. Christian, geb. 17. Jul. 1741. Holl. General.
Gem. Louise Charlotte, Gr. Karl Magnus Rheingraf zu Grehweiler Tochter; v. 19. Oct. 1784.

9. Karl August, geb. 13. Aug. 1742. Obrister bey
dem Fränk. Inf. Reg. Oelhafen.

10. Joh. Friedrich, geb. 5. Nov. 1743. Holländ.
Obrister bey Sachsen-Gotha.

11. Franc. Juliana Charl. geb. 25. Nov. 1744.
Gem. Friedrich Karl Gottl. Gr. von Löwenstein,
v. 25. März 1779.

12. Joh. Albr. Ludwig, geb. 13. Jan. 1746. † 28.
May 1778. Hauptmann des Fränk. Drag.
Reg. von Schomberg.
Gem. Maria Christ. Louise, Gr. Firnhaber von
Eberstein Tochter, v. 1776.

13. Heinr. Friedr. Walrad, geb. 9. Sept. 1748.
Obrist bey Oberrhein. von Nassau Inf. Reg.

Note.
Diese besasen den Antheil Limpurg-Sontheim-
Schmidelfeld bis 1781. da er an das Herzoglich
Wirtembergische Haus durch Kauf kam.

2.

Christina Magdalena Juliana, geb. 25. Jan. 1683.
gest. 2. Febr. 1746. zu Obersontheim.

Gemahl: Ludwig Georg, Landgraf von Hessen-Homburg, in Oberbronn im Elsaß und in Obersontheim residirend, geb. 10. Jan. 1693. v. 28. May 1710. gest. 1. März 1728.

Erbtochter:

Sophia Charlotta Dorothea Wilhelmina Friderika, geb. 18. Febr. 1714. gest. 2. May 1777. und beygesezt in der Schloßkapelle zu Unter-Gröningen.

Gemahl: Karl Philipp Franz, Fürst von Hohenlohe und Waldenburg, in Bartenstein, K. K. wirkl. Geh. Rath und Reichs-Kammer-Richter, des Andr. O. Ritter, des Fürstlichen Hohenloh-Waldenburgischen Hauses Senior, geb. 7. Jul. 1702. v. 26. Sept. 1727. gest. 1. März 1763.

Erbprinz:

Ihro Durchlaucht, der jezt regierende Fürst zu Hohenlohe und Waldenburg, in Bartenstein, Ludwig Karl Philipp Leopold, geb. 15. Nov. 1731. zugleich regierender Graf und Semperfrey zu Limpurg-Sontheim-Gröningen, seit 1777.

Note.

Der erstgebohrne Prinz hat auch im Limpurgischen Landesantheil, wie im Hohenlohischen die Regierung allein, und die nachgebohrnen begnügen sich mit ihrer bestimmten Appanage, welches sich auf eine testamentarische Disposition sowohl der hochseligen Frau Kammerrichterin, als ihres vorher verewigten Herrn Gemahls gründet.

3.

Amöna Sophia Friderika, geb. 24. Aug. 1684. gest. 20. Febr. 1746.

Ge-

Gemahl: Heinrich Friedrich, Graf von Löwenstein-Wertheim, geb. 13. März 1682. v. 7. May 1703. gest. 31. März 1721.

Kinder und Erben:

a) Johann Ludwig Vollrath, mitregierender Graf zu Löwenstein-Wertheim, auch mitregierender Graf und Semperfrey zu Limpurg-Sontheim, geb. 14. Apr. 1705.

Gemahlin: Friderika Charlotte Wilhelmina, Graf Friedrich Karl von Erbach-Erbach Tochter, v. 7. Dec. 1738. (Vergl. weiter unten N. 5.)

b) Friedrich Ludwig, mitregierender Graf zu Löwenstein-Wertheim, Kaiserlicher Kämmerer, auch mitregierender Graf und Semperfrey zu Limpurg-Sontheim, geb. 14. März 1706.

Erste Gemahlin: Sophia Christiana Albertina, Graf Friedrich Karl von Erbach-Erbach Tochter, v. 5. Nov. 1738. (Vergl. unten N. 5.)

Zweyte Gemahlin: (S. oben A. 2. b. s.)
* Unbekindert.

c) Karl Ludwig, mitregierender Graf zu Löwenstein-Wertheim und Limpurg, K. K. Kämmerer, geb. 29. Sept. 1712. gest. 26. März 1779.

Gemahlin: Anna Charlotte Josepha, Freyherrn Joh. Wenzeslai Deyms von Stricic Tochter, geb. 28. Jan. 1722. v. 28. Jan. 1742.

Kinder

Kinder und Erben:

*) Friedrich Karl Gottlob, mitregierender Graf zu Löwenstein=Wertheim, auch mitregierender Graf und Semperfrey zu Limpurg=Sontheim, geb. 29. Jul. 1743.

Gemahlin: Francisca Juliana Charlotte, Wild= und Rheingrafen Karl Walrad Wilhelm zu Grumbach Tochter, v. 25. März 1779.

*) Ludwig Friedrich Albrecht, mitregierender Graf zu Löwenstein=Wertheim, auch mitregierender Graf und Semperfrey zu Limpurg=Sontheim, geb. 29. Dec. 1751. gest. 11. Jul. 1785.

Gemahlin: Friderika Philippina Mariana Charlotte, Freyherrn Philipp Gottfried von Stein zum alten Stein, Brandenburg=Onolzbach. Oberhofmarschall, geh. Rath und Oberamtmann zu Wassertrüdingen und R. Adler O. Gr. Kr. Tochter, v. 19. Oct. 1779.

Note.

Die gräflich Karl Ludwigschen Gräfinnen Töchter sind:

Sophia Karolina Konstantina, geb. 29. Merz 1749.

Karolina Christina Anna Sophia, geb. 17. Merz 1754. mit Freyherrn Eugen Philipp von Racknitz v. 7. Jun. 1781.

Friderika Charlotta Wilhelmina Amöna, geb. 17. Merz 1757. mit Graf Friedrich Karl zu Hohenlohe=

henlohe = Kirchberg ꝛc. vermählt 14. Aug. 1778.
geſch). 1782.

Sie ſind Prätendentinnen an dem Limpurg = Sontheim = Oberſontheimiſchen väterlichen ¼. Deren einziger noch lebender Herr Bruder behauptet aber die ausſchließliche Erbfolge in demſelben.

d) Johann Philipp, Gr. zu Löw. Wertheim und Limpurg, geb. 27. Aug. 1713. geſt. 12. Apr. 1757. (S. unten N. 4.)

e) Wilhelm Heinrich, Gr. zu Löw. Wertheim und Limpurg, geb. 23. Sept. 1715. geſt. 6. Oct. 1773.

f) Amöna Sophia Friderika, geb. Gr. zu Löw. Wertheim, mitregierende Gräfin und Semperfreyin zu Limpurg = Sontheim, geb. 23. May 1748. geſt. 16. März 1779.

Gemahl: Bertram Philipp Sigmund Albrecht, Graf von Gronsfeld, Holländ. General und bev. Min. zu Berlin und Madrid, 1749. in das Korps der Nobles der Prov. Holland und Weſtfriesland aufgenommen, Mitglied des Admirals = Kolleg. F. Naſſau = Oran. geh. R. und Reg. Präſident. geb. 19. Nov. 1715. v. 26. Sept. 1751. geſt. 15. Nov. 1772.

Kinder und Erben:

α) Karl Annas Heinr. Friedrich, geb. 12. Oct. 1753. T. D. R. zu Utrecht.

β) Amöna Sophia Friderika, geb. 25. Oct. 1754.

Gemahl: Robert Walrave, Freyherr von Heckern zu Walien, Holländ. Maj. und Kam-

Kammerherr des Pr. von Oranien. geb.
18. Jun. 1759. v. 13. Aug. 1780.

γ) Louise Maria Anna Christ. Sophia, geb.
16. Dec. 1755. Georg, Freyherrn von
Monster Landegg, Osnabrückschen geh.
R. ꝛc. 4. Oct. 1775. v. und 24. Jul.
1779. gesch. Gemahlin.

δ) Joh. Bertram Arnold, geb. 10. Dec. 1756.
T. O. R. zu Utrecht ꝛc.

ε) Friedrich August Jakob Sigmund, geb. 15.
Febr. 1758. Hessen-Cassel. Hauptmann
der ersten Garde.

g) **Karolina Christiana**, geb Gräfin zu Löwenstein-Wertheim, mitregierende Gräfin und Semperfreyin zu Limpurg-Sontheim, geb. 7. Aug. 1719.

Gemahl: Christian Wilhelm Karl, Graf von
Pückler, K. K. Käm. und Churpfälz. Löw.
O. Ritter, zu Burg-Farrenbach residirend,
geb. 8. Dec. 1705. v. 19. Jun. 1737. gest.
15. Febr. 1786.

Note.

Durch den Tod Graf Johann Philipps, Gr.
zu Löwenstein-Wertheim und Limpurg im J. 1757.
wuchs dessen ⅐ an dem mütterlichen Landesantheil
den übrigen 6. hohen Mittheilhabern zu, und Graf
Wilhelm Heinrich überließ sein ⅐ im Jahr 1768.
an seine hochgräfliche Frau Schwester, vermählte
Gräfin von Gronsfeld, so daß diese nun ⅖ an jenem Antheil besaß, welche von den Gronsfeldischen
Erben wiederum an des jeztregierenden Herzogs von
Wir-

Wirtemberg Durchlaucht überlaſſen wurden. Die Beſitzergreifung geſchah den 10. April 1782.

4.

Friderika Auguſta, geb. 26. Jan. 1694. geſt. 28. Jul. 1746.

Gemahl: Chriſtian Heinrich, Graf von Schönburg-Waldenburg, von der 1754. ausgeſtorbnen Schönburg-Waldenburg-Waldenburgiſchen Linie, Kaiſ. Kön. geh. Rath, Kämmerer, und der Kaiſerin Eliſabeth Hatſchier- und Trabanten-Hauptmann, geb. 13. Nov. 1682. v. 30. Apr. 1715. geſt. 27. Jan. 1753.

Einzige hinterlaſſene Tochter und Erbin im Limpurgiſchen Antheil:

Sophia Henrietta Friderika, gebohrne Gräfin zu Schönburg-Waldenburg, auch Gräfin und Semperfreyin zu Limpurg-Sontheim, geb. 4. Jul. 1718. geſt. 12. Apr. 1757.

Erſter Gemahl: Friedrich Ernſt, Graf von Welz, von der Eberſteiniſchen Linie, auch Graf und Semperfrey zu Limpurg-Speckfeld, (S. unten C. 2.) geb. 12. Jun. 1712. v. 5. Dec. 1737. geſt. 3. Jul. 1741.

Zweyter Gemahl: Johann Philipp, Graf zu Löwenſtein-Wertheim, auch Graf und Semperfrey zu Limpurg, geb. 27. Aug. 1713. v. 12. Jul. 1743. geſt. 12. Apr. 1757. an einem Tag mit der Frau Gemahlin.

Tochter erster Ehe und Erbin im Limpurg-Sontheim- und Limpurg-Speckfeldischen Antheil:

Juliana Maria Friderika Amöna Christiana Elisabetha Eleonora, geb. Gräfin von Welz, auch mitregierende Gräfin und Semperfreyin zu Limpurg-Speckfeld und Sontheim, geb. 24. März 1739. gest. 20. März 1765.

Gemahl: Friedrich Philipp Karl, regierender Graf von Pückler, zu Burg-Farrenbach, auch regierender Graf und Semperfrey zu Limpurg-Sontheim-Gaildorf und Speckfeld 2c. Herzoglich-Wirtembergischer Obrist-Kammerherr, des St. Johanniter Ordens Ritter, des Herzoglich-Wirtembergischen grosen, und des rothen Adler-Ordens Gros-Kreuz, auch des Herzogl. Militär St. Charles-Ordens Ritter, geb. 18. Jun. 1740. v. 1. Febr. 1764.

Hochgräfliche Tochter aus dieser Ehe, und Erbin im Limpurg-Sontheim-Gaildorf- und Speckfeldischen Antheil:

Karolina Sophia Louise Henriette Maria Leopoldina, geb. Gräfin von Pückler, auch Gräfin und Semperfreyin zu Limpurg-Sontheim-Gaildorf und Speckfeld, geb. 8. Febr. 1765. gest. 6. August 1787.

Note.

Mit dem Tode der Erbgräfin Karoline von Pückler und Limpurg-Sontheim-Gaildorf und Speckfeld begann eine Prozeß-Fehde in Ansehung der Erbfolge sowohl in dem Limpurg-Sontheim-

Gail-

Gaildorfisch- als Limpurg-Speckfeldischen Antheil, zwischen deren Herrn Vater, Grafen Friedrich Philipp Karl von Pückler und Limpurg, als welcher die Erbfolge in beyden Antheilen aus verschiedenen Gründen anspricht, und zwischen den Herren Grafen Johann Ludwig Vollrath und Friedrich Ludwig zu Löwenstein-Wertheim, auch der verwittweten Frau Gräfin Karoline Christiane von Pückler, gebohrnen Gräfin zu Löwenstein-Wertheim, als welche die Erbfolge im Limpurg-Sontheim-Gaildorfischen Antheil für sich ansprechen, und den hochgräflich-Limpurg-Speckfeldisch-Rechterischen Herrschaften, welche behaupten, daß sie im Limpurg-Speckfeld-Pücklerischen Antheil die rechtmäßigen Erben seyen. Indessen blieb der Herr Graf von Pückler im Limpurg-Sontheim-Gaildorfischen Antheil im Besiz. Der endliche reichsgerichtliche Ausspruch ist noch nicht erfolgt. S. Note C. 3.

5.

Sophia Eleonora, geb. 10. Jun. 1695. gest. 28. Jan. 1738.

Gemahl: Friedrich Karl, Graf zu Erbach, von der der ältern Erbach-Erbachischen Linie, deren lezter männlicher Zweig er war, geb. 21. May 1680. v. 18. May 1711. gest. 20. Febr. 1731.

Töchter und Erben im Limpurgischen Landesantheil:

a) Sophia Christina Albertina, geb. Gräfin zu Erbach, auch mitregierende Gräfin und Semperfreyin zu Limpurg-Sontheim, geb. 5. Nov. 1719. gest. 15. Dec. 1741.

Gemahl, und noch Mitinhaber des Limpurg⸗
Erbachischen Landesantheils: Friedrich Lud⸗
wig, mitregierender Graf zu Löwenstein⸗
Wertheim, Kaiserlicher Kämmerer, auch
mitregierender Graf und Semperfrey zu
Limpurg⸗Sontheim, geb. 14. März 1706.
v. 5. Nov. 1738. (S. oben A. 2. b. z.
und B. 3. b.)

b) **Friderika Charlotta Wilhelmina Augusta,**
geb. Gräfin zu Erbach, auch mitregie⸗
rende Gräfin und Semperfreyin zu Lim⸗
purg⸗Sontheim, geb. 6. Jul. 1722.

Gemahl: Johann Ludwig Vollrath, mitregie⸗
render Graf zu Löwenstein⸗Wertheim, auch
mitregierender Graf und Semperfrey zu Lim⸗
purg⸗Sontheim, geb. 14. Apr. 1705. verm.
7. Dec. 1738. (S. oben B. 3. a.)

Note.

Die hochselige Frau Gräfin Sophia Christina
Albertina von Erbach und Limpurg, vermählte Grä⸗
fin zu Löwenstein⸗Wertheim, hatte 3. Kinder bey
ihrem den 15. December 1741. erfolgten Tode hin⸗
terlassen, die ihr aber sämtlich sehr bald in die Ewig⸗
keit nacheilten, nemlich

1. Sophia Charlotta Christiana, am 18. Jen⸗
ner 1742.

2. Friedrich Ludwig Karl, am 10. Jenner 1742.

3. Johann Philipp Heinrich, am 25. Dec. 1741.

Ueber ihre Beerbung in Ansehung des halben Er⸗
bachischen Fünftels an dem Ganzen der Limpurg⸗
Sontheimischen Lande, gab es einige Irrungen,
welche

welche auch einige Rechtsgänge veranlaßten. Durch einen am 9. Merz 1753. zu Stand gekommenen Traktat wurde alles beygelegt. Der Herr Graf Friedrich Ludwig blieb demselben zu Folge für sich und seine männliche Nachkommenschaft im Besiz und Genuß jenes halben Fünftels, mit alleiniger Ausnahme von 550. fl. jährlicher Revenüen, welche durch den gemeinschaftlichen Kammerrath oder Gefäll-Einnehmer an den Herrn Grafen Johann Ludwig Vollrath, desselben Frau Gemahlin und deren hochgräfliche Kinder und Leibes-Erben jährlich ausgezahlt werden sollten, wobey aber einige Modifikationen festgesezt wurden. Nach gänzlicher Erlöschung des Graf Friedrich Ludwigschen Mannsstamms, soll dessen halbes Erbachisches Fünftel der Graf Johann Ludwig Vollrathischen, mit der Erbachischen Frau Gemahlin erzeugten Nachkommenschaft heim- und zufallen, aber die Primogenitur unter gewissen Bestimmungen bey der Erbfolge Statt finden.

C.
Graf Georg Eberhards zu Limpurg-Speckfeld, in Sommerhausen residirend, hohe Nachkommen.

Graf Georg Eberhard, starb 11. Apr. 1705.

Gemahlin: Johanna Polixena, Graf Emich XII. zu Leiningen-Dachsburg Tochter, v. 2. Sept. 1679.

Nachgelassene Kinder und Erben:

1. Amalia Alexandrina Friderika, geb. 5. Jan. 1689. gest. 2. Apr. 1754.

Erster Gemahl: Johann Georg, Graf von Wolframs-

ramsdorf, Kön. Polnischer und Churſächſiſcher
Kammerherr, Hermann von Wolframsdorf,
Churſächſiſchen Premier-Miniſters Sohn, geſt.
8. Nov. 1710.

Zweyter Gemahl: Joachim Heinrich Adolph, Gr.
von Rechteren, geb. 1687. v. 1. Dec. 1711.
geſt. 5. März 1719.

Sohn und Erbe:

Johann Eberhard Adolph, Graf von Rechteren
und Limpurg, geb. 2. Nov. 1714. geſt. 25.
März 1754.

Erſte Gemahlin: Joſ. Eliſabetha, Graf Fried.
Rudolph von Rechteren T. v. 1737. geſt. 13.
Febr. 1738.

Zweyte Gemahlin: Sophia Karol. Florent. Gr.
Adolph Phil. Zeger von Rechteren-Almeloo
Tochter, v. 14. Jul. 1746.

Kinder und Erben:

a) Joſina Eliſabetha, verwittibte Fürſtin zu
Hohenlohe ꝛc. geb. Gräfin von Rechteren, regierende Gräfin und Semperfreyin zu Limpurg, geb. 13. Febr. 1738.
reſid. zu Ordruff.

Gemahl: Auguſt Wilhelm, Fürſt zu Hohenlohe und Gleichen, von der Hohenlohe-Lan-
genburg-Ingelfingiſchen Linie, geb. 12. May
1720. v. 30. Dec. 1754. geſt. 15. Febr.
1769.

b) Joachim Adolph, geb. und regierender
Graf von Rechteren und Limpurg, geb.
1747. geſt. im Jul. 1775.

c) Fried-

c) Friedrich Ludwig Christian, regierender Graf von Rechteren, auch regierender Graf und Semperfrey zu Limpurg, geb. 29. Febr. 1748.

Gemahlin: Wilhelmina Charlotta Dorothea, Graf Vincent. Gust. Ludw. Sigmund von Haiden-Hompesch) Tochter, geb. 7. May 1758. v. 12. Dec. 1780.

d) Friedrich Reinhard Burkhard Rudolph, regierender Graf von Rechteren, auch regierender Graf und Semperfrey von Limpurg, geb. 22. Sept. 1751.

Gemahlin: Friderika Anton. Karolina, Graf Christian Friedrich Karl von Giech Tochter, geb. 7. Sept. 1765. v. 13. Nov. 1783.

Note.

In a. c. d. bestehet demnach jezt die Limpurg-Speckfeld-Rechterische Linie.

2.) Albertina Susanna, geb. 1. Jun. 1690. gest. 7. Jun. 1717.

Gemahl: Friedrich Ferdinand, Graf von Welz, von der Ebersteinischen Linie, geb. 11. Jul. 1671. verm. 15. Nov. 1707. gest. 5. Dec. 1721.

Einziger Sohn und Erbe:

Friedrich Ernst, Graf von Welz, auch regierender Graf und Semperfrey zu Limpurg, geb. 12. Jun. 1712. gest. 3. Jul. 1741.

Gemahlin: Sophia Henrietta Friderika, geb. Gräfin zu Schönburg-Waldenburg, von der
1754.

1754. ausgestorbenen Schönburg-Waldenburg-Waldenburgischen Linie, auch regierende Gräfin und Semperfreyin zu Limpurg-Sontheim, geb. 4. Jul. 1718. v. 5. Dec. 1737. gest. 12. April 1757. —

Note.

Durch diese Vermählung wurden die Limpurg-Speckfeld-Welzische und die Limpurg-Sontheim-Schonburgische Linien und Landesantheile, (wie man aus oben B. 4. siehet,) vereinigt.

3.) Christiana Karolina Henrietta, geb. 26. Nov. 1691. gest. 13. Nov. 1765.

Gemahl: Viktor Sigismund, Graf von Grávenitz, Ritter des Kön. Preuß. schwarzen Adler- und Wirtemb. grosen Ordens, Herzogl. Wirtemb. geh. und Konferenz-Rath, auch Komitial-Gesandter bis 1733. ꝛc. geb. 20. Oct. 1701. v. 22. May 1725. geschieden 1739. gest.

Note.

Da diese dritte Erbtochter Graf Georg Eberhards keine Erben hinterließ, so wurde ihre Erbschaft zu einem Prozeß-Gegenstand. Die hochgräflich Pücklerische Mitherrschaft behauptete Successionem linealem, und sprach vermög derselben die Hälfte der Erbschaft an, die hochgräflich Rechterische Mitherrschaft aber nahm den gemeinen Erbrechten zu Folge das ganze Grávenizische ⅓ an der Herrschaft Speckfeld, als um einen Grad näher, in Besiz, so wie sie es noch ist.

Mit dem am 6. Aug. 1787. erfolgten Tode der Erbgräfin Karoline von Pückler und Limpurg,
ward

ward auch die Erbfolge in dem noch bisher beseſ=
ſenen Pücklerischen ¼ eröfnet. Deren Herr Vater
Graf Friedrich Philipp Karl von Pückler sprach
dieſe hier, ſo wie im Gaildorfiſchen Antheil, aus
verſchiedenen Gründen an. Die hochgräflich Rech=
teriſche Mitherrſchaft sezte ſich aber in den Beſiz
des Pücklerischen Drittels. Noch iſt vor dem höchſt=
preißlichen Reichs=Kammer=Gericht der Rechts=
ſtreit nicht zu Ende.

Wegen den Würzburgiſchen Kunkellehen (S. im
I. Theil, Abſchnitt 12.) erwartet man insbeſondre
von dem hochfürſtlich Würzburgiſchen Lehenhof, auch
einen endlichen Ausspruch.

++++++++++++++++:+++++++++++++++

Ein und zwanzigſter Abſchnitt.

Vermiſchte politiſche Merkwürdigkeiten aus dieſem
Zeitraum.

Es ließ ſich vorausſehen, daß das neuere Haus
Limpurg, das ſich nach und nach ſo weit aus=
breitete, und mit ſo vielen andern Reichsſtändischen
Häuſern verſchwiſterte, ſeine Lande in die Länge nicht
ſo ungetheilt, wie ſie die lezten männlichen Zweige des
ältern Hauſes hinterlaſſen hatten, fortbeſizen werde.
Daß die Limpurg=Gaildorfiſchen Erbtöchter noch im
Jahr 1690. ihres Vaters hinterlaſſene Herrſchaften
mit dem Haus Speckfeld theilten, und damit zu bey=
derſeitigem Behuf dem ungewiſſen Rechtsſtreit aus=
wichen, iſt oben ſchon (15. Abſchn.) erzählt worden.
Aber es ſtund nicht lange an, ſo wurde die jenen
Erb=

Erbtöchtern vermög jener Vergleichstheilung, gebliebene Herrschaft Gaildorf wieder in zwen Halbscheide getheilt, nemlich zwischen den beyden hochgräflichen Schwestern von Wurmbrand und Solms, und zwar, wie die Theilungsakte besagt, um verhoffenden bessern Genusses, auch mehrerer Ruhe und Einigkeit willen, immassen Jhnen aus vielen Considerationen länger in der Gemeinschaft zu beharren nicht rathsam geschienen. Die Akte wurde von beyden Theilen gezeichnet, zu Gaildorf den 22. October 1707. Da diese Theilung noch, in der Hauptsache unverrückt bestehet, und beyde, so wohl der Wurmbrandische als Solmsische Antheil in der Topographie ausführlicher beschrieben werden, so ists überflüßig, hier den ganzen Inhalt der Theilungsakte auszuziehen. Es wurden aber ausser dem, was die Parifikation der Theile betrist, noch allerley andere Punkten festgesezt, z. E. in Ansehung der von der Frau Mutter auf einen gewissen Fall sich ereignenden Prätention für einen Mann zu stehen, und sich abzufinden, welches aber nicht nöthig war, die Processe, Prätensionen der Herrschaft, die Konsistorialia, Kriminal-Jurisdiktion, Dokumente und Akten und mehr dergleichen gemeinschaftlich zu lassen, ohne daß jedoch der Civil-Jurisdiktion in jedem der beyderseitigen Antheile dadurch etwas benommen werde. Dieser Hauptreceß wurde nachher durch mehrere Nebenrecesse erläutert und genauer bestimmt.

Wahrscheinlich würden nach gänzlichem Ausgang des Limpurgischen Mannsstamms die Lande der Häuser Sontheim und Speckfeld auch nicht lang ungetheilt geblieben, und der Versezung der Erbtöchter in auswärtige Häuser, die Theilung, als eine gewöhnliche Folge einer durch kein Band eng genug

nug verknüpften Gemeinschaft gefolgt seyn; wäre nicht die fatale Periode eingetretten, während welcher, wie schon gezeigt worden, die Gränzlinie zwischen Reichslehen und Eigenthum ziemlich zu schwanken begunnte, wozu auch noch andre Umstände kamen. Und eh man theilen wollte, wars doch räthlich und nöthig zu wissen, was man beharrlich als eigen würde ansprechen dürfen. Die fürstlichen Mannlehen, als z. E. Welzheim, welches dem Haus Wirtemberg, und Hausen, welches dem Haus Bauern eröfnet, und welche auch eingezogen wurden, so wie einiges im innern Franken, von andern Lehenherren, konnten keine lange Verlegenheit verursachen, desto mehr thaten es aber die Reichslehen, welche verliehen wurden, ohne daß eine genaue Gränzlinie zwischen ihnen und dem Eigenthum gezogen, und die historisch- und diplomatischen Dunkelheiten, die sie in etwas verhüllten, zerstreuet waren. Doch die gütliche und völlige Beylegung der Sache hat die Rechte der beyderseitigen Prätendenten der Reichslehen und des Eigenthums ganz aus einander gesezt, und bestimmt, wie davon schon an seinem Ort gehandelt worden, — und so konnte denn endlich auch, nachdem die Umstände dazu reif waren, eine Sontheimische Theilung zu Stand kommen. Doch ehe wir dahin zurückkommen, wollen wir einige Merkwürdigkeiten des Zwischenraums mitnehmen.

Limpurg verlohr seine Landesväter bald nach einander; an seinen Landesmüttern erhielt es einigen Ersaz. Es paarten sich, als wenn es für diese Zeit nicht anderst seyn dürfte, mit landesmütterlicher Güte, die Tugenden, die sie zu leiten und wahrhaft nüzlich zu machen, geschickt waren. Die Gräfin Sophia Eleonora, Schwester der beyden lezten Grafen sen zu Gaildorf und Schmidelfeld, Gemahlin und Wittwe des lezten zu Sontheim, Stammmutter des ganzen neuern Limpurg=Sontheimischen Hauses, war nicht nur eine Dichterin, welche in vielen gedruckten Versen, von vielem Fluß, feine Empfindungen der Demuth, frommer Resignation und zärtlicher Freundschaft an den Tag legte, sondern auch Lehrerin fürs Volk, welche in grosen Werken die Frucht ihrer einsamen Betrachtungen und Ueberlegungen der Welt mittheile. a) Sie war die thätigste Beförderin des vom Jahr 1699. bis 1709. durch die unermüdete Bemühung des frommen Superintendenten Johann Müllers zu Stand gebrachten Obersontheimer Waisenhauses, des ersten und einzigen in der Grafschaft, b) nachdem zuvor der Land= und Gassen=Bettel abgestellt worden. Dies ist nur eine sehr unvollkommne Skizze ihres Charakters, beweißt aber, daß sie keine schlechte Landesmutter seyn konnte. Aeusserst schmerzlich fiel ihr der Todesfall ihres Gemahls, des lezten männlichen Zweiges seines Hauses und aller Schenken von Limpurg, im J. 1713. Da der Schluß des Drucks ihres moralisch=theologischen Werkes: der Weisen Tugendleuchte, in diese Zeit fiel, so konnte sie sich nicht enthalten, die Empfin-

---

a) Es wurden von Ihr innerhalb 6. Jahren gegen 16 Alphabete in Quart gedruckt, nämlich: Fr. Sophien Eleonoren, geb. und vermählten Gräfin und Seniperfreyin von Limburg geistliches Kleeblat. Franff. 1709. in 4. 9. Alph. 13. Bogen. Der Weisen Tugendleuchte. Schw. Hall. 1714. in 4. 6. Alph. 4. B. „Die hochgebohrne Frau Verfasserin, derer Ruhm unverwelflich grünet, hat allbereits vom 14. Jahr ihres Alters dergleichen aufzusezen vorgenommen, und es hernach so reichlich ausgeführet. Sie zeiget in drey Theilen, wie man das schöne Christen=Kleeblatt, Glauben, Leben und Sterben, recht üben solle." Unsch. Nachr. 9. Band.

b) Der erweckte, geschwächte und wiedergestärkte Glaub — durch Johann Müllern — Schwäb. Hall. 1709. in 12.

pfindungen ihres schwer verwundeten Herzens, welche freylich die Umstände noch um sehr viel bitterer machten, in einer Schlußrede zu schildern. Zu einiger Anzeige, wie damals die Hausangelegenheiten stunden, oder wie sie insonderheit von der erlauchten Wittwe angesehen wurden, auch zu einiger Probe ihrer Schreibart und Beredtsamkeit, mag diese einige Stelle dienen: „Alle diese sich nunmehr ereignende unglückliche Begegnusse schwebten schon viele Jahre vor unsern Augen; derowegen ich den Allmächtigen täglich mit unzahlbaren Thränen, auf dem Gesicht und Knyen liegend, um gnädigste Abwendung sothanen grossen Unglücks, oder mich es nicht erleben zu lassen, (aber leyder vergebens!) wehmüthigst und flehentlich gebetten. Sintemalen ich samt meiner unglücklichen Weibl. Familie schon lange an solchem unvermeidlichen Abgrund alles Elends gestanden, vor uns habend sothanes unergründliches Meer, darneben die Gebürge der Unmöglichkeit menschlicher Hülffe hinter- um- ja gar unter uns selbst, nebenst dem verderblichen gefährlichen Krieg, *) mehr als ein Heer vieler mächtigen, grausamen, unerbittlichen, hefftigen, arglistigen, rachgierigen, schädlichen Feinde, bis wir gar in sothane Meer-Tieffe aller Angst versenket worden, woselbst die Macht der Gewalt, Verfolgung, Bedrängnuß, Gefährlichkeit, Schaden, Verlusts, Schulden, Verlassenheit, Streit, Verleumdung, Rebellion, Untreu, Sorgen, Feindschafft, Haß, schwehrer Rechts-Sachen, Betrug, inn- und äusserlicher Uneinigkeit, Unruhe, Verantwortung, Krankheit und Schmerzen, verwirrter Unrichtigkeit, Furcht, Schrecken, Betrübnus, Hertzenleid, Trau-

rig-

*) Dem spanischen Erbfolge-Krieg, der Limpurg auf verschiedne Weise drückte und schreckte.

rig= und Widerwärtigkeit, ja alle Trübsahls= Wasser zusammen laufen." Doch die Wellen legten sich, bey ihrem Tode im Jahr 1722. waren die Aussichten schon weniger trübe; sie konnte ihre Herrschaften ungestört auf ihre Töchter vererben.

Von diesen lebte Christina Magdalena Juliana, vermählte und verwittwete Landgräfin von Hessen= Homburg, eine lange Zeit bis an ihren im Jahr 1746. erfolgten Tod, auch zu Obersontheim, aber ohne alles Geräusch, indem sie ihre Zeit, die von den nothwendigen Regiments=Geschäften übrig blieb, Beschäftigungen der Andacht und dem Lesen guter Bücher widmete, und ihren Ruhm im stillen Wohlthun suchte.

Die Gräfin Juliana Dor. Louise, Gemahlin des Reichshofrathspräsidenten, Grafen Johann Wilhelms von Wurmbrand, war mit der grosen Welt nicht unbekannt, brachte aber daraus in ihre Retirade nach Gaildorf so viel wahre Liebe und Güte gegen Vaterland und Unterthanen zurück, daß ihre Weltkenntnis nur ein Mittel mehr war, gutes zu thun. Sie war die Freundin und Rathgeberin ihrer Unterthanen, von welcher Greise noch mit Ehrfurcht und Liebe sprechen; ihre Hofapotheke stand dürftigen Kranken zu aller Zeit offen; sie suchte, so viel sie konnte, Aufklärung, christlichen Unterricht und wahre Gottesfurcht auszubreiten, stiftete auch zu diesem Behuf ein Kapital von 1000. fl. und theilte eine Menge Bibeln aus. Sie wachte mit Ernst über die Sitten des Volks. Sie sahe schon zu ihrer Zeit ein, wie nöthig es sey, die Wälder zu schonen, und dem jungen Nachwuchs aufzuhelfen, und ließ gute Verordnungen zu diesem Behuf bekannt machen. Sie machte im Jahr 1756. die nüzliche Anstalt, daß in

ihrem

ihrem Landesantheil die Kontingents-Soldaten, und zwar im untern Amt die Mousquetier, im Amt Gschwend die Dragoner von Ort zu Ort streifen, und das fremde Bettler- und Jauner-Gesind hinausschaffen mußten. Eine Anstalt, die im Jahr 1763. jedoch mit einiger Veränderung und einem Zusaz von Landmiliz wieder auf einige Zeit erneuert wurde, da die fremden Landsknechte öfters zu Haufen von 20. und mehr Köpfen eindrungen. Man findet aber, daß in den Herrschaften Gaildorf und Schmidelfeld schon im vorigen Jahrhundert 2. Kompagnien Landmiliz unter dem Namen eines Ausschusses aus Unterthanen errichtet waren. Jede hatte ihre Fahne, die eine blau und gelbe, die andre roth und weise Liberey. Den Kapitänen, deren der eine zu Gaildorf, der andre zu Sulzbach wohnte, war unter andern aufgegeben, „des Jahrs zu etlichen malen, nachdem es die Nothdurft erfordert, mit etlichen Rotten Mousquetirern uf die umschweifende, dem armen Bauersmann sehr beschwerliche Landsknechte, und ander dergleichen herrenloses Gesindel zu streifen, und dieselben, so viel immer möglich, aus dem Land zu schaffen.„ Die ruhmwürdige Gräfin von Wurmbrand starb im Jahr 1734. als die Stammmutter der neuen Limpurg-Gaildorf-Wurmbrandischen Linie.

Die Gräfin Wilhelmina Christina, vermählte von Solms, verlies mit ihrem erlauchten Gemahl, nachdem sie vorher die Wurmbrand- und Solmsische Landestheilung zu Stand gebracht hatten, schon im Jahr 1713. vor der Pfingstwoche das Land. Der Abschied, schreibt Stadtpfarrer Apin an einem Ort, geschah mit vielen Thränen. Sie war auch die 50. Jahre hindurch, da sie ihren Landesantheil ausschließlich besaß und regierte, eine verehrte und geliebte Landesmutter. Sie lies noch 1750. eine hochgräflich=Limpurg=Solms=Assenheimische verneuerte Forstordnung im Druck bekannt machen, wodurch dem Unterthanen mehrere Schonung der Wälder und Gehölze, welche ein Schaz und Kleinod eines Landes seyen, eingeschärft, und bey nahmhaften Strafen dem unbedachtsamen Ausreuten und Waldverösen Ziel gesezt wurde. Sie war auch bedacht, ihren erlauchten Erben ihren Limpurgischen Antheil nicht nur verbessert, sondern auch ausser Streit gesezt zu hinterlassen. Daher machte sie mit der Mitherrschaft in den Jahren 1750. und 1757. durch besondere Theilungsrecesse noch einige Puncte aus, die etwa Irrungen erzeugen konnten. Die bisher noch gemeinschaftlich gebliebene Kriegs= oder Landschafts=Kasse und deren Verwaltung wurde nun auf jeder Seite einem besondern Kriegs= und Landschafts=Kassier übergeben, eine Vorschrift, wie in Quartier=Sachen verfahren werden soll, gemacht, das Mousquetier= und Dragoner=Kontingent ebenmäsig, so viel thunlich, getheilt, desgleichen die Kriminal=Jurisdiktion, die Konsistorialia aber nur auf gewisse Weise, indem zwar auf jeder Seite ein Partikular=Konsistorium Statt finden, und vor dasselbe gewisse Fälle gezogen werden, die Episcopal=Rechte aber über die vier Pfarreyen Oberroth, Biechberg, Münster und Eutendorf gemeinschaftlich verbleiben sollen. Die Bestell= und Abänderung der Schulmeister, auch die Jurisdiktion über dieselbe und deren Angehörige soll jeder Herrschaft in ihrem Landesantheil allein zustehen. Die noch gemeinschaftliche Schule zu Gschwend, (eine Kirche war noch nicht da,) soll ehestens getheilt werden, wie auch geschah. Nur in dem gemeinschaftlichen Städtlein Gail

Gaildorf soll das Jus circa Sacra & Confistorialia, sowohl bey den Kirchen als Schulen, annoch in Gemeinschaft verbleiben, bis die Umstände ein anderes ergeben möchten. Dies wurde schon 1750. festgesezt. Die übrigen Punkte dieses und des folgenden Recesses sind zu partikular, als daß sie hier berührt werden könnten. Die Gräfin von Solms-Assenheim, als die älteste Erbtochter des alten Limpurg-Gaildorfischen Hauses, und Stammmutter der Limpurg-Gaildorf-Solms-Assenheimischen Linie verlies die Welt im Jahr 1757.

Die Sontheimischen und Speckfeldischen Landesherrschaften fanden auch bald eine Landestheilung in verschiednen Rücksichten wünschenswürdig. Unter die vorbereitenden Anstalten gehört unter andern der Schloßbau zu Schmiedelfeld. Hier stund ein ohne Zweifel sehr alter, fester, viereckigter Thurn von zehen Schuh dickem Gemäuer, war aber samt dem übrigen Schloßgebäude fürstlich Ellwangisches Lehen. Die Gräfin Sophia Eleonora hatte ihn noch vor ihrem Tode, durch Tausch gegen die Höfe Gernbronn und Lauten von der Lehenschaft frey gemacht, und in den Jahren 1739. und 1740. wurde nun an der Stelle des antiken Werks ein neuer ansehnlicher Schloßbau aufgeführt, damit es für den dereinstigen Besizer des zu diesem Schloß zu legenden Landesantheils nicht an einer anständigen Residenz fehlen möchte. Als bald darauf der Vergleich mit dem hochfürstlich Brandenburgischen Hause zu Stande kam, welcher die Limpurgischen Reichslehen unterafterlehensweise wieder zurückbrachte, war der Weg zur Landestheilung noch mehr gebahnt, allein sie fand noch andre Schwierigkeiten, und kam nach beynahe dreysig Jahren nachher erst zu Stande.

Graf

Graf Vollrath von Limpurg-Sontheim hatte am 5. April des Jahres 1713. ein Testament gemacht, und darinnen, so sehr er auch sonst besorgt war, daß seine Hinterlassenschaft an Land und Leuten bey seinen Nachkommen, unter Beybehaltung des Titels von Limpurg, möchte erhalten werden, die Theilung der Lande unter seine fünf Gräfinnen Töchter und deren Nachkommen nicht untersagt, aber viele Bedingungen hinzugefügt, die allerdings die Sache weitläuftig und schwer machen mußten. *) Es entstanden auch aus der Lage der Sachen zwischen den hohen Theilhabern selbst eigene Schwierigkeiten. Die Sontheimische Eigenthums-Herrschaft Schmiedelfeld, so wie sie im Jahr 1690. erzählter maßen an Limpurg-Sontheim, und zwar, was das Eigenthum betrift, eigentlich an die Vollrathsche Gemahlin, Gräfin Sophia Eleonora, zu Abfindung ihrer besondern Erbsansprüche gekommen war, in den Aemtern Gaildorf, Schmiedelfeld und Gröningen bestehend, gehörte ihren 5. Erbtöchtern, als mütterliches Erbe vorhin. In Ansehung der übrigen Sontheim- und Speckfeldischen Lande hatten sie mit den Graf Georg-Eberhardischen Töchtern abzutheilen. Es war also eine Hauptabtheilung zwischen Sontheim und Speckfeld, und dann noch eine Unterabtheilung zwischen den Nachkommen der 5. Vollrathischen Erbtöchter, oder der Limpurg-Sontheim-Prösingischen,

---

*) Es verdient angemerkt zu werden, daß unter andern auch testamentlich von Ihm verordnet worden, daß die Schenkenbecher auf den Wappen der von ihm descendirenden Sontheimischen Linien abgethan und mit ihm begraben seyn, das übrige aber des Geschlechts-Wappens unaufhörlich und ungeändert von ihnen beybehalten werden solle. Dies erklärt, warum man in den Wappen und Sigeln der Sontheimischen Linien den Schenkenbecher nicht mehr siehet, der in den Solmsischen und Wurmbrandischen noch immer das alte Andenken erhält.

schen, Limpurg-Sontheim-Homburgischen, Limpurg-Sontheim-Wertheimischen, Limpurg-Sontheim-Schönburgischen und Limpurg-Sontheim-Erbachischen Linie nöthig. (S. im vorigen Abschn.) Nothwendig mußte die vergröserte Gemeinschaft mit länge der Zeit eine Langsamkeit in den Regierungsgeschäften, auch wohl bey vorkommenden Umständen manche Mishelligkeit gebähren. Eine hinlänglich bestimmte Vorschrift von dem lezten Erblasser, oder eine neuere Uebereinkunft der hohen Theilhaber zu einer ganerbschaftlichen Regierung, welche zur allerseitigen Zufriedenheit hätte gereichen mögen, war nicht vorhanden. Man fand also zulezt kein räthlichers Mittel, die Rechte und Ansprüche der sämtlichen hohen Theilhaber auseinanderzusezen, und jedem derselben zum ungehinderten Genuß seiner Erbrechte zu verhelfen, als die Theilung. Diese kam endlich folgendergestalt zu Stand. Nach mancherley Vorschritten in den Jahren 1739. 1743. 1747. 1749. 1751. 1757. welche aber nicht zum gewünschten Ziel führten, wurde endlich im Jahr 1769. von dem höchstpreislichen Kaiserlichen und Reichs-Kammergericht, auf die damals lebenden Fürsten Friedrich den zweyten, regierenden Landgrafen zu Hessen, und Joseph, Fürsten zu Schwarzenberg, als des fränkischen Kreises hohe Mitstände, endlich aber im Jahr 1770. zu Ersparung der Kosten, auf den erstern allein eine kaiserliche Kommission erkannt, um die Limpurg-Sontheim- und Speckfeldischen Landesherrschaften völlig auseinander zu sezen. Von dem Landgrafen wurde hierauf dessen Geheimder Rath und Kreis-Gesandter, Freyherr August Christoph von Hagen, unterm 17. Aug. 1770. subdelegirt, das Kommissionsgeschäft selbst aber erst im Sommer des folgenden Jahrs zu Obersontheim, nachdem die allerseitigen Herrschaften als Interessenten ihre Bevollmächtigten dazu abgeordnet hatten, angefangen.

Im Jahr 1772. wurden Speckfeld und Sontheim aus einander geschieden, im Jahr 1774. den 22. November, die nach vorgängigen vielfachen und mühevollen Vorrichtungen und Ausgleichungen formirten fünf Limpurg-Sontheimischen Theile zu Obersontheim feyerlich verlooset. Dadurch erhielte nun

1. Die Limpurg-Sontheim-Prösingische Linie die Herrschaft Limpurg-Sontheim-Schmiedelfeld.

2. Die Limpurg-Sontheim-Homburgische Linie die Herrschaft Limpurg-Sontheim-Gröningen.

3. Die Limpurg-Sontheim-Wertheimische Linie die Herrschaft Limpurg-Sontheim-Obersontheim.

4. Die Limpurg-Sontheim-Schönburgische Linie die Herrschaft Limpurg-Sontheim-Gaildorf.

5. Die Limpurg-Sontheim-Erbachische Linie die Herrschaft Limpurg-Sontheim-Michelbach.

Jeder hohe Theilhaber erhielt zugleich auf seinem Landesantheil alle Rechte in geistlichen und weltlichen Sachen privative, und es sollte nur noch ein Nexus in publicis (denn ein gemeinsamer Vereinigungspunkt mußte aus verschiedenen Ursachen gleichwohl bleiben, also daß die fünf abgetheilten Herrschaften, in demselben ihrem Mittelpunkt noch immer ein Corpus vorstellen,) nemlich in Reichs-Kreis- und Kollegial- auch Lehensachen, und in Ansehung der Erbfolge, so wie es die Hausverträge mit sich bringen, fortdauren. Ein gemeinschaftliches Konsistorium, wovon auch die Rede war, kam nicht zu Stand,

Stimme, und des ansehnlichen Schildlehenhofes, einige Verminderung erlitten.

Als die ältern Landesherrschaften nach und nach abstarben, oder sich aus dem Lande begaben, so mußte freylich auch die Konsumtion und der Geldumlauf im Lande darunter leiden.

Aber das Land, hat in sich selbst, gegen die vorigen Jahrhunderte, ohne Zweifel manches gewonnen.

Die Bevölkerung hat im Ganzen stark zugenommen, welches die öffentlichen Kirchen-Register beweisen. Und man wird nicht zu viel sagen, wenn man sie gegen diejenige in der Mitte des vorigen Jahrhunderts, um zwey Drittel höher ansezt. d)

Es würde dies ein Unglück für ein Ländchen seyn, daß die Hände, welche der Feldbau nicht erfordert, nicht durch nahmhafte Fabricken und Manufakturen beschäftigen kann. Aber auch der Anbau des Landes hat nicht wenig, nach und nach, zugenommen. Zwar siehet man jezt Wälder, wo nach alten Nachrichten, nicht unbeträchtliche Schlösser, Flecken, Weiler und Höfe standen. Ihre Ueberreste hie und da, selbst die noch übrigen Namen, auf den verödeten Stätten, und sonderlich die noch sichtbaren zahlreichen Ackerbeete, zeugen auch davon. Aber an andern Plätzen haben dagegen Wälder, Sümpfe, und öde Haiden den anbauenden emsigen Menschenhänden weichen müssen. Viele grose Güter sind nach und nach vertheilt worden, unter zwey, drey und mehrere Besizer, die nun das drey- und mehrfache an Vieh und Früchten erzeugen, und die

Lan-

---

d) S. 1. Theil, Seite 364. und 365.

Landeseinkünfte und den Landes-Reichthum nüzlich vermehren halfen. Viele Allmanden oder sogenannte Gemeinden, (Gemeingüter) die als Hutpläze in geringe Betrachtung kamen, sind theils schon urbar gemacht worden, theils versprechen sie für die Zukunft dem Wohlstand der Einwohner eine neue Stüze und neuen Zuwachs. Die meisten der ehemaligen Herrschaft-Höfe, die entweder bestandweise, oder auf herrschaftliche Rechnung gebauet wurden, sind nach und nach an Unterthanen als Erblehen überlassen worden, und diese, das Ländchen, und der Anbau haben dadurch mehr gewonnen, als verlohren. Der Weinbau, die paar Orte, gegen der Rems zu ausgenommen, ist abgegangen, und der Landmann hat ein Produkt dabey verlohren, das ihn wenig kostete, und seine Kräfte zu den schweren Feld- und Wald-Arbeiten stärkte. Aber die Weinberge sind deswegen nicht zu öden Wüsten worden, sondern haben sich meistentheils in Baum- und Gras-Gärten verwandelt; die Landesherrschaft bekam statt des Zehendmostes Zehendgeld, und die Unterthanen fanden selbst offenbar ihren Vortheil bey der Verwandlung; die Viehzucht gewann; die Zeit, die der Weinberg erforderte, kann andern Arbeiten gewidmet werden; und es können nun auch desto mehr Pfäle ins Ausland gehen, und Geld einbringen.

Die Erdbirnen oder Kartoffeln haben auch einen nicht geringen und sehr gerechten Anspruch auf eine Stelle unter den Dingen, welche in diesem Jahrhundert dem Limpurgischen Landmann mehr Wohlstand und Segen gebracht haben. Die weisen Rüben, welche freylich von ihnen größtentheils verdrängt wurden, haben den Vorfahren doch bey weitem nicht die Kartoffeln ersezen können, die nun allgemein und in
Menge

Menge gebaut, fast Jahr aus Jahr ein, den Menschen und sonderlich auch dem Melkvieh zur schmackhaften, gesunden und reichlichen Nahrung dienen. Man darf sagen, daß ohne sie, vorausgesetzt, daß sie nur hauptsächlich den Landbau zur Nahrung hätten, nicht so viele Menschen sich auf dem Limpurgischen urbar gemachten Boden ernähren könnten. Der Kartoffelbau hat sich erst seit etwa fünfzig Jahren so sehr ausgebreitet; der Samen kam von den rheinischen Gegenden her; den ersten Limpurgischen Anbauer weiß man nicht anzugeben. Man bemerkt aber auch seit einigen Jahren etwas Miswachs und Ausartung bey diesem Erzeugnis; hoft aber, da die wilden Erdbirnen, deren Einfluß man sie zuschreibt, ihren Kredit zu verlieren anfangen, bald wieder die vorige Ergiebigkeit.

Die künstlichen Grasarten sind von sichtbarem Einfluß auf die Vermehrung und Verbesserung des Viehstandes, und der Limpurgische Landmann wird sie von Jahr zu Jahr mehr schäzen.

Mergel- oder Kiesführen ist in einigen oberländischen Gegenden seit etwa vierzig Jahren im Gang, und hat in manchen Gegenden den Ertrag der Feldgüter und der Zehenden schon um ein nahmhaftes erhöhet.

Ein Produkt des Kunstfleißes, ist seit dem Anfang dieses Jahrhunderts Limpurg entgangen, Glas. Es waren mehrere Glashütten im Amt Gschwend, die aber die umliegenden Wälder aufzehreten, und auf ihren Nachwuchs nicht warten konnten. Aber auch hierdurch hat der Anbau gewonnen. Die Waldungen wurden zum Theil zu Feldgütern, und die Glasmacher und Glasträger zu landbauenden Unterthanen.

thanen. Auch hat fürs Glasmachen die Spinnerey und, wie es scheint, auch Weberey zugenommen.

Das Holz ist in diesem Jahrhundert ausserordentlich im Preise gestiegen. Im dreysigjährigen Krieg wurden viele Aecker und Wiesen zu Wäldern, worinn sich auch häufige Wölfe noch lange nachher aufhielten. Diese sind ausgerottet, aber auch die Wälder weichen nach einiger Zeit von den Wohnungen der Menschen immer weiter zurücke. Noch im Anfang dieses Jahrhunderts hatte Holz sehr wenig Geldwerth, und wurde beynahe als Unkraut angesehen, oft nicht viel anders behandelt. Die Holzmacher verbrannten, gleichsam zum Zeitvertreib ganze Stämme, neben ihrer Arbeit zu Asche, um daraus nachher Salin sieden zu können. Fiel ein Stamm beym Umhauen etwa nicht bequem genug, etwa in eine Klinge, so lies man ihn liegen und faulen, und suchte sich einen andern. Noch vor 60. oder 70. Jahren, wie Alte berichten, kaufte man für sieben bis acht Gulden hundert der stärksten tännenen Stämme von der Gattung, von welcher nun ein einziger beynahe so viel gelten kann. Alles arbeitete aber, um die reichen limpurgischen Wälder aus der tiefen Verachtung zu ziehen, worinn sie lagen. Heerden von Hornvieh und selbst Geißen und Schaafen, wurden in die Wälder getrieben, um den jungen Nachwuchs im Aufkeimen zu zerstöhren, oder abzuweiden. Holzsparkünste würde man verlacht oder für Geiz erklärt haben. Man blockte häufig die ländlichen Wohnungen mit übereinander gelegten Balken auf, oder betäfelte sie von innen und aussen mit Brettern; die künstliche Holzmasse mußte freylich auch mit kleinen Brettchen oder Schindeln bedeckt seyn, wenn nicht nach der ältesten Sitte ein Strohdach

dach vorgezogen wurde. Die Anlegung lebendiger Haagen schien manchem zu mühsam, man nahm zum Umzäunen die schönsten jungen Bäume. Selbst zu Bohnenstecken gebrachte man junge Tannen- oder Fichten-Bäumchen. Alle Heerstrasen wurden mit Bäumen gepflastert, welche man Bruckhölzer nennt. Mit der zunehmenden Volksmenge vermehrte sich das Bedürfnis im Land, und wohl noch mehr im Ausland, wohin Brennholz oder Holzwaare geliefert wurde. Alles dieses, neben den allgemeinen Ursachen, der Vermehrung des Geldes der Masse und seiner Verringerung dem Gehalt nach, hat den Preis des Holzes auf einen Grad erhöhet, den man gegen die Vorzeit erstaunlich nennen könnte, wenn er nicht eine so begreifliche Folge ganz natürlicher Ereignisse wäre. Dieser erhöhete Preis wurde sonderlich der Klasse der Bürger und Handwerker empfindlich, aber er vermehrte den innern Reichthum des Landes, die herrschaftlichen Einkünfte aus ihren Domänen, und die Vortheile des Landmanns, als Waldbesizers und Holzhändlers. Er gab schon vor fünfzig und mehr Jahren gute herrschaftliche Forstordnungen ein, er lehrte auch den Bauer seine Waldungen mehr schonen, lehrte mehr Holzsparkunst, und selbst die Kunst, Holz zu säen und zu pflanzen. Bereits finden sich seit mehreren Jahren Holzpflanzgärten hie und da im Land, worinn schöne junge Eichen, auch Lerchenbäume und andre erzogen werden. Die Urheber und guten Pflegeväter wird noch die Nachwelt segnen.

So wie das Land an der Anzahl seiner Einwohner, an Umfang seines Anbaues, an Menge, Arten und Geldwerth seiner Produkte offenbar in diesem Jahrhundert zugenommen hat, so sind auch mehrere einzelne Häuser und kleine Oertchen entstanden, die

ältern

ältern haben grösentheils mehrere und theils beſſere Gebäude erhalten. Man baute nach und nach geräumiger, bequemer, anſehnlicher, mehr von Stein; es entſtunden neue Ziegelhütten; die Strohdächer verſchwanden faſt ganz, und die bretternen Dächer nahmen auch in den Waldorten wenigſtens ſtark ab; die Hauptlandſtraßen wurden wenigſtens ſtückweiſe beſſer, und das ganze Land hat gegen vorige Zeiten ein freundlicheres und gefälligeres Ausſehen gewonnen.

Dennoch hat es auch in dieſem Zeitraum an beſchwerlichen Umſtänden, die vornemlich von kriegeriſchen Zeiten und andern Unfällen herkamen, nicht gefehlt. Den ſpaniſchen Erbfolgekrieg hat das Land ſtark empfunden. Es wurde durch Quartiere und Durchzüge, bald von Freunds- bald von Feindsvolk nicht wenig mitgenommen. Bayern und Franzoſen waren mehrmals im Land. Auch findet man in den Kirchenbüchern mehrmals Flüchtlinge angemerkt, die von den Franzoſen geplündert und verjagt worden, auch darunter ſolche, die aus Mangel der Nahrung unterwegs verſchmachteten. Im Jahr 1702. wurde ſogar in der Grafſchaft, ſo wie in andern fränkiſchen Kreislanden, ein Ausſchuß unter den Bauer-Söhnen gemacht, dazu die Herrſchaft Limpurg-Gaildorf allein fünfzig Mann zu ſtellen hatte, um ſie gegen die Bayern und Franzoſen zu gebrauchen. Die ſämtlichen Limpurgiſchen Ausſchüſſer wurden im Monat Februar 1703. unter ihrem Hauptmann Schreiber, Forſtmeiſter zu Sulzbach am Kocher, nach Nürnberg geſandt, dort aber im Monat May wieder entlaſſen, und dafür regulirtes Volk zu werben beſchloſſen. Bey einer andern Gelegenheit in dieſem Kriege, nahmen aber die Limpurger noch thätigern Antheil, jedoch nur zur Selbſtvertheidigung. Eine ſtrei-

streifende Rotte französischer Marodeurs, mit Raub beladen, war ins Limpurgische eingedrungen, hatte bereits im Ländchen grose Ausschweifungen begangen, und drohete noch weiter mit Plünderung, Mord und Brand. Bürger von Gaildorf, mit einigen Landsleuten, sezten sich derselben bey Unterroth entgegen, um den Mordbrennern den weitern Einbruch zu verwehren. Es kam zum Handgemenge, die Feinde wurden haufenweise in den Rothfluß gesprengt oder sonst getödtet, keiner von ihnen kam davon.

Im Jahr 1741. ist das französische Heer, zur Eroberung Böhmens, im Anfang des Septembers, mitten durch das Limpurgische gezogen, samt vielem Geschüze, Pontons und einem Zug von etlichen hundert Wagen, jedoch freundschaftlich, ob es schon, wie zu erachten, nicht ohne grose Beschwerde abgieng. Es stund ein Lager auf der Ebene ohnweit Reipertsberg und Honkling, und zweymal eines bey Gaildorf, vom Armenhaus bis in die Höhe gegen Winzenweiler hin. Der Durchzug währte vom ersten bis dritten September. Das ganze Städtchen war mit hohen Befehlshabern und ihrem Gefolge vollgepfropft. Im Jahr 1743. sonderlich im Monat Februar, zog sich der Ueberrest des geschlagenen Heers, in mehreren Marschsäulen auch wieder durch das Ländchen, jedoch mit starken Tagmärschen. Oesterreichische Husaren verfolgten sie.

Der siebenjährige Krieg zwischen Oesterreich und Preussen, weil das Reich daran Theil nahm, kostete den Limpurgischen Unterthanen auch manchen schönen Pfenning.

Indessen hat Limpurg immer von Glück zu sagen, daß es seit dem dreysigjährigen Krieg keine grose

grose Kriegsverheerung, und seit dem spanischen Erbfolgekrieg nirgend einige Plünderung hat erfahren dürfen.

In diesem ganzen Jahrhundert weiß auch kein Ort von sehr verderblichen Feuersbrünsten.

Miswachs, Hagel und Viehseuchen haben das Ländchen zuweilen betroffen.

Sonderlich war der Winter von 1739. bis 1740. empfindlich, vornemlich in seinen Folgen, für die Viehzucht, als einen Hauptnahrungszweig der Einwohner. Da der Frühling sehr rauh war, so war im Brachmonat noch kaum etwas weniges für das Vieh gewachsen, der Centner Heu stieg auf 1 fl. 36 kr. und war dafür mit Mühe zu haben. Da im Spätjahr sehr bald wieder Frost einfiel, so konnte die zweyte Heu- oder die Ohmed-Erndte nicht wohl vollbracht werden. Viel nahm das anlaufende Gewässer, manches blieb ganz ungenüzt, was eingebracht wurde, war schlechtes Gut, dem man die darauf folgende Viehseuche zuschrieb.

Die Theurung in der ersten Hälfte des Jahrs 1771. war ziemlich drückend für Limpurg. Wenige Gegenden Deutschlands mögen sie so sehr empfunden haben, wie diese Grafschaft, und in derselben wenige Orte so, wie Gaildorf. Theils war es Miswachs des vorigen Jahrs, theils und weyl vornemlich, die Sperre der umliegenden Gebiete, was schnell einen kläglichen Mangel der Lebensmittel, besonders des Getraides verursachte, dem kein öffentliches Magazin, dergleichen nicht vorhanden war, keine herrschaftlichen noch Vorräthe der Privatpersonen abzuhelfen vermochten. Man hatte sich der so schnell steigenden Noth nicht versehen. Noch im Merzen wurde ein

Viertel

Viertel Kern zu Schwäb. Hall um 4. fl. 30. kr. verkauft, und am 20. des folgenden Monats im limpurgischen schon um 7. fl. 30. kr. Dies war ein zehenmal höherer Preis, als er nach Herolds Bemerkung (in seiner Chronick, wo die Getraidpreise öfters angemerkt zu finden sind,) im Jahr 1529. also 242. Jahre vorher bey ebenfalls unerhörter Theurung gestanden war. *) Acker- und Wiesen-Kräuter wurden häufig und begierig von geringen Leuten aufgesucht, und mit etwas Milch zu eßbaren Gerichten zubereitet. **) Ohngefähr tausend Menschen wurden durch Mangel und den Gedanken an die Zukunft bewogen, an eine Auswanderung zu gedenken, die jedoch noch unterblieb. Denn da im Maymonat bey der fröhlichern Aussicht auf die nächste Erndte, und nach der erwarteten Ankunft reichbeladner Fruchtschiffe hie und da in Deutschland, die durch den polnischen Ueberfluß die Noth unsers deutschen Vaterlandes milderten, nach und nach die Sperren wieder eingestellt wurden, und die Erndte selbst die Kornpreise wieder stark herabsezte, so kehrte auch Muth und Freude wieder zurück.

Es haben es aber auch die Landesregierungen, so bald und so gut es nach den Umständen nur immer seyn konnte, an allerley Vorkehrungen nicht fehlen lassen. Auch in andern Rücksichten ist manches zur Vermehrung des Wohlstandes des Landes und der Unterthanen gethan worden. Die Landschafts-Kassen hatten in den schweren Zeiten, um die

---

*) Vier Schäze oder 4/3 Viertel Häll. Kern galten damals 1 fl.

**) Als: Sauerampfer, Wegwarten, Eduohren, Waldäpfelein, Schlüsselblumenkraut, Gänseblümlenskraut, Schmalzblumenkraut.

die wenig bemittelten unter den Unterthanen nicht zu Grunde zu richten, Geld aufnehmen müssen; man war auf die Bezahlung der Schulden, so bald es die Zeitumstände verstatteten, bedacht, und in theils Landesantheilen haben nun diese Kassen Aktiv=Kapitalien und baaren Vorrath, aus welchem Unglückliche nach Erkenntnis der Umstände zuweilen Unterstüzung erhalten. Man hat in allen Theilen der Landesverwaltung Ordnung einzuführen gesucht. Die Anstalten zu Verhütung und Löschung der Feuersbrünste waren erst jüngsthin in der Herrschaft Gaildorf ein Gegenstand obrigkeitlich=väterlicher Sorgfalt. Seit dreyßig Jahren sind nach einander vier Marktflecken entstanden, Sulzbach, Gschwend, Oberroth, Seifertshofen, indem jeder dieser Flecken zu drey Jahrmärkten berechtiget wurde, wodurch theils der Nahrungsstand dieser Orte gebessert, theils dem Viehhandel, woran dem Ländchen so viel gelegen ist, mehr aufgeholfen wurde.

Was für Religion und Sittlichkeit gethan wurde, wird der folgende Abschnitt erzählen.

Zwey und zwanzigster Abschnitt.
Kirchliche Merkwürdigkeiten.

Durch die Konvention vom Jahr 1690. zwischen dem Haus Gaildorf und Speckfeld litte auch die bisherige Kirchenverfassung einige Aenderung. Da jedem der hohen Theile in seinem alten oder neuen Landesantheil alle, auch die geistlichen Rechte,

über=

überlassen blieben, so kamen nun mehrere, bisher Gaildorfische Pfarreyen, nämlich Welzheim, Sulzbach, Eschach, Ober= und Unter= Gröningen, und die Gaildorfische Stadt=Parochie zur Hälfte, in so weit sie nun sontheimisch war, unter das Obersontheimer Konsistorium und die dortige Inspektion oder Superintendentur. Sie hatten auch, Gaildorf ausgenommen, wo man sich noch an die alte hielt, von nun an die Speckfelder Kirchenordnung zu befolgen. Die Gaildorfische Kirchen=Inspektion war also nur noch auf die vier Pfarreyen: Oberroth, Viechberg, Münster und Eutendorf eingeschränkt.

Dem Stadtpfarrer zu Gaildorf entgieng dadurch auch seine bisherige Beyhülfe. Denn der Pfarrer zu Münster, der bisher sein Diakon gewesen war, wurde nun durch die Theilung ausschließlich Limpurg=Gaildorfischer Pfarrer, besorgte als solcher seine Parochie, und half nur bey Kommunionen in der Stadt administriren, ob er schon seine alte Wohnung in der Stadt behielt. So bliebs bis 1710. da durch den Stadtpfarrer Apin darauf angetragen wurde, ihm den bisherigen Präceptor als Kaplan oder Gehülfen beyzufügen. Er trat etwas von seiner Besoldung an denselben ab, und mehr anderes schöpfte man sonst, und so wurde die eingegangne Stadtkaplaney auf andre Weise wieder hergestellt. Die Einweihung des neuen Kaplans Georg Schmids geschahe den 19. October, am 18. Sonnt. Trinitatis.

In der ganzen Sontheimer Diöces, und also auch in den neuerdings dazu gekommenen Parochien wurde um diese Zeit eine Kirchencensur eingeführt, und zu dem Ende eine Kirchencensurordnung bekannt gemacht. Sie wurde mehrentheils, wie man

gleich

gleich auf dem Titel findet, aus den Gothaischen und Hohenlohischen Projekten ausgezogen. Sie ist jedoch zu weitläuftig, als daß ich ihren Inhalt hier ausziehen dürfte. Nur ein und anders daraus. Der Pfarrer soll dabey den Anfang mit einem Gebet machen, eben so den Beschluß, und zu beydem ist ein beyläufiges Formular eingerückt. Eine bestimmte Zeit ist nicht vorgeschrieben, nur heißt es: öfters. Die Beysitzer des Kirchengerichts sollen in jeder Parochie von dem Pfarrer vorgeschlagen, vom Konsistorio gewählt und bestättiget werden. Der ordentliche Beysitz der Beamten wird nicht geordnet, doch ists ihnen verstattet, wenn sie wollen, beyzuwohnen, und sich im Protokoll zu ersehen, welches etwa der Pfarrer führen und verwahren soll. Der Endzweck des Kirchengerichts soll seyn, erstlich, daß sich die Beysitzer unter einander selbst erbauen, und wahrnehmen, damit nicht an ihnen oder ihren Haushaltungen etwas ärgerlich und sträfliches seye, das sie nicht zu bessern begehrten, und also ein Blinder dem andern den Weg weise, darnach sollen sie zuvörderst nach Beybehaltung der reinen Lehre, auf die Pflanz- und Erhaltung christlicher Disciplin rc. sehen. Hierauf werden die Sachen insonderheit specificirt, welche vor dieses Gericht gehören. Es sollen in jedem Dorf oder Weiler 1. 2. oder 3. Personen bestellt werden, deren jede über eine gewisse Zahl von Haushaltungen die Aufsicht führe, geringe Fehler selbst mündlich bestrafe, und andre anzeige. Wie dieses Aufseheramt geführt werden soll, wird nun weitläuftig und sorgfältig bestimmt, den Inspektoren zu ihrer Aufmunterung, Schuz und Gnade zugesichert, auch daß ihrer bey ihren Leichpredigten mit besondern Ehren gedacht werden soll. Der Superintendent soll auf die Erhaltung dieses Kir-

chens

chengerichts besonders bedacht seyn, wenigstens des Jahrs einmal in jedem Kirchspiel nachsehen, sich das Protokoll vorweisen lassen, auch der Kirchencensur etwa selbst beywohnen. Man ersiehet übrigens aus dieser Verordnung bald im Anfang, daß dem gedruckten Kirchen-Mandat der Herrschaft Sontheim *) schlecht nachgelebt worden, und daß man diesen Mangel durch diese Kirchencensur-Anstalt zu ergänzen hoffe. Wie ergiebig sie hiezu gewesen, und wie lang sie gedauert habe, kann ich aus Mangel der Nachrichten nicht bestimmen.

Um einen Begriff von einem solchen Kirchenmandat zu geben, sehe man hier den kurzen Inhalt desjenigen, welches für das Städtlein Gaildorf, aus der Obersontheimer und aus der Gaildorfer Kanzley den 18. März 1707. ausgieng, dergleichen aber auch nachher für den Wurmbrandischen Antheil im J. 1734. bekannt gemacht wurde. Es wird nach einem kurzen Eingang, worinn beklagt wird, daß grose Unwissenheit und allerley Unordnungen eingerissen seyen, daher die ältern christlöblichen, aber fast unterdrückten und in Verges gestellten Verordnungen hiemit wieder zu ihren vorigen Würden gebracht werden sollten, 1. verordnet, daß Alte und Junge sowohl die Sonn- Fest- und Feyertags-Predigten bey unnachläßiger Strafe, als auch die Freytags-Predigten, (unter welchen man sämtlich, Sonntags aber den ganzen Tag aller werktäglichen Hausund Feldarbeiten sich enthalten soll,) wie nicht weniger die Betstunden fleißig besuchen, sich zwischen allen solchen Predigten weder im Städtlein noch im Feld bey irgend einem Geschäft, auch nicht in ihren eig-

---

*) Datum Obersontheim, im Jun. 1695. Es wird darinn schon einer Kirchencensur Meldung gethan, und verordnet, daß es alljährlich am Ostermontag verlesen werden sollte.

eignen Häusern bey 1 Pf. 5 ß. oder nach der Sachen Beschaffenheit noch höherer Strafe, von den dazu geordneten Gerichtspersonen antreffen lassen sollen, ohne ihr Draussenbleiben hinlänglich rechtfertigen zu können. Alle junge Leute bis nach zurückgelegten 25. Jahren sollen die Katechisationen besuchen, bey 5. ß. Strafe. Alle, die zum h. Abendmal gehen wollen, sollen sich bey der eingeführten Vorbereitung einfinden. Schlecht unterrichtete Erwachsene des Jahrs etwa ein oder andermal beym Pfarrherrn sich einstellen, um Rechenschaft von ihrem Glauben zu geben. Eltern und Pfleger ihre Kinder fleißig zu Schulen anhalten, und nicht eher zurücknehmen, bis der Pfarrherr nach angestellter Prüfung, im Christenthum, Lesen und Schreiben, sie dazu für tüchtig genug erklärt habe. 2. Das verruchte und verdammte Laster des Fluchens, Gottesläsierns und gottlosen Betheuer- und Anwünschens wird Grosen und Kleinen ernstlich untersagt. Kinderzärtler, welche dergleichen von ihren Kindern leiden, sollen um 1. fl. und mehr oder weniger, nach Gestalt der Sachen, gestraft werden. Auf Ehehalten soll in diesem Punkt auch gute Aufsicht geführt werden. Und weil beym Zechen und Spielen das Fluchen am allermeisten im Schwang gehe, so soll bey Strafe 5. fl. 5. ß. eines jeden Hausmanns, das Spielen an Werk- und bey Strafe 10. fl. 5. ß. an Sonn- und Feyertagen verboten, den Wirthen auch bey Strafe 5. fl. auferlegt seyn, die Flucher den Beamten anzuzeigen. Es sollen auch Aufseher bestellt werden, welche die Flucher an andern Orten, als den Gasthäusern, anzuzeigen haben. 3. An Sonn- und Feyertagen soll in den Wirthshäusern gar nicht gezecht werden, bey Strafe 2. fl. für den Zecher, zu aller Zeit soll überflüssiges Trinken mit

1. fl.

1. fl. bestraft werden, Wirthe, die das Sonntags-Gebot übertretten, 2. fl. Strafe zahlen. 4. Das schädliche Weinführen des jungen ledigen Gesinds, soll bey Straf des Gesellen um 3. der Dirne um 2. der konnivirenden Eltern, Hausherrn und Wirthe um 6. fl. verboten seyn, Tanzen an gewissen Tagen, jedoch mit Vorwissen hoher Herrschaften, und an jenen Tagen nur Nachmittags von 1. bis 5. Uhr gestattet werden, und niemand Tanzens wegen in benachbarte Orte laufen. Uebertretter haben ohne einigen Nachlaß 2. Pf. 5. ß. Strafe zu zahlen. 5. Ladensteigen und nächtliches Zusammenschliefen junger Leute wird mit 10. und 5. fl. Strafe verbotten. Mitwissenden Eltern und Hausleuten 10. und 20. fl. Strafe angesezt. 6. Der Wucher überhaupt, und insonderheit mit Kirchenstühlen soll auch mit Ernst bestraft werden. 7. Pfarrer sowohl als Beamte fleisige Aufsicht tragen, und alle 1. oder 2. Monate hierüber zu hochgräflichen Kanzleyen berichten.

Um eben diese Zeit, eigentlich im J. 1709. wurde die christevangelische Firmung, wie sie der Stadtpfarrer Apin zu Gaildorf nennt, oder die noch sogenannte Konfirmation in der Herrschaft Gaildorf eingeführt. Vermög dieser Anordnung sollten Kinder, nachdem sie genugsamen Unterricht empfangen, ehe sie zum heiligen Abendmal gelassen würden, am Palmsonntag vorher, Nachmittags, öffentlich der Gemeine vorgestellt, ihre Einsicht in die Glaubens-Wahrheiten geprüft, sie mit Auflegung der Hände eingesegnet, und zu ihrem Versprechen, in dem Bekenntnis der evangelischen Lehre und in der wahren Gottseligkeit bis an ihr Ende zu beharren, Gnade von Gott erbetten, dabey auch eine Erweckungsrede gehalten werden, welches alles bey der Konfirmation noch beobachtet wird.

Eine besondere Vorbereitung, auf den Mittwoch vor jedesmaliger Haltung des h. Abendmals, die in einer kurzen, der Absicht gemäsen Rede, gemeiniglich über eine biblische Stelle, einer kurzen Katechisation und einem besondern Gebet bestehet, wurde zu Obersontheim, und in den übrigen zu dieser Diöces gehörigen Pfarreyen im J. 1695. eingeführt, zu Gaildorf aber erst 1698. Da um diese Zeit die Gaildorfische Superintendenten=Succession einige Unterbrechung litt, vielleicht auch sonst Bedenklichkeiten im Weg waren, so wurde diese Vorbereitung nicht sogleich auch in den Gaildorfischen Landpfarreyen gewöhnlich. Man findet, daß im J. 1713. im Monat Julius, dieselbe zwar zu Oberroth und zu Eutendorf, aber nicht zu Viechberg und Münster üblich gewesen, daß aber in einer Konsistorial=Session, welcher die sämtlichen Gaildorfischen Geistlichen anwohnten, beschlossen wurde, sie in diesen leztern Kirchen auch einzuführen, wobey man doch für gut fand, wenn ein Feyertag in der Woche einfiele, sie an demselben gleich nach der Frühpredigt zu halten.

Die Verbesserung der Stadt= und Landschulen wurde ebenfalls eifrig betrieben. Zu dem Ende wurde den 12. Jan. 1699. für die Stadtschule zu Gaildorf, eine neu aufgesezte Schulordnung auf hoher Herrschaften Special=Befehl ziemlich weitläufig bekannt gemacht. Es finden sich darinnen recht viele schöne Vorschriften. Man siehet aber auch daraus, daß die üble Gewohnheit, Kinder nach Wohlgefallen ganz aus der Schule zu nehmen, ehe sie dazu einigermasen reif waren, ja sie in die Beicht zu führen, ehe sie öffentlich dazu für tüchtig erklärt worden, bis jezt fortgedauert habe. Die Stelle ist hier
son=

sonderlich auffallend: Sollen die Eltern kein Kind für sich zur Beicht gehen lassen, sondern es etliche Wochen zuvor zu dem Stadtpfarrer führen, und in sein Haus bringen, damit ers vorhero examiniren, und bedörfenden Falls besser und genugsam informiren könne, und sich nicht erst in der Beicht lang und vergeblich mit demselben aufhalten müsse.

Für die Limpurg-Sontheimischen Schulen gieng unterm 16. Nov. 1702. eine neue Schulordnung aus, die ihrem Inhalt nach der schon angeführten Gaildorfischen Schulordnung meistentheils gleichförmig ist. Ich will zuerst nur die Rubricken der Kapitel daraus mittheilen. 1. Vom Endzweck christlicher Schulen. 2. Von den Lehrern in den Schulen in der Residenz und auf dem Lande. 3. Von den Schulkindern und ihren Eltern. 4. Von der Lehrart, deren sich die Schularbeiter nach Möglichkeit befleisigen sollen. 5. Von der Aufsicht über das Schulwesen. In Ansehung der Lehrart findet man darinn recht schöne und bestimmte Vorschriften. Man erkannte schon den grosen Nuzen des Zusammenunterrichtens, und der Versinnlichung der Lehrgegenstände. Das A B C sollte sich auf einer Tafel in der Schule befinden, und die Kinder, die es noch nicht ganz inne haben, alle zumal oder klassenweise vor dieselbe geführt werden. Die Buchstabirenden werden auch klassenweise geübt. Die Lesenden desgleichen. Vor allem soll man die Absäze bey Zeiten in Acht zu nehmen lehren, und etwas innehalten lassen, weil es die Sache zu verstehen überaus viel thue, welches auch beym Auswendiglernen wohl zu beobachten seye. Durchaus müsse jede Gattung im Lernen zusammengethan werden, damit nicht einer mit dem andern versaumt oder überdrüssig gemacht werde. Das Rechnen, weil noch zur Zeit wenig Kinder dazu tüchtig, möge etwa privatim gelehrt werden. Die Schreibenden werden auch in Klassen getheilt, und jeder Klasse gleiche Vorschriften gemacht. Auch die Ordnung der vorzuzeichnenden Buchstaben wird angegeben. Alles, was die Kinder lesen, hören oder auswendig lernen, soll der Schuldiener, so weit sich sein Verstand erstrecke, kurz und einfältig erklären, und daben eine kurze Zueignung auf die Kinder machen, weil das gelesene oder gelernte schon halb verlohren seye, wenn man den Verstand und die Anwendung desselben nicht gleich mitbegreife.

Wahrscheinlich schrieb sich das Bestimmte dieser vorgeschriebnen Methode von den Hallischen Waisenhaus-Schulanstalten her, wie die schwesterlichen Lineamente verrathen. Und Johann Müller, der eifrige Superintendent zu Obersontheim, welcher ohne Zweifel bey dieser Vorschrift die Feder geführt hat, stund mit Halle und Franken in enger Bekanntschaft.

Man wird sich aus der Speckfelder Kirchenordnung erinnern, daß dort im Kap. von Schulen, schon gewünscht worden, daß auch auf den Dörfern, wie in den Residenzen, die Schulen das ganze Jahr hindurch möchten gehalten werden. Durch diese neue Schulordnung wurde auch hierinn ein weiterer Vorschritt gethan, und die Sommerschulen in Sulzbach und Welzheim wirklich angeordnet. In den übrigen Landpfarreyen läßt man es bey 2. Winterquartalen bleiben.

Zu Gaildorf aber wurden, vornemlich dieser Sommerschulen wegen, den 11. Jul. 1713. die zu dieser Herrschaft gehörigen Geistlichen zu einer Konsistorial-Session zusammenberufen, und darinn ausgemacht: daß Mitwochs und Freytags, Vormittags 3. Stunden, von 8. bis 11. Uhr, und Nachmittags zwey dergleichen von 12. bis 2. Uhr, Sonntags nach der Kinderlehr aber 1. und Freytags nach der nachmittägigen Betstunde 2. Stunden dazu bestimmt, und alle Knaben bis zum 15. die Mägdlein bis zum 14. Jahr zu kommen angehalten werden sollten. Schulgeld sollten die Eltern halb so viel, als im Winter, nämlich fürs Quartal 6. Kreuzer, ohne Nachlaß, wenn auch die Kinder nicht erscheinen sollten, entrichten, und amtlich dazu angehalten werden. Da die Gaildorfische Superintendentur noch über 30. Jahre bestund, so wurde die Aufrechthaltung der Sommer-Schulanstalt zwar immer bezielt, sie gieng aber endlich doch wieder ein, weil eines Theils die Viehzucht, welche einen Hauptnahrungszweig der Limpurgischen Landleute ausmacht, und das mit derselben verbundne Viehhüten durch die Sommermonate sehr im Weg stehen mußte, andern Theils wohl auch das geordnete Schulgeld als eine Beschwerde angesehen ward.

Im J. 1771. wurde für den Limpurg-Wurmbrandischen Antheil die Sommerschulanstalt aufs neue errichtet, und, damit desto weniger Hindernisse entgegen stehen möchten, dazu des Sonn- und Feyertags 1. Stunde von 12. bis 1. Uhr, Mitwochs und Freytags 2. Stunden Vormittags von 8. bis 10. Uhr, und so viele Nachmittags geordnet, von Niemand aber einiges Sommerschulgeld gefordert, sondern die Schulmeister, damit sie doch auch durch einigen baaren Vortheil mehr ermuntert werden mochten, auf andre Weise zufrieden gestellt. Als die
durch-

durchlauchtigsten Prinzeſſinnen von Sachſen-Gotha-Roda ihre Hälfte an dieſem Wurmbrandiſchen Landesantheil verkauften, ſo wurde dem Kaufs-Inſtrument eine beſondre Stelle einverleibt, die Aufrechthaltung der Sommerſchule betreffend, welche auch des Herrn Käufers herzogliche Durchlaucht gnädigſt zuſagten, und vornemlich zu deren Behuf ſamt der hochfürſtlich-Leiningiſchen Mitherrſchaft im J. 1781. die vorgeſchlagene Kirchencenſur-Anſtalt gnädigſt genehmigten und beſtättigten.

Auch im Limpurg-Solms-Aſſenheimiſchen Antheil wurden ſeit einigen Jahren die Sommerſchulen wieder in einigen Gang gebracht.

Die Beſchaffenheit der Kirchenzucht, ſonderlich im Anfang dieſes Zeitraums, kann man ſich aus dem, was von der alten Limpurg-Sontheimiſchen Kirchencenſur und von den Kirchenmandaten auszugsweiſe beygebracht worden, leicht vorſtellen. Es iſt nicht zu läugnen, daß ſie bey aller herzlichen Neigung der Landesherrſchaft, welche zugleich unverkennbar iſt, ihre Unterthanen, ſo viel möglich, durch Güte zur Ordnung und guten Sitten anzuführen, etwas ſtrenge war. Die Kirchenbuſe wurde inſonderheit für Uebertretter des ſechsten Gebots geſchärft. Im Jahr 1729. mußte ein ſolcher zu Eutendorf, um mit der Kirche wieder ausgeſöhnt zu werden, während des ganzen Gottesdienſtes knien, und eine brennende Kerze in der Hand halten. Im Jahr 1732. aber mußten zwey Perſonen dieſer Art ihre Ausſöhnung knieend und mit ausgezogenen Schuhen eben daſelbſt, bey der Kirchenbußhandlung ſuchen. Wenn man aber bedenkt, welche Rohigkeit unterm gemeinen Volk in vorigen Zeiten, beſonders während des dreyſigjährigen Kriegs, wovon man in dieſer

Geschichte auch Beyspiele gesehen hat, herrschte, oder aufs neue einrieß, bedenkt, daß, um die Freyheit unschädlich zu ertragen, und einer liberalern Behandlung fähig zu seyn, schlechterdings der Volksbarbarey erst das Genick einigermasen gebrochen, und die Volkserkenntnis zu einiger Höhe gestiegen seyn muß, so wird man neben dem guten Endzweck die in jener Beziehung unumgängliche Nothwendigkeit einer strengern Kirchenzucht, als man etwa heut zu Tag zu sehen gewohnt ist, nicht verkennen. Da man überdieß zugleich auf andre Weise ernstlich bemühet war, Verstand und Herzen des gemeinen Volks mehr zu bessern und aufzuklären, hiezu den öffentlichen Unterricht zweckmäsiger und wirksamer zu machen, und die Kirchencensur eben nicht zum Strafen, sondern zum Gängeln des Volks da war, so mildert dieses gar sehr die Idee von jener züchtigenden Kirchengewalt. In neuern Zeiten hat die väterliche Zucht mehr von mütterlicher Schonung angenommen, und konnte es auch wohl, da doch im Ganzen die öffentlichen Sitten gegen die vorige Zeiten gewonnen hatten. Es wurde auch im Wurmbrandischen Antheil die öffentliche Kirchenbuse, weil sie in ihrer bisherigen Gestalt der alten apostolischen Kirchenbuse zu wenig ähnlich, und bey mancherley unrichtigen Nebenideen des Volks nicht mehr nüzlich und rathsam genug schien, im Jahr 1772. abgestellt, und in eine Privatadmonition verwandelt, wobey der Seelsorger mit dem Gefallenen nach Beschaffenheit und Bedürfnis seines Herzens gründlich durchreden, und ihn zu wahrer Sinnesänderung ermahnen soll. Das herrschaftliche Dekret, welches übrigens die ältern Verordnungen gegen die Uebertrettungen des sechsten Gebots bestättigt, und jährlich am ersten Bußtag zu verlesen ist, ist datirt Roda

Roda den 3. Sept. 1772. und Dürkheim den 25. Sept. 1772.

 Die Limpurgische Superintendenten=Folge blieb nicht ununterbrochen. Der jüngere Johann Heinrich Calisius, welcher seinem Vater gleiches Namens als Gaildorfischer Stadtpfarrer im J. 1698. folgte, hatte keine Inspektion zu verwalten. Diese wurde zu Gaildorf erst im J. 1708. wieder hergestellt, und dem Stadtpfarrer Johann Friedr. Apin übertragen. Sieben und zwanzig Jahre lang war im Gaildorfischen auch keine Kirche visitirt worden, *) wie eben dieser Apin bey der ersten Visitation angemerkt hat, die im erst angezeigten Jahr wiederum zu Oberroth, Viechberg, Münster, Eutendorf vorgenommen worden, und zwar von beyder Gaildorfischen Herrschaften Räthen und dem Inspektor. Im folgenden Jahr wurde auch zu Gschwend, wo zwar noch keine Kirche, der Herrschaft aber alle Kirchenrechte zuständig waren, visitirt, und bey dieser Handlung in der Amtsbehausung die ledigen Leute examinirt, und das Kirchenmandat verlesen. Die beyden Geistlichen zu Frickenhofen und Kirchen=Kirnberg, zu deren Kirchen sich die meisten Gschwender Amtsangehörigen damals hielten, wurden auch dazu eingeladen. Die bey diesen Kirchenvisitationen bemerkten Mängel betrafen vornemlich die vernachläßigte Sonntagsfeyer, die Kinderlehrversäumnis, und die grose Abhaltung der Jugend vom öffentlichen Unterricht durchs Viehhüten, welche man dadurch einigermasen zu heben suchte, daß verordnet wurde, es sollte dabey entweder abgewechselt, oder zeitlich eingefahren werden. Dergleichen Visitationen

---

*) Die unruhvollen kriegerischen Zeiten mochten hauptsächlich mit daran Schuld haben.

nen sollten in allen Kirchen der Herrschaft Gaildorf, wie auch zu Gschwend, von 3. zu 3. Jahren gehalten werden, welches auch mit geringer Unterbrechung bis zum Abzug des lezten Gaildorfischen Inspektors, Johann Christoph Majers im J. 1737. fortwährte. Die Landschulen wurden jedoch jährlich visitirt, und zu Kirchenvisitationen jeztgedachter Herr Majer von Nördlingen aus, wo er das Superintendenten-Amt bekleidete, noch in die Herrschaft ausserordentlicher Weise berufen, weil die Inspektors-Stelle zu Gaildorf nicht wieder ersezt, sondern die Pfarreyen unter die unmittelbare Aufsicht der Konsistorial-Kanzleyen gezogen wurden.

Im Sontheimischen sollten die Kirchenvisitationen nach der Speckfeldischen Kirchenordnung zwar jährlich durch hiezu deputirte Visitatores, geist- und weltlichen Standes fortgeführt werden, sie wurden aber zulezt nach Gelegenheit der Umstände auch nur zu gewissen Zeiten vorgenommen, und als Herr Eberhard Vollrath Müller mit seinem Tod im J. 1773. die Sontheimische Superintendenten-Reihe auch beschloß, so wurden die Pfarreyen der Sontheimer Diöces gleichfalls unmittelbar der dortigen Konsistorial-Kanzley untergeordnet, bis sie im folgenden Jahr durch die Landestheilung mitvertheilt wurden.

Wie dies geschah, zeigt folgende Vorstellung:

1.) Limpurg-Sontheim-Schmiedelfeld:
   a. Sulzbach, Patronat und Episcopat.
   b. Geifertshofen, Episcopat. Das Patronat ist von Alters her dem Ritterstift Komburg zuständig.
   c. Oberfischach. — Das Episcopat, doch nur in einem eingeschränkten Verstand genommen,

men, wird, als zu diesem Landesantheil gehörig, angesprochen, und der dortige Pfarrer ist in dieser Rücksicht auch im J. 1782. erstmals in den Wirtembergischen Addreß-Kalender gesezt worden. Mehr davon wird beym Antheil Limpurg-Sontheim-Michelbach bemerkt werden. Das Patronat gehört der fürstlichen Probstey Ellwangen.

2.) Limpurg-Sontheim-Gröningen:
   a. Eschach, Patronat und Episcopat.
   b. Ober- und Unter-Gröningen, Patronat und Episcopat.

3.) Limpurg-Sontheim-Obersontheim:
   a. Obersontheim, Patronat und Episcopat. Die Diakonus-Stelle ist eingegangen.
   b. Mittelfischach, Episcopat.

4.) Limpurg-Sontheim-Gaildorf:
   a. Gaildorf a. Stadtpfarrer, und b. Kaplan. Patronat und Episcopat, in beyden Stellen zur Hälfte. Die Besezung der erledigten Stellen geschahe bisher zwischen den den Gaildorfischen und Sontheimischen Herrschaften, wechselweise.
   b. Adelmannsfelden, Patronat und Episcopat.

5.) Limpurg-Sontheim-Michelbach:
   a. Michelbach, Patronat und Episcopat.
   b. Mittelfischach, Patronat.
   c. Oberfischach, — Episcopat. Denn lezteres spricht Limpurg-Michelbach billig auch an, ob es schon deswegen mit der fürstlichen Probstey

Probstey Ellwangen einen Rechtsstreit gehabt, aber auch gewonnen hat. *)

Die Pfarreyen Sulzbach und Geifertshofen sind, nachdem sie mit dem ganzen Landesantheil, wozu sie gehören, im J. 1781. an das hochfürstliche Haus Wirtemberg gekommen, zu der Backnanger Diöces geschlagen worden, und werden auch von daher jährlich visitirt, so wie sie zugleich an die Wirtembergischen Kirchenverordnungen gewiesen sind.

Die Limpurg-Gröningisch- oder Limpurg-Bartensteinischen Kirchen, zu Eschach, Ober- und Unter-Gröningen wurden im Jul. 1786. auf landesherrschaftlichen Befehl durch den Herrn Prediger Hirsch in Heilbronn, als Hohenlohe-Bartensteinischen Obersuperintendenten erstmals visitirt, und dem Vernehmen nach sollen dergleichen Kirchenvisitationen von Zeit zu Zeit wiederholet werden.

Zu Gschwend war bis ins Jahr 1759. weder Kirche noch Pfarrer, obschon Kirchenvisitationen, wie schon vorgekommen, daselbst gehalten worden, und eine Schule da war, für deren Aufnahme Sorge getragen wurde. Doch war eine Gschwender Kirche schon in vorigen Zeiten oft der Gegenstand frommer Wünsche,

*) Die Probstey Ellwangen wollte zu Oberfischach das Recht des Trauerläutens haben, welches aber Limpurg-Michelbach keineswegs zugestund. Daraber kam es zum Proceß beym Reichshofrath, aber der Entscheid war wider Ellwangen. Bey der Landestheilung wurde Limpurg-Michelbach vermög eigner kommissarischer Immissions-Patente in den Besiz von Oberfischach, nebst allen darauf haftenden Regalien, landesherrlichen Rechten und Gerechtsamen in ecclesiasticis & politicis eingewiesen; das Jus confirmandi & installandi novum pastorem aber zur Gleichstellung der gräflich Limpurg-Schmidelfeldischen Landesherrschaft zugetheilt.

Wünsche, und die Frau Gräfin von Wurmbrand stiftete insonderheit ein Kapital von 1000. fl. deren Zinse zu einer künftigen Gschwender Pfarrbesoldung angewendet werden sollten. Weil man aber nicht gleich Rath zum Kirchenbau und zu den übrigen Bedürfnissen wußte, so wurde jener jährliche Kapital-Zins unterdessen dem Schulmeister zum Genuß eingeräumt, mit der Bedingung, dafür zu Ausbreitung und Vermehrung christlicher Erkenntnis an Sonn- und Feyertagen Betstunden zu halten. Endlich im J. 1758. erbot sich die Gemeine selbst, den Kirchenbau auf ihre Kosten zu bestreiten, auch etwas zur Pfarrbesoldung beyzutragen, machte auch auf herrschaftliche Bewilligung noch in diesem Jahr mit den Anstalten den Anfang, und am 9. Sept. als am 9. Sonnt. nach Trinitatis wurde die Kirche schon eingeweiht, und zugleich der gewesene Kandidat Karl Wilhelm Gebhard als Pfarrer dahin gesezt. Der Pfarrer an dieser Kirche ist der einzige privativ Limpurg-Wurmbrandische Geistliche.

Die nächste nach dieser, und bis daher die neueste neuaufgerichtete limpurgische Pfarrey ist die katholische zu Unter-Gröningen, welche aber auch die Veranlassung zu einer neuen evangelischen Kirche daselbst wurde. Es hatte nämlich die Untergröninger Gemeine die dortige Schloßkirche seit 1609. zu ihrem Gottesdienst inne gehabt, dieselbe aber ihrer Durchlauchtigsten Fürstin Sophia Charlotta Dorothea Wilhelmina Friderika von Hohenlohe-Waldenburg-Bartenstein, welche seit 7. Sept. 1776. ihr Hoflager hieher verlegt hatte, zu ihrem und ihres zahlreichen Hofs Privatgottesdienst, weil Sie der katholischen Religion zugethan waren, willig abgetreten, und dagegen die gnädige Versicherung erhalten,

ten, daß ihr eine andre Kirche von eben derselben Gröse auf fürstliche Kosten erbauet werden sollte. Dies geschah im folgenden Jahr, und am 2. Advents-Sonntag wurde diese neue Kirche eingeweihet. Weil sich nun in der Folge mehrere Personen, die sich zur katholischen Religion bekennen, an diesem Ort anbauten, so entstund daraus, nachdem der Hof der Frau Fürstin nach ihrem Hintritt aus einander gegangen war, eine neue katholische Gemeine, die einzige ihrer Art im Limpurgischen, wenn man die zu Hausen im Roththal nicht rechnen wollte, welche zwar innerhalb der Limpurgischen Gränzen ist, und an einem Ort, der vormals in die Limpurgische Kirche zu Oberroth gepfarrt war, aber doch nicht aus Limpurgischen, sondern Ritterstift-Komburgischen Unterthanen besteht. Sie formirte sich zu End des vorigen Jahrhunderts.

Der öffentliche Lehrvortrag auf dem Lehrstuhl und in Schriften, erscheint gegen den vorigen Zeitraum in sehr veränderter Gestalt. Eine reinere Sprache, weniger Kunst, mehr schriftmäsige Simplicität, weniger Polemick, mehr gesalbte Schriftauslegung, und herzandringende Ermahnung. Zwar stößt man noch im Anfang dieses Jahrhunderts zuweilen auf etwas, das den Kanzel-Künsteleyen voriger Zeit nahe kommt, wie wenn z. E. Apin durch seine ganze, auch nachher gedruckte Ordinations- und Präsentations-Rede, auf den neuen Kaplan Schmid zu Gaildorf, aus Sir. 39, 23. die Allegorie vom Schmid mit seinem Ambos und Hammer hindurch führt, aber sonst war sein Vortrag doch erbaulich; und ließt man ein Blatt von Johann Müller, Sup. in Sontheim, oder von Joh. Christoph Majer, Inspektor in Gaildorf, so glaubt

man

man den Lehrer vor sich zu sehen, der in der schlecht und rechten Herzenssprache, mit der ungeschminkten Mine der Redlichkeit, nichts will, als unsre Herzen für den Herrn, der sie mehr, als alle andre, verdient. Jener war ein Freund und Korrespondent, dieser ein Zögling August Hermann Frankens in Halle. Der jüngere Calisius zu Gaildorf, ein Zeitgenosse Johann Müllers bey seinem ersten Limpurgischen Auftritt, legte seinen gottseligen Eifer auch durch verschiedne kleine Schriften an den Tag, wodurch er den einreisenden Lastern zu begegnen suchte. Er gab einen biblischen Katechismus heraus, der Jugend den Limp. Landes=Katechismus verständlicher und nutzbarer zu machen, und viele geistliche Lieder, davon eins: Wie lieblich ist es doch ꝛc. im Limp. Gesangbuch eingerückt ist. So ernstlich er aber wider die Laster kämpfte, und so zart sein Gewissen in seiner Amtsführung war, so erklärte er sich doch, in einem nachher gedruckten Brief, v. 14. Dec. 1703. in Ansehung der damaligen heftigen Streitigkeiten zwischen sogenannten Orthodoxen und Heterdoxen ziemlich friedfertig. Hier ist eine kurz zusammengezogene Stelle daraus: „wenn ich den höchst verderbten Zustand der jüdischen Kirche zur Zeit Christi bedenke, wie alle Apostel Chiliasten gewesen, den Artikel vom Leiden, Sterben und Auferstehen Christi nicht geglaubt, bis er ihnen in die Hände gegeben worden, wie sich auch nach Ausgiesung des heil. Geistes noch eine Partikular-Gnade, die sich auf die Juden allein erstrecke, zu seyn vermeint, und also in diesem Stück gut kalvinisch gewesen; wann ich die irrigen Meinungen der Kirchenväter betrachte; daß die Koncilien, auch die ökumenischen, alle, und sogar auch, nach Lutheri Meinung, das erste zu Jerusalem, sich verstossen und

und irrige Lehren behauptet; daß die griechische Kirche, die Albigenser, Waldenser, Böhmischen Brüder, Hussiten in vielen grossen Irrthümern gesteckt, und doch unsre Theologi auf selbige sich berufen, wann man fragt: wo die Kirche vor Luthero gewesen? Wann ich durchgehe das Verzeichnis der Wahrheits-Zeugen, und sehe, wie tief auch der berühmte Wikleff Huß, Hieronymus von Prag, die mystischen Theologi, sonderlich der von Luthero so hoch belobte Taulerus, und von jedermann so hoch beliebte Thomas a Kempis, ja Lutherus selbsten im Anfang im Pabstthum gelegen; ja wann ich endlich die innerlichen Zwistigkeiten unsrer Theologen — erwäge; so bin ich völlig überzeugt, daß Gott den Glauben und die Wiedergeburth neben manchem (quorundam judicio) grosen Irrthum erhalten, ja einen zu einem herrlichen Werkzeug seiner Gnade heiligen könne, ob er schon nicht zu völliger Erkenntniß aller Wahrheiten kommen ist. Daher so hoch theuer ich die Reinigkeit der Lehre schäze, so sehr bedaure, wenn man gleich auf verbannen, aus Brüderschaft, Kirchen und ihren Diensten ausschliesen — ausfällt.,, Ein antickes Toleranz-Stück, welches ich auch nur als ein solches hier aufführe.

So tolerant aber die angeführten Limpurgischen Theologen waren, so war man es doch auswärts nicht überall gegen sie. Die neue Obersontheimer Waisenhausanstalt mochte vornemlich dazu Gelegenheit gegeben haben. Der rechtschaffene Sup. Joh. Müller wurde im J. 1694. gleich bey seinem Aufzug über das Elend der Armen gerührt, deren sich gleich am ersten Tag, bey damaliger harten Theurung etliche hundert vor seiner Thüre einfanden. Er theilte ihnen sogleich die Hälfte seines mitgebrachten

brachten Vorraths an gebackenem Brod mit, redete aber auch öffentlich von der Pflicht christlicher Obrigkeit gegen die Armen. Dadurch wurde auch die Landesherrschaft bewogen, eine wöchentliche Kollekte anstellen zu lassen, die Müller an einheimische und fremde Arme austheilte. Aber er war hiemit nicht zufrieden, sondern suchte auch den armen Kindern zu helfen, daß sie nicht an Leib und Seele verdürben. Er wurde durch Frankens erste historische Nachricht von Verpflegung der Armen zu Glaucha vom J. 1697. hiezu noch mehr erweckt, nahm sogleich ein armes Mädchen von der Strasse auf, und an seinen Tisch, und im J. 1700. hatte er schon ein Waisenhaus gebaut, und 4. Wittwen und 8. Kinder drinnen. Das Haus wurde ihm bald zu klein, und er baute von 1705. bis 1708. ein gröseres, in welches er mit etlich und zwanzig armen Kindern einzog, denen er einen Studiosum zum Aufseher, und einen Schulmeister bestellte, dem die Herrschaft zu seiner bessern Subsistenz auch die Mößnerey zulegte. Die milden Gaben flosen in und ausser Lands so reichlich zu diesem Hause, daß man Kapitalien ausleihen konnte, und die Hallischen Waisenhaus-Arzneyen, die man in billigem Preis erhielt und wieder verkaufte, gaben auch ein Bächlein dazu ab. In diesem Hause nun wurden des Tags zwey Betstunden gehalten, auch wohl des Tags über ein Lied gesungen, bey der Arbeit, und überhaupt darauf gesehen, daß nichts böses darinnen vorgehen möchte. Alte und Junge ausser dem Hause nahmen an diesen Uebungen Theil. Darüber gab es mancherley Reden, und man besorgte sich eines neuen Glaubens, es entstunden Lästerung und groses Aufsehen daraus, wie Muller dieses alles selber berichtet. Indessen wuchs die Zahl der Kinder doch bis auf 40. welche

aber

aber auch in neuern Zeiten nach und nach bis auf 10. oder 12. sank. Bey der Landestheilung blieb das Haus gemeinschaftlich, und dem gemeinschaftlichen Archivrath ist die Oberaufsicht darüber aufgetragen.

Da von dem Obersontheimer Waisenhaus die Rede ist, so seze ich ihr sogleich eine andre milde Stiftung zur Seite, das dortige Spital. Es hat einen doppelten Stifter, Schenk Wilhelm, den ältern, † 1450. und Schenk Erasmus, den Verkäufer des Schlosses Limpurg. Da das von Sch. Wilhelm in dem Flecken Unter-Limpurg eigentlich gestiftete Spital mitverkauft ward, so baute Erasmus in Obersontheim ein andres Spitalgebäude, und wurde sein zweyter Stifter. Es wurde auch bis auf die Lineal-Landestheilung 1772. von der Herrschaft jährlich eine Naturalverpflegung dazu abgegeben, dann aber ein gewisses Kapital dafür ausgeworfen. Es erhält gegenwärtig neben einem Spitalmeister, einer Köchin und einer Magd, 12. Pfründer. Der Ortsbeamte führt die Rechnung als Spitalverwalter, und der Archivrath ist Oberaufseher. Das Spital selbst ist zwischen sämtlich hohen Linien auch gemeinschaftlich geblieben.

Ein Witwen- und Waisen-Kasten für die Hinterlassenen verstorbener Geistlichen im Hohenlohischen, Limpurgischen und Hällischen sollte 1701. errichtet werden, es ist aber beym Vorschlag geblieben. *)

Die neueste sehr ansehnliche milde Stiftung ist von der jeztregierenden Frau Fürstin zu Leiningen und Gräfin zu Limpurg-Gaildorf, Christina Wilhelmina Ludovika Durchlaucht, vermög der Stiftungs-

H 4 urkunde,

---

*) Wibel Th. I. S. 665.

urkunde, Mainz, den 23. Febr. 1788. Nach der=
selben sollen die Zinsen von dem in zehen tausend
Gulden bestehenden Stiftungs=Kapital, nach dem
tödlichen Hintritt Ihro Durchlaucht, an die Armen,
Nothleidenden und Bedrängten Ihres Landesan=
theils jährlich ausgetheilet werden. Gewiß, ein schö=
nes Mittel, noch nach dem Tode in der Welt fort=
zuleben, und seine Wohlthätigkeit selbst im Grabe
nicht beschränken zu lassen.

Nun noch einige einzelne Merkwürdigkeiten.
Im Jahr 1717. wurde ein Jubelfest zum Anden=
ken der Reformation, 1730. aber ein andres zum
Andenken der Uebergabe der Augsburgischen Konfes=
sion gefeyert. An beyden wurde ein besonderes Ge=
bet abgelesen, und an dem leztern zu Gaildorf der
Schuljugend ein gedrucktes Jubelbüchlein ausgetheilt,
auch die A. Konfession daselbst und auf dem Land
unter die Leute gebracht; das ganze Jahr hindurch
auch öffentlich darüber gepredigt.

Im J. 1732. am 12. März kamen auch 14.
Salzburgische Emigranten, denen bald nachher noch
einige folgten, zu Gaildorf an. Sie wurden freund=
lich empfangen, in die Kirche geführt, zu ihrer Be=
lehrung und Erweckung eine Predigt, und den fol=
genden Tag noch eine Rede gehalten. Bey der
Prüfung fand man die meisten an Erkenntnis schwach,
doch redlich. Sie wurden reichlich begabt, blieben
bis in den August, und giengen in diesem Monat mit
vielen andern nach Preussen.

Im J. 1730. wurde eine Türkin, Namens
Fatimah, welche nebst ihrem Mann, einem Marque=
tenter, von Bethlehem gebürtig, im Krieg gefangen
war, und sich geraume Zeit in Obersontheim aufge=
halten,

halten, auch ziemlich anhänglich an ihre alte Religion bezeugt hatte, noch kurz vor ihrem Tode von dem dortigen Sup. Reinhard getauft, wie sie propst verlangte.

Aber eine noch merkwürdigere Weibsperson war Margaretha Wellerin, von Birkenlohe gebürtig, zu Obersontheim. Sie wurde zuweilen von einem ganz ausserordentlichen Schlaf befallen, der 10. Tage und länger ununterbrochen fortwährte, und wovon sie niemand erwecken konnte. Denn sie erkaltete, und würde als ein Todter behandelt worden seyn, hätte man ihren Schlaf aus öfterer Erfahrung nicht gekannt. Im Sept. 1702. fieng sie gar an, zuweilen stumm zu seyn, welches ein Vorzeichen des bald folgenden Schlafs war, der sie überfiel, wo sie gieng und stund, auf öffentlichen Wegen, an Wassern und dergleichen unbequemen Orten. Wenn sie wieder aufwachte, hatte sie in ihrer Entzückung allerley Dinge gesehen, und wußte sonderlich viel von den künftigen Schicksalen des Landes zu reden. Da sie einen stillen Wandel liebte, so fand sie unterm Volk viel Kredit, und man hieß sie gemeinhin die Sontheimische Prophetin, oder auch die Siebenschläferin. Allein kaum hatte man angefangen, ihr die Essentia dulcis zu gebrauchen, so verlohr sich Schlaf und Propheten-Gabe. Sie fuhr im Gebrauch jener Arzney fort, und ward im folgenden Jahr von aller Beschwerde frey. *) So verdächtig aber dieser Vorgang ihren Prophetenberuf machte, so nützlich war er dem Sontheimer Waisenhaus, welches nun desto mehr der Hällischen Arzneyen verdebitirte.

---

*) Richters Erkenntnis des Menschen ꝛc. S. 805. Müllers erweckter Glaub. S. 48.

Ein Limpurgisches Gesangbuch, dergleichen man vorher nicht gehabt, weil man sich zum öffentlichen Kirchengesang in den meisten Kirchen des Schwäb. Hällischen bediente, wurde 1759. zu Obersontheim zusammengelesen, erstmals zu Wertheim 1762. und nachmals zu Schwäbisch=Hall 1769. und 1780. gedruckt. Neuere oder neuveränderte Lieder hat man darinn nicht zu suchen. Die ganze Anzahl der Lieder erstreckt sich auch nur auf 390.

Drey und zwanzigster Abschnitt.
Neueste Verfassung.

In Gaildorf waren so bald zwey partikulare Regierungs=Kanzleyen nöthig, als die Wurmbrand= und Solmsische Theilung zu Stand kam. Beyde zusammen, in so fern sie gemeinschaftliche Sachen zu behandeln haben, machen die zur Grafschaft Limpurg=Gaildorf verordnete gemeinschaftliche Regierungs= und Konsistorial=Kanzley aus.

Als die Sontheimische Theilung erfolgte, so blieb nur ein gemeinschaftlicher Archivrath für das dortige gemeinschaftliche Archiv und andre Angelegenheiten. Jeder der 5. Limpurg=Sontheimischen Landestheile erforderte nun eine besondre Einrichtung. Es entstund nun zu Gaildorf eine neue Regierungs= und Konsistorial=Kanzley für den Antheil Limpurg=Sontheim=Gaildorf, oder Limpurg=Pückler, eine dergleichen zu Obersontheim für den Antheil Limpurg=Sontheim=Obersontheim, und eben daselbst auch besondern

sonders für den Antheil Limpurg-Sontheim-Michelbach. In Schmiedelfeld und in Groningen sind
keine Kanzleyen; die Sachen aber, die sich zu
amtlichen Berichten an gnädigste Herrschaften eignen, finden dadurch doch ihre Erledigung. Die
wirklich im Land bestehenden Kanzleyen sind mit den
erforderlichen Subalternen versehen.

In gewissen Fällen werden auch wohl Geistliche
zu Konsistorial-Sessionen gezogen, oder ein Gutachten von ihnen erfordert. Die zu Sulzbach und Geifertshofen stehen unter dem herzoglichen Konsistorio
zu Stuttgard.

Das ganze Land ist in so viele Aemter getheilt,
als Theile sind, und jedem stehet ein besondrer Amtmann vor, mit oder ohne einen höhern Charakter.
Für das gemeinschaftliche Stadtamt Gaildorf sind 3.
besondre Stadtamtmänner verordnet, weil so viele
besondre Herrschaften daran Theil haben. Die folgende Topographie wird dieses alles noch genauer
bestimmen.

Die Kammersachen sind theils mit den Amtsver-
waltungen verknüpft, theils besondern Kammerräthen
und Subalternen anvertraut.

Für die Forstsachen ist in jedem Antheil ein
Forstmeister oder Oberförster angestellt, deren jeder
einige Subalternen hat. Der Oberförster zu Schmiedelfeld stehet unter dem Oberforstamt Reichenberg.

Obschon das Land keine Landstände hat, so hat
doch jeder Landesantheil seine besondre Kriegs- und
Landschafts-Kasse, in welche jeder Unterthan, der
liegende Güter besitzt, nach einem gewissen Fuß beyzutragen hat, und woraus die Reichs- und Kreis-
Prä-

Vrästanda und andre gemeine Landes-Ausgaben bestritten werden. Diese Kassen-Bedienung ist gemeiniglich mit noch einer andern in jedem Landesantheil in einer Person vereinigt. Bis 1750. hatte Wurmbrand und Solms einen gemeinschaftlichen Landschafts-Kassier, seit diesem Jahr jeder dieser beyden Landesantheile einen besondern.

Marsch-Kommissariens- und Quartiersachen werden von den Landschafts-Kassieren besorgt. In Ansehung der Einquartierungen fremder durchziehender Truppen ist das Ländchen in gewisse Stationen getheilt. Die zu jeder gehörigen Ortschaften haben in solchen Fällen gemeinschaftlich beyzutragen.

Den Inbegrif jedes Amts wird die folgende Topographie vor Augen legen; den Inbegrif der einzelnen Pfarreyen oder Kirchspiele, mit einigen Nebenbestimmungen, wird diese Tabelle zeigen:

I. Gaildorf.

1. Geistliche: 1. Stadtpfarrer, und 1. Kaplan.
2. Patronat, zur Hälfte Limpurg-Gaildorf-Wurmbrand- und Solmsisch gemeinschaftlich, zur Hälfte Limpurg-Sontheim-Gaildorf, oder Limpurg-Pücklerisch, alternativ.
3. Episcopat, in eben derselben Maase zwischen diesen Herrschaften gemeinschaftlich.
4. Kirchen: 1. Stadtkirche und 1. kleine offne Gottesackerkirche.
5. Kirchspielsorte: 1. Die Stadt Gaildorf, und ausser derselben 2. ein Vitriol- und Alaun-Bergwerk, 3. ein Armenhaus, 4. Rudelsmühle.

6. Schul-

6. Schuldiener: 1. Präceptor, in der Person des Kaplans, und 1. Kantor und Organist, deren jeder eine besondre Schulklasse besorgt.

7. Seelenzahl: 1148. ohne Fremde und auswärts gebürtige Domesticken.

II. Eutendorf.

1. Ein Pfarrer.

2. Patronat, Limpurg-Gaildorf-Wurmbrand- und Solmsisch, gemeinschaftlich.

3. Episcopat, desgleichen.

4. Kirchen: 1. zu Eutendorf, 1. zu Gros-Altdorf.

5. Kirchspielsorte: 1. Eutendorf, 2. Gros-Altdorf, nebst a. der Mahl- und Sägmühle, b. Lohhäuslein oder Schleifram. 3. Klein-Altdorf. 4. Steigenhaus. 5. Schweizerhalten. 6. Rothhof. 7. Winzenweiler, welches Komburgisch ist, und keine evangelische Einwohner mehr hat.

6. Schuldiener: Einer zu Eutendorf.

7. Seelenzahl: 655, ohne Winzenweiler.

III. Münster.

1. Ein Pfarrer, zu Gaildorf wohnhaft.

2. Patronat: Limpurg-Gaildorf-Wurmbrand- und Solmsisch, gemeinschaftlich.

3. Episcopat: desgleichen.

4. Kirchen: 1. zu Münster.

5. Kirchspielsorte: 1. Münster. 2. die Münsterer Mühle. 3. Unterroth, nebst der nicht weit davon

davon liegenden Oelmühle. 4. Reippersberg.
5. Schönberg. 6. Bröckingen. 7. Kieselberg.
6. Schuldiener: Einer zu Münster.
7. Seelenzahl: 815.

IV. Oberroth.

1. Ein Pfarrer.
2. Patronat, Wirtembergisch.
3. Episcopat: Limpurg=Gaildorf=Wurmbrand= und Solmsisch, gemeinschaftlich.
4. Kirchen: 1. zu Oberroth.
5. Kirchspielsorte: 1. Oberroth. 2. Brennhof. 3. Konhalden. 4. Glashofen. 5. Hammerschmidten. 6. Marbächle. 7. Marhördt, sämtlich Solmsisch. 8. Osenberg. 9. Wisenbach, Wirtembergisch. 10. Völklinswald, Wurmbrandisch. Folgende Filialorte sind mit auswärtigen Herrschaften miscirt: 11. Ebersberg. 12. Hohnartsweiler. 13. Kornberg. 14. Obermühlen. 15. Stiershof. 16. Wolfenbruck. 17. Hausen im Roththal. *)
6. Schuldiener: 1. zu Oberroth, 1. Winterschulmeister zu Marhördt.
7. Seelenzahl: 1332.

V. Viechberg.

1. Ein Pfarrer.
2. Patronat, Wirtembergisch.
3. Episcopat: Limpurg=Gaildorf=Wurmbrand= und Solmsisch, gemeinschaftlich.

4. Kir=

---
*) Hat sich aber seit 100. Jahren getrennt, und zu einer besondern katholischen Gemeine formirt, ist sonst Komburgisch.

127

4. Kirchen: 1. zu Viechberg, 1. zu Mittelroth.
5. Kirchspielsorte: 1. Viechberg. 2. Mittelroth. 3. Kornmühle. 4. Stöckenhof und Sägmühle. 5. Dappach. 6. Buschhof, sämtlich Solmsisch. 7. Hohnkling. 8. Aichenkirnberg. 9. Breitenfeld. 10. Gehrhof. 11. Erlenhof. 12. Michelbach. 13. Kleehaus, sämtlich Wurmbrandisch.
6. Schuldiener: 1. zu Viechberg, 1. zu Mittelroth.
7. Seelenzahl: nach pfarramtlicher Angabe überhaupt 1100. bis 1200. folglich beyläufig 1150.

Anm. Es gehören auch zu dem Limpurg-Solms-Assenheimischen Antheil noch die besoldeten Schulmeister, (1.) zu Hagkling, und (1.) zu Hütten. Diese Orte kommen weiter unten vor.

VI. Gschwend.

1. Ein Pfarrer.
2. Patronat: privativ Limpurg-Wurmbrandisch.
3. Episcopat: desgleichen.
4. Kirchen: 1. zu Gschwend.
5. Kirchspielsort: 1. Gschwend, samt dazu gehörigem a. Strasenhaus, b. Buchhösle, c. Sägmühle am Zwiselsee. 2. Schlechtbach. 3. Rauhengehren. 4. Hohreut, samt dem Haltenhäusle. 5. Schmidbügel. 6. Birkhof. 7. Humberg. 8. Hetschenhof. 9. Stixenhof. 10. Dinglesmad. 11. Brandhof. 12. Lämmershof. 13. Seewiese. 14. Neumühle. 15. Wildgarten. 16. Hollenhösle. 17. Ein Haus im Waldhaus oder Strassenwald, auch Steinesforst genannt. Beyde leztere sind Solmsisch.

6. Schul-

6. Schuldiener: 1. zu Gschwend.
7. Seelenzahl: 767.

VII. Sulzbach.

1. Ein Pfarrer, mit dem Charakter als Hofprediger zu Schmidelfeld.
2. Patronat: Limpurg-Sontheim-Schmidelfeldisch, und in dieser Rückficht Wirtembergisch.
3. Episcopat: desgleichen.
4. Kirchen: 1. zu Sulzbach, 2. eine, nämlich die die Schloßkirche, zu Schmidelfeld, 3. eine auf dem Heerberg, 4. eine zu Laufen am Kocher.
5. Kirchspielsorte: 1. Sulzbach am Kocher. 2. Schloß Schmidelfeld. 3. Kohlwald. 4. Vogelhöfle. 5. Stöckenhöfle. 6. Gantenwald. 7. Sägehalden. 8. Hägelishöflein. 9. Mühlenberg. 10. Frankenraite. 11. Hohenberg. 12. Uhlbach. 13. Engelshöflein. 14. Neuhorlachen. 15. Brünsterhof. 16. Altschmidelfeld. 17. Wolkenstein oder Schaafhof. 18. Nestelberg. 19. Heerberg. 20. Laufen am Kocher. 21. Wimsbach. 22. Krasperg. 23. Knollenberg, oder Schockenhof. 24. Weiler. 25. Eisenschmidten. 26. Braunhof. 27. Egelsbach. 28. Eichenrain. 29. Deutschenhof. 30. Hohhalden, samtlich auch zum Limpurg-Schmidelfeldischen Antheil gehörig. 31. Bayerhöflein oder Vordernestelberg, zum Limpurg-Pücklerischen Antheil gehörig. 32. Haslach. 33. Kutschenhof. 34. Grauhöflein. 35. Aexenhoflein. 36. Falschengehren. 37. Schönbronn. 38. Forst. 39. Wengen. Diese 8. letztern gehören zum Lim-

Limpurg-Gröningischen Antheil, 40. Gerabronn, Lauten und Stockhäusle, haben sich, als katholisch, getrennt, und gehen Gastweise nach Zell, sind sonst Ellwangisch.

6. Schuldiener: 1. zu Sulzbach, und 1. auf dem Heerberg.

7. Seelenzahl, 1373.

VIII. Geifertshofen.

1. Ein Pfarrer.
2. Patronat, Ritterstift Komburgisch.
3. Episcopat: Limpurg-Sontheim-Schmidelfeldisch, und in dieser Rücksicht Wirtembergisch.
4. Kirchen: 1. zu Geifertshofen.
5. Kirchspielsorte: 1. Geifertshofen. 2. Immersberg. 3. Trögelsberg. 4. Iniberg. 5. Wurzelhof. 6. Weisenhof. 7. Leipersberg.
6. Schuldiener: 1. zu Geifertshofen.
7. Seelenzahl: 420.

IX. Eschach.

1. Ein Pfarrer.
2. Patronat: Limpurg-Sontheim-Gröningisch, und in dieser Rücksicht Hohenlohe-Bartensteinisch.
3. Episcopat: desgleichen.
4. Kirchen: 1. zu Eschach.
5. Kirchspielsorte: 1. Eschach. 2. Holzhausen. 3. Fellbach. 4. Helpertshofen. 5. Kemnaden. 6. Seifertshofen. 7. Ottenried. 8. Mittelbrunn. 9. Birkenloh. 10. Rübgarten. 11. Waldmannshofen. 12. Gehrhöfle. 13. Spittelhöfle. 14. Wildens

senhöfle. 15. Oechſenhöfle. 16. Gözenmühle.
17. Kellershof. 18. Scheelhöfle. 19. Dietens
hof. 20. Batſchenhöfle. 21. Heilberg. 22. Der
Billingshaltenhof, welcher ſonſt ein Herrſchaft=
hof geweſen, und hieher pfarrte, iſt im Jahr
1779. an einen katholiſchen Bauren verkauft,
und zugleich zur katholiſchen Schloßkirche in
Untergröningen gezogen worden.

6. Schuldiener: 1. zu Eſchach, 1. zu Mittelbrunn.
7. Seelenzahl: beyläufig 1145.

X. Gröningen.

1. Ein Pfarrer, zu Obergröningen wohnhaft.
2. Patronat: Limpurg=Sontheim=Gröningiſch, und in dieſer Rückſicht Hohenlohe=Bartenſteiniſch.
3. Episcopat: desgleichen.
4. Kirchen: 1. zu Obergröningen, und 1. zu Unter= gröningen.
5. Kirchſpielsorte: 1. Obergröningen. 2. Untergrö= ningen. 3. Algishofen. 4. Fach. 5. Röthel= berg. 6. Gſchwendhof. 7. Wegſtetten. 8. Eckens berg.
6. Schuldiener: 1. zu Obergröningen, und 1. zu Untergröningen.
7. Seelenzahl: 800.

XI. Katholiſche Schloßkirche zu Unter= gröningen.

1. Geiſtliche: 2. Väter vom Orden des h. Franz, Kapuziner.
2. Kirche: die erwähnte Schloßkirche.

3. Dazu

3. Dazu halten sich die Katholicken zu Untergröningen, und der Billingshaltenhof.
4. Schuldiener: 1. zu Untergröningen.
5. Seelenzahl: etwa 100.

XII. Obersontheim.

1. Ein Pfarrer.
2. Patronat: Limpurg-Sontheim-Obersontheimisch.
3. Episcopat: desgleichen.
4. Kirche: 1. zu Obersontheim.
5. Kirchspielsorte: 1. Obersontheim. 2. Markertshofen, welches zu dem Brandenburg-Onolzbachischen Verwalteramt Goldbach gehört.
6. Schuldiener: 1. Kantor, und der Schulmeister im Waisenhaus.
7. Seelenzahl: 1200.

XIII. Mittelfischach.

1. Ein Pfarrer.
2. Patronat: Limpurg-Sontheim-Michelbach.
3. Episcopat: Limpurg-Sontheim-Obersontheim.
4. Kirchen: 1. zu Mittelfischach.
5. Kirchspielsorte: 1. Mittelfischach. 2. Unterfischach. 3. Engelhofen. 4. Weiler.
6. Schuldiener: 1. zu Mittelfischach.
7. Seelenzahl: 670.

Davon sind 529. Limpurg-Sontheim-Oberheimisch, 122. Limpurg-Sontheim-Gaildorfisch, und 19. Ritterstift-Komburgisch. Zwey dem Ritterstift unterthänige Haushaltungen zu

Engelhofen haben sich getrennt, und besuchen, als katholisch, den Gottesdienst zu Steinbach.

XIV. Michelbach.

1. Ein Pfarrer.
2. Patronat: Limpurg-Sontheim-Michelbachisch.
3. Episcopat: desgleichen.
4. Kirche: 1. zu Michelbach.
5. Kirchspielsorte: 1. Michelbach. 2. Geschlachten oder Schlechten-Brözingen. 3. Rauhen-Brözingen. 4. Hirschfelden. 5. Buchhorn. 6. Steinbruck. 7. Hagenhof. In den Orten n. 2. 3. 4. sind auch katholische, Ritterstift Komburgische Unterthanen, die sich getrennt haben, und zur Kirche in Steinbach halten.
6. Schuldiener: 1. zu Michelbach.
7. Seelenzahl: beyläufig 648.

XV. Oberfischach.

1. Ein Pfarrer.
2. Patronat: Ellwangisch.
3. Episcopat: wie im vorigen Abschnitt gemeldet.
4. Kirchen: 1. zu Oberfischach.
5. Kirchspielsorte: 1. Oberfischach. 2. Rappoltshofen. 3. Herlebach. 4. Der Beuzenhof. 5. Die Beutenmühle. 6. Die alte und neue Wasenmeisterey.
6. Schuldiener: 1. zu Oberfischach.
7. Seelenzahl: 463. Evangelische, und 82. Katholische, Ritterstift-Komburgische Unterthanen, welche

welche sich zum Gottesdienst in Steinbach halten.

XVI. Adelmannsfelden.

1. Ein Pfarrer.

2. Patronat: Limpurg-Sontheim-Gaildorf, oder Pücklerisch.

3. Episcopat: desgleichen.

4. Kirchen: 1. zu Adelmannsfelden.

5. Kirchspielsorte: 1. Adelmannsfelden. 2. Ottenhof. 3. Vorderwald. 4. Mittelwald. 5. Hinterwald. 6. Rehmen. 7. Spazenhof. 8. Hochbronn. 9. Haid. 10. Stöcken, kath. 11. Eichhornhäusle. 12. Windenhof. 13. Bieler, vermischt. 14. Steinenbühl, verm. 15. Weder. 16. Kuderberg. 17. Zimmerberg. 18. Neumühle. 19. Hintenbügelberg, verm. 20. Höfen. 21. Eisenschmidte. 22. Wildenhof. 23. Lutstrut. 24. Altenweiher. 25. Schleifhäusle. 26. Pommertsweiler, verm. 27. Mezelgehren. 28. Papiermühle. 29. Burkhardsmühle. 30. Hütten. 31. Geißert. An diesen beyden leztern Orten, was da evangelisch, gehet gastweise nach Adelmannsfelden.

6. Schuldiener: 1. zu Adelmannsfelden.

7. Seelenzahl: wird beyläufig auf 1500. geschäzt.

Es haben aber auch verschiedne Limpurgische Ortschaften, die es ganz oder nur zum Theil sind, ihren Gottesdienst in auswärtigen Kirchen zu suchen. Dergleichen sind folgende:

1.

In die Wirtembergische Kirche zu Oppelspohn gehen:

Die Limpurg=Pücklerischen Unterthanen zu Linden=
thal und Unter=Schlechtbach,
zusammen 310. Seelen.

2.

In die Wirtembergische Kirche zu Welzheim gehen:

Die Limpurg=Pücklerischen Unterthanen in den Ort=
schaften: 1. Breitenfürst. 2. Birkichhof. 3. Ge=
benweiler. 4. Haghof. 5. Hagmühl. 6. Halden=
hof. 7. Haselhof. 8. Hellershof. 9. Hein=
lenshof. 10. Heinkensmühl. 11. Hüttenbühl.
12. Kraithöfle. 13. Saxenkhöfle. 14. Schmid=
höfle. 15. Thierbad. 16. Thanhöfle. 17. Wahl=
heim,
zusammen 471. Seelen.

3.

In die Kirche zu Alfdorf, einem Freyherrlich von Holzischen Flecken, gehen:

Die Wurmbrandischen Unterthanen zu 1. Kapf,
2. Vordersteineberg, und 3. Nardenheim,
zusammen 165. Seelen.

Die Limpurg=Pücklerischen Unterthanen zu Heldis,
zusammen 26. Seelen.

Der Solmsische Deschenhof, 8. Seelen.

4. In

4.
In die Wirtembergische Kirche zu Frickenhofen gehen:

Wurmbrandische Unterthanen zu Frickenhofen selbst,
  zusammen 18. Seelen.

Limpurg-Pücklerische Unterthanen zu 1. Rupertshofen. 2. Höneck. 3. Donolzbronn. 4. Steinenbach. 5. Striethof. 6. Hinterlinthel. 7. Rappenhof. 8. Mezlenshof,
  zusammen 228. Seelen.

Das Wurmbrandische Jägerhaus zu Rupertshofen, 6. Seelen.

Limpurg-Sontheim-Schmidelfeldische Unterthanen im langen Haus auf dem Mezlenshof,
  zusammen 15. Seelen.

5.
In die Wirtembergische Kirche zu Kirchen-Kirnberg gehen:

Die Solmsischen Unterthanen in den Ortschaften: 1. Altersperg. 2. Krämershof. 3. Krämersberg. 4. Brandhof. 5. Sturmhof. 6. Haaghof. 7. Har- oder Horlachen. 8. Neumühl. 9. Gläserhof. 10. Schierhof. 11. Pritschenhof. 12. Pfeiferhof. 13. Hasenhof. 14. Strassenwald. 15. Wasserhof. 16. Hagkling. 17. Dreshershof. 18. Seelach. 19. Hugenhof. 20. Hundsperg,
  zusammen 624. Seelen.

6.
In die Wirtembergische Kirche zu Oetendorf gehen:

Die Wurmbrandische Unterthanen zu 1. Oetendorf. 2. Niederndorf. 3. Spöck. 4. Hägenau, zusammen 190. Seelen.

7.
In die Hallische Kirche zu Westheim gehen:

Die Solms-Assenheimischen Unterthanen zu Frankenberg, 58. Seelen.

8.
In die Hohenlohische Kirche zu Mainhard gehen:

Die Solmsischen Unterthanen zu Hütten, zusammen 120. Seelen.

9.

In die Hallische Kirche zu Sulzdorf, ein Obersontheimer Unterthan zu Sulzdorf, mit 5. Seelen. ein dergleichen zu Eschenau   5. — —

10.

Berechnet man nun die Seelenzahl der sämtlichen Limpurgischen Pfarreyen, so kommt eine Summe heraus von   :   14186.

Der Limpurgischen Unterthanen in auswärtigen Pfarreyen sind   :   2249.

Zweyte

Zweyte Hauptabtheilung.

Beschreibung
der einzelnen Landes-Antheile
an der
Grafschaft Limpurg
und
aller dazu gehörigen Ortschaften.

Wie sich nach und nach durch verschiedene Theilungen des Hauses Limpurg, in den Jahren 1441. 1690. 1707. 1772. und 1774. aus dem ihnen zugehörigen Land in der Kochergegend, sieben jezt meistentheils von einander abgesonderte Landes-Antheile gebildet haben, ist in der ersten Hauptabtheilung ausgeführt. Die genauere Beschreibung derselben, und der zu jedem gehörigen Ortschaften, mit ihren historischen Merkwürdigkeiten, soll jezt folgen.

Da die Gaildorfische Regenten-Linie die ältere, und der Ort Gaildorf ohngefähr der Mittelpunkt des ganzen Landes ist, woraus man bey einer Beschreibung am schicklichsten ausgeht, so macht die Beschreibung der zwischen 3. verschiednen Landes-Herrschaften gemeinschaftlichen kleinen Stadt Gaildorf, als welche zu ¼. dem Limpurg-Gaildorf-Solms-Assenheimischen, zu ¼. dem Limpurg-Gaildorf-Wurmbrandischen, und zur Hälfte dem Limpurg-Sontheim-Gaildorfischen Antheile zugehört, den Anfang. Ihr folgt die des Wurmbrandischen und des Solms-Assenheimischen Antheils, deren jener die Gaildorfische Stadtmarkung auf allen Seiten umgiebt, dieser aber derselben größtentheils westwärts liegt, das unter beyde vertheilte Amt Gschwend ausgenommen, welches von Gaildorf mittagwärts auf dem Gebürge liegt.

Nach dem Alter der fünf gräflich Vollrathischen Erbtöchter, sollen die deren hohen Nachkommen zugetheilten fünf Limpurg-Sontheimischen Landesdes-Antheile, hierauf in folgender Ordnung beschrieben werden:

1. Limpurg-Sontheim-Schmiedelfeld.
2. Limpurg-Sontheim-Gröningen.
3. Limpurg-Sontheim-Obersontheim.
4. Limpurg-Sontheim-Gaildorf.
5. Limpurg-Sontheim-Michelbach.

Schmiedelfeld liegt den Kocher aufwärts von Gaildorf keine völlige Meile, Gröningen in eben diesem Strich nur den Kocher weiter hinauf. Obersontheim, und was dazu gehört, findet sich, wenn man das Gesicht von Schmiedelfeld mitternachtwärts richtet. Von da gegen Hall zu zeigt sich Michelbach. Die ländlichen Ortschaften des Sontheim-Gaildorfischen Antheils müssen freylich zerstreut zusammen gesucht werden.

Die Herrschaft Speckfeld, im innern Franken, durfte der Vollständigkeit wegen, in der Beschreibung auch nicht übergangen werden, weil sie doch seit bald 400. Jahren dem Hause Limpurg zugehört hat, und noch zugehört.

Nachrichten von ehemaligen Besizungen der Schenken und Grafen zu Limpurg, machen den Beschluß dieser genauern Landes- und Orts-Beschreibung.

I. Die

I.
Die gemeinschaftliche Stadt Gaildorf.

Die gemeinschaftliche Stadt Gaildorf, liegt fast mitten in der Grafschaft Limpurg, an dem linken oder mittäglichen Ufer des Kocherflusses, über welchen hier eine alte, aber starke steinerne Brücke gebauet ist, die schon Jahrhunderte, auch bey den gefährlichsten Eisgängen ausgedauert hat.

Man hat von hier nach Schwäb. Gmünd 6. Stunden Wegs, nach Schorndorf 7. Stunden, nach Murrhard 3. Stunden, nach Schwäb. Hall 3. Stunden, nach Ellwangen 7. Stunden.

Wenn man schon hier in einem Thale, zwischen Bergen sich befindet, und keine Trauben-Hügel mehr siehet, die sich den Kocher abwärts erst bey Schwäb. Hall wieder dem Auge darstellen, so ist doch die nächstumliegende Gegend nichts weniger als unangenehm. Das Thal ist ziemlich weit, und durchaus angebaut, die Wiesen stellen dem Auge den schönsten und mannichfaltigsten Blumenschmelz dar, meistens zu beyden Seiten des Flusses, die Gegenden, welche den Fuß der Berge ausmachen, enthalten Aecker, mit untermischten grasreichen Auen, der Anbau hat sich bis auf die Gipfel der Berge, durch fleißige Menschenhände unterstüzt hinaufgewunden, und man siehet da noch auf allen Seiten Gras- und Baumgärten, Saaten, Kartoffelländer, Kleestücke und dergleichen. Oben auf den entferntern Bergen begränzt ein schwarzgrüner Saum von Tannen und Fichten den Horizont. Gegen Mitternacht ist dieser am meisten offen; und nimmt man sich die Mühe, einige Berge zu besteigen, zum Beyspiel, den Kieselberg, den Kirkel, so hat man gegen das Hällische

lische und Hohenlohische Land eine sehr malerische Aussicht. Aber auch die der Stadt ober- und unterhalb des Flusses nahe liegenden Dörfer, mit dem sich durch das Thal hinkrümmenden Fluß und den abwechslenden Hügeln gewähren eine anmuthige Ansicht. Auf der Mitternacht-Seite siehet man, auf einer sanft ansteigenden Fläche eine Reihe Gärten, die zum Theil landesherrschaftlich sind, mit untermischten Gebäuden, darauf das Auge gern verweilt. Von ebendieser Seite, stellt sich auch die kleine Stadt, mit ihren beyden Schlössern am vortheilhaftesten dar.

Der alte Name der Stadt ist **Geile-** oder **Geilendorf**, und es ist kaum zu zweifeln, daß er von dem in alten Zeiten nicht ungewöhnlichen Frauen-Namen Geilena abstamme. Eine Prophetenmörderin dieses Namens führt die Legende des h. Kilians an. Eine solche reichte ihm die Märtyrerkrone. Die Ortsnamen Geilenkirchen, Geilenau sind ganz verwandter Form.

Die Stadt besteht aus dem eigentlichen Städtchen, mit Inbegrif zweyer landesherrschaftlicher Schlösser, dem Ve-städtchen, einigen Häusern auf dem sogenannten Graben, und wenigen Häusern bey dem untern Thor.

Das eigentliche Städtchen besteht in einem länglichen, aber nicht regelmäßigen Viereck, dessen eine längere Seite, mitternachtwärts, längst dem Kocherfluß sich hinstreckt. Es ist mit sehr massiven Mauren, auf denen man meistens bedeckt umher gehen kann, und mit einigen Thürnen umgeben, die theils zu Gefängnissen dienen. Nach der ersten Anlage hat Gaildorf wohl ein fester Ort seyn sollen.

Die

Die Zwinger-Gräben, worinn man aber jezt einige artige Gärten siehet, nebst andern Werken von Erde weiter gegen das Feld hinaus, die jedoch größtentheils längst eingeebnet worden, beweisen es. Thore hat das eigentliche Städtchen gegenwärtig, nachdem das dritte gegen Abend längst vermauert worden, nur zwey grose, das obere und untere Thor genannt, deren das erstere ins Vorstädtchen, das andere zur Brücke führt, und 4. gewöhnlich verschlossene Mauerthüren oder kleine Einlässe. Ueber dem obern Thor steht ein starker Thurn, worinn die Fronveste, innerhalb dem untern steinernen Thorgebäude ein Haus, worinn auch Gefängnisse sind. An der äussern Seite des untern Thors siehet man das Stadtwappen in Stein ausgehauen: 3. Schilde, deren oberer rechter das Limpurgische Stamm- und Geschlechtswappen, der linke den Limpurgischen Schenken-Becher, der dritte untere einen Floß (Fach genannt,) mit zweyen kreuzweise darüber gelegten Treibhacken enthält. *) An der äussern Seite des obern Thors ist das Limpurgische und das Wappen des italienischen Geschlechts de la Scala, mit der Jahrzahl 1548. auf nassen Wurf gemahlt zu sehen. Es ist aber mit dem leztern Anna de la Scala, Gemahlin Schenk Wilhelms von Limpurg gemeint, die von vielen um dieses Symbols willen für die Erbauerin der Mauern und Thürne des Städtchens gehalten werden will. Es ist aber wahrscheinlich zu ihrer Zeit nur der obere Thorthurn gebaut oder auch erneuert worden. Denn die Umschaffung des Dorfs Gaildorf zu einer Stadt ist, wie bald wird angeführt werden, um anderthalb Jahrhunderte älter.

Ge-

---

*) Das Fach erklärt sich als Symbol des Holzflößens selber.

Geraumige Pläze sind im Städtchen auf dem Markt und bey der Kirche. Drey ziemlich gerade Straſſen ſind die obere, mittlere und untere Gaſſe, auſſer welchen mehrere geringere ſind. An öffentlichen Gebäuden ſind zu merken:

1. die Stadtkirche, und
2. das Rathhauß.

Vor dem Jahr 1417. war keine Kirche im Ort, ſondern dieſer pfarrte in die nicht weit entlegene uralte Pfarrkirche zu Münſter. In dem jeztgedachten Jahr ſtifteten, vermög Fundations-Briefs, weil der Ort doch nun ſchon eine Stadt war, Friedrichs III. Wittwe, Eliſabeth von Hohenlohe und ihr älteſter mitregierender Sohn Konrad ein: Kapelle in demſelben, jedoch noch in gehöriger Unterordnung unter der Mutterkirche Münſter, (beneficium Eccleſiaſticum ſimplex Sacerdotale non curatum in Capella Oppidi Gailndorff ſub parochia Münſter diöceſis Herbipolenſis) in das Lob und die Ehre des allmächtigen Gottes, ſeiner allerglorreichſten Mutter der Jungfrau Mariä, wie auch der Heiligen Fabian Sebaſtians, Vitus, Georg Panthaleons, Sixtus, Antonius, Valentinus und Wendelinus der Märtyrer und Bekenner, zum Heil ihrer und ihrer Voreltern Seelen; ſie verwendeten dahin mit Beyſtimmung und Autoritát des Biſchofs Johannes von Wirzburg die Zinſen und Einkünfte der alten Klauſe (Incluſorii) unter der Burg Limpurg, deſſen wahre Patronen ſie waren, und welche nach und nach ſo ſehr verringert worden, daß davon die in derſelben Klauſe Gott dienenden Perſonen nicht mehr bequem leben konnten, ſie fügten noch andre neue Einkünfte hinzu, welche mit allen und jeden Gütern derſelben Pfründe von dem

dem vorgemeldeten Bischof Johannes als der Kirchen-
Freyheit theilhaftig erklärt wurden, also daß sie von
allen Steueranforderungen, Einquartierungen, Be-
einträchtigungen, Frohnen und überhaupt von jedem
Joch und Belästigung irgend einer weltlichen oder
unerlaubten Gewalt befreyt seyn sollten. Im Jahr
1433. wurde diese Kirche von Bischof Johannes von
Wirzburg, auf Ansuchen Konrads des ältern, Friedrichs und Konrads des jüngern der Schenken von
Limpurg, zur Pfarrkirche erhoben, also daß die Pfarre
zu Münster und die Frühmesse zu Zelle bey der Bühler, die Limpurg beyde als Patron besaß, in dieselbe
versezt wurden, von welcher Zeit an die Münsterer
Kirche Filial- und Todtenkirche von Gaildorf wurde,
in und bey welcher die Todten der Stadt begraben
wurden.

Die izige Stadtkirche ist nicht die älteste, sondern im Anfang des sechzehenten Jahrhunderts erbauet. Die ehemaligen Meßaltäre sind längst wegge-
than worden, so wie die vorhandenen beweglichen
Heiligen-Bilder, aber im Chor und besonders in den
gemahlten Fenster-Tafeln sind noch wenige Ueberbleibsel der antiken Heiligen-Verehrung zu sehen.
Die Kirche ist ein nach alter Art schönes, massives
und helles Gebäude, das aus einem Chor, und daran gebauten Schiff bestehet, an welches unten der
gleichfalls schöne, ziemlich hohe, und unten mit einer
artigen Halle versehene Thurn gebauet ist. Auf dem
Thurn wohnet einer der Stadtmusikanten als Thür-
ner oder Hochwächter. Vor wenigen Jahren ist der
Thurn mit einem blechernen Dach versehen, und
samt der Kirche mit einem weisen Anstrich erneuert,
in der leztern auch anstatt der hölzernen Decke des
Schiffs, eine moderne Gipsdecke gemacht worden.

Es ist in derselben auch eines der Erbbegräbnisse des Hauses Limpurg. Von dem Gaildorfischen Hauptast ruhen viele Personen hier, auch die lezten männlichen Zweige und die Gräfin von Wurmbrand. Ihnen zum Ehrengedächtnis stehen zum theil auch recht schöne, fast bis an das Chorgewölbe hinaufgebaute, mit wohlgearbeiteten lebensgrosen Bildnissen, vielen Figuren und Wappen versehene Denkmale da, auch kleinere. Auch die Aufschriften verdienen Bemerkung. Da sie zum theil im ächten alten Lapidar-Styl abgefaßt sind, so wird man einige derselben hier nicht ungerne lesen.

1.
Zur Ehre Schenk Wilhelms, gest. 1552.

Guilielmo Baroni Limpurgico Sacri Romani Imperii Pincernæ hæreditario semper libero cuius cum singularis fuisset pietas iustitia fortitudo & in rebus agendis prudentia cum eloquentia haud vulgari coniuncta, vita perfuncto — Patri optimo Christophorus Henricus, Albertus & Johannes filii memoriæ ergo posuere. Vixit ann. LIII. mens. X. dies XX. mortem obiit IX. Mart. MDLII.

2.
Zur Ehre Schenk Christophs II. gest. 1574.

D. O. M. S.

Illustri & Generoso Domino Christophoro Baroni a Limpurg Sacri Rom. Imp. Pincernæ hæreditario semper libero, purioris doctrinæ ac fidei christianæ assertori piissimo in gubernatione justo & clementi optimarum virtutum decori eximio in Christo pie defuncto Eva coniunx Limpurgica
mater

mater cum tribus filiis moeſtiſs. memoriæ & gratitudinis ergo coniugi & patri chariſs. P. P. Vixit A. XLIII. menſ. I. dies XXIII. obiit III. Septembris Anno Salutis MDLXXIIII.

3.

Zur Ehre Schenk Heinrichs, geſt. 1585.

D. O. M. S.

Henricus Baro Limpurgicus Sacri Romani Imperii Pincerna hæreditarius ſemper liber cui erat mens vere pia Auguſtanæ Confeſſioni addicta candor & fortitudo animi iudicii dexteritas corporis dotes eximiæ vivus ſibi & Marthæ coniugi dilectiſſimæ Comtiſſæ de Caſtellanorum comitum ſtirpe illuſtri, quæ erat pietatis pudicitiæ & reliquarum virtutum ornamentum eximium hoc monumentum fieri curavit. Vixit ille annos 50. menſes XI. dies 17. mortem obiit A. 1585. Hæc vero annos 63. menſes 3. dies 26. obiit 1607. In beatorum ſede ambo beati in Domino æterna pace fruuntur lætam refuſcitationem exſpectantes.

4.

Zur Ehre Schenk Albrechts, geſt. 1619.

Illuſtris & generoſus Dn. Dn. Albertus Baro a Limpurg S. S. Romani Imperii Pincerna hæreditarius ſemperque liber materno ex utero in lucem prodit A. 1568. die 2. Oct. pie poſtea in ſana fidei doctrina liberalibus ſtudiis & honeſtioribus exercitiis educatus vario ex peregrinationibus & bellorum quæ ſequebatur difficultatibus obveniente rerum ſuperato diſcrimine claves regiminis
cum

cum poteſtate recipit A. 1593. die 27. Martii ætatis vero 25. quas cum laude gerit annis 26. menſib. 7. matrimonio ſibi ſociat genere illuſtrem Dn. Dn. Aemiliam &c. Baroniſſam a Roggendorff Auſtriacam A. 1595. ætatis 27. ultimo Martii, qua cum liberis procreatis tredecim filiis 10. filiabus 3. in pace optimaque animorum concordia degit annis 24. menſib. 7. dieb. 6. lucis uſuram qua annis 51. menſe uno dieb. 4. fruebatur deponit A. 1619. die 6. Novembr.

Das Rathhauß iſt ein altes hölzernes, doch ziemlich geraumiges Gebäude, von dreyen Geſchoſſen auf dem Markte. Der mittlere Theil deſſelben wird an Jahrmärkten zu einem Kaufhauß gebraucht, und der unterſte enthält ein Schlachthauß, nebſt den Behältniſſen für die Feuerſprizen und andre öffentliche Geräthſchaften.

Unter den Privatgebäuden iſt manches anſehnliche, die meiſten aber ſind alt, weil man zum Glücke von groſen Verheerungen durch Feuer nicht viel zu ſagen weiß. Würde aber, welches Gott verhüte! Feuer im Städtchen überhandnehmen, ſo müßte man blos im Einreiſſen Rettung ſuchen, weil die Häuſer ſehr dichte an einander ſtehen, und die Straſen nicht ſonderlich breit ſind. Man iſt aber von Zeit zu Zeit auf Erneuerung und Verbeſſerung der vorhandnen Rettungs-Anſtalten bedacht.

Das Straſſenpflaſter iſt gut, und an Waſſer fehlet es auch nicht. Auf dem Markte und auf noch einem andern Plaze ſind ſpringende Waſſer.

Das alte herrſchaftliche Schloß nimmt die nordliche Ecke des Städtchens ein. Es war vermuthlich von ſehr alten Zeiten her eine Burg oder Kemnade,

oder

oder gar deren mehrere an diesem Orte, weil in alten Zeiten nicht nur Edelleute, die sich von Geilndorf nannten und schrieben, sondern auch andere da wohnten und Güter besasen, wie nachher mit mehrerem vorkommen wird. Der gegen die Stadt sehende Theil ist der Aufschrift über dem Schloßportal nach im Jahr 1482. erbauet worden, der innere Querbau, worinn die schönen Speißsäle sind, einer andern Aufschrift nach, im Jahr 1660. zur Zeit der vormundschaftlichen Regierung der Gräfin Maria Juliana, gebohrnen Gräfin von Hohenlohe. Der Augenschein lehrt, daß die verschiednen Theile weder nach einem Plan, noch zu einer Zeit gebaut sind, und es kann ein Theil des Ganzen wohl noch älter seyn, als das Jahr 1482. Es ist ziemlich weitläuftig, doch unregelmäsig in der Anlage. Von aussen hat es seiner tief ausgemauerten Gräben, durch welche es von der Stadt und den Aussenseiten abgeschnitten ist, seiner Thürne und Brücken wegen ein etwas festungsmäsiges Ansehen. Ein Thor siehet gegen die Stadt, welches vor sich eine steinerne Brücke und eine hölzerne Aufziehbrücke hat, und eines gegen den Kocherfluß und das Feld, wozu eine hölzerne Brücke über den Graben führt. Beyde werden jede Nacht geschlossen. Es hat einen innern, und einen äussern Schloßhof, gegen die Feld-Seite, und mehrere Rohrbrunnen, die gutes Trinkwasser führen. Die herrschaftlichen Zimmer und Säle sind zwar nicht im neuen Styl, aber noch immer bewohnbar, und zum theil nach alter Art schön. Es hat wenigstens von 1482. bis 1734. als dem Todesjahre der Gräfin von Wurmbrand, folglich über drittehalb Jahrhunderte, der Limpurg-Gaildorfischen Linie zum Hauptresidenzschloß gedient. Im Jahr 1707. ist es zwischen den beyden gräflichen Schwestern von Solms-Assenheim und Wurm-

Wurmbrand abgetheilt worden. Nach dem Tode der leztern ist keine beständige Hofhaltung darinn gewesen. Im Jahr 1780. haben des jeztregierenden Herzogs von Wirtemberg Durchlaucht darinn zu übernachten geruhet. Das gemeinschaftliche Limpurg-Gaildorfische, d. i. Solms- und Wurmbrandische Archiv, die gemeinschaftliche, auch die Solms-Assenheim- und Wurmbrandische Particular-Kanzleyen nebst den dazu gehörigen Registraturen sind noch darinn. Ein Theil ist auch zu Wohnungen herrschaftlicher Officianten beyder Linien eingerichtet. Im Graben auf der Morgenseite stehet ein groses herrschaftliches Brauhauß. Ohnweit dem Schlosse sind noch andre weitläuftige Burg- und Oekonomie-Gebäude, auch die herrschaftlichen Getraide-Böden, Fruchtkästen genannt, welche sämtlich unter beyderley Herrschaften vertheilt, und besondern zur Verwaltung bestellten Personen übergeben sind. Es gehören dazu beträchtliche Burggüter, an Gärten, Wiesen und Aeckern. Jeder Herrschaft siehet auch eine Schweizerey zu. Im Sommer wandern diese in die sogenannte Schweizerhalden, ohnweit Eutendorf, wo sich der Sommer-Weide-Plaz befindet.

Das zum Antheil Limpurg-Sontheim-Gaildorf gehörige, izige gräflich Limpurg-Pücklerische Schloß ist nicht so weitläuftig, wie das alte, dient aber doch sehr zur Verschönerung der Stadt und ihrer Ansicht von der Mitternachtseite. Es stehet in gleicher Linie mit dem ältern Schloß, nur mehr westwärts, so daß das untere Thor, die Stadtkirche und Pfarrwohnungen dazwischen sind, und mit der einen langen mitternächtlichen Seite auf der Stadtmauer. An seiner Stelle stunden vor seiner Erbauung zwey grose Häuser, die mit der Hälfte des Städtchens durch die

Kon-

Konvention vom Jahr 1690. an Limpurg-Sontheim gekommen waren, und dem Limpurg-Sontheimischen Amtmann zur Wohnung dienten. Durch die Sontheimische Theilung im Jahr 1774. und 1775. wurden sie eine Zugehörde des gräflich Limpurg-Sontheim-Pücklerischen Antheils. Das Gebäude war alt, und weder geräumig, noch anständig genug, eine Landesherrschaft zu herbergen, und eine Kanzley, eine Kammer- und Amts-Verwaltung aufzunehmen. Im Jahr 1778. wurde daher an dessen Stelle ein neues ansehnliches Schloßgebäude nach modernem Geschmack erbauet. Der Hauptmann und Architekt Fischer in Stuttgard hat den Plan dazu entworfen. Es hat einen schönen Saal, hohe, helle und angenehme Gemächer, und über den Kocherfluß eine freye und reizende Aussicht. Archiv, Kanzley, Kammer und Amtsverwaltung, die zu dem Antheil Limpurg-Sontheim-Gaildorf gehören, haben hier ihre Gemächer. Es ist bisher auch der herrschaftliche Getreide-Vorrath hier aufbewahrt worden.

Das Vorstädtchen liegt der Stadt morgenwärts, und ist wahrscheinlich erst nach der Stadt angelegt worden. Es ist weniger regelmäßig gebaut, als diese, hat aber doch auch gute Häuser, aber noch nicht durchaus gepflasterte Strassen, schließt auch Gärten in sich, hier sind mehrentheils die Wohnungen der Feuerarbeiter; übrigens mag es an Anzahl der Häuser und Bevölkerung mit der Stadt im ziemlichen Gleichgewicht stehen; in Ansehung der bürgerlichen Rechte ist kein Unterschied.

Die Häuser auf dem Graben schliesen sich ohnweit dem alten Schlosse, gleichsam auf dem Rande seines Grabens, an das Vorstädtchen an.

gültig auf die Seite. Ueber ihm las man: Hæc fortibus ultio sola. Ein andres sinnbildliches Gemälde stellte einen Löwen dar, um dessen Hals eine Schlange sich zweymal gewunden hatte, den Kopf reckte sie über den Löwen hinaus, und schien sich mit großer Vorsicht umzusehen. Die Ueberschrift hieß: Nil decentius. Im vorigen Jahrhundert waren sinnbildliche Vorstellungen sehr beliebt.

Auf ebendieser Seite, weiter westwärts, auf einer Höhe, siehet man noch Ueberreste des herrschaftlichen Reuthauses und der Reutbahn. Die Fläche wird izt zu einem Garten genuzt.

In diesem ganzen Strich, einer vom Kocher sanft sich erhebenden, den Einfluß der Sonne wohl genießenden Fläche, sind Gärten, in welchen wohlschmeckendes Gemüse erzeugt wird, auch ein gräflich=Pücklerischer Garten.

Daran stößt das sogenannte Siechenfeld, wo sich ein uraltes Siechenhaus, (Leprosorium) izt gewöhnlich Armenhaus genannt, befindet, worinnen dürftige und elende Personen Obdach und Verpflegung finden. Zwen Lazarethpfleger aus dem Stadtgericht haben die Aufsicht darüber.

Weiter herwärts gegen das Städtchen, am Kocher, ist die gemeine Bleiche, worauf auch das Schieshauß zu finden ist, bey welchem sich die Bürgerschaft alljährlich, um Bartholomäi, im Schiessen nach der Scheibe übt. Sie zieht mit einer Fahne und klingendem Spiel dahin, und wieder zurück.

Die Geschichte der Stadt ist kürzlich folgende.

Der Ort war bis zum Jahr 1404. ein Dorf, wie auch der ursprüngliche Name besagt, und wovon sich,
wenig=

wenigstens im dreyzehenten Jahrhundert ein edles
Geschlecht nannte. Ein Ruckerus de Geilndorff
wird in dem durch Kaiser Rudolph im Jahr 1280.
inter Waltherum pincernam de Limpurg & Fridericum filium suum & homines eorundem ex
una, & Henricum Scultetum & Cives Hallenses
ex parte altera gestisteten Friedensvertrag genennet,
und zwar ausdrücklich in einer Connexion, in welcher
er als Limpurgischer Vasall erscheint. Die Stelle
sagt, daß die Schenken im Uebertrettungsfall sich
mit ihren Vasallen unter der Burg Limpurg, und
darauf auch zu Gemünd und Heilbronn zur Leistung
stellen sollten. Und gleich darauf heißt es: Isenhut
Birman, Dietbericus de Bilriet, Ruckerus de
Geilndorff, Ruckerus de Schiffau, Ulricus Bicker
hatten dieses auch mit versprochen. Noch einer des
Geschlechts von Geilndorf kommt in einer Urkunde
vom Jahr 1286. über eine Schenkung ans Kloster
Komburg vor, und zwar in folgender Ordnung, als
Zeuge: Fridericus de Vohenstein, Johannes de
Bachenstein, Fridericus de Bielriet, Rabenoldus
de Geilendorf, milites. (Wibels Hohenl. K. Hist.
4. Th. Cod. pag. 21.) Es war also ein rittermäßiges Geschlecht, aber nicht von hohem Adel, besaß
also etwa ein altes Lehen in dem Dorf Geilendorf,
aber dasselbe weder ganz, noch mit der hohen Gerichtsbarkeit. Es hatten vor und nach dem Jahr
1404. auch andre edle Geschlechter Häuser, Güter
und Gefälle hier, die Limpurg von ihnen erkauft
hat, als die Philippsen, die Eberweine, die von
Suntheim, die Peterer, die von Morstein, die Halberge, die Berler, die Rinderbache, aber Limpurg
war nichts desto weniger hoher Eigenthums = und
Gerichtsherr von Gaildorf. Es mag die Gegend
unter die altväterlichen Erbstücke des Hauses gehören,
obschon

obschon nach Art damaliger Zeiten sehr viel an edle Krieger lehensweise überlassen war, oder auf andre Weise in fremde Hände gerieth, bis es wieder an die alten Herren zurückkam. In sehr alten Zeiten war Gaildorf wenigstens in dem Amtsbezirke der Kochergaugrafen, und allen Anzeigen nach Limpurg von einem und ebendemselben Stamm mit ihnen. Der Ort lag mitten in dem Jagdbezirk, der Limpurg von Kaiser Konrad IV. schon im Jahr 1241. zu Lehen gegeben wurde. Nach einer Urkunde vom Jahr 1374. besaß Limpurg nicht nur Gaildorf, und was dazu gehört, sondern auch insonderheit eigene Leute, welches eine alte Burg daselbst ziemlich deutlich voraussezt, die Gerichte daselbst, auch den Zehenden. Durch die Urkunde bewittumbte Schenk Albrecht seine Gemahlin Elisabeth von Tübingen uff Gailndorff und allem, was darzu gehöret, daß sie das nuzen und niessen soll, als lang sie lebt für ihr Morgengab und Heimsteuer, es wär dann, daß sie sich veränderte mit einem ehelichen Mann, so möchten es seine Erben (er hatte keine Kinder, aber Bruder und Bruderskinder) lösen von ihr um zwey tausend Pfund Heller. So hoch war demnach die Leibrente von Gaildorf und dessen Zugehörung auf Lebzeit der Elisabeth angeschlagen. Schenk Konrad, Albrechts Bruder, gab ausdrücklich seine Einwilligung. Dies zeigt genugsam an, daß Gaildorf zu den alten Erbstücken des Hauses gehört haben müsse. Die Orte, welche damals zu Gaildorf entweder ganz oder zum theil oder mit grosem und kleinem Zehenden gehörten, waren ausser Gailndorff: grössern und minnern Altorff, Alten-Schmidelsfeld, Bröckingen, Büchelberg, Feichtenbronn, Geschwind, Gestösseln, Greven-Fischach, Kirchberg, Mettelberg, Michelbach, Münster, Niederuroth, Niedern-Ettendorff,

dorff, Oettendorff, Reippersberg, Schrach, Schön=
berg, Spöck, Steigerbach, Viechberg, Vischach,
Windau, Zimmerberg.

Erst in dem Jahr 1403. wird des Halsgerichts
zu Gaildorf namentlich als eines Reichslehens in den
Lehen=Briefen gedacht.

Im folgenden Jahr 1404. erlaubte Kaiser Ru=
precht Schenk Friedrichen III. das Dorf Geilndorf
mit Mauren und Gräben zu umfahen, und eine
Stadt daraus zu machen, als dann ihme das nutzeste
und bequemste dunket zu seyn, auch alle Jahre zwey
Jahrmärkte zu halten, den ersten auf St. Albanus
Tag, den andern auf des h. Creutzes Tag, als es
erhoben ward. Er gab der neuen Stadt auch kai=
serliche Freyheit, unvorsezliche Todtschläger einzu=
nehmen.

Ohne Zweifel ist damals gleich der Anfang mit
Erbauung der Thürne und Mauren gemacht worden,
und woran ihn der Tod hinderte, das haben seine
Wittwe, und sonderlich sein Sohn Konrad der ältere,
der Stammvater der Gaildorfischen Linie, der erst im
Jahr 1482. in einem Alter von 86. Jahren starb,
zu vollenden gesucht. Von dieser Zeit schreiben sich
demnach die bürgerlichen Freyheiten Gaildorfs her.
Die Stadt bekam auch ihr eigenes Sigel, mit eben=
demselben Wappen der drey Schilde, wie es schon
beschrieben worden, und der Umschrift im Rand:
Sigillum communitatis in gailendorff. 1434.

Durch die Theilung vom Jahr 1441. bis dahin
sie gemeinschaftlich blieb, wurde sie eine besondre Zu=
gehörde der drey Gebrüder Gottfrieds, Konrads des
ältern und Konrads des jüngern, Schenken von Limpurg, und da der erste und dritte ohne Erben verstar=
ben,

ben, ein Eigenthum der von Konrad dem ältern abstammenden Gaildorfischen Linie. Als sich diese vom Jahr 1557. an, zu verschiedenenmalen wieder in Gaildorf und Schmiedelfeld theilte, blieb die Stadt immer unter beyden Häusern zu gleichen Theilen gemeinschaftlich. Schmiedelfeld hatte seinen Beamten hier. Als aber Graf und Schenk Wilhelm Heinrich im Jahr 1682. seinen Bruder Philipp Albert erbte, so hob sich auf wenige Jahre die Gemeinschaft, und Gaildorf hatte nur Einen Herrn. Durch die Konvention von 1690. wurde das halbe Städtchen Sontheimisch, und durch die Sontheimische Theilung im Jahr 1774. Limpurg-Sontheim-Pücklerisch. Durch den Verkauf der Sachsen-Gotha-Rodaischen Hälfte an dem Limpurg-Gaildorf-Wurmbrandischen Antheil im Jahr 1780. ist ein Achtel des Städtchens Wirtembergisch geworden. Ein Achtel stehet der regirenden Frau Fürstin zu Leiningen zu, und ein Viertel den Limpurg-Gaildorf-Solms-Assenheimischen Gemeinschafts-Herrschaften.

An dem Bauern-Aufruhr im 16. Jahrhundert, mußte das Städtchen wohl wider Willen Theil nehmen. Die aufrührische Bauern machten es im Jahr 1525. zum Sammel-und Waffenplaz. Die Landesherrschaft mußte sich in die Zeit schicken, und nur zu mildern suchen, was sie nicht zu hindern vermochte.

Im Krieg mit den Schmalkaldischen Bundsverwandten war es, wie die Landesherrschaft neutral. Nur die Heßischen Völker zogen im Jahr 1746. auf ihrem Zug von Gemünd nach Hall durch daßelbe.

Im dreyßigjährigen Krieg hatte Gaildorf bis auf das Jahr 1634. von vielem Glücke zu sagen. Denn bis dahin, obschon rings herum die Kriegsfackel flammstammte, und man die Last der Kriegssteuern empfand, hatte doch noch kein feindlicher Haufe die Stadt angefallen. Superintendent Albrecht predigte: man seye bis dahin im Rosengarten gesessen. Aber nun fielen die Rosen ab, und man fühlte die Dornen aufs empfindlichste. Der neunte August jenes Jahrs war ein schröcklicher Tag für Gaildorf, wie für die umliegende Gegend. Es nahete ein raub- und mordgieriger fliegender Haufe von dem kaiserlichen Heer, welches vor Nördlingen lag. Die Schreckenspost von dessen Annäherung und Grausamkeiten kam, ohne Zweifel durch Geflüchtete andrer Orten, zu Gaildorf früh vor Tag an. Die Einwohner liefen auf den Strassen zusammen, aber kein Freund wußte dem andern zu rathen. Man eilte fort, ohne recht zu wissen wohin. Man konnte sich nicht Zeit nehmen, seine Habseligkeiten zu retten. Wer es vermochte, rettete sich nach Hall oder Heilbronn, weil man doch da vor schnellem Ueberfall sicher war. Der Feind kam, und plünderte oder verderbte, was er fand. Keller und Getreideboden waren bald leer. Die Häuser wurden verwüstet. Die Kirchthüren zerhauen, der Opferstock zertrümmert, Kanzel und Altar, die Uhr nicht einmal ausgenommen, beraubt und verderbt, dem Taufstein wurden Wunden beygebracht, nicht das geringste von Communiongeräthen blieb übrig. Das prächtige Grabmal des venerablen Schenk Albrechts wurde sehr beschädigt. Man kann denken, wie es in Bürgerhäusern hergegangen. Die beyden Prediger des Orts kamen erst am 6. October, mit Weib und Kindern, von Heilbronn wieder an. Doch blieb die Gemeine in der Zwischenzeit nicht ganz ohne Gottesdienst. Die Pfarrer Roschmann in Eschach, und Berg in Eutendorf, hatten wechselsweise zu Gaildorf gepredigt.

Gesch. Limp. 2. Bd.   L   Diesem

Diesem vorübergehenden Jammer folgte ein längerer, Hunger und Pest nach. Diese leztere währte bis ins Jahr 1637. und fras in diesen vier Sterbjahren von der Gaildorfischen Pfarrgemeine einen grosen Theil. Denn die Summe der aufgezeichneten Todten ist 678. Wenn man nun bedenkt, daß in diesen Zeiten auch viele verschollen seyn mögen, so kann man nicht anderst vermuthen, als daß nach dieser Zeit die Gemeine, zu welcher damals noch die ganze heutige Parochie Münster gehörte, ziemlich klein gewesen seyn müsse. Wirklich kommen auch, in dem Zeitraum von 1651. bis 1660. wo doch der Krieg völlig geendigt war, und die Menschen sich schon um etwas wieder gemehrt haben mögen, nach dem Todten-Register im Durchschnitt nur 18¼. Tode auf Ein Jahr, welches nach dem Erfahrungssaz, daß in diesem Lande von 36. Menschen Einer jährlich zu sterben pflegt, nur die mäsige Summe von 666. damals Lebender anzeigt, und folglich nicht ein Drittheil der izt in den zwey Pfarrgemeinen Gaildorf und Münster Lebenden.

Im Jahr 1645. starben 64. welches leicht ein Zehentheil der Lebenden seyn mochte, oder noch mehr. Es war aber auch ein unruh- und verwüstungsvolles Kriegs- Hunger- und Theurungsjahr. Die Feinde jagten sich das ganze Jahr hindurch in der Nähe herum. Bald waren die Schweden und Franzosen, bald die Kaiserlichen und Bayern Meister. Turenne, Rosa, Erzherzog Leopold, Gallas, Mercy, Jean de Werth waren verschiedenemale in und um Hall, mit grosen Heerhaufen, sonderlich im Rosengarten. Diese fortwährenden und so nahen Heerlagerungen zehrten alle Lebensmittel auf. Im August galt im Lager der Französisch-Weimarischen Armee Eine
Maas

Maas Wein einen halben Reichsthaler, und 4. bis 6. Pfunde Brod eben so viel. Daher Hungersnoth, Krankheiten, Sterben, Verödung des Landes und Entvölkerung.

Der leztern suchte man im Jahr 1680. auch mit Aufnehmung einer kleinen Juden=Colonie zu Gaildorf mehr abzuhelfen. Graf Philipp Albert war ihr Beschüzer, aber nach seinem 1682. erfolgten Tode, unter der Regierung seines Nachfolgers, hatte die Colonie keinen Bestand. Nur Ein Schuz=Jude ist von dieser Zeit hier, welcher im herkömmlichen Besiz der Lieferung vieler feinen und groben Tücher ist, die Gaildorf und das umliegende Land verbraucht. Seine Familie wohnt aber in Braunspach unter Hall, zu welcher er sich mit seinen Leuten gewöhnlich vor Eintritt des Sabbaths verfügt, und nach demselben wieder zurückkehrt.

Im Spanischen Erbfolge=Krieg drang eine französische Partey, die an vielen Orten schon mit Rauben und Brennen grosen Schaden gethan hatte, bis in die Nähe von Gaildorf, fand aber bey Unterroth ihren Untergang. Die Gaildorfischen Bürger sezten sich derselben so muthig entgegen, und kämpften so glücklich für Vaterland und Eigenthum, daß Stadt und Land von der Plünderung gerettet, und die ganze feindliche Partey, keinen Mann ausgenommen, erschlagen wurde. Ein Gaildorfischer Anführer wurde aber zuerst durch die Feinde vom Pferd geschossen, seinen Tod und die verübten Grausamkeiten zu rächen, gaben die Bürger kein Quartier.

Im Jahr 1713. wurde Gaildorf von Königlich=Preußischen Truppen besezt. Sie kamen am 9. December an, zogen aber am 21. Februar des folgenden Jahrs wieder ab.

Im Jahr 1741. zog das grose nach Böhmen bestimmte französische Heer vom 1. bis 3. Sept. durch. In der Stadt lagen die hohen Befehlshaber, das Heer lagerte sich in der Nähe, vom Armenhauß bis auf den Bühl gegen Winzenweiler hin. Auch der Rückzug traf Gaildorf im Jahr 1743. im Februar, mit 8. Kolonnen, die in die Bürgerhäuser einquartirt wurden.

Im Jahr 1756. den 18. Februar, Nachts zwischen 11. und 12. Uhr, erhub sich hier ein Sturmwind, welcher bis Morgens 3. Uhr anhielt, und grosen Schaden an Gebäuden verursachte. Viele Bäume wurden mit den Wurzeln aus der Erde, und zum theil mitten entzwey gerissen. Man hat auch eine starke Erderschütterung dabey bemerkt.

Die Noth der Theurung im Jahr 1771. wurde, sonderlich im April, wegen Mangel an hinlänglichem Vorrath, und Sperre der benachbarten Lande, sehr drückend für die Gaildorfische Bürgerschaft. Zwey Gerichtsverwandten reißten mit obrigkeitlicher Vollmacht in den Odenwald und bis über die Tauber, irgenwo Getreide zu negotiiren, vergeblich. Doch ließ Gott bald darauf Milderung und Hülfe erscheinen.

Es befinden sich gegenwärtig im Städtchen drey Regierungs- und Konsistorial-Kanzleyen, nemlich die Limpurg-Gaildorf-Wurmbrandische, die Limpurg-Gaildorf-Assenheimische und die Limpurg-Sontheim-Gaildorfische, oder Pücklerische, unter deren jeder ein gewisser Landesbezirk, welcher in der Folge beschrieben wird, stehet. Für die Sachen, welche das Städtchen und die Bürgerschaft insbesondre angehen, votiren sie gemeinschaftlich. Die Wurm-

Wurmbrandiſche, Aſſenheimiſche und Pückleriſche Gemeinſchafts-Herrſchaften beſtellen, jede für ſich, zu ¼. oder ⅛. einen Stadtbeamten. Daher ſind ihrer gewöhnlich drey. Das Stadtgericht beſtehet aus zweyen Burgermeiſtern und zehen andern Beyſizern, welche zugleich verſchiedene bürgerliche Aemter verwalten. Auch hat hier das Wurmbrandiſche, und das Limpurg-Sontheim-Gaildorfiſche Landamt-Departement ihre Size. Auch ein Wurmbrandiſcher Forſtmeiſter und ein Limpurg-Sontheim-Gaildorfiſcher Oberförſter. Zu allen dieſen beſondern Stellen gehören mehr oder weniger Subalternen.

An der Stadtkirche ſtehen zwey Geiſtliche, ein Stadtpfarrer und ein Kaplan. Der leztere hatte ſeit der Reformations-Zeit auch die Münſterer Kirche mit Lehre und Sacramenten zu verſehen. Duch die Trennung der Münſterer Kirche von der Parochie Gaildorf, entgieng dem Stadtpfarrer die bisherige Beyhülfe; die Pfarrer von Münſter halfen nur bey Communionen adminiſtriren. Aber im Jahr 1710. wurde der bisherige Präceptor der lateiniſchen Schule zugleich als Kaplan angeſtellt. Dergleichen Präceptores findet man ſeit der Reformations-Zeit. Nur im jammervollen dreyſigjährigen Krieg war einige Jahre kein Präceptor vorhanden. Der Präceptor hat die obere Schulklaſſe, zu welcher auch die lateiniſchen Schüler gehören, zu verſehen, die untere ein Kantor, welcher zugleich Organiſt iſt, und die Kirchenmuſik aufzuführen hat.

Die Nahrung der hieſigen Bürgerſchaft beruhet auf allerley bürgerlichen Gewerben, und zugleich auf dem Feldbau und der Viehzucht. Die meiſten Bürger haben einige Feldgüter, und einige geben ſich ganz damit ab. Unter ihre Freyheiten gehört,

L 3

daß

daß die geschloßnen Burgersgüter nur ein geringes Handlohn geben, und die Stadtmarkung von dem kleinen Zehenden gegen eine geringe Geldabgabe ganz befreyt ist.

Der Nahrungsstand der Stadt im Jahr 1789. lässet sich einigermassen aus folgender Gewerbliste ersehen:

Apothecker	1.
Barbierer und Chirurgen	4.
Becker	8.
Bierbrauer	2.
Buchbinder	1.
Büchsenmacher	1.
Canditor und Spezereyhändler	1.
Caminfeger	1.
Drechsler oder Dreher	1.
Färber	2.
Glaser	3.
Handelsleute	3.
Hafner oder Töpfer	3.
Hutmacher	2.
Kübler oder Büttner	1.
Küfer oder Faßbinder	3.
Maurer	7.
Mezger (Fleischer)	8.
Nagelschmide	4.
Posamentirer	2.
Rothgerber	4.
Sattler	2.
Schlosser	4.
Schneider	18.
Schmide	3.
Schreiner	3.
Schuhmacher	18.

Seiler

Seiler	4.
Steinhauer und Modelstecher	1.
Strumpfstricker	1.
Strumpfweber	2.
Tuchmacher	3.
Wirthe	9.

nemlich
7. Schild = und
2. Gassenwirthe.

Wagner	3.
Weber (Leinen=)	13.
Weißgerber	3.
Zeugmacher	2.
Zimmerleute	3.
Ziegler	1.

Es ist aber zu bemerken, daß diese Liste nur eine beyläufige, nicht eine völlig genaue Idee von dem Zustand der Gewerbe geben kann. Denn einige dieser gewerbtreibenden Bürger haben mehrere, andre nur einen, andre gar keinen Gehülfen bey ihrem Gewerbe. Es sind auch Gewerbe vorhanden, die nur dermalen nicht eingebürgert sind, als ein Nadler, ein Perückenmacher. Andre, als Bauern, Fuhrleute und Lohnkutscher, Taglöhner und solche, die sich mit unbestimmtem Gewerbe oder Kleinhandel abgeben, sind in die Liste nicht aufgenommen. Die Müller, welche der Stadt das benöthigte Mehl verschaffen, befinden sich ober= und unterhalb derselben in der Nähe. Mehrere Gattungen von Gewerben wären wohl auch hier, wenn Hall und andere Städte nicht zu nahe wären.

Der sämtlichen Bürger, die Alten miteingerechnet, sind an 240. Der sämtlichen wirklich anwesenden Einwohner, mit Fremden und Dienstbotten, sind immer über 1200.

Jahrmärkte werden vier gehalten. Wochenmärkte sind nicht angeordnet.

Von dem Gaildorfischen Stadtamt ist noch anzumerken, daß bey demselben auch der Wasserzoll wegen geflößter Sägblöcke, und der Thor- und Landzoll eingezogen und verrechnet wird.

Unter das Gaildorfische Stadtamt gehören:

1. Die **Oelmühle** am Rothflüßchen, bey Unterroth. Es wird hier zu Zeiten auch gewalkt. Unterthanen und Oelmüller sind zwey, welche wöchentlich im Gebrauch der Mühle abwechslen. Sie machen mit ihren Familien eine Zahl von 10. Seelen aus.

2. Das **Armenhaus** oder **Lazareth** auf dem Siechenfeld, welches oben schon vorgekommen.

3. Die **Andelsmühle**, bey Klein-Altdorf, nahe am Kocher, und an einem von der Höhe herabstürzenden Bach. Vor dem dreyßigjährigen Krieg war hier eine Mahlmühle, welche abgebrannt wurde. In neuern Zeiten ist wieder ein Haus daselbst aufgerichtet, und erstlich zu einer Schleif- nachher Walkmühle eingerichtet worden.

Das oben auch schon angeführte **Vitriol-** und **Alaun-Bergwerk** in dem sogenannten Herrngarten, stehet unter Wurmbrandischer Hoheit. Die auswärtige Gewerkschaft, welcher es zustehet, sezet gewöhnlich zu dessen Betrieb einen Inspector oder Factor hieher, welcher seine Wohnung in den Hüttengebäuden hat.

II. Der

H.

Der

Limpurg=Gaildorf=Wurmbrandische Landes=Antheil.

Dieser Landesantheil hat sich durch die schwesterliche Theilung im Jahr 1707. gebildet. Er heißt daher der Wurmbrandische, weil er damals der Gräfin von Wurmbrand durchs Loos zufiel, wird aber zuweilen auch durch die Benennung: Wirtembergisch- und Leiningischer gemeinschaftlicher Antheil, nach den neuern Besizern nemlich, bezeichnet.

Er bestehet ausser ein Viertel an der Stadt Gaildorf, in dem sogenannten Landamt Gaildorf, und dem Amt Gschwend, welche aber unter Eine Amtsverwaltung gezogen sind, die zu Gaildorf ihren Siz hat.

Das Landamt Gaildorf

umgiebt beynahe auf allen Seiten ganz die Markung der Stadt Gaildorf, und hat von derselben den Namen, so wie es auch ehemals, und schon 1374. nach der Urkunde, Beweisung der Gräfin Elisabeth von Tübingen, dazu gehörte, wovon in der Beschreibung der Stadt Gaildorf umständlicher gehandelt worden.

Seine Gränzen sind gegen Morgen: der Sontheimische und Schmiedelfeldische Antheil; gegen Mittag: das Amt Gschwend, disseitigen und Assenheimischen Antheils; gegen Abend: der Assenheimische Antheil und das Wirtembergische Stabspflegamt Westheim; gegen Mitternacht: der Michelbachische Antheil.

Der Lage nach hat es verschiedene Berge und Thäler. Von ersten sind anzumerken: der Miedberg zwischen Unterroth, und Reippersberg, wo sich

eine

eine neugemachte Strase von Steinen findet, der
Kieselberg, welcher ein Magazin von Kieseln oder
Feuersteinen enthält, die Berge um Münster, wo
sehr gute Werkstein-Brüche sind, die Berge um
Eutendorf, wo man eisenhaltige Steine findet. Man
hat auch von allen diesen Bergen vergnügende und
immer veränderte Aussichten.

Vom Kocherthal fällt eine Strecke von ohngefähr zwey Stunden Wegs in dieses Amt, vom Roththal, der unterste Theil gegen den Kocher hin.

Der Wieswachs ist in den Thälern vortreflich,
zuweilen schaden Ueberschwemmungen. Die Rindviehzucht ist daher sehr ansehnlich und ergiebig für
den Landmann. Auch der Getreide-Bau ist nicht
verächtlich, doch aber in einigen Gegenden, um des
starken lettigen Bodens und der stark abhängigen
Halden willen mühsam. Viele Bauern besitzen auch
eigne Waldungen, und wissen sich dieselben auf verschiedene Weise durch den Holzhandel zu Nuz zu
machen.

Die Landstrase von Hall nach Schwäbisch-
Gmünd und Schorndorf, läuft mitternacht- und
mittagwärts von Gaildorf durch dieses Amt. Sie
ist an einigen Orten, auf eine dauerhafte Weise,
mit Steinen gemacht, und das Fuhrwerk dadurch
ziemlich erleichtert worden.

Folgende Orte gehören zu diesem Amt.

1. **Eutendorf,** von Gaildorf mitternachtwärts Eine
Stunde entlegen, und zwey von Schwäbisch-
Hall, an dem westlichen Fuß eines hohen Gebürges, das sich in verschiedenen Krümmungen am rechten Ufer des Kochers aufwärts
streckt,

streckt, und an einem Bach, Steppach genannt, der mitten durch den Ort fließt, und sich in den Kocher ergießt, zuweilen aber sehr schnell und stark anschwellt. Der Name des Orts scheint räthselhaft, wenn man nicht weiß, daß er ehemals **Yttendorf** genannt und geschrieben wurde, wahrscheinlich von einer ehemaligen Erbauerin oder Besizerin **Ytta**. *)

Das obere Dorf, höher am Bach hinauf, macht einen Theil, und das untere Dorf eine Strecke weiter herab, den andern Theil desselben aus. Das obere Dorf faßt die Kirche, das Pfarrhauß, die Schule, und einige Bauerhäuser in sich. Die Kirche ist ein altes, massives, und für seine Absicht wenigstens nicht unbequemes Gebäude. An der Mittagseite, und zwar an der westlichen Ecke, oben nahe am Dache, liest man auf einem Eckstein die Jahrzahl. 1. 3. 4. 3. in alten Characteren, daneben die Worte: in. dem. stein. ist. mer. geschrift. In der Kirche ist, ausser einer hölzernen Tafel zum Gedächtnis des ersten hiesigen evangelischen Predigers, Christoph Sturmkorb, und einer alten gemahlten Fensterscheibe, welche den edlen Ritter St. Jörg und sein Ritter-Abentheuer vorstellt, nichts historisch-merkwürdiges. Der zirkelförmige Rand enthält die Umschrift: **Wandelbar greffin geborne greffin von hohenloe**. Der Kirchhof hat von der

*) Deduction von der Mannschaft. 1714. S. 11. Ytta, Itta, Vta, Vota, Jutta, Guta, war Ein Name, vornehmem Frauenzimmer im mittlern Zeitalter sehr gemein, von einerley Bedeutung mit Clementia oder Benigna. S. Schmids Gesch. der Deutschen Th. 1. S. 447. und Sattlers hist. Beschr. von Wirtemb. Th. 1. S. 159. 160.

der Abendseite, wie die meisten aus der alten Zeit, so ziemlich das Ansehen eines Kastells. Das Pfarrgut dahier ist mit allen anhangenden Gerechtigkeiten, samt dem Patronat=Recht, und den zur Pfarre gehörigen Frucht= und Wein=Zehenden, auch zwey Gütern zu Gros=Altorf vom Ritterstift Komburg im Jahr 1669. an Limpurg verkauft worden.

In dem untern Dorf, welches das obere an Gröse vielmals übertrift, stund bis noch vor wenigen Jahren eine grose, meistens von Eichenholz erbauete Kelter, welche aber auf den Abbruch verkauft wurde. Auch eine Mostschenke nahe dabey, mit einem Gesundbad, und einem Brunnen, der aus Kalk= und Gipsfelsen hervorkommt, und dessen Abfluß im strengsten Winter nicht zufriert, sondern vielmehr raucht. Er wird der Bilmer=Bach genennet, und vereinigt sich unten im Ort mit dem andern grösern Bach, der vom obern Dorf herabfließt. Ein Wirthshauß ist auch hier, aber nur wenige Handwerker, weil sich die Einwohner fast ganz vom Landbau nähren, und wohl. Sie haben gute Aecker, und vorzügliche Wiesen. Auch fehlt es in den Gärten und ehemaligen Weinbergen nicht an guten und fruchtbaren Obstbäumen. Der Gemeinboden, auf der Höhe des östlichen Gebürges, ist eine ansehnliche Strecke, welche über 700. fränkische Morgen, hübsche Waldung, und darinn viele Eichen in sich faßt. Er ist aber vor wenigen Jahren unter die Einwohner Eutendorfs, nach Maasgabe ihrer Gemeinrechte vertheilt worden. Das Trinkwasser an diesem Orte ist nicht von vorzüglicher Beschaffenheit, und führt aus den benachbarten Kalk= und Gipsfelsen vielen Tophus mit sich. An der östlichen Seite des Schnaybergs quillt ein Brunn hervor, der in kurzer Zeit Moos, Gräser und Holz mit einer steinartigm Rinde überziehet.

Die Zahl der Einwohner ist 385. der sämtlichen Pfarrangehörigen 655. Ausser den Ortschaften, die noch dahin zur Kirche gehen, war ehemals auch Haspelhausen, ein Dorf auf der Höhe, und einige Häuser auf dem sogenannten Roggenland, welche sämtlich vor Jahrhunderten abgegangen sind, und Winzenweiler dahin gepfarrt. Der lezte Ort ist Komburgisch, und nach und nach ganz mit Katholicken besezt worden. Er kommt in einer Urkunde vom Ende des eilften Jahrhunderts schon unter dem Namen Winitzenwilare als eine Villa vor. (Wibel. 3. Th. Cod. p. 34.)

Limpurg hat in Eutendorf von den ältesten Zeiten her landesherrliche Hoheitsrechte, sicher wenigstens auf den Komburgischen Lehengütern gehabt. Mit der Veste Buchhorn sind im Jahr 1357. noch mehrere Güter samt vogteylichen Gerechtsamen von den Grafen von Oettingen erkauft worden. (S. Buchhorn im Antheil Michelbach.) Auch hatten vor Zeiten die von Roth und die Halberge Güter hier, die durch Kauf an Limpurg gekommen sind.

Der verderbliche dreysigjährige Krieg hat die Parochie Eutendorf auch manchen Menschen gekostet. In den Jahren 1634. bis 1637. starben, und darunter viele an der Pest, allein 240.

240. In den leztern Kriegsjahren von 1641. bis 1650. aber nur jährlich 8. Personen. Vor dem Krieg von 1611. bis 1620. jährlich 17. daraus läßt sich mit ziemlicher Wahrscheinlichkeit berechnen, daß vor dem Krieg in der Parochie etwa 612. nach 1640. oder kaum 288. Menschen gelebt haben. Doch hatten die Einwohner einen eignen Zufluchtsort, der ihnen der alten Ueberlieferung nach bey feindlichen Einfällen sehr oft Schuz und Rettung gewährt hat, nemlich einen abgelegenen Ort im dicken Wald, die Geißklinge genannt, wozu der Zugang nicht so leicht zu finden ist. Sie verbargen sich hier mit ihrem Vieh und aller Haabe, ohne einen einigen Menschen im Ort zurück zu lassen.

Südöstlich von Eutendorf, doch an demselben Gebürge findet sich die Schweizerhalde, oder die Sommerwohnung für die Assenheimische und Wurmbrandische Schweizereyen. Es ist eine Art einer schweizerischen Sennerhütte. Die dazu gehörigen Weideplätze sind weitläuftig.

Eine Antiquität, die zur Geschichte des Mittelalters zu gehören scheint, findet sich in dem Wiesenthal mitternachtwärts von Eutendorf, nemlich ein Ueberrest einer alten Landwehre, in einem quer das Thal durchschneidenden Graben und Aufwurf, noch izt der Landgraben genannt, an welchem ein Ort auch noch der Fäll-Riegel heißt. Es scheint ein Ueberrest der alten Hallischen Landwehre zu seyn, die vor Zeiten auch, in einer Entfernung einer Meile von Hall, in dem Gebiet der Schenken gezogen werden wollte,

aber

aber zu vielen Zwistigkeiten Anlaß gab. (S. 1. Th. 12. Abschnitt.) Ob dieser Landgraben hier zur Zeit der Schenkin Ytta oder einige Zeit nachher im funfzehenten Jahrhundert gemacht worden, läßt sich nicht bestimmen. Am Schennberg und seinen beyden steilen Seiten wird er durch eine Mauer abgelößt, davon die daran stossende Gegend noch bey der Mauer heißt. In gleicher Linie über dem Kocher ist wieder ein Fällriegel, der nemlich die Strase sperrte, und weiterhin der Landgraben zu sehen.

Aber noch eine andre Antiquität, deren Ursprung noch räthselhafter scheint, ist in ebendiesem Strich, weiter östlich, auf einer Berghöhe im dicken Wald zu sehen. Eine ziemlich weitläuftige Schanze, welche von den Anwohnern noch die Schanze oder die Schanzlöcher genennet wird, ohnweit der Beinhalden. Weiterhin ist noch ein einzelnes Stück Erdwall, und dann kömmt der Streitberg, welcher voll Ruinen liegt. In dem ganzen Strich sind mehrere Bergspizen oder Ecken, welche den Namen Hörle (Specula) führen.

Ob dies alles im Mittelalter erst gemacht und wieder ruinirt worden? Ob es zum theil ein Ueberbleibsel von der Römer Zeit her seye, die sicher die Gegend eine Zeitlang behauptet haben? verdiente vielleicht eine nähere Untersuchung. Das eine Ende der Linie siehet gegen das Ellwangische, den Spuren der aus dem Nordgau sich herziehenden sogenannten Teufelsmauer entgegen, das andre Ende gegen Mainhard hin, wo so viele Römerspuren, alte Schanzen, und selbst der Anfang einer andern weit sich erstreckenden Gränzlinie gefunden, und beschrieben worden. Doch hier nichts mehr davon.

2. Gros-Altdorf, ein kleines Dorf, mit einer zu der Eutendorfer Parochie gehörigen Filial-Kirche, liegt nicht weit vom Kocher, eine halbe Stunde von Gaildorf, und fast gleichweit von Eutendorf. Die hiesige Kirche ist zwar alt, hat aber nichts merkwürdiges aufzuweisen. Etlichemal wird jährlich darinn gepredigt, und am Catharinen-Tag, vermög einer im Jahr 1731. von einer hiesigen Einwohnerin Catharina Kochendörferin gemachten Stiftung, nach zuvor gehaltener Betstunde, Geld an Arme ausgetheilt. Es war doch ein schöner Gedanke von der Stifterin, mit der milden Gabe den Armen auch Trost und Ermahnung austheilen zu lassen. Die Kirche hat einen nicht unbeträchtlichen Heiligen-Fond.

Ohnweit davon, am Kocher abwärts, liegt die zum Ort gehörige ansehnliche zum Mahlen und Sägen eingerichtete Gros-Altdorfer Mühle. In dieser Gegend singt die Nachtigall ihr entzückendes Lied. Der Einwohner im Ort und in der Markung, die schlechte Steigenhütte mitgerechnet, sind 141.

Auf einer Anzahl Güter gehöret das Eigenthum mit Gült und Handlohn dem Ritterstift Komburg, die Vogtey und Landesherrlichkeit aber von den ältesten Zeiten her Limpurg.

3. Schleifrain, nahe am vorgedachten Ort, ein Haus, das 10. Seelen herberget.

4. Klein-

4. **Klein-Altdorf**, ein kleines Dorf oder Weiler am Kocher heraufwärts, etwas näher gegen Gaildorf. Es zählet 103. Einwohner-Seelen. Eine hölzerne, auf steinernen Fundamenten ruhende Brücke führet hier über den Kocher. Auch hier hat Komburg gültbare Lehengüter, doch in Limpurgischer Landes-Hoheit. Im Jahr 1628. starb hier eine Einwohnerin 100. und ein halb Jahr alt. Seitdem findet sich keine so alte aufgezeichnet.

5. **Steigenhaus**, ein einzelnes Haus und Gut, von 9. Einwohnern, auf einer ziemlichen Höhe, an dem steilen Pfad, der von Gaildorf nach Winzenweiler und Obersontheim führt. Man hat von dieser Höhe nach Gaildorf und in die umliegende Gegend eine vergnügende Aussicht.

6. **Rothhof**, ein einzeln stehender Hof am Wege zwischen Winzenweiler und Mittelfischach. Er hat 7. Einwohner-Seelen. Die Gegend ist waldicht.

7. **Münster**, ein grosentheils wohlgebautes Pfarrdorf, von Gaildorf nur eine Viertelstunde morgenwärts gelegen, nicht weit vom Kocher, über welchen eine bedeckte hölzerne Brücke führt. Die Kirche ist alt, und hat noch einige Antiquitäten, an alten religiösen Bildern aus der vorlutherischen Periode. Man siehet auch noch auf dem Kirchendach den alten Todtenwagen, dessen man sich vormals, sonderlich zur Zeit heftiger Seuchen bediente, um die Todten darauf zu ihrer Ruhe zu führen. Es gibt Leute, die von ihm wissen wollen, daß er rumple, wenn eine Seuche einreissen soll. Ehemals hat

hat ers freylich gethan, wenn er Todte von der Stadt Gaildorf hieher brachte, als dessen Einwohner bis 1710. hier begraben wurden. Den Ursprung der hiesigen Pfarrkirche bedeckt das graue Alterthum. Limpurg hat wenigstens das Patronat derselben von den ältesten Zeiten her hergebracht, und unterm Jahr 1286. findet man schon in einer sichern Urkunde einen Heinricus de Brunnen plebanus de Munster, unter andern Edlen der Gegend. *) Auch ein Schenk von Limpurg, Konrad II. hat sich im 14. Jahrhundert eine Zeitlang mit dieser Pfründe belehnen lassen.

Bischof Johann von Wirzburg, auch des Geschlechts von Brunne, versetzte im Jahr 1433. die Parochie Münster in das Städtlein Gaildorf, und von dieser Zeit an war also die Münsterer Kirche eigentlich Filial-Kirche, bis sie im Jahr 1694. im Monat Merz, von der Gaildorfer Kirche ganz getrennet wurde. Der Diakon des Städtchens hieß zwar auch vor dieser Zeit Pfarrer zu Münster, und verrichtete in hiesiger Kirche Parochial-Handlungen, aber von dieser Zeit an wurde erst ein eignes Kirchenbuch für die Münsterer Parochie angefangen, da vorher die Gebohrnen, Gestorbnen und Kopulirten in das Gaildorfische miteingetragen wurden. Der Münsterer Geistliche wohnt jedoch noch in Gaildorf. Daß die Zahl der Münsterer Pfarrkinder, nach kurz vorübergegangenem dreyßigjährigen Krieg sehr klein gewesen seyn müsse, ist schon bey Gaildorf gelegenheitlich erinnert und erwiesen worden. Izt erstreckt

---

*) Wibel. IV. Cod. Seite 20.

erstreckt sie sich über neuntehalb hundert. Der Einwohner in Münster waren im Jahr 1785. 292. Diese nähren sich fast durchgängig vom Feldbau. Sie haben gute Aecker und Wiesen, einige auch Hölzungen, welche sie sich auf verschiedne Weise zu Nuz zu machen wissen. Ihren Gemeinboden geniesen sie insgemein.

Auch hier sind Komburgische Lehengüter, die Oberherrlichkeit aber von den ältesten Zeiten Limpurgisch. Zwar findet man, daß auch ein Hanß Spieß, ein Hanß Bunning, eine Beatrix von Wiesenbrunn hier vor einigen hundert Jahren etwas besessen, und Limpurg zu kaufen gegeben haben, aber auch ausdrücklich bey einem solchen Stücke, daß es vormals der Herrschaft Limpurg zu Lehen gegangen.

In den nahe gelegenen Bergen werden sehr gute Werksteine gebrochen, die sehr fein und dauerhaft, und an Farbe weisbläulicht sind.

Den Namen hat der Ort wohl von der hiesigen uralten Kirche. Ein etwas ansehnliches Kirchen=Gebäude hieß vor Alters ein Münster. *)

Eine Strecke von dem Ort, am Kocher aufwärts, am rechten Ufer des Flusses, liegt die Münsterer Mühle, ein schönes zum Mahlen, Sägen, Walken und Oelpressen eingerichtetes Werk. Ehemals war dieses schöne Mühlengut

---

*) Monasterium proprie dicitur cella, in qua unus degit monachus; sed potea ipsum coenobium sic dictum; imo communis vox fuit habitaculis monachorum & canonicorum regularium. Hinc etiam sæpe monasterium sumitur pro ecclesia cathedrali, quæ Münster dici solet. Schmidii Lex. ecclef. voce Monasterium.

gut eine unmittelbare herrschaftliche Domäne, wurde aber im Jahr 1739. als ein Erbzinßlehen hingegeben, so daß es jezt zur Wurmbrandischen und Solmsischen Kammer einen jährlichen Kanon gibt, in Ansehung der Jurisdiction aber unter beyder Herrschaften Kanzleyen gemeinschaftlich stehet. Die Lage der Mühle ist auch ganz angenehm.

8. **Kieselberg oder der Kieselberger Hof**, liegt südostwärts von Münster, auf einer Ecke des Kieselbergs, dessen Rücken sich bis in die Gegend von Sulzbach ostwärts hinziehet. Man hat von hier eine angenehme und weite Aussicht über das unten liegende, fruchtbare, durchaus angebaute, durch einen hübschen Strom und mehrere Bäche bewässerte und mit Ortschaften besäete Kocherthal, ja bis in das Hällische und Hohenlohische Land. Es waren daher von langen Zeiten her hier immer eine oder mehrere kleine Kanonen, um damit bey Feuersbrünsten eine Losung geben zu können. Es war ehemals ein Herrenhof, oder eine unmittelbare herrschaftliche Domäne. Es waren auch Zimmer für Herrschaften vorhanden, wenn sie auf Tage oder Stunden reine Bergluft hier athmen und der schönen Aussicht geniesen wollten. Jezt ist der Hof mit 2. Unterthanen besezt, und zählt 15. Seelen.

9. **Bröckingen**, noch weiter aufwärts am rechten Ufer des Kochers, ein Dorf mit einem Wirthshaus. Die Wiesen, ob sie schon zuweilen von Ueberschwemmungen leiden, sind in dieser Gegend vortreflich. Man will daher dafür halten, daß hier die beste Viehzucht im Lande seyn möge.

möge. Einwohner-Seelen sind 182. hier. Nicht weit davon ist eine hölzerne Brücke über den Kocher.

Dieser Ort gehörte schon im Jahr 1374. mit seinem Zehenden und einigen Gütern zum Limpurgischen Amt Gaildorf. Es hatten aber auch einige adeliche Geschlechter Besizungen hier, die zum theil als ungültbare, freye Güter beschrieben werden. Z. E. die von Sunthen 1384. von Bachenstein 1477. von Münken 1488. ein Vorstner 1535. die ihre Güter aber in den angeführten Jahren an Limpurg überlassen haben.

10. **Schönberg**, ein Dorf in eben dieser Gegend, aber auf der andern linken Seite des Kochers, nicht weit vom Ufer entfernt. Der Steigersbach kommt bey dem Ort aus einem langen engen Thälchen hervor, und treibt hier eine Mühle, unter dem Ort vereinigt er sich mit dem Kocher.

Schönberg kommt schon unter den Limpurgischen Gütern vor, die 1374. der Gräfin Elisabeth angewiesen worden. Im Jahr 1453. hat ein Ulrich von Rechberg hier ein Gütlein besessen, das aber nachher auch an Limpurg kam. Im Jahr 1547. hat Hanß Konrad Ritter von Hürnheim zu Wöllstein (der leztere Ort liegt bey Abtsgemünd,) in Wechsels und Tauschweiß gegen andre eigenthümliche Güter an Schenk Wilhelmen Herrn zu Limpurg, übergeben und zugestellt, seine vogteyliche Ober- und Gerechtigkeit, so er auf dem Heiligen zu Schönberg, dem Pfarrlehen und

Kirchengütern daselbst gehabt, samt dem Kirchensaz, auch zwey Unterthanen, und mehrere Zinßleute; allermassen er dieselben von seinen Voreltern ererbt und bisher inngehabt.

Die Kirche ist vor ein paar hundert Jahren eingegangen, der Plaz aber, wo sie gestanden, noch wohl kennbar.

Die Einwohner nähren sich wohl; sie besizen zum theil beträchtliche Waldungen. Ihre Anzahl ist 68.

11. **Unterroth**, vor Zeiten Niedern-Roth, liegt weiter gegen Abend, an dem Rothfluß, welcher hier eine Mahl-Oel-Walk- und Säg-Mühle treibet, und sich eine Strecke unter dem Ort mit dem Kocher vereinigt. Limpurg hat von den ältesten Zeiten hier die Landeshoheit besessen, der Zehende kommt 1374. urkundlich als limpurgisch vor. Komburg hat Lehenleute hier. Alte edle Geschlechter, die ehemals hier oder auf der Markung etwas besessen haben, sind die von Wöllstein, von Michelfeld, die im Steinhauß, Burger zu Gmünd, und die Herren zu Rechberg. Ihre Besizungen kamen längst an Limpurg. Unterroth hatte ehmals auch Weingärten. Heutiges Tags ist die Viehzucht ansehnlich, auch die Nuzungen der Privat-Wälder. Die Einwohner-Seelen sind 202.

Bey dem Ort ist im spanischen Erbfolge-Krieg ein Haufen Mordbrenner erschlagen worden.

Ueber die Roth. gehet nicht ferne von dem Ort eine fahrbare steinerne Brücke, über den Kocher

Kocher ein Steeg für Fußgänger. Die Strase von Gaildorf nach Gmünd, nach Schorndorf und Stuttgard, führet durch den Ort. Gleich hinter demselben erhebt sich mittagwärts der Miedberg, wo sich eine mit Steinen neu gemachte Strase, und an derselben ein Haus befindet, wo die Fremden ein geringes Weggeld zu entrichten haben.

12. **Reippersberg**, ein kleines Dorf oder Weiler, auf der Höhe, wenn man den Miedberg zurückgelegt hat. Die Einwohner haben weitläuftige und gute Güter, zum theil auch beträchtliche Waldungen; daher sie zum theil auch recht gut stehen. Sie machen eine Anzahl von 56. Seelen aus.

Die Spiesen, Bürger zu Hall, und die von Adelmann waren ehemals hier begütert. Limpurg besaß aber im Jahr 1374. nebst anderm schon den Zehenden.

So bald man hier auf die Höhe kommt, so bemerkt man, daß sich die Beschaffenheit des Bodens ändert. Hier und auf allen Bergen Limpurgs von ohngefähr gleicher Höhe ist Sandboden, bald mehr, bald weniger mit andern Erdarten vermischt. Daher diese Höhe nicht unbequem die erste Gebürgsstufe heissen wird. Kommt man noch höher, so verläßt uns der Sand wieder, und der Boden ist mehrentheils ein gelber Letten. Dies mag die zweyte Gebürgsstufe heissen. Diese Eintheilung ist von Nuzen. Es läßt sich die Lage der Ortschaften in Ansehung der Höhe und einigermasen die Beschaffenheit des umliegenden Erdreichs mit zwey Worten bestimmen.

13. Hohn-

13. **Hohnkling**, ein kleines Dorf oder Weiler, auf derselben Berghöhe, nur weiter abendwärts, war eine Zugehörde der bald anzuführenden Burg Röthenberg, und ist mit derselben erworben worden. Den hiesigen Zehenden erhielt Limpurg von dem Kloster Murrhard 1563. durch Vertrag. Die Einwohner besizen etwas Waldung, und der Flachs geräth hier gut. Die Seelen-Zahl beläuft sich auf 129.

Eine mit Assenheim noch gemeinschaftliche Jagdscheuer, wo ehemals das ganze Jagdgeräthe aufbehalten wurde, stehet bey dem Ort.

An dem einen Ende der Markung, gegen Gschwend hin, liegt ein Stück Boden, der **Wildgarten** genannt. Hier war vor Zeiten ein herrschaftlicher Thiergarten, mit einigen Wohnungen, Brunnen und kleinen Teichen. Es ist jezt ein zur Kammer gehöriges Unterthanengut. Der Besizer hat auch die Wirthschaftsgerechtigkeit. Die Gaildorfische Strase nach Gschwend, und andern Orten, führt daran vorbey.

Von Reippersberg bis hieher ist eine ziemlich geräumige Ebene. Man nennt sie den **Rusmaden**. Im Jahr 1741. hat ein Theil des französischen Heers hier kampirt. Ein grosser Theil des Hohnklinger Gemeinbodens liegt auf derselben. Dieser ist im Jahr 1786. unter die Einwohner auf ihr Verlangen vertheilt worden. Es stehet auch ein Unterthanen-Haus darauf.

Von hier morgenwärts bis gegen Sulzbach und Weiler ist eine Strecke an einander hängender

gender Waldungen, davon der grose Mezlino-
wald einen Theil ausmacht. Der Strich beträgt in der Länge zwey und in der Breite wenigstens eine Stunde, an einigen Orten mehr.

14. Eine gute Strecke unter Hohnkling und Reippersberg, auf einer Mittelroth gegen über befindlichen Gebürgs=Ecke lag die alte Burg
Röthenberg. Sie soll nach alten Chronick-
Nachrichten auch Hohenroth genennt worden
seyn. Jezt ist nur noch ein Thurn davon
übrig, der gewöhnlich der Röthers-Thurn,
so wie der Berg der Thurnberg genennt wird.

Im Jahr 1338. besaß diese Burg mit ihrer Zugehörung ein Albrecht Haug von Rossenstein, (vermuthlich von jenem Rosenstein
benennt, welches bey dem Städtchen Heubach
liegt, und im Jahr 1377. von Kaiser Karl IV.
an Graf Eberharden von Wirtenberg verpfän-
det worden.) Er verkaufte in jenem Jahr
seine Burg Röthenberg „mit allen den Güthern und Nuzen, die dazu gehören, an Wälden, an Holz, an Felde, an Wiesen, an Aekern,
an Wasser, an Vogtey und an eigenen Leuten,
die zu der Vestin gehören, gesucht und unge-
sucht, in allem Recht und Gewohnheit, unge-
fährlichen; Als er Haug dieselbe Burg und
Güther bis dahin gehabt und genossen, für
recht freyes und lediges Eigen,“ an Schenk
Albrecht von Limpurg, um 1400. Pfund Heller. Vielleicht war dieser Albrecht Haug von
Rossenstein der lezte seines Geschlechts, daher
vielleicht auch seine Stammburg dem Reich
heimgefallen.

Mit

Mit der Burg Röthenberg bekam nun Limpurg auch eine dazu gehörige Herrschaft, die in Gütern und Rechten in der nächst umliegenden Gegend bestund. Allein die Burg selbst hatte in dem Städtekrieg, zur Zeit Kaiser Wenzels, wie man in alten Chronicken findet, das traurige Schicksal, von den Völkern der verbundeten Städte verbrannt zu werden. Es soll Rauberey aus der Burg getrieben worden seyn, welche auf diese Weise an ihr gestraft wurde. Ob sie von derselben Zeit an wüste gelegen, oder von neuem aufgebauet, und zum zweytenmal abgebrannt worden, kann aus Mangel der Nachrichten nicht berichtet werden.

Im Jahr 1406. wurde diese Burg, nebst Cransperg, welches bey der Herrschaft Schmiedelfeld zu finden seyn wird, mit ihren Zugehöruugen der Churpfalz zu Lehen gemacht, uf Söhne und Töchter zu leyhen. Denn die Veste Geilenau, in dem Reichsstadt-Rotenburgischen Gebiet, welche der Pfalz zu Lehen gieng, wurde in jenem Jahr, von ihren damaligen Besitzern, dem edlen Herrn Johann zu Hohenlohe-Speckfeld, und seinem Schwager Schenk Friedrich, der mit in Gemeinschaft saß, an die Stadt Rotenburg verkauft, und zwar von Pfalz vorher geeignet, dem Lehenhaus aber dafür, in vorgedachter Maase, die Burgen Röthenberg und Cransperg zu Lehen aufgetragen. Dies ist die Geschichte der Burg aus dem Mittelalter.

Die Lage der Burg war ganz artig, und schon die Natur machte sie zur Vertheidigung sehr geschickt. Denn die ausspringende Bergecke,

ecke, auf der sie lag, bildete auf dreyen Seiten um sie einen natürlichen, ziemlich steilen Wall; nur die Abendseite erlaubte eine bequeme Annäherung von der Gebürgs-Höhe. Die Burg bestund eigentlich aus dreyen Theilen, welche von einander abgesondert, ohne Zweifel ehemals durch Brücken verbunden, und von Morgen gegen Abend hinter einander angelegt waren. Es sind sämtlich Vierecke. Das mittelste, wo vermuthlich das Hauptgebäude war, ist beyläufig 134. Werkschuhe bis an den Graben lang, und 92. dergleichen breit. Der Graben noch etlich und dreyßig Schuhe tief. Der Vorhof gegen Morgen hat eine Länge von 76. gemeinen Schritten, der gegen Abend von 56. dergleichen. Jeder hat auch noch seinen eigenen Graben. Gebäude sind ausser verschütteten Gewölbern im mittelsten Viereck und einem merkwürdigen Thurn in ebendemselben, nahe an der Abendseite, nicht mehr vorhanden.

Dieser Thurn ist viereckt, jede äussere Seite desselben hält 33. Nürnbergische Werk-Schuhe, jede innere 14. denn die Mauer ist $9\frac{1}{2}$. Schuhe dick. Er ist ganz von feinen und aufs festeste verbundenen Quadersteinen aufgeführt, hat schon Jahrhunderte kein Dach mehr, und trozt immer dem Zahn der Zeit. Auf seiner Höhe trägt er einen jungen Wald, weil die nahe stehenden hohen Tannen Samen auf ihn ausgesäet haben. Er mag noch gegen 100. Schuhe hoch seyn. An seiner Morgenseite, aber in ziemlicher Höhe, hatte er seinen Eingang. An der Mittagseite eine, durch Gewaltsamkeit erweiterte Spalte oder Schießscharte, durch welche

che man izt, wenn man auf einer Leiter bis dahin gestiegen ist, in das Innere des Thurns kommen kann. Noch siehet man an den Steinen, sonderlich auf der Mitternachtseite, in der Höhe Spuren von Brand, wodurch die Steine von auſſen etwas gelitten haben.

Innwendig ist bis zu einer gewissen Höhe Schutt. Das merkwürdigste aber sind gewisse Zeichen oder Buchstaben, die einzeln auf den Steinen jeder Steinlage vorkommen, und zwar mehrentheils häufig, doch in keiner gewissen Ordnung. *) Es sind der Figur nach folgende neune:

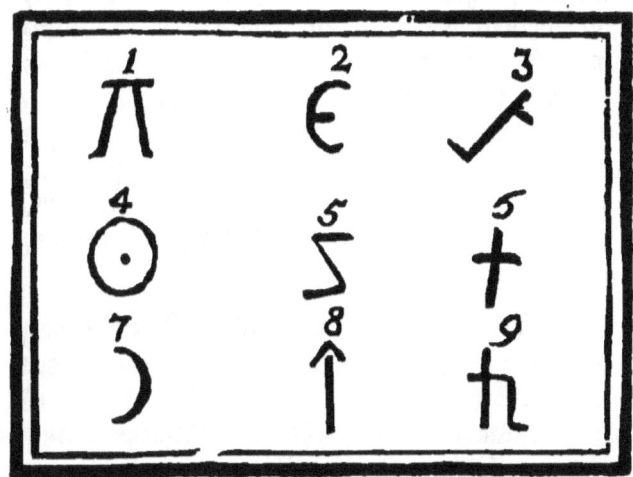

Die

---

*) In Hanselmanns antiquarischem Werk, 2. Th. Seite 66. und 67. ist dieser Thurn schon beschrieben worden, jedoch nicht vollständig und genau genug. Auch die Charactere sind dort nicht recht nach ihrer eigentlichen Gestalt copirt worden. In der bey jenem Werk befindlichen Charte, welche den alten Limitem Romanum vorstellt, hat die Burg Röthenberg auch eine ganz unrichtige Lage erhalten.

Die Figuren unter n. 4. 8. und 9. sind die seltensten, die übrigen desto häufiger. Doch muß auch dies bemerkt werden, daß nicht alle und jede Steine diese Zeichen aufweisen. Vielleicht, daß sie alle dergleichen haben, bey einigen aber die bezeichnete Fläche einwärts eingemauert ist. Und dies ist um so mehr wahrscheinlich, da man findet, daß es den Werkleuten nicht darauf ankam, einige der angeführten Zeichen auch umgekehrt einzumauern. Aussen an dem Thurn findet man die Charactere nicht.

Aber zu welcher Klasse bekannter Buchstaben mögen sie gehören? Einige sind griechischen, die meisten hetruscischen Characteren vollkommen ähnlich, wie man sie auf alten römischen Grabmalen findet. Die bey Oehringen ausgegrabnen Fragmenten von römischen Gefässen enthalten einige Zeichen, die den unsrigen ganz ähnlich sind, *) und niemand kann zweifeln, daß jene von den Römern herrühren, die sich in Germanien festsezten.

Sollte man hieben nicht auf die Vermuthung gerathen dürfen, daß Römer die Erbauer des alten Röther-Thurns gewesen seyn könnten? Die Bauart und Festigkeit des Thurns könnte ohnehin leicht auf jene Vermuthung führen, zumal wenn man weiß, daß die Römer kaum zwey Stunden davon, zu Murrhard, festen Fuß

---

*) Hanselmann, l. c. Seite 191. sqq. und Tab. XIV. Ein in Deutschland seltenes Werkchen: Admiranda Antiquitatum Herculanensium von Ant. Franc. Gorio, kann hiebey dienen. Nur Vergleichung der hier und dort vorkommenden Figuren ist nöthig, um der Vermuthung des gleichen hetruscischen Ursprungs günstig zu werden.

Fuß gehabt haben. Es stund daselbst nach sichern Steinschriften, die man bey Herrn Sattler und andern finden kann, eine Cohors in Besazung, es befand sich ein Tribunus (Hor. Flor. Victorinus) da, dergleichen in einer ganzen Legion zu den Zeiten der Kaiser 6. waren; es war auch ein Tempel da, der von einem Tribun wieder von Grund aus erbauet wurde Alles dieses wird hier nicht als Hülfs-Hypothese angenommen, sondern ist längst durch gefundene Denkmale ausser Zweifel gesezt. Murrhard war also ein ganz ansehnlicher römischer Besazungsplaz, so wie die ganze Gegend mittagwärts angebaut. Sollte man denselben nicht auch von der Kocherseite her, zumal in der Nähe der streitbaren Katten, durch vorgelegte Posten zu sichern gesucht haben? Dazu taugte unsre Burg vortreflich, sie beherrschte und schlos den Eingang des Roththals.

So lang indessen schon die Römer und die Ritter des Mittelalters, diesen Thurn verlassen haben mögen, so ist er doch, nach dem Glauben der benachbarten Landleute, noch immer bewohnt, von einem unsichtbaren Herrn aus dem Geisterreich. Er heißt der Thurnjäger. Man hört ihn bey seiner nächtlichen Jagdlust schreyen, die Hunde anfrischen, diese bellen, und dergleichen.

In ebendieser Gegend, weiter abendwärts, auch auf einer Bergspize, welche gegen die Roth hereinsiehet, ist ein andrer alter Burgstall. Man weiß keinen Namen mehr davon. Er heißt das Schlößle oder alte Schlößle, und der Berg der Staufenberg. Er liegt etwa

eine

eine Viertelstunde mitternachtwärts von Aichen=
kirnberg, ist ganz mit Wald bewachsen, und
gehört zum Solms=Assenheimischen Antheil.
Das noch so genannte Schlößle ist ein grosses
Rondel, das etwa 50. gemeine Schritte im
Durchschnitt hat. Es kann ehemals auch Ecken
gehabt haben. Rings herum siehet man noch
einen Graben, gegen Abend einen sehr steilen
und felsigen Bergabhang. Der Plaz ist ganz
übermoost. Wo ehemals Ritter haußten,
pfeift nun der Sturmwind durch hohe Buchen
und Tannen. In den unterirrdischen Klüften
haben Füchse ihr Wesen. Von einem unsicht=
baren Bewohner oder Jäger wissen aber hier
die Benachbarten nichts.

15. **Aichen=Kirnberg**, mittagwärts von dem eben
beschriebenen Schlößle, und abendwärts von
Hohnkling, auf gleicher sandigen Gebürgshöhe.
Es sind hier 6. Bauern. Der umliegende
Boden ist fruchtbar, und nähret die Einwoh=
ner wohl. Diese benüzen auch ihr Weilers=
Wasser zur Wiesen=Verbesserung, so daß nichts
vom Dünger verlohren geht. Ein Sägmähle
haben sie, bey der Neumühle.

Dieses Weiler ist größtentheils mit der Burg
Röthenberg an Limpurg gekommen. Konrad
und Wilhelm von Roth besasen auch ein Le=
hen hier und ein Zwölftheil des Zehenden. Sie
verkauften es im Jahr 1367. auch an Limpurg.

In neuern Zeiten haben sich auf der Aichen=
Kirnberger Markung, auf dem sogenannten
Breitenfeld einige neue Unterthanen angebaut.
Sie wohnen in 6. Häusern, und machen mit

den Einwohnern Aichen-Kirnbergs 90. Seelen aus.

Nordwärts in kleiner Entfernung von dem Ort läuft eine hölzerne Chaussee vorbey, worauf ein Theil des von dem Hallischen Kornmarkt ins Wirtembergische gehenden Getraides verführt wird. Seinen Namen hat der Ort ohne Zweifel von den in der Gegend gerne wachsenden Eichen, zum Unterschied des benachbarten Kirchen-Kirnbergs.

16. **Neumühle.** Dies kleine nächst an der Assenheimischen Neumühle, nicht weit von dem erstbeschriebenen Orte, liegende Oertchen bestehet nur aus 3. Wohnhäusern, und gegenwärtig aus 28. Seelen. Es ist auf herrschaftlichem Kammergut erbauet. Nur wenige geringe Grundstücke gehören dazu.

17. **Seewiese**, nicht weit davon, bestehet nur in zweyen an einander gebauten Wohnungen, und so vielen Unterthanen, welche mit ihren Familien 6. Seelen ausmachen, und ein geringes Grundstück besizen.

18. **Michelbach**, gewöhnlich Michelbächle genannt, liegt in einem besondern, mit dem Roththal zusammenhängenden Thälchen, das ein Bach bewässert. Ein wohlgebautes und wohl begütertes kleines Dorf, welches 54. Einwohner-Seelen zählet.

Es gehörte schon im Jahr 1374. wenigstens zum theil zum Amt Gaildorf. Es hatten aber auch ehmals der Abt zu Murrhard, und Edle, als die von Enßlingen und von Hürlbach Güter hier; die leztern genosen sie als
lehen

Lehen von Limpurg. Längst sind sie wieder ganz Limpurgisch geworden.

19. **Klechauß** bey Michelbächle, oder die zur Herrschaft Gaildorf gehörige Fallmeisteren, begreift 7. Seelen.

20. **Erlenhof**, liegt auf einer Höhe, erster Gebürgs-Stufe, hinter Michelbach. Es sind auch Komburgische Unterthanen hier. Die hieher gehörigen machen 24. Seelen aus.

Dieser Hof ist alt, gieng aber ehemals ein, und wurde um die Mitte des 16. Jahrhunderts wieder neu erbaut.

21. **Gehrhof**, nicht weit von dem vorigen, begreift 23. Seelen. Dieser Hof wurde im Anfang des 17. Jahrhunderts neu erbaut.

22. **Völklenswald**, ein mittelmäsiges Hofgütchen in derselbigen Gegend, ist noch in neueren Zeiten aus einem ausgereuteten Stücke Wald entstanden. Es sind nur 4. Seelen darauf.

23. **Hägenau**, in der Kocherrevier, ein kleines Dorf oder Weiler, von 42. Einwohner-Seelen. Greth von Nemmingen, geb. von Oettendorf verkaufte 1407. und der Hospital zu Hall 1502. hier etwas an Limpurg.

Der Gemeinboden ist vor wenigen Jahren getheilt worden.

24. **Spöck**, ein Dorf, in kleiner Entfernung mitternachtwärts, mit einem Wirthshaus, von 128. Einwohner-Seelen.

Zwey Güter zu Spöck gehörten schon im Jahr 1374. zu dem Amt Gaildorf. Schon angeführte Greth von Oettendorf, die Lecher, die Berler von Tullau, die Senften, der Hospital zu Hall, und der Abt zu Komburg verkauften theils, theils vertauschten sie ihre hiesige Besizungen vor langen Jahren an Limpurg. Auch hier ist der Gemeinboden getheilt.

25. Oetendorf oder Oettendorf, ein beträchtliches Kirchdorf, noch weiter nordlich, am Kocher. Limpurg besizt hier nur. 9. Einwohner-Seelen, weil die übrigen Wirtembergisch, und der Kloster-Murrhardischen Stabspfleg Westheim zugehörig sind; aber alternativ mit Wirtemberg, und also zur Hälfte die hohe Gerichtbarkeit, und ein Drittel der niedern Vogtey und des Umgeldes. Die hiesige Pfarrkirche wird durch den jeweiligen Pfarrer zu Westheim besorgt. Es ist hier ein Wirthshaus, eine Mahl- und Sägmühle, eine Ziegelhütte, und eine vor wenigen Jahren erbauete steinerne Brücke über den Kocher. Die Einwohner stehen grosentheils gut, und besizen auch sehr beträchtlichen Gemeinboden, davon durch die vor kurzem zu Stand gekommene Theilung, einem Gemeinrecht 15. Morgen an Waldungen und Wiesen zugefallen sind.

Schon im Jahr 1374. wurde die Gräfin Elisabeth von Tübingen, als Schenkische Gemahlin, auf den Genuß eines Guts hieselbst verwiesen. Im Jahr 1407. verkaufte Greth von Oettendorf, Frizen von Nemmingen ehel. Hausfrau, und 1413. eine Elßbeth Lecherin noch etwas an Limpurg. Aus dem Crusius (Annal. P. 3. l. 6. c. 6.) ersiehet man, daß

daß Friz von Renningen bey Hohenrechberg (so heißt es dort,) und Greth von Othendorf (so ebendort,) viel von ihren Gütern verkauft haben, vermuthlich, weil sie keine Kinder hatten. Greth von Oettendorf scheint die lezte ihres Stamms gewesen zu seyn. Das Geschlecht hatte ein Schloß hier, an dessen Plaz im Jahr 1453. nach alten Nachrichten die Kirche erbauet worden.

Die Kochergaugrafen waren in dieser Gegend, als ihrem angewiesenen Bezirk, von den ältesten Zeiten her stark begütert. Sie sollen nach Widmann und Crusius im Jahr 1378. ausgestorben seyn, und ihr Schloß auf dem Berg zu Westheim gehabt haben. Der lezte soll auch dem Kloster Murrhard die Pfarre Kochen-Westheim samt dem Gerichtshof und Gütern daselbst, wie auch alle zu den Pfarren Westheim und Ottendorf gehörige Zehenden im Rosengarten geschenkt haben. (Crus. Annal. P. 2. l. 1. c. 13.) Zu beklagen ist, daß Georg Widmanns ausführliche Nachrichten von den Kochergaugrafen, die sich geschrieben im Kloster Murrhard befanden, daselbst im Jahr 1525. in die Hände der aufrührischen Bauern gerathen, und unter denselben ihren Untergang gefunden haben. Doch scheint es, der Zweig der Kochergaugrafen in Westheim müsse noch früher erloschen seyn, weil man so gar wenig von ihnen in Schriften und Urkunden findet.

Daß übrigens der Ort Oetendorf nicht daher seinen Namen habe, weil er ehemals einige Zeit öde oder unbewohnt gestanden, sondern

von

von dem bekannten alten Manns-Namen Otto, erhellet aus dem vorigen.

26. **Niederndorf**, vor Alters Niedern-Oettendorf, liegt eine kleine Strecke, den Fluß abwärts. Es ist ein kleines Dorf, welches ausser den Wirtembergischen Einwohnern, 11. hieher unterthänige Seelen enthält. Bey dem Ort führet ein hölzerner Steeg üben den Kocher.

Schon 1374. wurde der Schenkischen Gemahlin, Gräfin Elisabeth von Tübingen hier ein Gut zur Nuzniesung angewiesen, daher es auch wohl in einem alten Gültbuch der Schenk Elßen Lehen heißt. Der Ort gehörte von Alters her in das Gericht gen Oetendorf.

Alte längst abgegangene Orte

finden sich mehrere in dem Amt Gaildorf. Nur aus der öfters angeführten Beweisung der Gräfin Elisabeth von Tübingen uff Gailndorff und allem, das darzu gehöret, vom Jahr 1374. ergibt sich, daß in diesem Bezirk manche Orte befindlich waren, um die man sich heutiges Tages vergeblich umsehen würde. Es kommen darinn vor:

1. **Gestößeln.** Dieser Ort lag in der Gegend von Gschwend, nordostwärts, wo noch der Stößelbrunn und Stößelwald seinen Namen erhält, und von seiner Lage zeugt.

2. **Kirchberg**, lag kaum eine Viertelstunde von Gschwend nordwärts, wo noch der jezt mit Wald bewachsene Berg dieses Namens, auf dem

demselben Trümmer von den ehemaligen Gebäuden, auch in der ganzen Gegend weit und breit Spuren des ehemaligen Anbaues zu finden sind.

3. **Steigersbach.** Dieser Ort muß in der Vertiefung gelegen seyn, welche der Steigersbach macht, der sich aus der Gegend von Gschwend g gen Schönberg hinabziehet.

4. **Scherach**, lag in dem waldigen Strich, gegen den Wiezlenswald hin. Der Name hange daselbst noch der Gegend an.

5. **Mettelberg**, wird bey Neippersberg befindlich gewesen seyn.

Es kommen in angezeigter Urkunde noch ferner vor:

6. **Zimmerberg.** 7. **Büchelberg.** 8. **Windau.** 9. **Grevenfischach.** 10. **Feichtenbronn.**

Die Lage dieser Orte ist zweifelhafter.

11. **Haspelhausen**, ein altes abgegangenes Dorf auf der Höhe zwischen Eutendorf und Mittelfischach.

12. **Ein Jägerhaus auf dem Rockenland**, auf derselben Höhe. Noch im Jahr 1619. wurde ein Forstknecht vffm Rockenland, zu Eutendorf begraben. Trümmer von Gebäuden findet man noch).

Das Wurmbrandische Amt Gschwend.

Dieses Amt, so wie es von Alters her bestanden hat, und noch vor der im Jahr 1707. geschehenen Vertheilung betrachtet, gränzt gegen Mitternacht an das

das Wurmbrandische Landamt Gaildorf, und das Assenheimische Amt Oberroth, auf den übrigen Seiten hauptsächlich an das Wirtembergische, zum theil aber auch das Reichsstadt: Gmündische, Baron-Holzische und Limpurg-Sontheim-Gaildorfische oder Limpurg-Pücklerische Gebiet. Es ist vor Zeiten durch besondre Vögte verwaltet worden, die in Gschwend wohnten, von welchem Ort auch das ganze Amt benennet worden. Im Jahr 1707. wurde es zwischen Wurmbrand und Assenheim vertheilt, also daß die östliche Hälfte zu jenem, die westliche zu diesem Antheil geschlagen wurde. Das Wurmbrandische Amt Gschwend bekam nachher einen Vogts- oder Amtsverweser, darauf einen Amtsschuldheisen, der aber dem Landamt Gaildorf untergeben wurde, so daß also dieses Amt Gschwend, mit jenem Landamt, wirklich vereinigt ist.

Hier ist fast durchaus Sandland, welchem aber die Einwohner mit Kies oder Mergel zu Hülfe kommen, wodurch sie den Ertrag ihrer Güter um vieles erhöhet haben. Es liegt, unsrer gemachten Eintheilung nach, grosentheils auf der ersten oder niedrigern Gebürgsstufe, wo wir in gleicher Höhe überall Sandboden antreffen. Einige Orte liegen höher, auf der zweyten Gebürgsstufe, und haben fruchtbarern, zwar auch noch mit etwas Sand untermischten, doch mehrentheils lettigen Boden, von weißgelblicher Farbe.

Dinkel und Weizen wird gebaut, aber in geringer Menge, Roggen und Haber häufig, und beyde sind vorzüglich. Gerste und Hirsen gerathen wohl, jeder Hausvater pflegt etwas von beyden Sorten zu bauen. Der Flachsbau ist in groser Achtung, da ein Theil des Wohlstandes der oberländischen Landleute

leute darauf beruhet, und der Boden vorzüglich dazu geschickt ist. Es wird größtentheils rheinischer Leinsamen ausgesäet, ob er wohl oft sehr theuer erkauft werden muß, da auch bey gleichem äusserlichen Ansehen das Product von demselben, jenes von einheimischem Samen an Güte zu übertreffen pflegt. Der inländische Leinsamen wird meistentheils den Oelmüllern überlassen. Der Ueberfluß an Flachs gehet hauptsächlich auf die Flachsmärkte zu Gmünd, Welzheim und Gaildorf, oder wird von Fremden in der Gegend aufgekauft, die auch viel von dem Abwerk ausser Lands bringen. Das meiste des leztern, nebst einigem Flachs, wird jedoch im Oberland selbst versponnen, und macht einen Hauptgegenstand der weiblichen Industrie den ganzen Winter hindurch aus. Flächsenes Tuch und allerley Zwilg, gebleicht und roh, wird im Frühjahr und Sommer dem Händler gegeben. Hanf wird wenig gebaut, kaum zur Nothdurft. Erdbirnen oder Kartoffeln werden in groser Menge erzeugt, und sind den größten Theil des Jahrs hindurch ein tägliches Nahrungsmittel der Einwohner, werden auch häufig dem Rindvieh, sonderlich Kühen, mit geschnittenem Futter, vorgelegt. Die Wiesen sind im Sandland, wie natürlich, etwas mager, wo sie nicht durch Düngung verbessert worden sind. Kleestücke siehet man zwar zerstreut auf den Aeckern, aber meistens von geringer Beträchtlichkeit. Doch pflegt er wohl fortzukommen, und würde bey vermehrtem Bau, welcher verstattete, auch etwas ergiebiges zu Kleeheu zu dörren, dem Oberländer sehr zu statten kommen, welcher ohnehin aus den futterreichen Roth- und Kocher-Thälern jährlich einiges Heu und Ohmet zu erkaufen pflegt. Aber grose Bauern verlassen sich darauf, daß sie nach Belieben Aecker in Wiesen umschaffen können, und kleine sprechen: daß der Kleebau zu viel Dung erfordre, welchen sie auf die Aecker nöthig hätten.

Dennoch ist der Viehstand auch in diesem Amt ansehnlich, und man findet manche Bauern, die 20. und mehr Stücke Rindvieh zu halten pflegen. Sind Gras und Weide nicht so fett, wie in den Thälern, so verfüttern sie desto mehr Haber. Das junge Vieh pflegt aber im Wachsthum, gegen das in den Thälern, etwas zurück zu bleiben. Schaafe hält man wenige.

Fluren trift man in diesem ganzen Amt nicht an, jeder baut sein Land nach seinem Belieben. Daher findet man Gärten, Aecker, Wiesen, Weiden, Wälder unter einander. Ursprünglich waren in dieser Gegend lauter grose Höfe, mehrentheils 100. und mehrere Fränkische Morgen gros, dergleichen noch vorhanden, die meisten aber vor längerer oder kürzerer Zeit in mehrere Güter zerstückt sind.

Weil die Leute zwischen Wäldern sizen, einige derselben auch eigene Waldungen haben, so verfertigt man viele geschnittene Holzwaare, Pfäle, und allerley Handwerksholz. Es gehet diese Holzwaare theils nach Gmünd, theils in die benachbarten Wirtembergischen Städte. Das Königsbronner Eisenwerk hat schon viele Kohlen aus diesem Amt bezogen. Salin, (Potasche) Harz, Pech, Kienrus oder Russchwärze wird auch bereitet.

Da viele Familien auf den einzelnen Höfen und Weilern, ausser an Kirch- und Markt-Tagen, nicht grosen Umgang haben, so trift man in Vergleichung mit benachbarten Gegenden, wo die Menschen gedrängter zusammen wohnen, noch mehr von alter Tracht

Tracht und Sitte an. Aber es ist ein ehrlicher,
emsiger und grosentheils auch sparsamer Schlag von
Menschen, meistens von gesunder Gesichtsfarbe und
gutem Wuchs. Selten findet sich unter den Ein=
gebohrnen ein Verunstalteter oder Krüppelhafter.
An den meisten Orten ist das Trinkwasser vorzüglich
rein, und die Luft gesund, doch wegen der hohen
Lage und der überhin streichenden Winde öfters um
ein gut Theil kühler, als in den Thälern. An den
Werk= oder Wochen=Tagen schämt sich auch der
begütertste Landmann nicht, in schlechtem Zwilg zu
erscheinen, an Sonn= und Fest=Tagen hat er sein
schwarz tuchenes Kleid, mit weissen metallenen Knöp=
fen und meistens rothem Unterfutter, ein rothes
Leible oder Brustgewand, auch mit hellen Knöpfen,
und gelbe oder schwarze lederne Beinkleider, die um
die Knopflöcher und Taschen grün und roth ausge=
nähet zu werden pflegen, worauf jedoch nicht alle
bestehen. Die Weibspersonen pflegen sich schwarz
zu tragen. Eine Haube von Krepp, oder schwarz
und weisem Kotton, jedoch mit Spizen, und zwar
schwarzen, besez, ein Leibchen von Kotton oder an=
derm buntfarbigen Zeug, worüber bey kaltem Wetter
oder an Regentagen ein andres Leibgewand mit Er=
meln, das aber nicht ganz an die Hüften reicht,
angezogen wird, und ein geringer Rock von Wollen=
oder Leinen=Zeug, machen die Alletags=Kleidung
aus. Zum Sonn= und Festtags=Puz wird eine
seidne Haube, und eine schwarze tuchene oder zeu=
gene Kleidung erfordert. Unverheurathete Töchter
tragen zum Puz hellfarbige tuchene Schnürbrüste,
und dergleichen zeugene Röcke, die beyde zuweilen
mit silbernen oder unächten goldenen Borten besezt
sind. Sie lassen auch die Haarzöpfe, mit herabhan=
genden langen seidenen Bändern flottiren.

Das

Das Gschwender Amt ist noch waldig, war es aber ehemals noch viel mehr. Daher es an wilden Thieren nicht gefehlt hat. Es war eine Zeit, da sonderlich die Wölfe in dieser Gegend häufig und reissend waren. *) Die Stellen ehemaliger Wolfsgruben, wo sich mancher Räuber dieser Art selbst fangen mußte, zeiget man noch.

Die mehreren Glashütten, die noch im vorigen Jahrhundert in diesem Amt vorhanden waren, haben ihren Antheil daran, daß die Waldungen dünner wurden. Die nach dem dreyßigjährigen Krieg, in welchem die Menschen selten und die Orte abgebrannt wurden, sich nach und nach wieder mehrende Volksmenge hat auch dazu geholfen.

Noch im Jahr 1737. waren in dem Wurmbrandischen Amt Gschwend nicht mehr, als 349. Einwohner-Seelen, ohne Dienstboten, mit denselben 414. Der jezige Bevölkerungsstand wird mit dem in jenem Jahr, bey den einzelnen Amtsorten, wenn sie nicht dazu zu neu sind, verglichen werden.

Amtsorte sind:

1. Gschwend, zwey Stunden mittagwärts von Gaildorf, vier von Gmünd, fünfe von Schorndorf, auf dem Wege von dem ersten nach den beyden lezten Orten, ist ein alter Ort, und kommt schon unterm Jahr 1374. in der, bey Gaildorf angeführten, Beweisung der Schenkischen Gemahlin Elisabeth, gebohrnen Gräfin von Tübingen, mit seinem grosen und kleinen Limpurgischen Zehenden vor. Damals gehörte also Gschwend zu dem Amt Gaildorf. So alt
aber

---

*) Crusius hat Anecdoten davon. Annal. P. 3. l. 9. c. 9.

aber der Ort ist, so bekam er erst im Jahr 1759. eine Pfarrkirche, und 1762. die Gerechtigkeit zu zweyen Jahrmärkten, zu welchen 1776. noch der dritte kam. Diese Jahrmärkte werden des Viehhandels wegen gewöhnlich stark besucht. Das Kloster Adelberg hat einige Lehengüter hier. Alle hohe und niedere Obrigkeit war aber von den ältesten Zeiten her limpurgisch. Der Ort kommt unterm Jahr 1434. als gerichtbar gen Seelach vor, hat auch diesem Amt nach und nach seinen Namen mitgetheilt, und der Name des Seelacher Amts veraltete. Es war ein herrschaftliches Amthaus hier, auch ein herrschaftlicher Fohlenhof, der aber längst eingegangen. Das dazu gehörige Gut ist Unterthanen überlassen worden.

Ein Badhaus war ehmals auch hier. Man soll den Weiler-Brunnen, eine starke, aber viel Schwefel führende Quelle, deren Abfluß auch im strengsten Winter nicht zufriert, sondern raucht, dabey gebraucht haben. Es gibt aber auch vorzüglich reines Wasser im Ort.

Im dreyßigjährigen Krieg war der Ort, nach alter Ueberlieferung oft ganz leer, und der Einwohner Aufenthalt ein finstrer abgelegner Wald. Im Jahr 1715. waren 96. Menschen hier, 1737. 158. Einwohner und 23. Dienstboten, im Jahr 1788. in Gschwend und den dazu gehörigen nahgelegenen Häusern, 458. Einwohner, ohne die fremden Dienstboten.

Der Nahrungsstand der Einwohner beruhet auf dem Feldbau, der Viehzucht und dem Gewerbe mit Holz. Man hat die nöthigsten Hand-

Handwerker für Nahrung, Kleidung und die unentbehrliche Geräthschaft der Landleute, zwey Wirthshäuser, einen Chirurg. Ein Förster und Jäger hat die herrschaftlichen Waldungen und Jagd zu besorgen.

Der dem Kloster Adelberg lehenbare Gemeinboden, ein ehemaliges verlassenes Hofgut, ist im Jahr 1786. unter die Einwohner zum Genuß vertheilt, und seitdem größtentheils angebaut worden, den noch insgemein genossen werdenden Wald ausgenommen. Die Baumzucht macht geringere Fortschritte, und viele Einwohner wollen sich nicht damit abgeben, obschon die ältern Bäume oft reichliche und schmackhafte Früchte tragen. Lebendige Haagen werden immer mehr gepflanzt; man wird aber doch durch die häufigen todten Stangenzäune an Feldern und Gärten alle Augenblicke erinnert, daß man im Holzland ist.

Die umliegende Gegend ist eine Gebürgs-Vertiefung, welche gegen Mittag aufsteigt, und sich gegen Morgen in ein tieferes Thal absenkt. Dahin fliesen auch die aus starken Brunnquellen zusammen, und durch und bey Gschwend vorbeylaufenden Bäche, der Wettenbach, Schlenkenbach und Steinbächle, die nach ihrem Zusammenfluß die Roth ausmachen, welche unter Täferroth sich mit dem Leinfluß vereiniget. An Wasser ist also kein Mangel. Dennoch hat Gschwend keine Mahl- aber eine Sägmühle. Seen sind nahe am Ort gegen Mitternacht. Zwey derselben sind seit kurzem in Wiesen verwandelt. Strassenhaus und Buchhösle, zwey einzelne Häuser und
Güt-

Gütchen, liegen auf der Gschwender Markung.

Die hochselige Frau Gräfin Juliana Dorothea Louise von Wurmbrand, hat das Verdienst, den ersten Fond zu einer Pfarrbesoldung, mit einem dazu gestifteten Kapital von 1000. Fl. angelegt zu haben. Ihre hohen Nachkommen haben durch Vermehrung derselben die Subsistenz eines Pfarrers möglich gemacht. Die Kirche, ein regelmäsiges Viereck, mit einem in Schrauben hängenden Thürnchen mitten auf dem Dache, haben die Pfarrkinder aus ihren Mitteln erbauet. Die Anzahl derselben belief sich zu Ende des Jahr 1788. auf 766.

Woher ist der Name Gschwend zu leiten? Man trift auch ein Gschwend im Oesterreichischen Kreis, Land ob der Ens, ein Fürstlich-Auerspergisches Schloß und Herrschaft an, und sicher ist, daß ehemals Wenden daherum wohnten. Vielleicht hat der Name dort und hier von ihnen seinen Ursprung. Wendische oder Windische Kolonien sind wenigstens in Franken vom siebenten Jahrhundert an viele gewesen, und manche Orte tragen noch ihren Namen, und ein Windau, ein längst abgegangner Ort, lag auch in dieser Gegend.

Die zunächst um Gschwend herum gelegenen Orte; und zwar gegen Morgen:

2. Mühlackerle, ein Haus, nahe an dem Assenheimischen Hasenhof, von Handwerkern bewohnt, mit zweyen Wohnungen, 10. Seelen, und wenigem Boden, in neuern Zeiten erbauet.

Ein

Ein hier wohnender Zimmermann hat das Verdienst, die holländischen Getraide-Reinigungs-Mühlen, (Puzmühlen, genannt,) die er in geringem Preise verfertigt, in der Gegend eingeführt zu haben.

3. Schmidbügel, ein Weiler von einigen zerstreuten Häusern und Gütern. Es stehet eine Sägmühle dabey, welche den Hohenreuter Bauern zugehört. 1737. waren hier nur 8. Seelen, jezt 53.

4. Birk, oder eigentlich Bürkhof, von einer in alten Zeiten hier nach der Ueberlieferung gestandenen Burk oder Burg also genannt, ein paar Häuser und Güter, in neuern Zeiten angelegt, welche jezt 19. Seelen in sich fassen.

5. Schlechtbach, ehemals auch Hinter-Schlechtbach zum Unterschied eines andern genannt, ein Dörfchen an einem gleichnamigen Bach. Es ist eine katholische Kirche hier, in welcher von dem Geistlichen zu Zimmerbach jährlich ein paarmal Gottesdienst gehalten wird. Sie ist dem Apostel Andreas gewidmet. Einige Einwohner sind Reichsstadt-Gmündische, ein paar Baron-Holzische, nach Alsdorf gehörige Unterthanen. Die zum Amt Gschwend gehörigen Einwohner wohnen in 8. Häusern, und machen jezt eine Zahl von 60. Seelen aus. Im Jahr 1737. waren ihrer 27. und 6. Dienstboten. Die 4. hier ansäßigen limpurgischen Bauern besizen schöne Waldungen und weitläuftige Güterstücke. Es ist hier Sandboden, pflegt aber durch Kies verbessert zu werden.

Nahe an Gschwend, doch auf einem von
Schlechtbachern beseſſenen Stücke Boden, iſt
in neuern Zeiten, ein Haus erbauet, und ein
Unterthan angeſezet worden. Es trägt den
Namen Rauengehrn. Die hier wohnende 11.
Seelen ſind in der angegebnen Zahl der
Gſchwender Einwohner begriffen.

Eine Greth von Finſterloch, Bürgerin zu
Gmünd verkaufte 1395. an Limpurg die Gülten und Vogtey auf vier Gütern zu Schlechtbach, wozu nachher auch das Eigenthum von
andern Beſizern kam. Gerichtbar waren die
vier Güter gen Seelach.

Gegen Mittag:

6. **Hohreut** oder **Hohenreut**, in dem Schlechtbacher Thälchen etwas weiter aufwärts, beſtehet aus zweyen Höfen, wozu nicht unbeträchtliche Wälder, Aecker und Wieſen gehören. Sie wurden ſchon im Jahr 1557. und
zwar aus Schlechtbacher Güterſtücken, und einem von der Stadt Gmünd in dieſem Jahr
eingewechſelten Fall-Gut formirt. Sie be-
grieſen 1737. 16. Seelen, und 2. Dienſtboten,
jezt 11. ohne die Dienſtboten. Die hieſigen
zwey Unterthanen beſizen auch eine Sägmühle
im Schmidbügel.

Das **Haldenhäußle**, in neueren Zeiten auf
Hohenreuter Boden erbaut, enthält 1. Unterthanen, und jezt 7. Seelen.

7. **Humberg**, in eben dieſem Strich noch weiter
aufwärts, an der Mittagſeite des gleichnamigen Berges, iſt Kloſter-Adelbergiſches Lehen,

aber von den ältesten Zeiten her der Limpurgischen Obrigkeit unterworfen. Hier sind zwey nicht geringe Hofgüter, mit 2. Unterthanen besezt. Im Jahr 1737. lebten 18. Menschen, ohne die Dienstboten darauf, jezt 16.

Im Jahr 1732. ist an einem zu diesem Humberg gehörigen Rain ein alter, schwärzlicher, unglasurter, ziemlich geräumiger Topf, voll uralter silberner Heller, in der Erde, zufälliger Weise gefunden worden. Ein weidender Ochs trat mit einem Fuß durch die obere Erdrinde, und so kam der Schaz zu Tage. Die Leute, die nahe dabey auf dem Felde beschäftigt waren, liefen zu, und fanden um das Loch zerstreute Silberstücke. Sie kamen an das Loch, und hoben auch den Topf aus. Er war mit einem modrigen braunen Zeug oben bedeckt. Der Stein, der auch den Lumpen bedeckt hatte, war durch den Ochsentritt verschoben worden. Zwey derselben Heller sind auf der ersten Kupfertafel, bey dem ersten Theil dieses Werkchens nach den Orginalen abgezeichnet zu finden. Es sind dünn geschlagene Silberblechstücke, unförmlich gerundet, das eine von scheinbar älterem Schlag, mehr viereckt, als rund zu nennen. Sie kommen darinn überein, daß auf beyden die eine Seite eine erhabene rechte flache Hand, die andre ein Kreuz darstellt. Die Hand ist ganz ohne Schild oder Rand, und sichtbar von der andern Seite zuerst eingeschlagen; man siehet kaum den Daumen und die Finger ohne eine Handwurzel. Das Kreuz hat vier gespaltene Füsse, ist zwischen diesen Spalten mit Aepfeln besezt, in einem erhabenen vierecketen Schild

von

von ungleichen Seiten eingeschloſſen, und gleichfalls, wie man deutlich ſiehet, von der Gegenſeite eingeſchlagen oder eingehämmert. Daher auf jeder Seite Vertiefungen von der gegenſeitigen Figur erſcheinen. Weder ein Buchſtabe noch ein Zahlzeichen iſt darauf. Dieſe Heller ſind alſo wahrſcheinlich viel älter, als derjenige, deſſen Figur Herr Colland in ſeiner Erklärung des Häuiſchen Wappens geliefert hat, und von den erſten Heller = Schlägen, indem man ſich die Münzkunſt des mittlern Zeitalters wohl nicht einfacher und roher denken kann, als ſie hier erſcheint.

Daß die Heller oder Häller, die nach Pfunden geſchäzt wurden, von der heutigen Reichsſtadt Hall den Namen haben, weil ſie vermuthlich daſelbſt am erſten oder häufigſten geſchlagen wurden, iſt bekannt. Man ſezt das Jahr 1228. als dasjenige an, um welches ſie am häufigſten im Umlauf waren. Sie wurden lat. Hallenſes, Haleri und Hælleri genannt, oder man bezeichnete ſie mit dem Ausdruck Hall. monetæ. Die älteſte Meldung der Haller= Münze iſt vielleicht die in dem Oehringiſchen Stifts = Fundationsbrief vom Jahr 1037. da es heißt: dimidiam Villam Halle cum omnibus appendiciis suis, et in Villa Oringowe decem talenta illius monete, wo die beyden leztern Worte wahrſcheinlich ſich auf Villam Halle beziehen.

Daß übrigens unſre Humberger Heller, die leider bis auf wenige dem Goldſchmid zu Theil wurden, zu den älteſten und rareſten gehörten, beweißt auch ihr feiner Silber = Gehalt. Denn da die Heller im Anfang des dreyzehnten Jahrhunderts von feinem Silber ohne Zusaz gemacht wurden, und 1. Pfund Heller folglich mit 1. Mark Silber einerley war, indem jenes auch nur 8. Unzen hielt, so war nach der Mitte dieses Jahrhunderts das Pfund Heller am Werth schon bis auf den achten Theil des vorigen, nemlich 1. Spezies-Thaler herabgesunken, indem zwar das Gewicht blieb, aber das Silber fast gänzlich gegen Kupfer verschwand, bis endlich in der Folge das Kupfer allein überblieb, und Heller ein bezeichnender Name der kleinsten kupfernen Scheidemünze wurde, wie denn auch bey den Limpurgischen Aemtern das Pfund Heller heutiges Tages zu 43. kr. berechnet wird, wiewohl in andern Gegenden desselbe theils in höherem theils in geringerem Verhältnis zu heutigem Golde stehet.

8. Hetschenhof, ein einzelner Hof, in dem vorgedachten Strich, auf dem östlichen Abhang des Berges, worauf Seelach stehet, ein gräflich-Degenfeldisches Lehen, wovon aber nur ein geringes bestimmtes Handlohn gegeben wird. Es gehört Waldung dazu, es wächst hier vorzüglicher Flachs, schöne Obstbäume umgeben die Gebäude, und seit 50. Jahren war auch immer ein ansehnlicher Bienenstand hier. Man zählte auf dem Hof 1737. 6. Einwohner, und 1. Dienstboten, jezt 6. ohne die Dienstboten.

9. Stixenhof, in ältern Zeiten Krettenbach und Krötenbach genannt und geschrieben, liegt gegen Südwest von Gschwend, 1. Stunde Wegs weit. Es sind hier 2. Siebenzehner-Unterthanen, von welcher Art Leute weiter unten

ten besonders gehandelt wird. Ihr Wohlstand stüzt sich vornemlich auf Holzgewerb, Flachsbau und Viehzucht. Im Jahr 1737. waren hier 9. Einwohner, und 6. Dienstboten, jezt sinds 20. Einwohner, ohne die Dienstboten.

Gegen Abend von Gschwend.

10. **Dinglesmad**, 3. Häuser und eben so viele Unterthanen, welche sich zugleich vom Feldbau und Handwerkern nähren, an dem südlichen Abhang des Hagberges, eine Viertelstunde von Gschwend. 1737. standen diese Häuser noch nicht, sie enthalten jezt 25. Menschen.

11. **Brandhof**, eine Strecke weiter gegen Abend, ein Haus und Gütchen, mit 9. Einwohnern. Es ist in neuern Zeiten erbaut.

Gegen Nordwest von Gschwend.

12. **Lämmerhof**, ein Hofgütchen mit zwey andern Häusern, am nördlichen Abhang des Gebürgs, das einen Fortsaz vom Steinesforst macht, in einer etwas rauhen und steinigen Revier. Im Jahr 1737. stund das Lämmerhöfle schon, und ernährte damals 6. Menschen. Jezt sind 15. darauf.

13. In dem übrigen Würtembergischen, und zum Oberamt Lorch gehörigen Pfarrdorf **Frickenhofen**, welches von Gschwend morgenwärts 1. Stunde liegt, hat Limpurg von alten Zeiten her sicher wenigstens von 1450. Unterthanen, mit aller hohen und niedern Obrigkeit gehabt. Es waren ihrer im Jahr 1737. 13. Seelen, jezt sinds 18.

Die Frickenhöfer Bauern sind meistens mit Waldungen und Feldgütern wohl versehen.

Frickenhofen liegt auf dem mitternächtlichen Vorgebürge des etliche Stunden von da sich fortziehenden, ziemlich breiten, ebenen, lettigen und fruchtbaren Bergrückens, auf der zweyten limpurgischen Gebürgsstufe. Es ist vielleicht ehemals Hohenstaufisch gewesen. Dem Kloster Lorch ist der Besitz des Orts, neben andern Besitzungen, im Jahr 1505. von Kaiser Maximilian zu Augspurg bestättiget worden. Bis hieher erstreckte sich ehemals der Sprengel des Bischofs von Augspurg, und der hiesige Pfarrer hatte den Titel eines Rectors. Man siehet dieses aus einer Präsentation eines neuen Rectors, von dem Abt zu Lorch, an den Bischof zu Augspurg vom Jahr 1488. Damals resignirte Herr Georg Muck, und der ehrbare und bescheidene Johann Leonis kam an seine Stelle. Crusius Annal. P. 3. L. 9. c. 10. und 1.

14. Südwärts von Gschwend steigt das Gebürge ebenfalls bis zur zweyten Stufe auf, wo sich Lettenboden findet, und streckt sich in Gestalt eines Bergrückens gegen die Lein hin. Hier finden sich 3. zum Amt Gschwend gehörige Weiler. Das erste ist Nardenheim. Es sind hier fünf Bauerhäuser und eben so viel Bauersgüter. Im Jahr 1737. waren hier 28. Einwohner, und 5. Dienstboten, jezt 39. ohne die Dienstboten. Darunter sind Siebenzehner drey, deren Güter dem Kloster Lorch lehenbar sind. Es sind aber auch Güter hier, davon Limpurg das Eigenthum besizet, so wie es von den ältesten Zeiten her Gerichtsherr des Orts war. Feldbau und Viehzucht sind hier vorzüglich. Den Zehenden hat Limpurg im Jahr 1572. von Lorch

Lorch durch Vertrag erhalten. Der älteste Namen des Orts ist Nartenhayn. Es war hier ehemals eine, vermuthlich dem Kloster Lorch zugehörige Kapelle. Religiöse Bilder von derselben waren bey Menschengedenken noch vorhanden. Hier ist auch noch auf einer Scheune, ein halbes Strohdach, aber nur als eine zur Seltenheit gewordene Antiquität zu sehen.

15. Vordersteineberg, ein Weiler in einer fruchtbaren Lage, etwas weiter südwärts. Die hiesigen limpurgischen Unterthanen machen jezt 66. Seelen zusammen aus, 1737. waren ihrer 32. und 12. Dienstboten. Siebenzehner sind hier sechs. Ein Hanß von Yberg und Agnes von Rennhingen, seine ehel. Hausfrau verkauften 1436. hier ein Gut an Limpurg, das doch schon von Alters her gerichtbar gen Seelach war.

16. Rapf, ein Weiler, das gute Güter hat, am südlichen Kap des Gebürges gegen die Lein zu. Es ist 1. Siebenzehner Gut hier, und jezt 60. Einwohner-Seelen. Im Jahr 1737. zählte man deren 27. welche 6. Dienstboten hatten.

Abgegangene Orte.

In einem Lehenbrief Kaiser Sigmunds vom Jahr 1434. kommen einige Orte vor, die in das Halsgericht gen Seylach gehören, als: Lutesweyler, Niemandsmühlen, Cartenthall, Cromühl, Beutenmühl, Thalheim, welche jezt niemand in dieser Gegend findet. Vielleicht aber haben einige derselben ihre Namen geändert.

Von den Siebenzehnern im Amte Gschwend.

Die so genannten Siebenzehner im Amte Gschwend sind die Besitzer von siebenzehen alten Gütern, deren doch einige in neuern Zeiten unter mehrere Inhaber vertheilt worden. Sie liegen an mehreren Orten zerstreuet, alle aber in dem Gerichtsbezirk der uralten Seelacher Gerichts-Stätte. Zwey dergleichen sind zu Seelach, drey zu Altersberg, im Solms-Assenheimischen Antheil, zwey im Stixenhof, drey zu Nardenheim, eines zu Kapf, sechs zu (Vorders) Steineberg, im Wurmbrandischen Antheil des Amtes Gschwend.

Diese siebenzehen Güterbesitzer sind sämtlich Kloster-Lorchische Lehenleute, eben so unwidersprechlich aber der Limpurgischen Gerichtbarkeit unterworfen, so wie sie auch Limpurg Erbhuldigung leisten, und geloben:

„ auch sonsten alles andre zu thun und zu lassen, als getreuen gehorsamen Unterthanen gegen ihre Herrschaft zu thun gebühret, und wohl anstehet. „

Desgleichen geloben sie:

„ dem Kloster Lorch und von desselben wegen der Herrschaft Wirtemberg als des Klosters Landesfürsten, Kastenvogt und Erbschirmherrn, gehorsam, getreu und hold zu seyn, und insgemein alles das zu thun und zu lassen, was getreuen Lehenleuten zu thun und zu lassen gebühret und eignet. „

Wie der im Jahr 1592. zwischen Herzog Ludwig zu Wirtemberg und Johann, Herrn zu Limpurg,

purg, des h. R. R. Erbschenk und Semperfreyen errichtete Vertrag wörtlich besagt. Sie genießen noch einige Freyheiten, z. E. Wein zu schenken, wovon sie doch an Limpurg Umgeld zu zahlen haben, sie werden im Wirtembergischen, in Ansehung des Zolls, nicht wie Fremde, behandelt u. d. g. Aber ihr ehemaliger Zustand soll doch herrlicher gewesen seyn.

Auf einer ansehnlichen Höhe, auf welcher man einen grosen Theil des so genannten Welzheimer Waldes übersehen kann, zwischen Seelach und Nardenheim, liegt das von dem erstern Ort benannte Hochgericht, oder die alte Seelacher Gerichts-Stätte. Eine Reihe wohlbemerkbarer Löcher oder Vertiefungen, worinn die Säulen ehemaliger Galgen und Räder sollen gestanden haben, zeichnen noch itzt die erhabene Fläche aus, die niemals angebauet, sondern nur beweidet wird. Der gemeine Mann der umliegenden Gegend hat viel Ehrfurcht dafür, und glaubet fest, daß diese Löcher nicht auszufüllen wären, und Erde und Steine, die etwa hineingeworfen würden, versänken, wie man aus Erfahrung wisse. Diese Mirakelkraft des todten Bodens abgerechnet, verdient jedoch dieser Platz, als eine alte Stätte der Gerechtigkeit, in diesem ehemals so waldigen, und wohl auch zuweilen unsichern Landstrich, eine vernünftige Achtung. Warum aber jene Tiefen immer fortdauren, und nie ausgefüllt werden, davon läßt sich mehr als Eine Ursache denken, vornemlich wenn man weiß, daß sie ein Denkmal der alten Siebenzehner-Herrlichkeit abgeben, deren sich der Siebenzehner noch immer gern und mit Würde erinnert. Man hat davon folgende Tradition. Die Siebenzehner haben hier auf freyem Platz über Leben und Tod gerichtet, und der jüngste derselben hat das Urtheil als Nachrichter vollzogen, nach wohl verrichteter Arbeit aber seine Handschuhe weggeworfen. Also hats gleichsam nicht Er, sondern der Handschuh gethan. *)

Die Einbildungskraft hat sich hieraus siebenzehen freye Stabshalter geschaffen, die nach eignem Gefallen in der Vorzeit regiert und gerichtet, und gleichsam einen eignen Staat gebildet hätten. Dergleichen sind diese Landleute wohl schwerlich gewesen, es müßte denn seyn in den trübseligen Zeiten, da das Reich ohne Haupt war, und die Fürsten und Herren, in den ewigen Fehdschaften nicht Rath zu schaffen vermochten. Haben sich damals etwa 17. Eidgenossen aus den nächstgelegenen Orten auf den Plaz bey Seelach bestellt, und da Gott gelobt, einander wider Gewalt und Unrecht beyzustehen, und die Frevler mit gesammter Hand selbst zu bestrafen? Haben sie auch ihre Nachbarn vermocht, sich unter ihren Schuz zu begeben, und mit ihnen zu halten? Wer weiß das? Im Stand der rohen Natur hätte eine gerichtliche Obrigkeit so entstehen können.

Hat aber Limpurg, welches in den ältesten Zeiten in dieser Gegend Besizungen, ja gar an der Rems und die Burg Stauffen selbst hatte, in der Folgezeit, da der Strom wieder in seine Ufer getreten war, diese Landleute auch wieder eingeschränkt, auch um gröserer Autorität willen sich sein Halsgericht

---

*) Dies war auch sonst kundbare alte Sitte. Die Schöppen brachten bey den sehr alten Criminal-Gerichten die Sentenz selbst zur Vollziehung, und das Amt eines Scharfrichters war gar nicht entehrend. Man sehe darüber nur das sehr gelesene Buch Schmids Gesch. der Deutschen 3. Th. S. 201. In der Wirzburgischen Stadt Röttingen war vor Alters der gleiche Gebrauch. S. Wibels IV. Th. Seite 109.

richt zu Seelach namentlich vom Kaiser bestättigen lassen, so ist dies wieder ganz so, wie es der gewöhnliche Lauf der Dinge mit sich bringt. Die Siebenzehner haben dann als Schöppen, so wie vielleicht vorher oder so lang sie Gericht hielten, im Namen ihrer Landesherrschaft und unter dem Vorsiz eines von derselben bestellten Oberrichters, ihr Gericht gehalten. Dies kann seyn, wir wissen aber davon gar nichts gewisses mehr, und die Siebenzehner haben gar keine Urkunde, sondern sagen, ihre alten Briefe seyen durch Brand verloren gegangen.

Gewiß ist aber, daß in Kaiser Ruprechts Lehenbrief vom Jahr 1403. über der Schenken Geleit, Wildbann ꝛc. das Halsgericht zu Seylach uff dem Wald namentlich vorkömmt, da es in der Aufzählung der limpurgischen Halsgerichte zwischen dem zu Sulzbach und zu Welzheim mitten inne stehet. Woraus jedoch die Folgerung, als wenn Limpurg dies Halsgericht erst damals vom Kaiser und Reich erworben hätte, übereilt wäre. Die ältern kaiserlichen Lehen- und Bestättigungs-Briefe sind immer kurz und nicht gar umständlich und bestimmt abgefaßt, und fassen alle die alten Hoheitsrechte, und vermuthlich auch das Halsgericht zu Seelach, in Einer Formel zulezt summarisch zusammen: alle Rechte, die ihre (der Schenken) Altvordern erworben und hergebracht haben.

Der Bezirk des Halsgerichts war nicht unansehnlich. Er wird von dieser Zeit an beschrieben, als von der Buch gen Gebeuweiler, von da gen Altersberg, von da gen Gschwend, von da gen Stössel, Schlechtbach ꝛc. gehend.

Was

Was die Zahl Siebenzehen bey dem Siebenzehner-Gericht betrift, so kann sie zwar von zufälligen Umständen entstanden seyn; doch ist auch nicht unwahrscheinlich, daß nicht Zufall, sondern Wahl und altdeutsches Herkommen dieselbe bestimmt hat. Unsre Vorfahren hielten überhaupt viel auf Sieben, als eine heilige Zahl, und hatten bey ihren Gerichten gern sieben Schöppen, sieben Zeugen. Vielleicht waren auch hier ursprünglich nur sieben, und es sind nachher aus gewissen Ursachen noch zehen beygefügt worden.

Weil die Gerichte öffentlich gehalten wurden, in Gegenwart des versammelten Volks, so wählte man dazu einen ofnen geräumigen Platz, und oft einen Berg, der die Mahl- (oder Mall- d. i. Gerichts-) Statt oder der Mahlberg hieß. *) Auch in dieser Rücksicht war die Seelacher Gerichtsstätte nach alter Sitte vollkommen bequem. Sie war geräumig genug, um Tausende zu fassen, hoch genug, um weit und breit gesehen zu werden, konnte leicht von allen Seiten bestiegen werden, und lag dergestalt innerhalb dem Gerichtsbezirk, daß kein dahin gerichtbarer Hof oder Weiler allzu weit hatte.

Weil endlich die Sachen damals gewöhnlich mündlich und kurz, nach schlichtem Verstand und Landesgewohnheit abgeurtheilt wurden, so konnten gar wohl Landleute Schöppen seyn. Jede Volks-Classe wollte ohnehin nur von ihres Gleichen gerichtet

---

*) Mallus, Mallum, in der Sprache des mittlern Zeitalters, eine Volks-Versammlung, wobey die wichtigsten Sachen ausgemacht wurden, und Grafen, königliche Missi oder auch andere Richter präsidirten. Sie durften nicht in Kirchen, auch nicht in Priester-Wohnungen neben solchen gehalten werden, aber wohl auf geräumigen freyen Plätzen.

richtet seyn. Dies war laut athmender Freyheits-
geist, im niedern wie im hohern Adel, in Bauren,
wie in Städtebürgern, wovon die deutsche Geschichte Beyspiele genug aufstellt.

Als Gegenbilder zu unserm Siebenzehner-Gericht, mögen aus Sattlern hier nur ein paar andere Gerichte stehen, die einige Aehnlichkeit damit
haben. Das eine ist das Waldgericht im Amt
Dornstetten, das zu Aach im einem Höflein (so
schrieb Sattler,) unter freyen Himmel gehalten,
und nur bey Regenwetter unter ein Dach gezogen
wird, wo zwar der Vogt zu Dornstetten präsidirt,
aber zwölf Richter aus den gerichtbaren Dörfern
das Gericht selbst ausmachen, doch nur über Erb
und Eigen, und über Güter, die im Waldgericht
liegen, richten können. Das andre, das Gericht
zu Hornberg, welches bis 1534. auch unter freyem
Himmel, und zwar vor der Stadt gehalten wurde.
Die Einwohner, sezt Sattler hinzu, haben auch
sonst von alten deutschen Gebräuchen mehr, als andre Städte und Aemter behalten. Hist. Beschreibung
des Herzogth. Wirtemberg. 1. Th. S. 186. 2. Th.
S. 94. ältere Ausgabe. Es ist aber gemeine Bemerkung, daß in Gebürgen und Wäldern alte
Sitten und Gebräuche, sich der alles verändernden
Zeit am spätesten ergeben. Wenigstens sucht man
das süsse Andenken davon so lang, als möglich,
zu erhalten.

Zu dem Limpurg-Gaildorf-Wurmbrandischen Landesantheil gehören auch Burg-Güter, deren schon bey der Stadt Gaildorf gedacht worden, ansehnliche Kameral-Waldungen und Jagdgerechtigkeiten, welche ein Forstmeister mit einigen Subalternen zu besorgen hat, das Jägerhaus zu Rupertshofen, mit 6. Seelen, und einige hundert Leibeigene.

III. Der

Die Theilung im Jahr 1707. zwischen den beyden Gräfinnen Schwestern von Limpurg-Gaildorf, hat diesem Landesantheil, als welcher der Gräfin Wilhelmina Christina, vermählten von Solms-Assenheim durchs Loos zufiel, Namen, Entstehung und Umfang gegeben. Die nachfolgenden und heutigen Besizer desselben ersiehet man aus der Tabelle, welche das neuere Haus Limpurg darstellt.

Er begreift auſſer ¼ an der Stadt Gaildorf, das Amt Oberroth und das Amt Gschwend, so viel nemlich von dem leztern zu diesem Antheil gelegt wurde.

Das Amt Oberroth,

mit welchem das ehemalige besondre Amt Viechberg vereinigt ist, liegt von Gaildorf abendwärts, seinem gröſten und besten Theile nach längst dem Rothflüßchen. Es gränzt auf seiner Morgen- und Mittagseite mit dem Wurmbrandischen Antheil, zum Theil auch auf der leztern mit Wirtemberg, mit dem zur Grafschaft Löwenstein gehörigen Amt Sulzbach an der Murr, und gegen Abend und Mitternacht abermals mit Wirtemberg und dem Hallischen Gebiet, auch mit Hohenlohe.

Das Rothtal ist die Goldgrube dieses Amts. Die herrlichen, mit ihrem manchfaltigen Blumenschmelz das Auge vergnügenden, und mit ihrem fetten Gras eine grose Menge Rindvieh ernährenden Auen, zu beyden Seiten der Roth, befördern vorzüglich den Wohlstand der Landes-Einwohner. Auch der Ackerbau ist ansehnlich, die Ackerbeete sind zum Theil bis hoch an die Berghalden hinauf gezogen, es wächst der beste Dinkel, man kennet den Klee- Esper- und Lucernen- Bau. Die schönen herrschaftlichen und Kommun- auch Bauern- Waldungen werfen auch etwas ansehnliches ab. Es wird viel so genanntes Staudenholz auf der Roth in den Kocher, und auf diesem weiter nach Hall geflößt, und allerley Holzwaaren in das Wirtembergische, (wie der Bauer zu sagen pflegt, ins Land hinaus) verführt. Auch verdient sich mancher Bauer mit Getraide- Fuhren, die von Hall her durchs Land über die Gränze gehen, schönes Geld.

Der Roth- Fluß läuft bey anhaltenden oder starken Regengüssen, weil sein Bette viele Krümmungen hat, leicht an, und düngt zwar mit seinem fetten Schlamm die Wiesen, aber verschlemmt auch zuweilen die reichsten Futtererndten, oder reißt einen Theil derselben gar mit fort. Eben diese Plage wird auch öfters für die Strase verderblich. Doch ist der Fußpfad neben der Fahrstrase durch einen grosen Theil des Thals mit Steinen gepflastert.

Gegen Murrhard hin, ist dieses Thal von dem Murrthal durch eine Berghöhe geschieden, welche von Alters her die Schanze genennt wird, und die Passage von Gaildorf nach Murrhard und weiterhin etwas beschwerlich macht. Oben siehet man noch Ueberreste von alten Wällen und Gräben.

Es folgen die Amtsorte.

1. **Oberroth**, an dem Rothfluß, in welchen der durch den Ort fliessende Fronbach läuft, zwey Stunden abendwärts von Gaildorf, ist der Amtsitz für dieses und das damit verknüpfte Gschwender Amt. Der jedesmalige Kammerrath und Amtmann hat auch die Forst- und
Jagd-

Jagd-Sachen zu besorgen. Der Flecken ist wohlgebauet, und hat gepflasterte Strassen, etwa 60. Bürger, und überhaupt 400. Einwohner. Die meisten nähren sich vom Landbau, die übrigen von Handwerkern. Zwey Wirthshäuser sind hier, zwey Badstuben, Eine Färberey, Eine Mühle, zum Mahlen und Sägen eingerichtet, und oberhalb des Ort noch eine Mahlmühle. Der Ort ist zu dreyen Jahrmärkten berechtiget. Die ganze Markung ist angebauet, nachdem im Jahr 1771. auch der beträchtliche Gemeindboden unter die Einwohner vertheilt worden. Eine wohlthätige Folge der vorhergehenden Theurung. Die Vorsehung empfahl durch das Gefühl des damaligen Mangels neue Industrie.

Die Kirche nebst dem Pfarrhof, liegt am einen Ende des Orts, nicht weit vom Fluß. Das jezige Kirchengebäude kann nicht das älteste seyn. Ein Stein über einer Kirchenthüre, der das Limpurgische und das altadelich Rothische, dazwischen aber den über sie hinaufragenden Kloster-Murrhardischen Abtsstab, in erhabener Arbeit zeigt, enthält darüber die Jahrzahl 1513. Daß nun das jezige Kirchengebäude in diesem Jahr erbauet worden, ist um so mehr wahrscheinlich, da innen an der alten gemahlten Decke des Schiffes oder Langhauses der Kirche neben dem Limpurgischen das Wappen eines Bischofes von Wirzburg aus dem Hause der Edlen von Bibra, zu sehen ist, und der ruhmwürdige Bischof Laurentius von Bibra, der denn auch ungezweifelt Ordinarius hier war, von 1495. bis 1519. die bischöfliche Würde

Würde bekleidete.*) Es war zwar auch Konrad von Bibra 1540. bis 1544. Bischof zu Wirzburg; aber es ist nicht glaublich, daß die Decke erst so spät nach der Vollendung des Hauptbaues gemacht und gemahlt worden, zumal da die h. Jungfrau mit dem Mond unter ihren Füssen nahe dabey stehet. Das Herzoglich-Wirtembergische Wappen, welches an derselben Decke, den angeführten Wappen gegen über gemalt ist, der Murrhardische Abtsstab und das Wappen der Herren von Roth aussen über der Thüre, sind auch wohl zu erklären. Das Kloster Murrhard war von alten Zeiten her Patron der Pfarre, der Herzog von Wirtemberg des Klosters Schirmherr und Kastenvogt, die von Roth mit Limpurg, wenigstens auf gewisse Weise Condominial-Herren des Orts.

Man siehet noch mehrere nicht unbedeutende Antiquitäten in und an der Kirche. Nächst an der Kirchthüre gegen Morgen stehet ein Gedächtnisstein eines Frizen von Roth, der 1482. gestorbe ist. Das Wappen desselben hat im Schild 3. Querbalken, auf dem Helm 2. Büffelhörner, die mit eben diesen Querbalken belegt sind. In der Kirche sind etliche Denkmale, theils sehr schön gearbeitet, des Geschlechts der Senften von Sulburg, die zum uralten Hallischen Patriciat und zu dem Geschlecht der Sulmeister gehörten. Ein Schild mit dem Senftischen Wappen im Chor erhält das Andenken des

---

*) Es ist ein gevierter Schild, dessen erstes Feld die fränkischen Heerspizen, das vierte das bekannte schräg schwebende von Roth und Silber quadrirte Wirzburgische Fähnlein, das zweyte und dritte aber den schwarzen aufrecht stehenden Biber aus dem Bibraschen Geschlechtswappen enthält.

des Wohledlen und Gestrengen Wolff Jacob Senfft von Sulburg, gest. 1614. Ein steinernes Monument in der Mauer, ohnweit der Kanzel, mit dem Senftischen und Meisenbugischen Wappen, welchen zu beyden Seiten noch mehrere Ahnen-Wappen stehen, hat in einem Schild die Inschrift:

Montag den 26. Febr. Anno 1627. vormitag zwischen 9. u. 10. Uhr ist in Got sanst entschlafen die woledel und tugentreiche Fraw Margreta Senstin v. Sulburg Witib geborne Meisenbugin zu Ober Rodt deren Got gād.

Das Senftische Wappen hat im Schild einen von der linken zur rechten Seite herablaufenden Schrägbalken, auf dem Helm ein springendes Einhorn.

Ein groser fester Stein auffen an der Kirche zeigt keine ganz leserliche Inschrift, aber die Jahrzahl 1419. und einen Communion-Kelch in einem dreyeckigten Schild. Wahrscheinlich zum Gedächtnis des hiesigen Pfarrers Johann Premmingers, der in jenem Jahr starb. Eine Brenzische Abkömmlingin, gest. 1598. hat auch daneben ein Denkmal.

Zwey alte grose Glocken, die eine vom Jahr 1404. die andre vom Jahr 1496. *) lassen vermuthen, daß vor dem jezigen Kirchengebäude schon eine alte, nicht kleine Kirche hier gestanden

---

*) Sie ist nach alter Art getauft, und die Umschrift erhält noch das Andenken an den alten Glocken-Aberglauben. Sie heißt: Osanna heiß ich in meiner Frauen Namen läut ich Zacharias Lachamann gos mich 1496.

den habe. Auch der Kirchthurn scheint viel älter zu seyn, als das jezige Kirchengebäude.

Sicher ist der Ort sehr alt. Eine alte Urkunde vom Jahr 855. die Eckhart bekannt gemacht hat, gedenket dessen schon. *) Nach derselben überläßt Abt Hatto zu Fulda dem Grafen Sigehardo de rebus S. Bonifacii in pago Cochingouue in duabus villis, in *Rotaha* nempe et in *Weſthrim* - - quicquid ibi proprietatis Ecclesia *Fuldenſis* habuit. Der h. Bonifaz ist, wie man sehr wohl weiß, Kirchen-Heiliger zu Oberroth. Wie schön stimmt dies mit der alten Eckhartischen Urkunde überein! Di's und der Beysaz des nahe liegenden Westheims, nebst der Nebenbestimmung, daß beyde Villæ in Kochergau gelegen seyen, läßt an kein anders Roth gedenken, als Oberroth. In Mittelroth war nicht Bonifaz, sondern der Ritter Georg Kirchen-Heiliger, Unterroth hat nie eine Kirche gehabt, beyde Orte scheinen auch nicht so alt zu seyn. Graf Sieghard war ohne Zweifel einer der Kochergaugrafen. Da nun diese nach alten Nachrichten dem Kloster Murrhard viele Güter geschenkt haben sollen, insbesondere auch vieles in und um Westheim, so läßt sich vermuthen, daß auf solche Weise auch das ehemalige Eigenthum des h. Bonifaz in Oberroth an jenes Kloster, und in dieser Beziehung an Wirtemberg gekommen.

Das edle Geschlecht von Roth hatte hier und in der benachbarten Gegend, bis in das sechszehnte Jahrhundert Besizungen und eine halbe

---

*) Eckhart Rer. Francic. T. I. Lib. XXIV. §. 88. Georgii u. N. 1. Band. Seit. 843.

halbe Stunde am Rothfluß weiter aufwärts sein Stammhauß, eine alte Burg auf einem über die benachbarten Anhöhen emporragenden Berg, auch Roth genannt. Man siehet noch die Spuren der alten Burg, aber keine Gebäude, noch sonst ein Denkmal mehr. Das Geschlecht ist sehr alt, und soll sich, wenn alten Chronick-Nachrichten zu trauen ist, in zwey Aeste getheilt haben, deren der eine das schon angeführte, der andre aber ein dem Vohensteinischen ähnliches Wappen, mit 3. jedoch umgekehrten Fisch-Kegeln, geführt haben. Im Jahr 1304. sollen aus diesem Geschlecht noch einige Bürger zu Hall gewesen, auch um diese Zeit das kaiserliche Stadtschultheisen-Amt von ihnen verwaltet worden seyn. Man trift ihrer vom Jahr 1100. an, eine Menge in Urkunden an. So kommen z. E. Wolpoto, Craft und Udalricus de Rode schon um diese Zeit vor, und zwar unter mehrern Edlen dieser Gegend, und zwar insbesondre als Wohlthäter des Klosters Gnadenthal, und als Stifts-Herren in Oehringen, als Klosterbrüder. Ein Volnandus de Rote war im Jahr 1276. Plebanus in Steinbach, ein Siboto dictus de Rode im Jahr 1277. Commendator, vermuthlich des Johanniter-Ordens. Der lezte des Geschlechts, nemlich Friz von Roth, soll nach Widmanns Angabe, im Jahr 1542. im Türkenzug, zu Ofen in Ungarn, an einer Krankheit gestorben seyn. *) Allein eines Caspars von Roth nachgelassene drey Töchter kommen noch 1550. urkundlich vor, als unter

---

*) S. auch Crusius Annal. P. 2. lib. 7. c. 5.

Vormundschaft stehend. Vielleicht hat Widmann nur im Vornamen geirrt. Er meldet daneben, was jener an der Roth gehabt, sey den Herrn von Limpurg, zu Gaildorf wohnend, als Lehen heimgefallen. Dies kann zum Theil wahr seyn. Es sind aber viele Güter derer von Roth zum Theil lang vor dieser Zeit an Limpurg, auch an Löwenstein, und von dort wieder an Limpurg verkauft worden. Die Burg Roth kam wenigstens schon 1367. als ein Burgstall, zum Theil nebst andern Gütern, an Limpurg.

Auch die Sturmfeder, und Sieder, besassen im 14. und 15. Jahrhundert einiges hier, vielleicht durch Heurath oder Erbschaft erworben, welches aber auch schon damals durch Kauf an Limpurg kam. Die Senften haben ohne Zweifel hier auch ein Lehen von Limpurg gehabt.

Im Jahr 1525. mußte der Ort während des Bauern-Aufruhrs eine Plünderung von dem Schwäbischen Bundsvolk erfahren. Im dreyßigjährigen Krieg hatte er auch harte Schicksale. Nur im Jahr 1635. starben aus der Pfarrgemeine 218. Personen; hingegen ist die Mittelzahl der Verstorbenen in dem zehenjährigen Zeitraum von 1641. bis 1650. auf Ein Jahr nur etwas über 9. da doch Hunger und Krankheiten noch nicht rar waren. Die Anzahl der Pfarr-Angehörigen mag also bey dem wiederkehrenden Frieden kaum 300. gewesen seyn. Jezt sinds 1200. Gewiß ein hübscher Zuwachs in 140. Jahren, da sich doch Hausen seit dieser Zeit getrennt hat.

Von

Von diesem Ort ist noch etwas anzuführen. Hausen an dem Rothfluß, nur eine Viertelstunde herabwärts von Oberroth, ist Stift-Komburgisch, ein mäsiges Dörfchen. Es gehörte von Alters her als Filial zur Oberrother Kirche. Im Jahr 1670. wurde der erste katholische Einwohner aufgenommen. Nach und nach wurde diese Religion die herrschende, es wurde eine katholische Kapelle erbauet, und im Jahr 1690. waren von 175. Einwohnern nur noch 40. evangelisch, die nach und nach ausstarben. Ein Herr von Ostein hat die jezige schöne massive Kirche erbauen lassen, an welcher über der Haupt-Thüre bey dem Osteinischen Wappen die Jahrzahl 1770. zu sehen ist.

Um den Burgberg Roth gibt es schönen Achat in Menge.

2. **Viechberg** liegt mitten im Roththal, an dem mitternächtlichen Ufer des Flüßchens Roth, eine Stunde von Gaildorf, und eben so weit von Oberroth. Es ist ein gut gebauter Flecken, mit einer Pfarrkirche. Wohnungen sind hier 57. Einwohner-Seelen 369. Die herrlichsten Auen umgeben den Ort, selbst die Berge sind bis auf ihre mit Waldung gekrönten Gipfel angebaut. Esper wird seit geraumen Jahren an den Bergen gepflanzt. Der Gemeinboden ist vertheilt.

Die ihrer Structur nach alte Pfarrkirche, davon aber das Jahr der Erbauung nicht bekannt ist, stehet in einem Kirchhof, der nach alter Art, wie ein Kastell, mit hohen und starken Mauren eingefaßt ist. Auf dem alten massiven Thurn findet sich auch noch eine grose alte Büchse (oder Doppelhacke), dergleichen vor Alters auf allen Kirchthürnen oder Kirchen um der häufigen Besehdungen willen gewesen seyn sollen. Aber die gröste Antiquität auf dem Thurn ist vielleicht die kleine Glocke. Sie enthält in angegossenen sehr alten Schriftcharacteren die Namen der 4. Evangelisten und der Maria, ohne eine Jahrzahl. In der Kirche, an der Wand, dem Haupteingang gegen über, ist ein artiges Denkmal, das der ehemalige Herzoglich-Wirtembergische Konsistorialrath, Probst und Generalsuperintendent zu Denkendorf, Philipp Heinrich Weissensee vor 40. Jahren hat aufstellen lassen. Er war von hier gebürtig. Er wird als einer der klügsten Pädagogen seiner Zeit beschrieben, und lies auch nicht nur Arme überhaupt, sondern insbesondre die Schule an seinem Geburtsort einen Theil des von Gott ihm geschenkten Segens geniesen. Denn da sein jüngerer Bruder, Ludwig Jacob Weissensee, Herzoglich-Mecklenburgischer Hof- und Justiz-Kanzleyrath, für Arme und Schule der Viechberger Gemeine 600. Fl. gestiftet hatte, so legte er noch 200. Fl. bey, und ließ im Jahr 1748. folgende Inschrift auf einer Tafel in der Kirche aufstellen:

„Ps. 118. v. 1.
Gott allein die Ehr.
Herr
Ludwig Jacob Weissensee,
Baron Krassow. Hgräfl. Ahlefeld. Hfürstl. Mecklenburgischer Hofmeister, Hof- und Justiz-Canzley-Rath zu Schwerin, deß vor
die-

diesem Altar ruhenden 52 jährigen Pfarrers allhier, Herr M. Johann Jacob Weissensee und Frauen Regina Boeckin von Giengen, von VIII. Söhnen und III. Töchtern der VIIde in der Ordnung, mit allen gebohren allhier zu Fichtberg d. 30. December 1682. und seelig gestorben unvermählt zu Schwerin den 1. Dec. 1746. Stiffter von 600. Gulden Capital für Arme und Schule der Evangelischen Gemeinde zu Fichtberg, zum Segensgedächtnus aufgestellt, und mit einer Donation von 200. Gulden vermehrt, von dem noch allein übergebliebenen Erstgebohrnen Philipp Heinrich Weissensee, Prälaten zu Blaubeuren A. 1722. Würtemb. Landschafftl. Assessor A. 1724. Prälaten zu Hirsau und Consistorial-Rath A. 1727. Probst zu Denkendorff und General - Superintend. A. 1740. allhier gebohren den 6. Febr. A. 1673. im 44sten Jahr des Vaters. ,,

Auf dem Denkmal, welches zwar nur von Holz, aber von guter Arbeit, und durch Joh. Jac. Ihle von Eßlingen mit Geschmack gemahlt ist, befindet sich zu oberst das schöne Brustbild des Herrn Kanzleyraths, gleich unter diesem das Weissenseeische Wappen (über dem Helm ein weisser Schwan, im Schild eine weisse Seerose im blauen Grunde,) und zu beyden Seiten der Innschrift zwey symbolische Figuren, rechts die Gerechtigkeit, links die weise Güte, ein offnes Buch und einen Becher in den Händen haltend. Der Prälat Weissensee genos auch noch in der Zeit durch
ein

ein langes ruhmvolles Leben den Lohn edler Stifter; er starb 1767. 94. Jahre alt.

Das Kloster Murrhard hat von Alters her, und wenn die Geschichte richtig erzählt, von seiner Entstehung, hier die Pfarrey zu ersezen gehabt, und Wirtemberg hat dieses Recht bisher ausgeübt. In die Stelle des Bischofs ist bey der Reformation der Landesherr getretten. Das Kloster Murrhard baut auch das Pfarrhaus, hat aber auch Zehenden hier und in der Gegend.

Der Murrhardische Stiftungs-Brief enthält eine Stelle, worinn ausdrücklich vorkommt: als die Zahl der Diener Gottes in Murrhard zugenommen, hat der Stifter (Kaiser Ludwig der Fromme,) ihnen zur Unterhaltung ihres Lebens die drey Pfarreyen Sichberg, Murrhard und Sulzbach (an der Murr) mit ihren Zugehörden gegeben. Vermög dieser Stelle hätte also Viechberg im Jahr 817. schon eine Pfarrkirche gehabt, und die umliegende Gegend wäre unter der Karolinger Botmäsigkeit gewesen. Darinn findet sich wenigstens keine auffallende Unrichtigkeit. Man weiß aus ganz andern Urkunden, die ausser allem Zusammenhang mit dem Kloster Murrhard sind, daß der h. Bonifaz im Jahr 855. und früher Besizungen in Oberroth gehabt hat, wie bey diesem Ort angeführt worden, warum könnte Viechberg, bey so vorzüglicher Güte seines Bodens, um dieselbe Zeit nicht auch schon wohl angebauet, und mit einer Pfarrkirche versehen gewesen seyn? Man weiß, daß in diesem Jahrhundert Kaiser Arnulph Befreyungen in

Betreff

Betreff der Hallischen Saline ertheilte, warum könnten die Karolingischen Kaiser vor ihm an andern Orten dieser Gegend nicht Stamm- oder Krongüter gehabt haben? Ueber andre Punkte in Ansehung der Aechtheit oder Unächtheit jenes Stiftungsbriefs kann man sich hier nicht verbreiten.

Sonst findet sich, daß verschiedene edle Geschlechter vorzeiten hier Güter gehabt haben, als von Wöllstein, von Ickingen, von Roth, selbst die Herren von Weinsperg. Auch hat der von Rosenstein, mit seiner Burg Röthenberg einiges hier an Limpurg überlassen.

Eine Zeitlang war Viechberg auch der Hauptort eines besondern Amts.

Wahrscheinlich sollte aber der Name des Orts Fichtberg geschrieben werden, weil wirklich der Berg, an dessen Fuß derselbe liegt, von den Fichten, mit welchen er von Alters her bewachsen war, also heißt.

3. **Mittelroth**, ein Dorf, an dem Roth-Flüßchen, in dem von demselben benannten Roth-Thal, stromabwärts, nur eine kleine halbe Stunde von Viechberg entlegen. Ackerbau und Viehzucht gedeihen hier wohl, obschon die Aeker grosentheils an Bergen liegen. Man kann hier auch Esper- und Lucerne-Pflanzungen sehen. Der Wohnungen sind 36. der Einwohner-Seelen, 216. Das so genannte Oelhäußle ist hierunter begriffen.

Es ist hier auch eine noch vor der Reformation erbaute, Viechberger Filialkirche, in welcher

welcher jährlich zu gewissen Zeiten Gottesdienst gehalten wird. Der Altar zeigt in erhabener Arbeit die Maria, den Ritter S.
Georius und den h. Stephan. An den beyden Thürflügeln, womit das Innere bedeckt
und zugeschlossen werden kann, ist die Märtyrer-
Geschichte der unschuldigen Kindlein mit Wasserfarben gemahlt. Vergoldung und Colorit
sind noch immer frisch und schön.

Die meisten hiesigen Güter sind 1338. mit
der Burg Röthenberg an Limpurg übergeben
worden. Zwey Höfe, die vormals Wirtembergisch waren, wurden 1607. eingewechselt.

4. Kron-Mühle, eine Mahl- und Sägmühle, nebst
einem Holzgut, an dem Rothflüßchen, zwischen
Viechberg und Mittelroth. Es sind hier 22.
Einwohner-Seelen. Ehemals auch ein Zugehörde der Burg Röthenberg.

5. Dauppenbach, auch Dappachhalden, ehmals
Taubach, in derselben Gegend, enthält 4.
Wohnungen, mit einigen Feldgütern, und 15.
Seelen. Ein Gut, der Taubach genannt, wird
schon 1338. gefunden.

6. Stöckenhof, eigentlich Stöckachhof, ein ehemaliger Herrschafthof, am Wege von Viechberg nach Oberroth, ist jezt mit einem Unterthanen besezt, und enthält 10. Seelen.
Schon 1338. wurde er von Walther dem
Haugen von Wellstein erkauft.

7. Buschhof, in derselben Gegend, hat 7. Einwohner-Seelen.

8. Die

8. Die Sägmühle oberhalb Viechberg, an der Roth, hat 6. Seelen.

9. **Langertshof**, ein kleines Gütchen, darauf erst neuerlich ein Unterthan angesezt worden, in der Gegend von Aichen-Kirnberg gelegen, hat 3. Einwohner-Seelen.

Folgende Orte, in der Gegend um Oberroth sind ganz Solms-Assenheimisch:

10. **Brennhof**, ein Hofgütchen, vor etwa 200. Jahren erbaut, enthält 7. Seelen.

11. **Conhalden**, ein ehemaliger Hof, jezt mit mehreren Unterthanen besezt, hat 22. Seelen. Die Sölde zum Techsenberg, die dazu gezogen ist, wurde 1367. von Conrad und Wilhelm von Roth erkauft.

12. **Glashofen**, ein Weiler, hat 81. Seelen. Ehemals hatten das Kloster Murrhard, die Grafen von Löwenstein, und das Geschlecht von Roth Besizungen hier.

13. **Hammerschmitten**, ein Oertchen von 19. Einwohner-Seelen. Es ist etwa vor 100. Jahren in dem eigenthümlichen Herrschaftwald, Rindsbuch genannt, angelegt worden.

14. **Marbächle**, auch **Morbächlin**, auch im vorgenannten Wald. Im Jahr 1557. wurde es noch ein Höfflin genennet; nachher kamen mehrere Gütchen dazu. Jezt sind 29. Seelen hier. Ehemals gehörte die Revier den Herren von Roth.

15. **Marhordt**, ein Weiler in eben demselben Waldstrich, von 63. Seelen; hieß 1557. noch

ein Hoff; und gehörte ehemals auch denen von Roth.

Folgende Orte enthalten auch zum Theil ausherrische Unterthanen:

16. **Ebersperg**, ein Weiler, nahe an dem Burgstall Roth, hat 139. Einwohnerseelen, darunter aber 2. Hohenloh-Bartensteinische aus
11. Seelen bestehende Haushaltungen sind.
Es war eine Zugehörde der Burg Roth. Den
Einwohnern sind auch die ehemaligen Burggüter überlassen worden.

17. **Hohnartsweiler**, (Honortsweiler, ehemals
auch Wonhartsweyler,) ein Weiler von
133. Seelen, darunter aber 2. Wirtembergische Haushaltungen von 13. Seelen, und
9. Hällische Haushaltungen mit 40. Seelen begriffen sind. Im Jahr 1370. verkaufte Graf
Albrecht von Löwenstein hier vier Güter an
Limpurg, die er von Fritzen von Roth erhan-
delt hatte, und 1407. Greth von Oettendorf
auch ein Gut.

18. **Kornberg**, ein Weiler von 81. Seelen, darunter aber eine Wirtembergische Haushaltung
von 7. Seelen, sich befindet. Es ist 1370.
von Burkard und Friedrich von Sturmfeder
erkauft worden.

19. **Obermühlen**, ein Weiler von 59. Seelen, darunter aber 2. Wirtembergische Haushaltungen von 12. Seelen begriffen sind. Obermühlen am Reyenberg gelegen, war ehmals
Rothisch, dann löwensteinisch, 1370. wurde
es limpurgisch durch Kauf. Auch die Frauen-
Klause

Klause in Unter-Limpurg besaß ehmals ein Gut hier.

20. **Stiershof,** hat 44. Einwohner-Seelen, darunter 7. Wirtembergische Haushaltungen, von 28. Seelen.

21. **Wolfenbrück,** ein Weiler von 84. Seelen, das von 21. in 4. Haushaltungen Wirtemberg angehören. Ein Leonhard Thür von Santzenbach verkaufte 1553. hier an Limpurg seine Gerechtigkeiten auf seinem frey eigen Guth.

22. **Frankenberg,** ein Weiler, worinn sich 10. Limpurgische Unterthanen befinden, welche 58. Seelen ausmachen.

Ein Gut dahier wurde 1367. von denen von Roth erkauft. Auf vier dem Kloster Murrhard lehenbaren Gütern trugen die Spießen zu Hall, die Vogtey samt anhängigen Vogtgülten von Limpurg zu Lehen; sie ist aber durch Aussterben dieses Geschlechts wieder an die Herrschaft zurückgekommen. Auch hatten die von Holz ehemals ein Lehen hier von Limpurg.

23. **Hütten,** ein Dorf, eine halbe Stunde von dem Hohenlohischen Flecken Mainhard entlegen, wohin es auch gepfarrt ist. Die hieher gehörigen Unterthanen, ausser welchen sich aber auch Wirtembergische hier befinden, machen 31. Haushaltungen und 143. Seelen aus.

So viel Limpurg Theil an diesem Dorfe hat, ist von Burkard und Friedrich von Sturmsfeder im Jahr 1370. erkauft worden.

Gesch. Limp. 2. Bd.   Q   An

An allen diesen Orten machet das Gewerbe mit Holz einen grosen der Geschäfte und Nahrung der Einwohner aus.

24. Hankertsmühl, (Heinkardtemühl,) in derselben Gegend, ist 1307. von den Gebrüdern Conrad und Gözen von Roth erkauft worden. Es sind 8. Seelen hier.

25. Scherbenmühl, in gleicher Revier gelegen. In wie fern diese Mühle zu diesem Landes-Antheil gerechnet werden möchte, wird sich am besten aus der Stelle ergeben, welche man hierüber in der von Limpurg im Jahr 1714. bekannt gemachten Deduction lieset:

„ Die hohe und niedere Obrigkeit auf der Scherbenmühl, heißt es daselbst, stehet dem hochfürstlichen Hauß Würtemberg zu, Limpurg aber hat gleichwohlen an allen Freveln, deßgleichen an der Gült, Umbgelt, Weeglößen und Handlohn zwey Drittheile zu geniessen, nachdeme die Rothische Terz, davon im Vertrag de Anno 1537. gemeldet wird, dieser Herrschaft mit andern Rothischen Gülten und Güthern incorporirt worden. Sonsten besizet dieser Müller nebst einer Hoffstatt verschiedene Reuthen- und Wiesenstück im Wald Scherbenhaw an der Roth, welcher Wald zum Theil von Hanßen von Roth mit andern Güthern im Jahr 1410. erkaufft, zum Theil auch von Ihro Fürstl. Durchl. Herzog Christophen zu Würtemberg Anno 1556. dergestalt eingewechselt worden, daß solcher fürterhin zu ewigen Zeiten dem Hauß Limpurg eigenthümlich zugehören und bleiben solle. „

Das Solms-Assenheimische Amt Geschwend.

Von der Beschaffenheit dieses Amt überhaupt ist schon bey dem Wurmbrandischen Antheil Nachricht gegeben worden. Der Verwaltuung nach ist dieses Amt mit dem Amt Oberroth verknüpft. Es gehören dazu folgende Orte.

1. **Seelach**, vorzeiten **Seylach**, (Lach, Loch, Lohe, bezeichnete in der altdeutschen Sprache einen Wald,) ein Oertchen von 4. Unterthanen-Gütern, welche zusammen 36. Seelen enthalten. Es sind hier zwey Siebenzehner. Da dieser Ort, auf der zweyten Gebürgsstufe, nur eine halbe Stunde mittagwärts von Gschwend liegt, so hat er fruchtbarern Boden, als manche andre Orte des Amts. Der Wieswachs ist ziemlich gut, und die Aecker vorzüglich zum Flachsbau tauglich. Die Einwohner besizen auch Waldungen, und eine Sägmühle, im Grunde, abendwärts. An Wasser ist zuweilen, in dürren Sommern und strengen Wintern, hier Mangel.

    Mittagwärts siehet man die alte merkwürdige Richtstatt, die von diesem Ort von Alters her den Namen trug, und von welcher das nöthige schon vorgekommen.

2. **Hugenhof**, vorzeiten **Hubenweyler**, hernach **Hugenweiler** genannt, liegt nur eine kleine Strecke weiter abendwärts, fast auf der gleichen Höhe, enthält 2. Unterthanen-Güter und 20. Einwohner-Seelen. Es ist dies Oertchen im Jahr 1414. von Jacob Mäder, Bürger zu Gemünd, erkauft worden.

3. Deschen-

3. **Deschenhof** oder **Teschenhof**, ein ziemliches Hofgut, das jezt nur 5. Einwohner-Seelen hat, liegt tiefer, nicht weit von dem Stixenhof.

4. **Hundsberg**, zum Unterschied eines andern ehemals auch **Hinter-Hundsberg** genannt, liegt noch mehr abendwärts, eine kleine Stunde von Gschwend, auf einem Hügel, von zweyen Bächen umflossen, die sich mitternachtwärts vereinigen, an der Fahrstrase von Gschwend nach Welzheim. Es ist hier ein Wirthshaus. Der Einwohner-Seelen sind 68. Der umliegende Boden ist von Natur sandig, und nicht von besonderer Ergiebigkeit, ist aber zum Theil durch Kies oder Mergel sehr verbessert worden. Die Einwohner besizen auch Wald, und haben eine Sägmühle. Der Gemeinboden ist vertheilt. Eine Ziegelhütte ist nicht weit von dem Ort erst im Jahr 1788. erbauet worden. Das Kloster Adelberg hat hier Lehengüter, und die ehemalige Kaplaney Gebenweiler hat vorzeiten dergleichen hier auch gehabt.

5. **Drehershof**, insgemein **Hugenbeckens-Reute** genannt, ein Gütchen auf einem Hügel, von Hundsberg mitternachtwärts, ist in neuern Zeiten angelegt worden, und hat 4. Einwohner-Seelen.

6. **Brandhof**, ein Oertchen von 51. Einwohner-Seelen, den vorigen noch mehr abendwärts, ist in der Mitte des 16. Jahrhunderts angelegt worden. Der Boden ist sandig.

7. **Altersberg**, abermal abendwärts, auf der mitternächtlichen Spize eines Berges, zweyter Gebürghöhe, ein Dörfchen von 100. Einwohner-Seelen, dazu gute Güter, auch Waldungen

ge-

gehören. Es ist hier ein Wirthshaus und Siebenzehner sind hier drey. Der Ort war von Alters her gerichtbar gen Seelach. Hanß von Yberg und Agnes von Rennhingen, seine ehel. Hausfrau, verkauften hier 1436. drey Güthlein an Limpurg.

8. **Krämershof**, ein Gütchen, worauf 5. Seelen leben.

9. **Krämersberg**, enthält deren 13. Beyde liegen in der Nähe von Kirchen=Kirnberg, und sind neueren Ursprungs.

10. **Horlachen,** (auch Harlachen,) ein Weiler oder Dörfchen von 77. Seelen, in einer sandigen und steinigen Revier, welche aber die Einwohner durch Fleiß zu verbessern suchen, so daß der Anbau wirklich zunimmt. Der Gemeinsboden ist vertheilt. Es ist hier ein Wirths=und Becken=Haus, auch Arbeiter, die verschiedene Geräthschaften von Holz und Stroh verfertigen. Man macht hier auch taugliche Feuereimer von Stroh, die innen ausgepicht werden.

Die alte Glashütte, welche noch im vorigen Jahrhundert stand, ist eingegangen. Es waren bey einer solchen Hütte ein Hüttmeister, Trinkglaser, Scheibenmacher, Schürer und andre Leute angestellt. Das Weiler ist von solchen Hüttenleuten angelegt worden, so wie der Wald, Horlachen und Schwarzlachen genannt, durch die Glashütte nach und nach aufgezehrt wurde.

Auf der Homännischen Charte heißt der Ort fehlerhaft Haarlocken. Der eigentliche Name bedeutet wohl einen auf der Höhe oder an einer Endspize liegenden Wald, und ist analogisch mit Horburg oder Harburg.

11. Nächst an der Horlachen erhebt sich der Haagberg bis zur zweyten Gebürgstufe, der in einer Krümmung mit dem Steineforst zusammenhängt. Auf und an demselben liegen nun folgende Orte.

Haagklingen, in der erstgedachten Krümmung, kaum eine Viertelstunde von Gschwend. Hier stund die lezte Gaildorfische Glashütte. Die Hüttenleute legte gegen Ende des vorigen Jahrhunderts das Oertchen an, das jezt 85. Einwohner=Seelen zählt. Der natürliche Boden ist meistens sandig, und da erheben sich grose Steinknochen aus der Erde. Aber die Einwohner gewinnen doch durch fleisigen Anbau dem Boden ihre Nahrung ab, ob sie schon meistentheils nur kleine Gütchen besizen, sie benüzen die Brunnquellen zur Wiesen=Wässerung, und werden durch die natürliche Lage des Orts zur Baumzucht eingeladen, da er vor dem Nord= und Westwind geschüzt ist, dagegen den segnenden Einfluß der Morgen= und Mittag=Sonne genießt.

Sonst ist hier die Schule für die disseitigen Amtsorte, in welcher auch zum Unterricht der Erwachsenen an Sonn= und Feyertagen, aus einem guten Buch etwas zu verlesen angeordnet ist.

12. Sturmhof, zwen Häuser, mit wenigem Boden, die 20. Seelen enthalten, auf der östlichen Spize des Haagberges, in neuern Zeiten angelegt.

13. Hin=

13. Hinter demselben der **Haaghof**, ein beträchtliches Gut, das auch schon alt ist, und ehemals eine Zugehörde der Burg Röthenberg war. Es befinden sich hier 9. Seelen.
14. Der **Wasserhof**, auf derselben Höhe, mitternachtwärts, ein Oertchen von 27. Seelen, in neuern Zeiten angelegt.
15. Weiterhin auf derselben Höhe der **Pfeiferhof**, ein Hofgütchen von 13. Einwohner-Seelen.
16. Ferner der **Pritschenhof**, jezt aus 4. besondern Häusern und Gütchen bestehend, worauf 30. Menschen leben. Man siehet auf dieser Höhe zwar noch aus der Erde hervorragende Felsen genug, aber auch Gärten, Wiesen und Aecker daneben, die von dem Fleiß ihrer Anbauer zeugen.
17. Der **Schürhof**, ein Hof von beträchtlichem Umfang und 11. Einwohner-Seelen, liegt in der Tiefe an dem mitternächtlichen Fuß der angezeigten Höhe. Der Klee- und Wicken-Futter-Bau ist bey diesem Hofe vor andern ansehnlich. Hier soll der Schürer der in der Nähe gestandnen Glashütte gewohnt, und davon der Hof seinen Namen haben.
18. Der **Gläserhof**, liegt nahe bei dem erstbeschriebenen, abendwärts. Hier war auch eine Glashütte, davon noch Ueberbleibsel, und der so genannte Hüttgarten vorhanden sind. Auch war eine Ziegelhütte in alten Zeiten hier. Jezt heißt es das Gläserhöflein, und hat 11. Einwohner-Seelen, war aber ehmals gröser, ehe die Güter der Pritschenhöfer davon getrennt worden. So wohnen denn doch auf den Plätzen, welche die alten Glashütten von Holz rein gemacht haben, jezt mehr als 200. Menschen,

Menschen, samt einer beträchtlichen Menge Vieh.

19. **Neumühl,** eine Mühle, mitternachtwärts von diesen Höfen, in einer engen Klinge, an einem Bach, welcher den Namen des rauhen Sanbachs führt. Es sind hier 10. Seelen.

20. **Strasenwald,** zwey Häuser, zu deren einem aber nur Feldgüter gehören. Sie enthalten 15. Menschen. Der Strasenwald liegt nahe an Gschwend, mitternachtwärts, an der Gaildorfer Strase. Es sind aber hier noch 3. Wirtembergische Häuser, und darunter ein Wirthshaus. Diese führen den Namen: **Steineforst oder Waldhaus.**

21. **Hasenhof,** ein nicht beträchtliches Hofgütchen, eine Viertelstunde von Gschwend, morgenwärts, wo 26. Menschen wohnen.

22. **Hollenhöfle,** noch um ein gut Theil näher an Gschwend, auf derselben Morgenseite, ein Haus und Gut, worauf 3. Menschen leben; es ist seit 40. Jahren angelegt worden.

Anmerkung.

Gebenweiler gehörte bis 1772. zu diesem Amt, wurde aber in diesem Jahr an Limpurg-Sontheim-Gaildorf abgetretten, und wird bey diesem Antheil näher beschrieben werden.

Ausser gewissen Burggütern in Gaildorf, deren oben schon gedacht worden, gehören zu diesem Antheil schöne Kameral-Waldungen und Jagdgerechtigkeiten, welche ein jedesmaliger Kammerrath und Amtmann in Oberroth, mit dem ihm untergeordneten Subalternen besorgt. Desgleichen einige hundert Leibeigene.

IV. Der

IV.
Der
Limpurg-Sontheim-Schmiedelfeldtsche Landes-Antheil.

Dieser Antheil fiel im Jahr 1774. der Enkelin Graf Vollraths zu Limpurg-Sontheim, von seiner ersten Tochter, vermählten Gräfin von Prösing zu, nemlich der hochseligen Frau Gräfin Juliana Francisca Leopoldina Theresia, vermählten Wild- und Rheingräfin zu Grumbach, und wurde von ihren hohen Nachkommen im Jahr 1781. an des regierenden Herrn Herzog Karls zu Wirtemberg hochfürstliche Durchlaucht veräussert, als welche einen Stabsamtmann nach Schmiedelfeld gesezt haben. Die Forstsachen besorgt ein Oberförster, welcher unter dem Oberforstamt Reichenberg stehet. Die Pfarren Sulzbach und Geifertshofen stehen unter der Superintendentur Backnang.

Die Gränzen dieses Antheils sind gegen Morgen hauptsächlich die Herrschaft Adelmannsfelden und der Gröningische Antheil, gegen Mittag ein Stück des Sontheim-Gaildorfischen Antheils und etwas von dem Wirtembergischen Oberamt Lorch, gegen Abend der Wurmbrandische Antheil, gegen Mitternacht der Obersontheimische.

In Ansehung der Lage begreift er eine Strecke vom Kocherthal, und etwas vom Fischachthal, das übrige ist bergig und waldig. In den Thälern ist vorzüglicher Wieswachs, an den Berghalden aber der Ackerbau etwas mühsam. Doch fehlt es auf der Höhe nicht an geraumigen Ebenen, die zwar etwas sandig, aber doch zum vortheilhaften Anbau von allerley Arten von Feldfrüchten bequem sind.

Die

Die hieher gehörigen Orte sind:

1. Schmiedelfeld, ein Schloß, eine kleine Meile morgenwärts von Gaildorf, auf einer Bergecke, erster Gebürgsstufe, an der rechten Seite des Kochers. Der Plaz war zu Anlage einer Veste nach alter Art gewiß gut gewählt, da sie durch drey steile Abhänge von Natur geschüzt war. Von dieser Veste schrieb sich im zwölften und dreyzehenten Jahrhundert eine edle Familie, von welcher aber ungewiß ist, ob sie selbst ein verwandter Zweig des Limpurgischen Hauses gewesen, oder zu den Mannen desselben gehört hat. Ein Sigfridus de Smidelfeld, kommt vor in einer Urkunde K. Friedrichs I. vom Jahr 1172. gleich nach Cunradus princerna et Frater eius Lodwicus, und ein Cunradus de Smideludt in einer Domkapitelisch-Wirzburgischen vom Jahr 1225. und wieder 1229. (Wibel Th. 2. Cod. Seite 32. 38. 41) Schmiedelfeld ist übrigens immer unter die ältesten Limpurgischen Besizungen gerechnet worden. Es war aber der uralte hier gestandene Thurn, ein Ellwangisches Lehen, und wurde auch in alten Zeiten der Ellwanger Thurn genennet. Es war ein Mann- und Weiber-Lehen, und wie aus Umständen zu vermuthen stehet, dem Stift wohl von Limpurg aufgetragen. Auch ist nicht bekannt, daß jemals andre Güter zu diesem Lehen gehört haben.

Als sich im Jahr 1441. die Besizungen des Hauses Limpurg, durch brüderlichen Vertrag, mehrentheils in zwey Hauptantheile spalteten, so wurde Schmiedelfeld zum Gaildorfischen
Loose

Loose gelegt. Als im Jahr 1557. in dem Gaildorfischen Hause ein neuer Theilungs-Vertrag zu Stand kam, so gab das Schloß der Schmiedelseldischen Linie und dem ihr zugetheilten Landesantheil seinen Namen, und solchergestalt war es Residenz Schmiedelseldischer Regenten, aus dem Hause Gaildorf, bis 1682. Heinrich, Johann, Karl, Christian Ludwig, Johann Wilhelm, Wilhelm Heinrich, sämtlich Schenken von Limpurg, residirten und regierten hier nach einander.

Im Jahr 1690. kam Schmiedelfeld nebst andern, durch gütlichen Vertrag mit den hinterlassenen Töchtern Graf und Schenk Wilhelm Heinrichs zu Limpurg-Gaildorf, an das Haus Speckfeld und Sontheim, und die Herrschaft Schmiedelfeld nebst Zugehörde wurde eigentlich als Erbschaft der Gräfin Sophia Eleonora, Schwester Graf Wilhelm Heinrichs betrachtet. Sie hat auch im Jahr 1719. das Schloß Schmiedelfeld von aller Lehnsverbindung mit dem Stift Ellwangen durch Vertrag frey gemacht. Es ist ein den 20. Dec. 1719. datirter Kauf- und Cessions-Brief darüber vorhanden, vermög dessen das Stift der Gräfin Sophia Eleonora und allen ihren Nachkommen den vorher lehnbaren Thurn zu frey aigen überläßt. Im Jahr 1739. wurde das alte Residenz-Schloß, mit dem uralten, hohen und starken Thurn, bis auf eine gewisse Höhe abgetragen. Das Schloßgebäude, welches hierauf auf Kosten der damaligen Limpurg-Sontheimischen Gesammtherrschaften aufgeführt worden, ist ansehnlich und modern.

Es

Es bildet in seiner Form einen rechtwinklichten Hacken, dessen kürzere Seite auf den Flecken Sulzbach herabsiehet, und aus deren Zimmern man auf das Thal und den Kocherfluß eine recht angenehme, nur durch die nahe liegenden Berge etwas begränzte Aussicht hat. Mitten auf dem Dache dieser Seite ist ein artiges Thürnchen mit einer Schlaguhr. Eine starke Quadratmauer bildet mit dem Gebäude ein längliches Viereck, und in demselben einen Hof. Gegen Morgen und Abend sind schöne aus gehauenen Steinen gemachte Portale, mit dem Limpurgischen Wappen. An dem abendlichen liest man die Jahrzahl 1581. und den Namen Schenk Heinrichs. Vor beyden sind schöne steinerne Brücken, die über den vermuthlich ehemals noch weit tiefern, jezt nicht mehr vollständigen Schloßgraben führen. Es ist bey dem Schloß ein Rohrbrunn, der stets reichliches und sehr reines Wasser von sich gibt, nicht weit davon kleine Fischteiche im Graben.

An der Seite des Schlosses gegen Mittag stehet die recht artige, und inwendig kostbare Schloßkirche, in welchen zu gewissen Zeiten geprediget wird, wegen welcher auch die mehresten Pfarrer zu Sulzbach den Charakter als Hofprediger gehabt haben, so lang nemlich ein gräflicher Hof sich hier befand. Die Kirche wurde, besage der Aufschrift, die sich theils aussen über dem Kirchenportal, theils innen in Stein gehauen befindet, und sehr weitläuftig in alten Reimen den Ursprung der Kirche erzählt, in den Jahren 1594. und 95. von

Schenk

Schenk Johanns Gemahlin, Eleonora, gebohrnen Gräfin von Zimbern, aus ihren eigenen Gefällen gestiftet. Die Bildhauer-Arbeit an dem äussern Kirchenportal ist beschädigt, innen aber siehet auch die Stuccaturarbeit, woraus die Kanzel, die Verzierung an dem Eingang, die Emporkirchen und die Decke gefertiget ist, recht gut und wohlbehalten aus. Sie stellet die ganze Passion und andre Figuren in halb erhabner Arbeit dar. Die Decke zeigt eine Menge gutgemachter Wappen.

Das prächtigste in der ganzen Kirche ist das herrliche Grabmal Schenk Johanns und seiner Gemahlin Eleonora, das sich beyde bey ihren Lebzeiten sezen ließen. Sie hatten keine Kinder.

Es stehet nächst am Haupteingang, linker Hand, und ist mit schönen eisernen, vergoldet und gemahlten Gittern eingefaßt.

Auf dem Fußboden ruhen auf einem Paradebette Schenk Johann und die Gräfin Eleonora, in Lebensgröse, mit betend-gefalteten Händen, aus einem harten Werkstein gehauen. Johann ist im Harnisch. Der Helm ruhet mitten zwischen beyder Füssen. Die Gräfin ist in einem langen geblumten Kleide. Es sind zwey ausserordentlich korpulente Figuren, und schon um deßwillen sehenswürdig, doch mit geistigen Blicken. Etwas höher an der Wand, auf einer altarähnlichen Erhöhung, knien sie beyde, auf Küssen in vorbeschriebener Größe und Kleidung, mit den Gesichtern gegen einander sehend, und die Hände faltend.

tend, Johann rechts, Eleonora links. Diese Statuen sind samt den Küssen, jede aus Einem Stücke eines schönen weisgraulichen Marmors, welcher der Ueberlieferung nach in hiesiger Gegend gebrochen worden. Auch der mitten zwischen beyden stehende Helm ist von demselben Marmor.

Hinter ihnen erhebt sich in zweyen recht schönen modellirten Säulen, die ein Gebälke, und darüber einen Aufsaz tragen, das Monument bis an die Kirchendecke. Die Säulen zeigen viele aufgehängte Wappen, nemlich Johanns und Eleonoren Stamm= und Ahnen= Wappen, die alle kunstmäsig aus schönem weisem, mit Grau eingesprengtem Alabaster, gearbeitet sind. Die Säulen sind am Postament auch mit etlichen schönen, bunten Achatstücken in Eyform eingelegt. In der Mitte sind bis in die Höhe drey grose Felder. In dem untersten siehet man Jesum am Kreuz, um dasselbe fünf weibliche Figuren in klagender Stellung, alles aus schönem weisem Alabaster. In dem mittlern Feld ist die Auferstehung Christi aus demselben Alabaster vorgestellt. In dem obersten siehet man nur noch alabasterne Wolken; in denselben schwebte aber ehemals ein schönes silbernes Crucifix, welches nachher, da es hier nicht sicher genug schien, herabgenommen, und endlich in neuern Zeiten der Kirche mit baarem Geld vergütet wurde. Einige schöne symbolische Figuren, verschiedene Tugenden in Alabaster vorstellend, sind oben und zu beyden Seiten angebracht.

Unter

Unter der knieenden Marmar=Statue Johanns liefet man folgende Inschrift:

Anno Dni 1608. den 3. Marty ist der wolgeborn Herr Herr Johann Herr zu Limpurg des Hey. Rom. Reichs Erbschenk und Semperfrey aus diefem Leben in Chrifto feeliglich abgefchieden Seines Alters 65. Jahr welchem Gott ein fröliche Aufferftehung verleihen wolle. Amen.

Unter der Statue Eleonorens gegen über links:

Anno Dni MDCVI. den 23. Augufti ift die Wolgeborn Gravin und Fraw Fraw Eleonora Freyfraw zu Limpurg geborne Gravin von Zimbern Herrn Schenck Johannfen Gemahlen in Chrifto dem Herrn feeliglich enttfchlaffen ihres Alters in dem 51. Jahr Deren Seelen Gott gnedig fein wolle und ein frölich Aufferftehung verleyhen. Amen.

Auf dem Monument ift das Jahr 1603. bemerkt, ohne Zweifel als das Jahr feiner Vollendung. Der Bildhauer Hans Werner, aus Nürnberg, hat fich felbft in fizender Stellung mit Klöpfel und feinem Namen, daneben angebracht. Er verdient auch als ein fehr guter Künftler in gutem Andenken zu bleiben.

Der Chor=Altar enthält ein hübfches Altar=Blatt, welches die Einfezung des heil. Abendmals vorftellt. Zwar ift das Coftume am wenigften beobachtet; alle fizen nach unfrer Sitte, haben nicht ifraelitifche Ofterkuchen, sondern

sondern kleine runde Brödchen nach landes-
art der Gegend vor sich auf dem Tisch, Johannes liegt recht vertraulich dem Heiland am
Busen, und mit Kopf und Ellnbogen auf
dem Tisch, man trägt Trauben auf, der Heiland reicht einem Apostel, der sich ehrerbietig
zu ihm nahet, eine Hostie in den Mund, gerade so wie es heutiges Tages geschiehet;
die Aufwärter sind geistlich gekleidet, wie die
Pfarrer des 16. Jahrhunderts; der Teufel
erscheint sichtbar in greulicher Gestalt neben
dem Judas, bükt sich aber unter den Tisch,
um nicht gesehen zu werden. Das merkwürdigste auf dem Gemälde ist aber wohl, daß
drey Apostel die Physiognomien dreyer prote-
stantischer Reformatoren tragen. Luther ist
vor allen kenntlich, hat gleich den andern Apo-
steln, einen Heilgen-Schein um das Haupt,
stüzt sich mit dem rechten Arm auf dem Tisch
auf, und sieht nachdenkend aus, als gieng
ihm die Abendmals-Theorie durch den Kopf.
Melanchton, auch mit einem Heiligen-Schein,
sizt neben ihm, mit gerad aus sehendem Blick,
wie wenn er sich mit seiner Philosophie darüber beredete. Brenz, der eigenthümliche Reformator der Kochergegend, sizt gleich daneben, kehrt aber den Blick von beyden ab, so
wie einer, der gern hören möchte, was andre
sagen, ehe er sich mit seiner Meinung her-
auslassen will. Er ist durch das Gesicht, die
Halskrause und den Heiligen-Schein kenntlich. Die beyden Aufwärter mit grosen Hals-
krausen und alt lutherischem Kirchenhabit, sind
vermuthlich ein paar Geistliche aus dem Zeitalter der Stiftung, welchen die Gräfin

fin durch die Beygesellung zu der apostolischen Gesellschaft auch eine Gunst erzeigen wollte. Unter dem Gemälde stehen die Einsezungsworte des Abendmals. Die Zeichnung der Figuren, und das Kolorit sind, des zweyhundertjährigen Alters ohngeachtet, ausserordentlich schön. Vermuthlich war der Mahler auch ein Nürnberger.

Anch die Orgel sollte diese Kirche, die so mancherley künstliches hat, auszeichnen helfen. Sie ist 1610. gemacht, und das Werk eines Blinden, Conrad Schotts, eines berühmten Mannes, der sich an vielen Orten verewigt hat. Sein Andenken erhalten die Reimen:

Conradus Schott, der nichts gesicht,
Diß Orgelwerk hat zugericht,
Die Hände mußten die Augen seyn.
Gott sey Lob, Preiß und Ehr allein.

In dieser Kirche haben noch viele Personen aus dem Limpurg-Schmiedelfeldischen Hause ihre Ruhestätten gefunden, als: Karl mit seiner Gemahlin Maria Gräfin von Castell, Christian Ludwig mit seiner Gemahlin Susanna von Polheim, Johann Wilhelm mit seiner Gemahlin Maria Juliana, Gräfin von Hohenlohe, und vieren seiner Kinder. Nur Karl hat aber noch ein Denkmal erhalten, das doch dem Schenk Johanns und seiner Gemahlin an Gröse und Schönheit nicht gleicht.

In den Zeiten, da Schmiedelfeld Residenz einer Limpurgischen Linie war, befand sich auch eine besondere Regierungs- und Konsistorialkanzley hier. Im Jahr 1775. diente das Schloß

Schloß der Frau Gräfin Jul. Franc. Leop. Theresia von Grumbach einige Monate zum Sommeraufenthalt. Jezt ist es unbewohnt, bis auf einen Aufseher oder sogenannten Baumeister.

Ausser dem Schloß ist das Amthaus, das Forsthaus, die Wohnung des Pächters über die weitläuftigen Burggüter, und mehrere Oekonomie-Gebäude. Der hiesigen Einwohner-Seelen sind 42.

Der ganze Schloßberg wird zur Oekonomie benüzt. Auf seiner Spize ist ein artiger Garten. Hinter dem Amthaus schöne Anlagen von Esper und Lucerne, in dieser Revier noch die einzigen. Noch weiterhin eine neue Holzplantage.

2. **Mühlenberg**, ein herrschaftlicher Hof, auf einem dem Schmiedelfelder Schloßberg ostwärts gegen über gelegnen Berg. Die hier wohnenden Seelen kommen unter der Summe der Sulzbacher Einwohner vor.

3. **Eichenrain**, ein andrer herrschaftlicher Hof, auf einem Berg ostwärts nächst dem Mühlenberg. Der hiesigen Seelen sind 11.

Auf beyden Höfen sind Beständer oder Pächter. Die zu beyden gehörige Güter machen zusammen 481¼ Fränkische Morgen aus.

4. **Sulzbach**, mit dem Beynamen am Kocher, welcher mittagwärts in kleiner Entfernung von dem Ort vorbeyfließt, ein Flecken, welcher im Jahr 1761. zu 2. Jahrmärkten berechtiget wurde, zu welchen 1775. noch der dritte kam. Er liegt

unter

unter dem Schmiedelfelder Schloßberge, westwärts der Länge nach, in einem engen Thälchen. Der Eisbach fließt durch dasselbe und den Ort, und unterhalb demselben in den Kocher. Mehrere kleine Bäche stürzen in und bey dem Orte von den nahen Bergen herab. In dem Eisbach findet man Stücke von Achat und versteinertem Holze in Menge, die derselbe aus den nahen Bergen losreißt. Diese Berge enthalten viele Kalk- und Gips-Felsen, daher die Brunnquellen kein besonders reines Wasser führen. An ihren Abhängen sind Aeker, deren Bau aber mühsam ist. Die Wiesen in den Thälern, und vorzüglich am Kocher, haben nahrhaftes und fettes Futter. Daher fast jeder Einwohner sich mit der Viehzucht abgibt, das eigentliche Akergeschäfte aber nur für diejenigen ist, welche 2. bis 3. Paar Ochsen vor den Pflug spannen können. Es sind hier 3. Wirthshäuser, ein Chirurg, ein Handelsmann, allerley Handwerker, besonders auch Holzarbeiter, oder solche, welche allerley Arten von hölzernen Gefäßen, Werkzeugen und Geräthschaften verfertigen; am Kocher nahe an dem Orte, liegt eine schöne Mahl- und Säg-Mühle. Aller Einwohner-Seelen, mit Inbegrif Mühlenbergs sind 510.

An öffentlichen Gebäuden finden sich die Kirche und das Rathhaus. Die Kirche ist im Jahr 1754. neu erbaut worden, ein massives, geräumiges und helles Gebäude. *) Das Rathhaus

---

*) Der alte Thurn blieb stehen. In demselben sind zwey alte Steine, der eine mit der Zahl CIↃIL (verm. 1049.), der andre mit der Zahl CIↃCCV (verm. 1205.) bezeichnet.

haus ist alt. Es enthält auch die Schule und Schulwohnung.

Das historisch-diplomatische Alter dieses kleinen Fleckens reicht höher hinauf, als vieler Städte. Schon unter dem Jahr 1024. findet man den Ort, der damals Klein-Sulzbach hieß, in einer Urkunde Kaiser Heinrichs, des zweyten, den Wald Virngrund betreffend, und der ganze Inhalt beweißt, daß kein andres Sulzbach, als das am Kocher gemeint sey. *)

Im Jahr 1330. kommt Sulzbach als Hohenlohisch vor, in einem Theilungs-Brief, worinn Lutz von Hohenlohe und dessen Bruder Albrecht, nachheriger Bischof zu Wirzburg, die Besitzungen der Hohenlohe-Uffenheimischen Linie unter sich theilten, zwar nicht nementlich, doch unter der Zugehörde der Veste Speckfeld, unter welche sie zu Folge einer andren Urkunde gehörte. Mit dem Absterben des edeln Johanns von Hohenlohe, als letzten männlichen Zweigs der Hohenlohe-Uffenheim- und

---

*) In dieser hie und da gedruckt vorkommenden Urkunde werden die Termini der Sylvæ Viragrunda dictæ ad Elwacense coenobium pertinentis angegeben. Von dieser Gränzbeschreibung gehört vornemlich folgendes hieher: de Hochtann minori ad Eschelbach deorsum in Bilerna, de Bilerna sursum in Nuenbrechtsbach, de Nuenbrechtsbach sursum in Sulzbach Parvum, de Sulzbach parvo deorsum usque ad Kochina, deinde sursum usque in Hütlinga. Wer nur einige Localkenntnis dieser Gegend hat, siehet hier, unser Sulzbach nach seiner Lage genau bestimmt. Man muß sich indessen hüten, daß man nicht daraus schließe, als ob der Pagus Virngrund bis hieher nach Sulzbach mit der Waldung gleichen Namens, sich erstreckt habe. Die Urkunde sagt ausdrücklich, daß ein Theil der Sylvæ Francorum legibus subiacet in pagis Mülingo et Kogengo. Das leztere wird vornemlich diesen Strich betreffen. Es müssen auch in Ansehung der Eigenthums-Rechte in der Folge grose Veränderungen vorgegangen seyn, wie zum Theil aus der folgenden genauern Orts-Beschreibung selbst erhellet.

und Speckfeldiſchen Linie kam Sulzbach, als
freyes Eigenthum, an deſſen Erben, Schenk
Friedrich und Graf Leonhard von Caſtell, und
wurde gemeinſchaftlich von dieſen beyden Häuſern beſeſſen, von 1414. bis 1445. da die Ca-
ſtelliſche Hälfte durch Kauf auch vollends an
Limpurg kam. Nachher blieb der Ort immer
limpurgiſch, und hatte mit dem Schloß Schmiedelfeld einen und denſelben Herrn.

Bey der geänderten Religions-Verfaſſung
im 16. Jahrhundert bekam der hieſige Geiſtliche, auch die vormalige Pfarrkirche zu Lauf-
ſen, die Kirche auf dem Heerberg, und nachher
die Schloßkirche zu Schmiedelfeld mit zu verſehen, ſo wie es noch iſt.

Im dreyſigjährigen Krieg, im Jahr 1634.
am 9. Auguſt wurde der Ort, ſo wie die ganze
Gegend, von kaiſerlichen Völkern, ſonderlich
Kroaten, überfallen, welche an wehrloſen Perſonen, die ihnen nicht entrinnen konnten, groſe
Grauſamkeiten verübten. Die Sulzbacher
Einwohner hatten, ſamt ihrem Vieh, einen Zufluchtsort im Komburger Wald, welcher noch
der Verhack heißt. Nachher rafte die Peſt
viele Menſchen hinweg.

Von 1675. bis 1684. war doch die Mittelzahl der jährlich Verſtorbenen ſchon wieder
$18\frac{1}{2}$, und gröſer, als vor dem Krieg. Es
lebten alſo, dem Canon zu Folge, daß auf 36.
lebende eine jährliche Leiche zu rechnen ſeyn
möchte, zu jener Zeit in der ganzen Pfarrey,
etwa 666. Menſchen. Im Jahr 1718. in
der Charwoche, zählte man 924. am neuen Jahr
1782. 1313. Pfarrangehörige. Es hat ſich

R 4   alſo

also hier die Seelenzahl der Einwohner nur in einem hundertjährigen Zeitraum verdoppeln können. Es ergibt sich aber auch aus Vergleichung zehenjähriger neuerer Todtenlisten mit den neuesten ganz zuverläßigen Bevölkerungs-Tabellen, daß in dieser Pfarrey von $30\frac{1}{2}$ lebenden Einer gestorben ist. Diese Sterblichkeit, warum sie so groß, und um $\frac{1}{4}$ gröser, als diejenige in vielen andern Limpurgischen Gegenden ist, verdiente vielleicht eine eigene Untersuchung.

Von einem Herrn Philipp Heinrich Calisius, Freyherrn von Calisch, der Röm. Kaiſ. Maj. wirklichen Obristen und Commendanten unter dem Prinz Beverischen Regiment zu Fuß, welcher den 29. Sept. 1722. verstorben ist, werden hier jährlich, an seinem Namenstag, (Phil. u. Jac.) zu Folge seines Vermächtnisses, die Zinßen von 100. Fl. Kapital, an die Armen ausgetheilt. Er war ein Sohn eines hiesigen Geistlichen, Johann Heinrich Calisius, und soll in seiner Jugend von den hiesigen Einwohnern aus den Fluthen des Kochers errettet worden seyn.

Oberhalb Sulzbach führt eine bedeckte Brücke über den Kocher.

Ein Hochgericht stund vorzeiten auf einer Aushöhe gegen Mittag, und ein Landgraben, der noch diesen Namen führt, wird gegen den Kieselberg hin gefunden. Unbekannt ist, wann, und wozu der leztere aufgeworfen worden.

5. Brünsterhof, auf einem Berg, abendwärts $\frac{1}{2}$ Stunde von Sulzbach, hat 5. Seelen. Dieses Gut ist 1701. auf einer Sulzbacher Viehweide

weide angelegt worden. Nicht weit davon be=
findet sich ein alter tiefer Schacht. Unbekannt
ist, wann und in welcher Absicht derselbe nie=
dergesenkt worden.

6. **Alt= oder Alten=Schmiedelfeld**, ein Dörfchen,
nicht weit vom linken Ufer des Kochers, eine
starke halbe Stunde von Sulzbach, enthält 4.
ganze Höfe und 2. Söldengüter, Einwohner=
Seelen 66. Zwey Güter sind hier mit der
Veste Cransperg im Jahr 1357. erworben wor=
den. Die andern, wenigstens zum Theil, sind
nachher angelegt worden. Es sind hier von
langen Zeiten her unverhältnismäsig viele
Simple. Das Wasser, welches die Einwoh=
ner trinken, ist sehr unrein. Im Jahr 1374.
gehörte der grose und kleine Zehende zum Amt
Gaildorf, und wurde unter andern Stücken der
Gräfin Elisabeth, geb. von Tübingen, zum
Genuß angewiesen. Das Fahrhöflein wurde
im Jahr 1710. von dem hiesigen Gemeindbo=
den getrennt und mit einem Unterthanen besezt,
wird aber jezt, unter dem Namen der Ruhreu=
te, von der Gemeine insgemein, wieder zur
Weide benüzt.

7. **Wolkenstein oder Schaafhof**, (den leztern Na=
men hat er von seinem Erbauer,) liegt hinter
dem eben beschriebenen Ort, auf dem Berge.
Das Gut ist nicht lange vor dem Jahr 1500.
angelegt worden, hat 10. Seelen.

8. **Nestelberg**, (Nestelhof) ein Gut auf dem gleich=
namigen Berg, halbe Stunde von Sulzbach,
mittagwärts, ist im Jahr 1698. auf einer herr=
schaftlichen Viehweide angelegt worden, hat 5.
Seelen.

Seelen. Bey diesem Hof ist der Nestel-
wald, und in diesem der Anfang der herrschaftlichen Schlittenbahn für das Floßholz, welches
jährlich im Winter zum Floßsee bey der Ebne
geliefert wird.

9. **Weiler,** ein kleines Dörfchen oder Weiler, von
dem Nestelberg nicht weit entfernt, etwas ostwärts, der alten zerstörten Veste Cransberg gegen über, zu welcher es ehemals als eine Villa
gehört hat. Mit jener Veste wurden hier im
Jahr 1357. 12. Güter erkauft, die aber nachher in 3. Höfe zusammengezogen worden. Den
Zehenden hat Schenk Friedrich 1414. von einem gewissen Christian Kochenser zu Hall, und
dem Kloster Murrhard erkauft. Die Einwohner machen 26. Seelen aus; sie haben weitläuftige Güter, zwar etwas sandig, doch fruchtbar, und vorzüglich schöne Waldungen.

10. **Arasperg,** ein Oertchen, nicht weit von Weiler,
morgenwärts. Es sind hier jetzt ein ganzer,
und zwey halbe Höfe, und 24. Seelen.

Im Jahr 1380. erkaufte Frau Ytta von
Weinsperg, mit der Burg und dem Amt Adelmannsfelden, von Dechant und Konvent des
Gotteshauses Ellwangen, hier fünf Lehen, in
3. Gütern bestehend, die nachher in 1. Hofgut
zusammengezogen, und endlich wieder getrennt
worden. Nicht weit von dem Orte werden
gute Mühlsteine gebrochen.

11. **Knollenberg,** auch Schockenhof genannt, an
der Spize der Berghöhe, worauf die beyden
erstbeschriebenen Orte liegen, morgenwärts. Es
sind hier zwey Unterthanen und 15. Seelen.

Beyde

Beyde Güter sind in der ersten Hälfte des 16. Jahrhunderts angelegt worden.

12. **Wimbach**, ein Gut an dem Bach gleiches Namens, der sich oberhalb Lauffen in den Kocher auf dessen linken Ufer ergießt, in einem engen Thälchen. Es hat 10. Einwohnerseelen, und ist im Anfang des 17. Jahrhunderts angelegt worden.

13. **Lauffen**, mit dem Beynamen am Kocher, ein Dorf, eine gute halbe Stunde oberhalb Sulzbach, am mitternächtlichen Ufer des Kochers berganwärts gelegen. Es ist hier eine alte Kirche, und darinn ein Altar, auf welchem der h. Bartholomäus zu sehen ist, seine eigne Haut, zur Anzeige seines Märtyrer-Todes unter dem Arm tragend. Man findet unter dem Jahr 1397. einen Pfaff Hanß Pfarrer zu Lauffen. Es mag aber schon mehrere Jahrhunderte vorher hier eine Kirche gewesen seyn.

Mit der Veste Cransperg wurden hier 13. Güter im Jahr 1357. erkauft, wovon aber fünfe nur dahin vogtbar waren, deren Eigenschaft, mit dem hiesigen Kirchensaz, 1410. und 1414. von Christian Kochenser und dem Kloster Murrhard auch erkauft wurde. Nachher sind noch mehrere neue Güter auf eigenthümlichen Boden angelegt worden.

Die Mahlmühle, welche bey Lauffen an dem gegenseitigen Ufer des Kochers liegt, trägt von Alters her den Namen **Windenbach**- und **Windmühle**. Sie ist im Jahr 1380. von Ellwangen erkauft worden.

Der

Der sämtlichen Einwohner=Seelen zu Lauf=
fen und in der Windmühle sind 164.

14. **Cransperg,** (vor Alters auch **Crancks = und
Cranichs = Berg,**) ist ein alter Burgstall, auf
einem Berge zwischen ebengedachtem Lauffen
und Sulzbach. Der Kocher umfließt den Berg
gegen Morgen, Mittag und Abend. Nur ge=
gen Mitternacht hängt er durch einen schmalen
Bergrücken mit den übrigen Bergen zusammen.
Die Lage war daher zu einer alten Veste über=
aus vortheilhaft. Noch stehet das Untertheil
eines alten vierecktcn Thurns. Die Burg be=
stund aus zweyen Theilen, wie man noch an
den vorhandnen Gräben siehet.

Sie wurde, samt der Veste Buchhorn, und
den zu beyden gehörigen Gütern, im Jahr
1357. durch Schenk Konrad, von Ludwig und
Friedrich, Gebrüdern, auch Ludwig dem jüngern,
Grafen zu Oettingen und Landgrafen im Elsaß,
um 4000. Pfund Heller erkauft. Aber so
wie sie beyde, noch in ebendiesem Jahrhun=
dert, im Städtekrieg, wie schon bey der Burg
Röthenberg bemerkt worden, zerstört wurden,
so wurde auch die Veste Cransperg mit Röthen=
berg, im Jahr 1406. dem Churhauß von der
Pfalz lehenbar gemacht.

15. **Heerberg,** mitternächtlich von der Veste Cran=
sperg auf derselben Höhe, da wo sie sich an die
übrigen Gebürgshöhen anschließt. Es ist hier
eine alte Kirche, in welcher zu gewissen Zeiten
Gottesdienst gehalten wird, ein Wirthshaus,
ein Schulhaus, ein paar andre Häuser, und über=
haupt 30. Seelen. Das noch stehende Kir=
chengebäude ist zu Folge der über dem Haupt=
ein=

eingang eingehauenen Jahrzahl im Jahr 1400. erbauet. Es stehet dahin, ob vorher eine Kirche hier gewesen. Sie hatte viele Altäre, zwey angebaute Kapellen, und ein wunderthätiges Marienbild. Aus alten Stiftungen und Opfern ist ein Kirchenfond entstanden, der noch bestehet, aber ehemals viel beträchtlicher gewesen seyn muß. Wahrscheinlich hat eine besondre Begebenheit, die man nicht mehr weiß, dieser Kirche und der Wallfahrt zu ihrem Heiligthum den Ursprung gegeben. Noch im Jahr 1610. wurde die Heerberger Brüderschaft und Wallfarth verboten. Das Vertrauen zu dem Muttergottes-Bild brachte aber bis in neuere Zeiten noch zuweilen Opfer ein. Seit geraumer Zeit ist jenes nicht mehr aufgestellt.

Die hiesigen Güter gehören theils zur Veste Cransperg, theils zu dem hiesigen Heiligen. Den Namen des Orts wollen einige daher führen, daß das mit Belagerung der Vestung beschäftigte Heer hier gestanden habe; andre vermuthen, vielleicht mit mehr Grund, daß der Berg von alten Zeiten her ein Hörberg, (Warte, Specula,) gewesen, welches auch daher Wahrscheinlichkeit gewinnt, weil man auf demselben das Thal auf und abwärts viel besser beobachten kann, als auf dem Cransberg selber.

16. **Deutschenhof,** (Erdgschlaif- oder Deutschhöflein) in mäßiger Entfernung von dem Heerberg, mitternachtswärts, noch etwas höher gelegen, ein Hof, der jezt 15. Seelen enthalt. Er ist im Jahr 1545. auf eigenthümlichem Grund angelegt worden.

17. **Eisen-**

17. **Eisenschmidte,** (Eisenmühle,) liegt am mittäglichen Fuß des Cransberges, unten am Kocher. Hier war von Alters her eine Mühle, die Mühle zur Werben bey Cranspertz genannt. Sie wurde durch Schenk Friedrich vom Kloster Murrhard und Christian Kochenser in den Jahren 1410. und 1414. erkauft. Nachgehends wurde ein Eisenhammer hier angerichtet; nach dem Amts-Lagerbuch war aber im Jahr 1613. schon wieder eine Mahlmühle an dessen Stelle. Im Jahr 1719. wurde sie aufs neue zu einer Eisenschmidte eingerichtet, und von einem gewissen Ihle, Obervogt in Donzdorf besessen; hierauf waren eine Zeitlang herrschaftliche Pächter darauf, bis im Jahr 1757. das Werk eingerissen, und das Gut mit 2. Unterthanen besezt wurde. Seelen sind jezt 24. hier.

18. **Braunhof,** am Heerberg, gegen Sulzbach hin, nordwestlich gelegen, gehörte von Alters her, zum Amt Cransperg, enthält 6. Seelen, und hat seinen Namen von einem ehemaligen Besizer.

19. **Egelsbach,** ist ein altes Gütchen, welches in den Jahren 1397. und 1414. von Heintz Mühlenberg und Pfaff Hauß von Lauffen ꝛc. Limpurg vogtbar gemacht, und käuflich überlassen wurde. Hier wohnt der Fallmeister für die Herrschaften Schmiedelfeld und Gröningen. Seelen sind hier 22.

20. **Neuhorlachen,** ein einzelnes Haus und Gut, welches in neuern Zeiten aus ausgereutetem Wald entstanden, eine Stunde von Sulzbach ostwärts,

ostwärts, bey Hohenberg. Es sind hier 11. Seelen.

21. **Engelsburg,** (Engelshöfle,) ein Gut, nächst bey dem vorigen, auch in neuern Zeiten angelegt, hat 15. Seelen.

22. **Hohenberg,** eine Stunde von Sulzbach, ostwärts, ist ein hoher Berg, auf welchem noch Ueberbleibsel einer ehemaligen Burg zu sehen sind, von welcher man aber keine besondre Nachrichten hat. Der Berg ist gleichsam auf eine erhabene Fläche aufgesezt, und erhebt sich bis zur Höhe der zweyten Limpurgischen Gebürgsstufe, daher man auch hier den gelben Boden findet, wie auf dieser. Die Aussicht in die Ferne, sonderlich gegen Franken hinein, ist vortreflich. Es sind jezt hier 4. halbe Höfe, nebst Nebenwohnungen, und 40. Einwohnerseelen. Zwey Lehengüter wurden hier schon im Jahr 1380. von Ellwangen an Limpurg käuflich überlassen.

23. **Uhlbach,** eine Viertelstunde von Hohenberg weiter nach Norden, ein Gut zwischen dichten Waldungen, mit 17. Einwohner-Seelen.

Schon 1380. erkaufte Schenk Konrads Wittwe Ytta von Ellwangen hier ein Lehengut. Schenk Friedrich 1410. und 1414. vom Kloster Murrhard und Christ. Kochenser den Zehenden. Und Schenk Albrecht 1482. von Friedrich von Roth, noch ein Gut mit Waldungen.

24. **Kohlwald,** mit Inbegrif des Vogel- und des Stockenhöfleins, etwas mitternächtlich vom Schloß Schmiedelfeld, und 1. Stunde von Sulzbach gelegen, begreift eine hohe sandige Fläche von ohnge-

ohngefähr 1. Stunde im Umfang, worauf einzelne Höfe, Söldengüter und Häuser zerstreut liegen, und 99. Seelen wohnen. Ein Theil der Einwohner verfertiget allerley Arten hölzerner Werkzeuge und Geräthschaften, wozu sie das Holz in der Nähe haben.

Diese zerstreuten Wohnungen und Güter sind seit dem Jahr 1568. nach und nach aus ausgereuteten Plätzen im so genannten Kohlwald entstanden.

25. **Hägelenshöfle**, ein Oertchen von 16. Seelen, eine Viertelstunde vom Mühlenberg, am Wege nach Hohenberg, ist noch nicht alt.

26. **Frankenreute**, eine halbe Stunde von Sulzbach, am mittäglichen Abhang des Mühlenberges, ein Gütchen, worauf 5. Seelen leben. Ist in neuern Zeiten angelegt.

27. **Gantenwald**, 1½ Stunde von Sulzbach etwas nordlich, ein Gütchen, das nur 3. Einwohner, Seelen hat. Es bestehet schon seit der Mitte des 16. Jahrhunderts.

28. **Seeghalden**, in gleicher Entfernung von Sulzbach, nahe an dem vorigen, am Klingenbach, der in den Bühlerfluß läuft, hat 22. Seelen. Drey Gütchen sind hier ebenfalls in der Mitte des 16. Jahrhunderts angelegt worden.

29. **Hochhalden**, ein Oertchen von 14. Seelen, oberhalb Lauffen, vor nicht vielen Jahren angelegt.

30. **Mezlens- oder Steinhöfle**, (insgemein das lange Haus genannt,) ist ein Gut, worauf sich 2. Unterthanen, und 14. Seelen befinden, Im so genannten Mezlenswald, nicht weit von dem grösseren Mezlenshof, welcher zum Antheil Lim-
burgs

purg = Sontheim = Gaildorf gehört, ist auch eine neue Anlage.

31. **Rübgarten,** lauffen gegen über auf dem Berg, ein Dörfchen von 45. Seelen. Hier wurden im Jahr 1380. durch Frau Ytta von Weinsperg, 6. Lehngüter von Ellwangen erkauft, und im Jahr 1557. durch die Schenken Christoph und Heinrich ein Gut von der Stadt Gmünd eingetauscht.

32. **Heilberg,** nicht weit von dem vorigen, gegen Morgen, ein Gut, worauf jezt 5. Seelen leben, ist im Jahr 1701. auf Weide = und Reutesplätzen angelegt worden.

33. **Schölhof,** unterhalb Ottenried gelegen, ein Gut von 6. Einwohner = Seelen, eine Anlage, die noch nicht gar alt ist.

34. **Kellershof,** ein Gut, nächst dem vorigen, um das Jahr 1613. neu angelegt, worauf 6. Seelen wohnen.

35. **Geifertshofen,** eine kleine Meile von Sulzbach entlegen, nordwärts, in dem Winkel, welchen die Fischach und die Bühler machen, welche bey dem Ellwangischen Ort Kotsbühl, nicht weit davon zusammen kommen, ein Pfarrdorf. Die hiesige Pfarrey, zu welcher einige nahgelegene kleine Orte gehören, ist alt, das jezige Kirchengebäude im Jahr 1626. erbauet, zu Folge der daran stehenden Inschrift:

„Ao. Dñi. 1626. den 24. Aprilis, Ist an diesem Ort die Kirch mit viel andern Gebawen Jämmerlich abgebrannt und auff verordnung der Hochwohllöblichen Herrschaft Limpurg Gott zu Ehren u. fortpflanzung

Gesch. Limp. 2. Bd.   S   seines

seines heiligen Reinen Worts, One Uffzug
wiederum erbauet worden. „

Die Kirche hat einen ansehnlichen Heiligen-
oder Kirchen-Fond, in Ansehung dessen mit
dem Ritterstift Komburg, als Collatoren der
hiesigen Pfarrey in den Jahren 1559. 1568.
und 1577. Recesse errichtet wurden. Die Kir-
chenregister nehmen hier mit dem Jahr 1559.
ihren Anfang, welches eine Seltenheit ist, da
die alten Kirchenbücher in andern Limpurgischen
Pfarreyen meistens im dreyßigjährigen Krieg
verlohren gegangen. Die erste Handschrift darinnen ist von Johann Georg Büschler, der wohl
auch der erste evangelische Pfarrer hier war.

Die Einwohner nähren sich von Ackerbau
und Viehzucht, größtentheils wohl, wie sie denn
vorzüglich gute Wiesen haben. Es ist auch ein
Wirthshaus hier. Wirkliche Unterthanen zählte
man im Jahr 1774. hier 37. in 40. Wohnhäusern. Sie machen jezt zusammen 271. Seelen aus.

Daß der Ort alt sey, beweißt eine Schenkung
eines Adelberts von Bielried ans Kloster
Komburg, vom Jahr 1078.*) worinn es heißt:
in *Giselbrehtshouen* quicquid habuit. Daher
rühren wohl die noch vorhandne hiesigen Komburgischen Lehenleute. Die Vogtey auf 19.
hiesigen Gütern war im Jahr 1419. noch
Weinspergisch, und wurde in diesem Jahr,
samt Badstube und Hirtenstab Gerichten, Tas-
sernen und Hölzern, als frey eigen, käuflich an
Limpurg überlassen. In den Jahren 1541. und
1578.

---

*) S. Auszug der Tradition in Uffenh. Nebenst. 9. Stück.
Seite 1148.

1578. wurden auch einige andre Güter als frey eigen, von Hall und Ellwangen eingewechselt. Nachher sind auf eigenthümlichem Grund und Boden mehrere Unterthanen=Häuser erbauet worden. Der Ortsname kommt wohl von dem altdeutschen Mannsnamen Geiselbrecht, aus welchem durch Verkürzung der jezige Name entstund.

In der Nähe von Geisertshofen liegen noch folgende Orte:

36. **Wiesenhof**, hat 9. Einwohner=Seelen.
37. **Wurzelhof**, hat 23. Seelen. Er ist im Jahr 1578. von Stift Ellwangen, als freyes Eigenthum eingewechselt worden. Nachher wurden mehrere Unterthanen darauf angesezt.
38. **Jnnmberg**, wurde auch im Jahr 1578. von Ellwangen eing=wechselt, und hat nur 5. Seelen.
39. **Jmmersberg**, (oder Nimmersberg,) hat 43. Seelen. Hier waren von Alters her 2. Höfe, deren einer dem Heiligen zu Mittelfischach lehenbar, der andre im Jahr 1442. Hanßen von Thalheim zuständig war, von demselben aber in diesem Jahr an Limpurg verkauft wurde.
40. **Trägeleberg**, hat 42. Seelen. Man findet, daß hier um das Jahr 1500. zwey Güter, und 1562. ein drittes, auf eigenthümlich=limpurgischen Reutenstücken angelegt worden.

Anmerkung.

Die Orte unter Nro. 35. bis 39. haben bis zum Jahr 1774. zum Amt Obersontheim gehört, und sind durch die damals zu Stand gekom-

gekommene Obersontheimer Landestheilung zu dem Antheil Limpurg-Sontheim-Schmiedelfeld gelegt worden. Es hat aber dagegen das ehemalige Amt Schmiedelfeld auch einige Orte an andre Landesantheile abgegeben, wie bey denselben genauer wird bemerkt werden.

41. Der Alt-Berg ist ein längst abgegangner Ort, in diesem Landes-Antheil, und zwar auf der mittäglichen Seite des Kochers am Hopfenbach. Dieser Berg, welcher noch heutiges Tags den alten Namen trägt, aber nun mit Holz bewachsen ist, wird nur durch eine Klinge oder tiefe Schlucht von dem Nestelberg geschieden. Die auf demselben ehmals befindliche Weilerstatt wurde im Jahr 1404. durch Frau Ytten, Schenk Konrads Witwe, von Konrad Veickhen von Velben und seinem Schwager, Konrad Wißhar, Burger zu Murrhard erkauft. S. Limpurg. Deduction v. Jahr 1714. S. 48. Es ist aber daselbst irrig angegeben, daß unter dieser Weilerstatt Alt-Berg, die von derselben eine gute Strecke entfernte Weilerstatt Sulzbach zu verstehen sey. Denn der Beysaz am Hopfenbach, der nicht bey Sulzbach, sondern auf dem jenseitigen Kocher-Ufer, unter dem Alten-Berg und bey Alten-Schmidelfeld zu finden ist, zeigt die eigentliche Lage deutlich genug an.

Zu diesem Antheil gehören auch schöne Herrschaft-Waldungen und Jagdgerechtigkeiten, und ausser desselben Bezirk Zehenden und andre Gefälle.

V. Der

V.
Der
Limpurg - Sontheim - Gröningische
Landes - Antheil.

Dieser Landes-Antheil ist im Jahr 1774. durch die Sontheimische Theilung dem hochfürstlich Hohenlohe-Bartensteinischen Loos zugefallen, weil die hochseelige Frau Fürstin Maria Friedrica Sophia Charlotta, von Hohenlohe-Bartenstein, eine Tochter der zweyten Vollrathischen Erbtochter Christina Magdalena Juliana, vermählten Landgräfin von Hessen-Homburg war. Derselben im Jahr 1777. am 2. May erfolgter Tod, sezte Ihro Durchlaucht den regierenden Fürsten von Hohenlohe-Bartenstein, Herrn Ludwig Carl Philipp Leopold, als ältesten Herrn Sohn, in den Besiz des Antheils.

Es gränzt derselbe gegen Morgen: theils mit dem Ellwangischen Gebiet, theils mit einigen ritterschaftlichen Orten, gegen Mittag, vornemlich mit einem Theile des Herzogthums Wirtemberg, gegen Abend, theils mit ebendemselben, theils mit dem Limpurg-Sontheim-Gaildorfischen und mit dem Schmiedelfeldischen Antheil, gegen Mitternacht: theils mit der Herrschaft Adelmannsfelden, theils auch wieder mit dem Ellwangischen Gebiet.

In Ansehung der Lage bestehet er aus Thälern, Bergen und Ebenen. Er begreift einen Theil des Kocherthales, und Höhen von der ersten und zweyen Gebürgsstufe. Daher auch der Boden verschieden ist, aber nirgend unfruchtbar. Es gibt schönen Wieswachs, einträgliche Getraide-Felder, und vorzügliche Waldungen.

Ein Rath und Amtmann, und ein Forstmeister, die beyde in Untergröningen wohnen, besorgen die Amts- und die Forst- und Jagdsachen, in wichtigern Fällen

Fällen wird an die Fürstliche Regierung zu Bartenstein Bericht erstattet. Die Geistlichen stehen unter dem Fürstlichen Konsistorium.

Es gehören zu diesem Antheil folgende Orte:

1. Schloß Gröningen, und der Flecken Unter-Gröningen, welcher theils ober- theils unterhalb dem Schloß liegt, auf einem Bergabhang, welchen der Kocher umfließt, gegen welchen er sich von Mittag herabsenkt, zwey kleine Meilen von Gaildorf, den Kocher aufwärts. Das Schloß, so wie es jezt ist, ist sehenswürdig, und hat eine angenehme Lage. Es bestehet aus einem Hauptgebäude und zwey Flügeln. Die äussere Seite des Hauptgebäudes siehet gegen Morgen. Man hat sonderlich von dieser Seite eine vergnügende ländliche Aussicht, nur wegen der Berge keinen weiten Horizont. Aber sonderlich der Kocher, der unten an dem steilen Schloßberge wegfließt, macht die Gegend romantisch schön. Das Schloß war ehedem ein völliges Kastell von 4. Seiten. Die hochseelige Frau Fürstin hat das Gebäude gegen Abend wegbrechen lassen, und dadurch aus den innern Zimmern die Aussicht in das Feld geöfnet, die Wohnung auch gesunder gemacht. Da Sie hier ihre lezten Tage zu leben gedachte, so hat sie das Schloßgebäude modern und bequem einrichten, auch völlig meubliren lassen, und zu diesem Behuf eine schöne Summe aufgewendet. Sie hat es auch am 7. September des Jahrs 1776. mit einem zahlreichen Hofstaat wirklich bezogen, und bis an ihren Tod bewohnt.

Die

Die Zeit der ersten Erbauung und die älteste Geschichte der Burg ist unbekannt. Limpurg hat sie durch Kauf erworben. Schenk Friedrich erkaufte sie 1410. von Wilhelm von Rechberg, wie Fröschlin bezeuget. Man findet sie aber 26. Jahre nachher in den Händen der Herren von Yberg. Schenk Konrad, der ältere, mit seinen Brüdern, erkaufte wieder im Jahr 1436. die eine Hälfte derselben, samt dem dabey gelegenen Dorf, ferner Algeshofen, Fach, Röthenberg, Ottenrieth, Steinberg, Altersberg, mit Vogteyen, Gerichten, Zwingen und Bännen rc. von Hannsen von Yberg und Agnes von Menhingen, seiner Ehewürthin. Im Jahr 1439. erkaufte ebenderselbe mit seinen Brüdern Gottfried und Konrad dem jüngern, auch die andre Hälfte, samt dabey gelegnem Dorf, und einigen Gütern zu Dinkbühl, Geschwend (Hof), Kunhard, Bühlingshalden, von Anshelmen von Yberg und Yten von Königseck, seiner ehelichen Hausfrau. Hanß Strässer, und Anna Strässerin, Georgen von Horkheim eheliche Haußfrau, saßen aber einige Zeit mit ihnen in Gemeinschaft.

Bey den nachfolgenden Vertheilungen blieb Gröningen samt dem dazu gehörigen Amt, dem Hause Gaildorf. Zuweilen war es der Siz eines Herrn von diesem Hause, wie Schenk Johanns, der 1544. unverheyrathet starb. Im Jahr 1570. wurde das Schloß einem andern Johann zum Aufenthalt bestimmt. In folgenden Zeiten hielten sich die Gaildorfischen Herren zuweilen der Jagd wegen einige Zeit hier auf. Immer wohnte hier der Amtmann, so wie noch.

Mit dem Jahr 1690. wurde das Schloß und Amt Sontheinisch, und blieb eine gemeinschaftliche Besizung dieses Hauses, bis es im Jahr 1774. ausschließlich Hohenlohe-Bartensteinisch wurde.

Im Hauptgebäude befindet sich eine Kirche, oder Schloßkapelle, die schon alt, und eben nicht groß, aber schön ist, nachdem sonderlich die hochseelige Frau Fürstin dieselbe hat erneuren und verschönern lassen. Das Gewölbe wird durch eine doppelte Reihe schöner Säulen unterstüzt. Fenster sind zwar nur auf der Morgenseite, erleuchten aber die Kirche hinlänglich. Der Hauptaltar ist von künstlichem Marmor geschmackvoll gebaut. Das Altarblatt, in Wirzburg gemalt, stellt den h. Erzengel Michael vor, wie er ein paar böse Geister unter die Füsse tritt. Zu beyden Seiten stehen die zwey Statuen der beyden Apostel Petri und Pauli, von weisem künstlichen Marmor. Zur rechten Seite desselben siehet man noch einen kleinen Altar, mit der Statue des h. Anton von Padua, dem auch einige wächserne Opfer zur Seite hängen. Die hochseelige Frau Fürstin ruhet in dieser Kirche an der Abendseite, und hat in der Wand ein einfaches doch artiges Denkmal, mit folgender Inschrift:

Sub hoc lapide quiescit
Lapis angularis et Fundamentum
Avitæ Religionis Catholicæ
In hoc Sacello aulico restauratæ
quam
In Se Ipsa reformavit
Præclaris virtutibus exornavit

In

In aliis quoque propagavit
Sereniſſima Princeps
ac
Domina Domina
Sophia Friderica
Nata Landgravia de Haſſia - Homburgia
Princeps Vidua
Caroli Philippi Franciſci
S. R. I. Principis ab Hohenlohe et
Waldenburg - Bartenſtein etc. etc.
Imperialis Cameræ Supremi Judicis
Cuius Oſſa quieſcunt Wezlariæ
Regnans Comitiſſa et ſemper Libera
de Limpurg - Sontheim - Gröningen
Domina in Oberbronn etc.
Quatuor Filiorum Principum
Mater feliciſſima
Subditorum Amor et Spes feliciſſima
Afflictorum Patrona Liberaliſſima
Nata XVIII. Februarii
MDCCXIV.
Denata II. Maii
MDCCLXXVII.
Aeternum Victura.

Zwey Väter Kapuziner, die auch im Schloß wohnen, beſorgen in dieſer Schloßkapelle ſeit dem Jahr 1781. den Gottesdienſt. Vorher waren nach einander zwey Ciſtercienſer da. Auſſer ihnen iſt noch ein Schulhalter und Kir: chendiener hier angeſtellt. Die hieſige neue ka: tholiſche Gemeine, die ſich zu dieſer Kirche hält, wird jezt auf 150. Köpfe gerechnet, und der Bühlingshaldenhof als ein dazu gehöriges Filial angeſehen, nachdem er im Jahr 1779.
mit

mit einem katholischen Unterthanen besezt worden.

Der Flecken Untergröningen ist theils von alter, theils neuer Anlage. Der ältere Theil desselben liegt unter dem Schloß, gegen den Kocherfluß hin, und wird schon im Kaufbrief von 1436. ein Dorf genennet, welches aber vielleicht nicht stark war. Hier ist auch die neue evangelische Kirche, welche im Jahr 1777. auf Fürstliche Kosten erbauet wurde. Es ist ein längliches Viereck, von guten Werksteinen artig erbaut, mit einem hölzernen Thürnchen, worinn 2. Glocken hängen. Die Geschichte davon ist folgende: Seit dem Jahr 1609. wenigstens hatte die Untergröninger evangelische Pfarrgemeine die Schloßkirche zum gottesdienstlichen Gebrauche weislich inngehabt, und ausser derselben hier keine andre Kirche. Die Frau Fürstin wünschte die Schloßkirche für sich und ihren zahlreichen Hofstaat, zum Privatgottesdienst allein zu haben, und daß die Gemeine eine andre Kirche dafür annehmen möchte, die Sie derselben in Flecken, auf eigene Kosten, und von dem nemlichen Umfang und Größe, zum ewigen Eigenthum, nebst Verabfolgung der Glocken und allen Kirchengeräthschaften, wollte erbauen lassen. Die Gemeine nahm das Fürstliche Anerbieten von der wirklich huldvollen Fürstin an. Der Plaz, worauf das herrschaftliche Rathhaus stand, schien der bequemste zu der neuen Kirche, dieses wurde abgebrochen, und schon in der Mitte des Monats Aprils im Jahr 1777. der Grund zu dem neuen Kirchengebäude gelegt. Zwar gieng die gütige Fürstin aus der Zeit, da das Bauwesen kaum begunte,

begunte, aber durch die fortwährende Unterstüzung des durchlauchtigen Regierungs-Nachfolgers, kam das Gebäude, samt der innern Einrichtung, nichts desto weniger in kurzer Zeit zu Stande, so daß es noch in demselben Jahr, und zwar am zweyten Advents-Sonntag eingeweihet werden konnte. Es wird hier gewohnlich, und zwar von Alters her, durch den Pfarrer zu Obergröningen, der sich daher einen Pfarrer zu Ober- und Unter-Gröningen nennt, jeden dritten Sonntag der Vor- und Nachmittagsgottesdienst gehalten; zuweilen geschiehet es abwechslend einen Sonntag hier, den andern zu Obergröningen. Es ist auch für die hiesige Schule ein eigener Schulmeister hier, der zugleich die Stelle eines Gegenschreibers versieht, und ehemals der einzige Schullehrer in der Pfarrey war, bis auch in Obergröningen einer angestellt worden.

Es ist in dem untern und ältern Theil des Fleckens ein Wirths- und Brau-Haus, ein Chirurg, und die nöthigsten Handwerker. Die Nahrung der meisten Einwohner aber beruhet auf dem Feldbau. Eine schöne Mahl- und Sägmühle liegt morgenwärts, am Kocher, über welchen gegen Mitternacht auch eine bedeckte Brücke gebaut ist.

Die neue Anlage ziehet sich vom Schloß, gegen Mittag hin, berganwärts, und wird meistens von katholischen Religionsgenossen bewohnt. Hier wird die Baumwollenspinnerey ziemlich stark getrieben; das Garn gehet aber meistentheils wieder roh ausser der Herrschaft.

Auf

Auf dem sogenannten Buck, weiter aufwärts, siehet man auch noch einige neue Häuser.

Im Jahr 1767. wurden zu Untergröningen 313. Seelen gezählt. Seit dieser Zeit ist, sonderlich durch die neue Kolonie, die Zahl der Einwohner um die Hälfte höher gestiegen. S. über die Volksmenge der Gröninger Pfarren weiter unten eine besondre Anmerkung.

Die umliegende Gegend ist fruchtbar, und gewährt viele Veränderung der Aussicht. Das Thal ist um den Flecken breit genug, um Gärten und Wiesen Raum zu lassen, verengt sich aber ober= und unterhalb. An der steilen gegen den Kocher abhängenden Morgenseite sind gute Gärten mit Obstbäumen. Der Klee geräth wohl, wird aber so wenig, als andre künstliche Futterkräuter, häufig gebaut.

2. Bühlingshaldenhof. Er ist im Jahr 1439. mit anderm von Anshelm von Yberg erkauft, und bis zum Jahr 1779. als ein Herrschaft=Hof benützt, in diesem Jahr aber mit einem Unterthanen besezt worden. Er liegt in mäßiger Entfernung von Untergröningen, mittäglich. Die darauf lebenden Seelen sind unter der Zahl der oben angegebnen, zu der katholischen Schloß= Kapelle gehörigen.

3. Dinkbühl, ist zu gleicher Zeit und auf gleiche Weise erworben worden, und war auch ein herrschaftlicher Hof, bis er vor wenigen Jahren mit 2. Unterthanen besezt wurde. Im Jahr 1767. waren 6. Seelen hier. Nicht weit von dem Oertchen, findet man einen grossen runden Stein auf dem freyen Felde liegen,

gen, welchem man den Namen des Teufels=
steins beylegt. Ob er ehemals zu einem be=
sondern, z. E. Opfer=Gebrauch gedient habe,
ist ungewiß.

4. **Eschach**, ein Flecken mit einer alten Pfarrkirche,
zu welcher viele umliegende Orte gehören, liegt
1. Stunde von Untergröningen südwärts, 4.
Stunden von Gaildorf, drey Stunden von
Schwäbisch=Gmünd, auf einer hohen Fläche,
zweyter Gebürgsstufe. Diese Fläche fängt bey
Frickenhofen und Mittelbrunn an, und erstreckt
sich mehrere Stunden in die Länge gegen Mor=
gen und Mittag, ist eigentlich ein hoher Bergrü=
cken, aber von sehr ungleicher Breite, der sich
auch gegen allerley grösere und kleinere Thäler
absenkt. Ein solches Thälchen bildet auch der
Reißenbach, und in und zu beyden Sei=
ten des Thälchens ist Eschach gebaut. Die Ge=
bäude sind meistens gut, aber zum Theil auch
noch mit Schindeln bedeckt. Das Kirchenge=
bäude muß wenigstens schon vor dem Jahr
1496. erbauet seyn; der Thurn ist sicher noch
älter, und man findet an demselben Kennzeichen,
daß eine ältere Kirche, die aber niedriger war,
als die jezige, an ihm angebauet war. Ein alter,
aber schöner Hochaltar im Chor, fällt noch im=
mer gut in die Augen. Die Vergoldungen und
die Gemälde, obwohl mit Wasserfarben, an den
beyden Flügelthürnen, mit welchen der Altar
geschlossen werden kann, sind sehenswerth. Man
siehet in dem Innern aus guter Bildhauer=Ar=
beit, die Jungfrau Maria, und zu beyden Seiten
derselben den Täufer und den Evangelisten Jo=
hannes. Unter der erstern stehen die Worte:

Maria

Maria mater dei miserere mei, mit der Jahrzahl 1896. Zwey Wappenschilde an dem Rücken des hohen Aufsazes, deren einer eine Pflugschaar, der andre eine Egge zeigt, deuten ohne Zweifel an, daß die Bauerschaft diesen Altar auf ihre Kosten hat bauen lassen. Ein paar andre schöne Aufsäze, wahrscheinlich von ehemaligen Meßaltären, siehet man zu beyden Seiten des Chors in der Höhe befestigt. Sie sind auch aus dem Zeitalter des Hochaltars, und verdienten aufbehalten zu werden. Ein Sacramenthäuschen im Chor erinnert auch an alte Zeiten. Der Kirchhof, mit alten ziemlich hohen Mauern eingefaßt, läßt ohnehin hier ein sehr altes gottesdienstliches Wesen vermuthen.

Die Einwohnerschaft bestehet meistens aus Bauersleuten, die auch gute Fruchtfelder besizen. Es wächset daher viel Getraide, auch viel Flachs in der Gegend, und die Wiesen können eine ansehnliche Menge Vieh erhalten. Es wird hier vorzüglich gutes Bier gebrauet, braunes und weises, das auch versendet wird. Es sind hier 3. Wirthe, 1. Chirurg, 1. Färber, 2. Becker, worunter einer ein Fruchthändler, und verschiedene andre Handwerker. An dem vorgemeldeten Bach, der weiter unterwärts den Namen des Gözenbachs erhält, liegt auch eine Mühle.

Man findet, daß Limpurg im Jahr 1492. die Vogtey auf einem hiesigen Gut gehabt, 29. andre Güter aber erst in den Jahren 1580. — 1586. von Melcher Veiten von Rechberg, zu Hohen-Rechberg, Maria Magdalena von Rechberg, dessen Ehewürthin, auch
Amalia

Amalia von Rechberg, gebohrner Adelmännin von Adelmannsfelden, Ulrichs von Rechberg Wittwe, hier erkauft hat.

Unter die noch ältern Besizer des Orts gehören das Haus Oettingen im Jahr 1359. ein Konrad im Steinhaus, Bürger zu Gmünd im Jahr 1366. Unter der limpurgischen Herrschaft ist der Ort um etwas gewachsen, so daß man im Jahr 1774. 40. wirkliche Unterthanen, und 39. Unterthanen-Häuser zählte. Jezt sind 391. Seelen hier, worunter die 7. in der Gözenmühle befindliche mitbegriffen sind.

Die hiesige Pfarrey begreift Unterthanen-Seelen von 4. verschiedenen Herrschaften nemlich:

 Limpurg-Gröningische — 548.
 Limpurg-Sontheim Gaildorfische 541.
 Limpurg-Schmiedelseldische — 62.
 Wirtembergische — — 180.

    zusammen 1331.

Zu den Merkwürdigkeiten der umliegenden Gegend gehört: daß eine Viertelstunde unterhalb des Orts, nicht weit von dem Gözenbach, eine Höle, das Gözenloch genannt, zu sehen ist, worinn ehemals ein heidnischer Göze soll verehrt worden seyn; ferner, daß sich zuweilen grose versteinerte Schnecken finden lassen, und daß seit Menschen-Gedenken ein so genanntes Regenbogenschüsselein von Gold, (eine Hohlmünze,) im Gewicht beyläufig einem Dukaten gleich, gefunden worden. Das

leztere führt auf die Vermuthung, daß die
Gegend schon viele Jahrhunderte bewohnt
seyn müsse. Eschach machte ehedem, nebst
anderm, ein besonders Amt aus.

5. Die **Gözenmühle**, liegt am Gözenbach, welcher
in die Lein fließt, eine Strecke unter Eschach,
hieß sonst auch die Untere Mühle bey Eschach.
Sie ist mit Eschach von Rechberg erkauft
worden.

6. **Göckingen**, (**Gögginken**,) ein dem größten
Theile nach Wirtembergisches, ins Oberamt
Lorch gehöriges, und nach Täferroth gepfarr-
tes Dorf, enthält nur 3. zu der Herrschaft
Gröningen gehörige Unterthanen-Seelen. Um
das Jahr 1612. wurde eine hiesige Limpurgische Zehend-Scheune zu einem Unterthanen-
Gut zugerichtet. Es ist hier eine Kapelle,
zur Täferröther Pfarrkirche gehörig. Das Kloster Lorch ließ sich unter andern auch diesen
Ort von Kaiser Max bestättigen. S. Crusius.

7. **Holzhausen**, ein Dorf, nicht weit von Eschach
morgenwärts liegend, enthielt im Jahr 1774.
15. Unterthanen, und jezt überhaupt 105.
Seelen, die hieher gehören. Wirtemberg hat
7. Seelen hier. Die übrigen alle von den
38. Gemeinds-Männern gehören der Reichsstadt Gmünd zu, welche sich als katholisch zu
der Kirche in Leinzell halten. Das Wirthshaus, mit einer Braustatt, ist Limpurg-
Gröningisch, gleichwie die Ziegelhütte.

Limpurg erkaufte hier von Rechberg im Jahr
1371. sechs, und 1410. wieder zwey Güter,
im Jahr 1514. von Georg von Woßenstein
ein

ein Fallgut nebst drey Lehenstücken, und im Jahr 1607. wurden nebst andern vielen Gütern und Zehenden, auch zwey Güter hier, von dem Hause Wirtemberg eingewechselt.

Das Dorf ist wohl gebauet, und liegt auf einem ebenen, sehr fruchtbaren Landstrich.

8. **Remnathen,** (der Name ist ohne Zweifel aus dem lateinischen Caminatæ sc. ædes entstanden, wie man ehmals ein ansehnliches Haus oder Schloß nannte, dergleichen ursprünglich hier gewesen seyn mag,) liegt von Eschach abendwärts, in kleiner Entfernung. Es waren hier im Jahr 1774. drey Unterthanen in 4. Wohnhäusern, und überhaupt 26. hieher gehörige Seelen. Strohdächer sind hier noch nicht selten worden, aber auch Stroh nicht. Die umliegende Gegend ist fruchtbar. Es sind hier auch Reichsstadt Gmündische Unterthanen, katholischer Religion, und ausser diesen 14. Seelen, die Wirtemberg angehören.

Ein Heinrich Wenger machte hier im Jahr 1489. ein Gut, das er vom Spital zu Gmünd erkauft hatte, als frey eigen, Limpurg vogtbar, welches 1510. auch mit einem andern geschah. Ein Beiswenger trug 1588. sein vogtbares Gut Limpurg auch zu einem rechten Erblehen auf.

9. **Obergröningen,** eine Stunde von Untergröningen, mittagwärts, ein Pfarrdorf, wo der Pfarrer zu Ober- und Untergröningen wohnt. Die hiesige Kirche hat zu Folge einer an dem Fuße eines steinernen Behältnisses im Chor eingehauenen Jahrzahl, im Jahr 1427. schon

gestanden, und ist in der Ehre des h. Nicolaus geweihet. Die größte Glocke zeigt das Jahr ihrer Geburt und Taufe mit der Zahl 1492. Sie heißt Osanna, und ist von dem bekannten Lachaman gegossen. Die Schule war von Alters her in Unter-Gröningen, wohin die Kinder aus der ganzen Pfarrey, selbst aus dem Pfarrort, zum Unterricht kommen mußten. In neuern Zeiten ist aber auch hier ein Schullehrer aufgestellt worden. Es ist hier ein Wirthshaus, und bey demselben auch ein Brauhaus. Unterthanen zählte man im Jahr 1774. hier 19. Seelen, im Jahr 1767. 136.

Sie nähren sich vom Feldbau und der Viehzucht meistens wohl, da die umliegenden Felder fruchtbar sind.

Mit dem Kauf der Burg Gröningen kam auch das Dorf Obergröningen, welches damals in 10. Höfen bestand, nebst der Pfarrgerechtsame und dem Kirchensaz. an Limpurg. Nachher sind die Güter mit mehreren Unterthanen besezt worden.

Im dreyßigjährigen Krieg haben die Einwohner viel gelitten, und sich oft in dem Wegstetter oder so genannten Kohlwald, in einem Verhack, samt Vieh und aller Habschaft aufhalten müssen. Manche wurden auch bey dem feindlichen Einfall im Jahr 1634. gewaltsam getödtet, viele rieß die Pest hinweg. Von 1641. bis 1650. kommen im Durchschnitt nur 8. Leichen auf Ein Jahr, welches kaum ein paar hundert Einwohner in der ganzen Pfarrey vermuthen läßt. Ueber 100. Jahre nachher

her im Jahr 1767. zählte man in der ganzen Pfarrey 628. Seelen, Im Jahr 1786. waren ihrer 797. und nach der Vermehrung in den drey leztern Jahren, auch durch auswärtigen Zuwachs, werden jezt völlig 900. Gröninger Pfarrangehörige gerechnet.

Anmerkung.

Da der Bevölkerungsstand der einzelnen Gröningischen Pfarrey-Orte, als: Obergröningen, Untergröningen, Buchhof, Suhhaus, Schlauchhof, Fach, Algishofen, Wahlenhalden, Röthenberg, Gschwendhof, Wegstetten, Eckenberg, nur vom Jahr 1767. im Detail völlig bestimmt angegeben werden kann, so müssen demnach zu der Total-Summe jener Bevölkerung, 272. Seelen, als Zuwachs in den leztern 22. Jahren hinzu gerechnet werden, um die ganze Summe der jezigen Bevölkerung zu haben.

10. Buchhof, nicht weit von Obergröningen abendwärts, hat im Jahr 1767. 5. Einwohner-Seelen gehabt.

11. Suhhaus, morgenwärts, hatte in jenem Jahr 9. Seelen.

12. Schlauchhof, von Obergröningen abwärts dem Kocher zu, hatte im Jahr 1767. 5. Seelen.

13. Batschenhöfle, ist in neuern Zeiten auf der Eschacher Markung angelegt worden. Man zählt jezt 7. Seelen daselbst.

14. Hirnbüschhöfle, (auch Hurrenhöfle genannt,) in der Nähe von Eschach, hat dermalen fünf Einwohner-Seelen.

15. Oechsenhof, auch in der Eschacher Gegend, wird jezt von 14. Einwohner=Seelen bewohnt. Er ist im Jahr 1710. angelegt worden.

* Dieser Ort muß mit dem Aexenhöfle, welcher weiter unten vorkommt, nicht verwechselt werden.

16. Sach, ein Weiler, am Kocher, eine Stunde oberhalb Untergröningen. Es waren hier im Jahr 1774. drey Unterthanen, im Jahr 1767. 33. Seelen. Limpurg hat hier ein Gut, das nachher vertheilt worden, mit der Burg Gröningen erkauft, und 1557. ein andres von der Stadt Gmünd erwechselt.

17. Algishofen, weiter abwärts, nicht weit von dem mitternächtlichen Ufer des Kochers, hat samt

18. Wahlenhalden, welches zuweilen dazu gerechnet wird, im Jahr 1774. acht Unterthanen gehabt. Im Jahr 1767. hatte Algishofen 42. und Wahlenhalden 7. Seelen. Der Ort ist auch mit der Burg Gröningen an Limpurg gekommen. Nahe dabey soll ein altes Schloß, Namens Eulenburg, gestanden seyn, wovon wenigstens noch der Burgstall zeuget.

19. Röthenberg, (insgemein Rödelberg genannt,) ein Hof, etwas mehr nordlich, hatte 1774. nur Einen Unterthanen. Er hat immer mit der Burg Gröningen Einen Herrn gehabt. Im Jahr 1767. waren 20. Seelen hier.

20. Gschwendhof, (insgemein Oede Gschwendter Hof genannt,) weiter gegen Abend, kam 1439. von Anshelm von Yberg käuflich an Limpurg, hier ist auch nur Ein Unterthan;

im

im Jahr 1767. waren der Einwohner überhaupt 15.

21. Weyſtetten, insgemein Rappen=Kohlwald genannt, in ebendieſer Gegend, iſt ein Oertchen, wo 1774. drey Unterthanen waren, und 1767. 28. Seelen.

Das erſte Gut iſt im Jahr 1557. auf Reutenſtücken hier angelegt worden. Es ſoll aber vor Alters gar ein Städtchen hier geſtanden haben, Namens Raab, wovon man auch den Namen des Rappen Kohlwalds ableitet. Umſtändliche Nachrichten fehlen.

22. Wengen, ein Dörfchen von 13. Unterthanen, am mittäglichen Ufer des Kochers, faſt gleichweit von Untergröningen und Lauffen entlegen. Jezt macht die Einwohnerſchaft 116. Seelen aus. Im Jahr 1414. kam der Zehende von dem Kloſter Murrhard und Chriſtian Kochenſer, und 1586. bey dem Eſchacher Kauf, auch dreyzehen Unterthanen=Güter, hier käuflich an Limpurg.

23. Eckenberg, ein Gütchen, das in neuern Zeiten angelegt worden, ¼ Stunde oberhalb Wengen am Berg, hat im Jahr 1767. 9. Einwohner=Seelen gehabt.

24. Schönbronn, auf der Höhe, Wengen gegen über, auf der mitternächtlichen Seite des Kochers. Jezt wohnen 9. Seelen hier.

Der Hof wurde 1380. von Ellwangen erkauft, und der Zehende auf demſelben 1414. vom Kloſter Murrhard.

25. Falſchengehren, hinter Schönbronn mitternächtlich, ein Hofgütchen, worauf 11. Seelen ſind, iſt in der Mitte des 16. Jahrhunderts neu angelegt worden.

T 4   26. Haſ=

26. Haslach, hinter dem Aichenrain, mitternächtlich. Hier sind zwey Unterthanen-Güter, und 18. Seelen.

Die Vogtey wurde hier 1380. von Ellwangen, das Eigenthumsrecht 1414. vom Kloster Murrhard durch Kauf erworben. Die Herrschaft nützte die Güter lange Zeit als Domäne.

27. Kutschenhof, ein Unterthanengut von 6. Seelen, wurde aus Haslacher Güterstücken gezogen.

28. Acxenhöfle, ein Gütchen von 11. Seelen, nicht weit von Haslach.

29. Graubhöfle, ein Gut von 9. Einwohner-Seelen, wurde 1709. auf ehemaligen Weideplätzen angelegt, nördlich von Haslach.

30. Forst, ein einzelnes Häuschen, ohne Feldgüter, wird von 5. Seelen bewohnt.

Anmerkung.

Die Orte unter Nro. 24. — 29. haben bis zum Jahr 1774. zum Amt Schmiedelfeld gehört, und sind durch die Sontheimische Landestheilung zu dem Antheil Limpurg-Sontheim-Gröningen gekommen, dagegen dieser an den Antheil Limpurg-Sontheim-Gaildorf einige Orte abgeben mußte, wie in der Beschreibung des leztern zu finden seyn wird.

Bey diesem Antheil sind noch folgende Zugehörden anzumerken: ansehnliche Kameralwaldungen, woraus zum Theil auch Lieferungen zur Hallischen Saline auf dem Kocher, und eben dergleichen nach Abtsgemünd zu den Ellwangischen Eisenwerken geschehen, viele Zehenden und andre Gefälle außer dem Herrschafts-Bezirk.

VI. Der

VI.

Der
Limpurg-Sontheim-Obersontheim-sche Landes-Antheil.

Dieser Landes-Antheil fiel in der Theilung im Jahr 1774. den hohen Nachkommen der dritten Erbtochter Graf Vollraths, Amöna Sophia Friederica, vermählten Gräfin von Löwenstein-Wertheim, oder dem Wertheimischen Loose zu. Die nachherigen und heutigen Besitzer desselben, mit Bestimmung ihrer Quota, sind aus der tabellarischen Vorstellung des neueren Hauses Limpurg (s. oben 20. Abschn.) ersichtlich.

Die Ortschaften dieses Antheils liegen den übrigen nordöstlich, und ziemlich nahe beysammen. Sie werden gegen Morgen hauptsächlich von den Ellwangischen Stiftslanden, gegen Mitternacht von dem Fürstenthum Anspach und dem Reichs-Stadt-Hallischen Gebiet, gegen Abend, von dem Michelbacher, und gegen Mittag, von dem Schmiedelfelder Antheil begränzt.

Hier sind nicht hohe Gebürge, wie in den andern Landesgegenden. Fruchtbare Hügel und Thäler wechseln mit einander ab, und um Obersontheim ist eine schöne, grosentheils ebene Fläche. Der Fruchtbau ist nicht gering, und die Auen, sonderlich um die Flüße und Bäche, liefern viel und gutes Futter, daher die Rindviehzucht einen vorzüglichen Nahrungszweig der Unterthanen ausmacht, und etwas nahmhaftes abwirft. Die Bühler und die Fischach bewässern diese Gegend. Die gemeine Mundart der Landleute hat vieles mit der benachbarten Anspachischen und Hallischen gemein. In der Kleidung lieben die Mannspersonen vornemlich die braune Farbe.

Zur Regierung dieses Antheils und zur Verwaltung der Einkünfte sind eine Regierungs- und

Konsistorial-Kanzley, eine Amtirung, ein Forstamt, sämtlich zu Obersontheim, verordnet.

Die Ortschaften, die dazu gehören, sind folgende:

1. **Ober-Sontheim**, an dem Bühler-Fluß, drey Stunden von Gaildorf, und ebenso viele von Hall, ein artiger, wohlgebauter und gut gepflasterter Marktflecken, der lange Zeit auch einem Zweig des Hauses Limpurg zum Residenzort gedient hat. Die nächst umher liegende Gegend ist mehrentheils eben und anmuthig; nur zu beyden Seiten des Bühlerflusses senkt sich die Gegend; in diese Vertiefung ist der Ort hingebaut, der Länge nach an dem mittäglichen Ufer der Bühler, es fehlt um denselben nicht an guten Obst- und Gemüs-Gärten; Burgunderrüben, gemeinen und ewigen Klee siehet man auch hin und her wohl gedeihen.

Das an dem westlichen Ende des Orts stehende Residenz-Schloß der Schenken und Grafen von Limpurg, Speckfelder und Sontheimer Linie, ist ganz massiv gebaut. Es bestehet aus zweyen durch einen Querbau vereinigten hohen Gebäuden, die ziemlich viel Raum, hohe, gute und schöne Zimmer, und im untern Theile hohe und helle Gewölbe haben. Ausser dem innern Hof zwischen jenen Gebäuden, ist noch ein geräumiger Vorhof vorhanden, in dessen Mitte eine Fontäne, und im Umfang gute Wohn- und Wirthschafts-Gebäude sind. Massive Mauren, Rondele und ein tiefer Graben umgeben das Schloß, das gegen Abend und Morgen Thore und Aufziehbrücken hat.

Nach-

Nachdem Schenk Erasmus im Jahr 1541. sein Schloß Limpurg an die Reichsstadt Hall verkauft hatte, so wählte er Obersontheim zum Aufenthalt, und fieng sogleich im folgenden Jahr, nach Fröschlin, diesen Schloßbau an. An dem Hauptgebäude stehet das Jahr 1543. mit seinem und seiner Gemahlin, gebohrnen Gräfin von Lodron, Wappen. Erst sein Sohn und Nachfolger Schenk Friedrich aber hat den Schloßbau ganz vollführt, oder nach Fröschlins Ausdruck, die neue übel verwahrte Kemnate mit groben Mauren und Thürnen versehen, und wie ein Herrenhaus seyn soll, gebaut. Zwey Jahrhunderte residirten gräfliche Personen aus dem Hause Sontheim hier. Seit dem Todes= jahr der Landgräfin von Hessen=Homburg aber, 1746. ist keine beständige Hofhaltung hier ge= wesen. Die Haupt= und Unter= Abtheilung der Speckfeld= und Sontheimschen Lande wur= de hier vollbracht, in den Jahren 1771. bis 1775. Das in Gemeinschaft gebliebene Archiv, worüber ein gemeinschaftlicher Archiv=Rath bestellt ist, wird im untern Theil des Hauptge= bäudes, in schonen, hellen, geräumigen, trocke= nen und festen Gewölben verwahrt, und hat eine gute Einrichtung. Etwas höher als das Schloß, liegt der herrschaftliche Garten und ein massiv gebautes Reuthaus.

Nicht weit von dem Schloß, gegen Mor= gen, ist ein schöner Marktplaz, der auf seiner Morgenseite die Kirche, auf der mitternächtli= chen das Rathhaus hat. Das ansehnliche Kirchengebäude, samt dem Thurn, hat Schenk Friedrich, besage einer Aufschrift von 11. April 1585.

1585. bis zum September 1586. aufführen lassen. Er legte selbst den Grundstein, und lies neben einer Tafel von Messing und Zinn, mit eingegrabener Schrift, auch zwey Gläser, in deren einem rother Wein von Neustadt an der Hart, im andern weiser Bacharacher war, in die Hölung hinein stellen. Die Sacristey und die Orgel stifteten seine Herren Söhne im Jahr 1618. Schenk Friedrich fand auch in dieser Kirche 1596. seine Ruhestätte, und hat ein schönes Grabmal. Ausser ihm ruhen noch eine Menge Leichname seiner Nachkommen hier.

Vor Erbauung dieser Kirche war nur eine kleine, dem h. Cyriak geweihete, Frühmeßkirche, auf dem Marktplaz, die nach derselben, als überflüßig abgebrochen wurde. Die Mutterkirche von Obersontheim war ehemals die Untersontheimer, wohin auch bis zum Jahr 1656. noch Todte zur Beerdigung von hier gebracht wurden, obschon der hiesige schöne Kirchhof, oder Begräbnisplaz, der an dem östlichen Ende des Orts ist, schon im Jahr 1618. angelegt worden. Der erste hiesige evangelische Geistliche war Johannes Pädianus (Kinderer), und kam im Jahr 1561. hieher. Im Jahr 1578. erwechselte Schenk Friedrich den Kirchensaz und andre kirchliche Rechte von Ellwangen. Nachher stunden immer zwey Geistliche an dieser Kirche, deren ersterer zugleich Superintendent über die benachbarten Sontheimischen Kirchen, und Hofprediger der Ortsherrschaft war. Seit 1772. ist nur Ein Geistlicher hier. Von auswärts ist nur
Markerts-

Markertshofen, ein zum Anspachischen Verwalteramt Goldbach gehöriges Weiler, hier eingepfarrt. Die sämtlichen Pfarrangehörigen werden auf 1200. stark angegeben.

Die mitternächtliche Seite des Marktplazes schließt das Rathhaus, ein gutes Gebäude.

Die Geschichte des hiesigen Hospitals oder Spitals ist folgende. Schenk Wilhelm, der ältere, Domherr der Stifter zu Strasburg, Bamberg und Wirzburg († 1450.) war eigentlich nach seinem Testament der Stifter des Spitals zu Limpurg unterm Berg, und verordnete deswegen zu Executoren des Testaments und Treuhändern, seinen Vetter Schenk Wilhelm, Dechant des Domstifts zu Wirzburg, und einige andre graduirte Personen. Diese machten aber erst Freytags nach purificationis Mariæ 1475. den Stiftungs=Brief, welcher enthält:

„Herr Schenk Wilhelm habe in seinem Testament befohlen, daß, weil er Zeit seines Lebens vorbeträchtlich Gott dem Allmächtigen, Unserm Schöpfer und Erlöser, der hochgelobten Jungfrau Maria seiner Geberin, der heil. und unzertheilten Trinität und allem himmlischen Heer zu Lob und Ehren, den Hochgebohrnen und Wohlgebohrnen seinen Aeltern, auch Vater und Mutter, Bruder und Schwester und seiner Seel zu Heil und Trost, armen, kranken und nothdürftigen Menschen zu Usenthaltung, fürgenommen, und in seinem Testament klärlich und l. geordnet und gesezt, nach seinem Abgang von seiner gelassen Hab, was der über sein Ge-
schäffte

schäfft überbleiben würde, einen Spital unter und bey dem Schloß Limpurg uzurichten, sie ewig Geld und Zinns und andre Nuzung von solcher seiner verlassen und übriger Hab harzu laufen und wenden sollen, dadurch und davon etlich arme und nothdürftige Menschen Enthaltung der Heerberg und Lagers auch ziemL. Speiß und andrer Nothdürftigkeit zu Ende ihrer Tage, so viel davon die Jahrs Nuzung nach ziemL. Dingen des Jahrs durch Fürsehung der Obern zu enthalten, ohne Abbruch erreichen mag 2c.,,

Die Testaments- Executoren erkauften auch wirklich viele Güter und Unterthanen so wohl in Obersontheim, als an andern Orten. Es wurde auch damals das schöne, weitläuftige und massive Hospitalgebäude zu Unter-Limpurg, das heutiges Tages ein Gasthof ist, aber seine erste Bestimmung noch in einer Aufschrift zeigt, erbauet, und von Schenk Wilhelm dem jüngern, und dem Spitalmeister nachher noch verschiedenes zu demselben erworben. Als aber Schenk Erasmus im Jahr 1541. das Schloß Limpurg samt Zugehörde, und unter solcher auch das Spitalgebäude an die Reichsstadt Hall verkaufte, behielt er die Spitalgüter zurück, und ließ dagegen in Obersontheim ein Haus zum Spital zurichten, eine gewisse Anzahl Pfründer darinn verpflegen, und dazu Holz, Frucht, Heu, Stroh und anderes von Herrschaft wegen jährlich abreichen, welches auch von seinen Regierungs-Nachfolgern fortgesezt wurde. Was aber für die Aufnahme eines Pfründers bezahlt, oder sonst dahin geschenkt wurde, wurde zu Kapital

tal ausgeliehen, und zum Besten des Spitals verrechnet. In den erstern Jahren nach der Versezung war das Kapital gering, kaum 1. bis 200. Gulden, 1598. aber schon 4482. Fl. Allein im Jahr 1772. bey der Lineal-Landes-Theilung wurde die herrschaftliche Naturalverpflegung des Spitals aufgehoben, und statt dessen demselben ein gewisses Kapital ausgeworfen. Das Spital selbst aber blieb unter den sämtlichen hohen Linien gemeinschaftlich. Sie vergeben die Stellen nach der Reihe. Der gemeinschaftliche Archivarius hat die Oberaufsicht über die Stiftung, und revidirt die Rechnung, der Ortsbeamte führt diese, als Spitalverwalter. Ein Spitalmeister, nebst Köchin und Magd, besorgt die dermalen vorhandenen 12. Pfründer.

Von der Entstehung des hiesigen Waisenhauses ist schon in der ersten Hauptabtheilung (22. Abschn.) Nachricht gegeben worden. Es wird hier der Ort seyn, einige Umstände noch genauer anzugeben. Der Hofprediger und Superintendent Müller legte den ersten Grund zu einer Waisenhaus-Einrichtung, wozu er aus der Nähe und Ferne nach und nach ansehnliche milde Beyträge erhielt. Aber auch die Landesherrschaft unterstüzte das menschenfreundliche Werk auf allerley Weise. Sie schenkte zuerst eine Hofstatt und einen Garten dazu, auch Holz zum ersten, wiewohl kleinen Bau, der in den Jahren 1699. und 1700. zu Stand kam. Sonderlich nahm sich auch die mildthätige Gräfin Sophia Eleonora dieser Anstalt an, und ihr Gemahl, Graf Vollrath

rath versahe sie den 14. April 1703. mit einer Waisenhaus=Ordnung, und begabte sie mit einigen Freyheiten. Alle Handwerker, auch Handel und Wandel, dürfen darinn, so weit es zum Besten des Hauses gereicht, frey getrieben werden; die Kinder dürfen in der Pfarrey jährlich Allmosen sammlen, so wie auch in andern die Geistliche für sie collectiren; von jedem Heiligen im Lande soll jährlich 2. Fl. beygesteuert werden, und die Obersontheimer Mößnerey ist dem Hause dergestalt einverleibet, daß der Mößner hier auch den kleineren Kindern der Bürger Unterricht ertheilen muß. Die Anstalt gewann einen so guten Fortgang, daß man auf einen grösern Bau dachte, der im Jahr 1705. 58. Nürnbergische Werkschuhe lang, und 42. breit aufgerichtet, noch in demselben Jahr von etlich und zwanzig Kindern bezogen, im folgenden fortgesezt, aber im Jahr 1707. durch den französischen Einfall gehindert, und erst 1708. vollendet, und den 15. May am Sophien=Tage feyerlich eingeweihet wurde. Durch Beyträge, sonderlich aus dem Holländischen und Dänischen unterstüzt, konnte das Haus in der Folge Kapitalien ausleihen und Güter ankaufen, auch die Anzahl der Pfleglinge bis auf 40. vermehren. Graf Vollrath bestätigte die Anstalt noch den 6. Merz 1713. und die Gräfin Sophia Eleonora bedachte sie auch noch in ihrem Testament. Aber die Einkünfte verminderten sich nachher wieder, so daß der Waisen jezt gewöhnlich nur 10. bis 12. sind. Diese Anstalt blieb bey der Landestheilung auch gemeinschaftlich, und stehet, wie das Spital, unter der Oberaufsicht des Archivarius.

Die

Die wirklich steuerbaren hiesigen Bürger und Unterthanen machten im Jahr 1774. 142. Köpfe aus, die sämtlichen Einwohner belaufen sich auf 1100. Es sind hier allerley bürgerliche Gewerbe, 2. Mühlen, 1. Ziegelhütte, 1. Apotheke, etliche Wirthshäuser. Gegen die vorigen Zeiten will man aber mehr Ab= als Zunahme in den Gewerben bemerken. Doch hat sich der Landbau durch Vertheilung der bürgerlichen Gemein= Güter erweitert, und gute leinen=und baumwollene Zeuge werden hier auch verfertigt, aber nicht in beträchtlicher Menge. Jahrmärkte werden jährlich drey gehalten.

Obersontheim ist wohl ein sehr alter Ort, aber Limpurg hat, so viel man weiß, erst im Jahr 1475. Antheil daran erhalten. Damals wurde das alte hiesige Schloß, mit dem Vorhof und Graben, nebst Gütern und Hölzern, zum Schloß gehörig, auch sieben Gütern im Dorf, von Georg von Crailsheim zu Schönbronn, als frey eigen, niemanden anders vogtbar oder gerichtbar erkauft. Mit und unter dem Verkauf des Schlosses Limpurg 1541. erwechselte Schenk Erasmus unter andern hier auch zehen Güter von der Stadt Hall. Ausser den gemeldeten, hatten auch die Berler, die von Stetten, die von Vellberg, die Herren von Rechberg, die von Geißberg, die Marggrafen von Brandenburg und das Stift Ellwangen Besitzungen und Gerechtsame zu Obersontheim, welche aber noch vor Ausgang des 16. Jahrhunderts alle an Limpurg kamen.

Im 14. Jahrhundert lebte ein adeliches Geschlecht, das sich von diesem Orte benannte. Man kennet einen Kraft und einen Walther von Suntheim. Unter die Unglücksfälle, die den Ort betrafen, gehöret vornemlich eine dreymalige Plünderung, durch kaiserliche, schwedische und französische Kriegsvölker, während des dreyßigjährigen Kriegs. Im Jahr 1645. zu Ende Septembers wurde eine schwedische Partey von 400. Mann, hier von einer bayrischen geschlagen.

2. **Mittel-Fischach**, vorzeiten auch St. Johannsen Vischach, ein Pfarrdorf, an der Fischach, eine kleine Stunde von Obersontheim abendwärts, an der Gaildorfer Straße. Schon 1319. findet man einen Conrad von Wohenstein als hiesigen Rector oder Pfarrer. Die hiesige Pfarre samt anhängenden Gerechtigkeiten hat Limpurg von Hohenlohe, 1482. gegen die Pfarre Münster bey Creglingen eingewechselt. Es hatten auch ehmals Ellwangen, Hall, die von Suntheim, Bachenstein und Vellberg Güter hier, von denen sie Limpurg erwarb. Wieswachs und folglich auch Viehzucht sind hier, wie in dem ganzen Fischach-Thal, vorzüglich. Der hiesigen Einwohner sind 244. Daß und wie in neueren Zeiten auch in dieser Pfarrey die Volksmenge zugenommen habe, ist daraus abzunehmen, daß man im Jahr 1751. 545. Pfarrkinder, im Jahr 1782. 670. derselben zählte, drey katholische Ritterstift-Komburgische Haushaltungen nicht dazu gerechnet.

3. **Unter-Fischach**, ein Dorf, eine kleine halbe Stunde, weiter hinab an der Fischach. Die meisten

meisten hiesigen Güter sind nach und nach, durch Kauf und Wechsel, von Ellwangen, Hall, und denen von Vellberg an Limpurg gekommen. Es sind hier 247. Einwohner-Seelen.

4. **Weiler,** ¼ Stunde mittagwärts von dem vorigen Ort, ein Dörfchen oder Weiler, worinn 19. Ritterstift-Komburgische, und 38. Limpurg-Sontheimische Einwohner-Seelen sich befinden. Die hieher gehörige Güter sind ehemals theils von der Stadt Hall, theils von der Gaildorfischen Linie erworben worden.

5. **Leippersberg,** ein Oertchen von 3. Unterthanen, überhaupt 15. Einwohner-Seelen, auf einem Hügel in der Nähe der Bühler und Fischach. Limpurg erwechselte es 1562. von der Stadt Hall, den Zehenden 1578. von Ellwangen.

6. **Beutenmühle,** eine Mühle an der Fischach, ¼ Stunde oberhalb Mittelfischach, wurde im Jahr 1578. von dem Stift Ellwangen erworben. Hier sind 6. Einwohner-Seelen. Mit Vergnügen siehet man nahe dabey, die vorhin unfruchtbaren und kaum hie und da mit etwas Heide bewachsenen, Mergelkies-Hügel, mit Esper und Lucernen besäet, die sehr wohl gedeihen.

Die zu den Herrschaften Sontheim und Michelbach gemeinschaftlich gehörige Wasenmeisterey ist nur eine kleine Strecke aufwärts, und kommt mit seinen Einwohner-Seelen unten bey dem Antheil Michelbach besonders vor.

7. Ein

7. Ein Unterthan in dem Hallischen Dorfe Eschenau, im Amte Vellberg, und

8. Ein dergleichen zu Sulzdorf, sonst auch Hallischen Gebiets, und zwar des Amtes Schlicht, deren Familien zusammen mit 10. Seelen, in Anschlag kommen.

Die beträchtlichen Schloßgüter, herrschaftlichen Waldungen und Jagdgerechtigkeiten, auch allerley Gefälle ausser dem Umfang dieses Antheils, sind noch als Zugehörden desselben zu bemerken.

Note.

Das Obersontheimer Amt hat bey der Landestheilung an die Antheile Schmiedelfeld, Sontheim-Gaildorf und Michelbach verschiedene Ortschaften abgegeben, welche in der Beschreibung derselben bemerkt sind.

VII. Der

VII.
Der
Limpurg - Sontheim - Gaildorfische
Landes - Antheil.

Dieser Landesantheil heißt der Limpurg-Sontheim-Gaildorfische von der Stadt Gaildorf, deren eine Hälfte im Jahr 1690. an das Haus Sontheim abgetretten, und nun zu diesem Antheil mitgelegt wurde.. Er fiel in der Sontheimischen Theilung im Jahr 1774. dem Schönburg-Welz-Pücklerischen Loose zu.

Seit der Zeit, da Gaildorf zur Hälfte Sontheimisch wurde, war ein Sontheimischer Beamter in Gaildorf, welcher auch das so genannte Oberämtle, oder die Besizungen, die dem Haus von dem ehemaligen Amt Welzheim, als allodial, noch übrig geblieben waren, unter seiner Amtsverwaltung hatte. Sie liegen in der Gegend von Welzheim, und werden daher auch noch mit dem Namen des Amtes Welzheim benennet.

Durch die Sontheimische Theilung kamen noch viele andere Orte und Einkünfte, von andern Aemtern dazu, und wurden zu einem besondern Landesantheil formirt. So wie nun dieselben in verschiedenen Gegenden des Landes liegen, so ist auch dieser Landesantheil wenig zusammenhängend. Die Lage der einzelnen Orte wird, bey der genauern Beschreibung derselben angegeben werden.

Lindenthal und Unterschlechtbach haben Weinbau, in allen übrigen Orten ist Feldbau und Viehzucht die Hauptnahrung der Einwohner, wozu noch, sonderlich in der Gegend um Welzheim, das Gewerbe mit Holzwaaren kommt.

Es ist für diesen Antheil eine besondre Regierungs-Kanzley, ein Kassieramt, ein Stadtamt, für die hieher gehörige Hälfte der gemeinschaftlichen Stadt Gaildorf nemlich, ein Landamt, für die Landorte, und ein Forstamt zu Gaildorf.

Die zu diesem Antheil gehörigen Orte sind:

1. Die Stadt Gaildorf zur Hälfte, welche schon oben in einem besondern Abschnitt beschrieben worden.

Es wird hier nur zur leichterer Uebersicht der Bevölkerung dieses Landesantheils bemerkt, daß

1. Die herrschaftliche Limpurg-Sontheim-Gaildorf-Pücklerische Particular-Dienerschaft — — — 67.
2. Die herrschaftliche mit Wurmbrand und Solms-Assenheim gemeinschaftliche Dienerschaft, zur diesseitigen Hälfte 23.
3. Die Hälfte der gemeinschaftlichen Bürgerschaft zu Gaildorf — 434.

Seelen ausmache.

2. Engelhofen, ein Dörfchen, zwischen Gaildorf und Obersontheim, eine kleine halbe Stunde von Mittelfischach gelegen, in einer ziemlich fruchtbaren Gegend. Es besasen hier ehemals Ellwangen, die Stadt Hall, das Haus Limpurg-Gaildorf, Rechberg und Hohenlohe-Langenburg Güter. Sie sind aber nach und nach, ausgenommen 2. Ritterstift-Komburgische Haushaltungen, alle an das Haus Limpurg-Sontheim gekommen. Im Jahr 1774. waren 17. Unterthanen hier; jetzt wird der Ort von 122. Seelen bewohnt, die hieher gehören.

Anm.

Anm. Dieſer Ort gehörte bis zur Oberſontheimer Landestheilung zu dem Amt Sontheim.

3. **Seifertshofen**, auf der hohen Ebene, zwenter Gebürgsſtufe, nordöſtlich 1½ Meile von Gaildorf gelegen, in einer fruchtbaren und angenehmen Gegend. Der Ort iſt zu zwenen Jahrmärkten berechtiget, hat 2. Wirthshäuſer, 1. Ziegelhütte, 11. Unterthanen, und überhaupt jezt 98. Einwohner-Seelen. Es wird hier vorzügliches braunes und weiſes Bier gebraut. Man ſiehet in dieſer hohen Gegend zwar hie und da etwas Kleebau, er liefert aber ſamt den Wieſen dem Vieh ſein Bedürfnis nicht ganz. Wenigſtens werden jährlich für Heu und Ohmed groſe Summen ins Kocherthal bezahlt. Die R. Stadt Gmünd beſaß hier bis 1557. einige Güter, die aber Limpurg gegen andre Güter, als freyes Eigenthum eingewechſelt hat.

4. **Mittelbronn**, ein Dorf, auf ebenderſelben hohen Ebene, mehr abendwärts. Es ſind hier auſſer den hieher gehörigen auch Wirtembergiſche und R. Stadt Gmündiſche Unterthanen, und insbeſondre dermalen 150. hieher gehörige, und 51. Wirtembergiſche Einwohner-Seelen, 3. Wirthshäuſer, und auſſer den Bauersleuten einige Handwerker. Auch eine evangeliſche Schule, in welcher gegenſeitige Toleranz geübt wird, indem auch die katholiſchen Kinder darinn Unterricht ſuchen und erhalten.

Ein Hanß Pfeiffer verkaufte hier im Jahr 1420. und ein Jörg Huber von Giengen 1516. ihre eigenthümliche Güter an Limpurg. Von andern findet man, daß sie ihre Güter Limpurg vogteylich gemacht haben.

Im Jahr 1597. wurde hier ein Steinkohlen-Bergwerk eröfnet, welches neben der zugleich errichteten Schwefel- und Vitriol-Hütte in dem nahen Frickenhofen, einige Jahre bestund. Die Steinkohlen wurden sehr gut befunden, und in Schorndorf unter Aufsicht eines Verwalters ein Magazin derselben angelegt. Allein es scheint das Werk wenige Jahre bestanden zu haben, woran vornemlich die damaligen äusserst niedrigen Holzpreise in dieser Gegend, und der kostbare Transport der Kohlen in entferntere, mögen Schuld gehabt haben. Am 1. Nov. des Jahrs 1784. wurden auf Kosten und Betrieb einer Gewerkschaft, auf limpurgischem Boden, aufs neue nach Steinkohlen gegraben, nachher auch ein Schacht bey der limpurgischen Zehendscheune niedergesenkt, und was man von Steinkohlen zu Tag brachte, hatte den Beyfall der Feuerarbeiter. Man fand auch Schwefelkies, Achat und eine Art Jaspis. Aber die Arbeit blieb nach einiger Zeit auch wieder liegen. Vielleicht kommt für dieses Bergwerk doch noch eine glückliche Zeitperiode. Vielleicht erheben sich mit der Zeit an demselben die limpurgischen längst verfallenen Glashütten wieder.

5. **Rappenhof**, (eigentlich **Erkerts-** oder **Nerkertshof**,) liegt abendwärts von Mittelbronn, viel niedriger als jener Ort. Er hat Anfangs dieses Jahrhunderts schon bestanden, und jezt 7. Einwohner-Seelen. Der Boden gehörte ehmals nach Mittelbronn. Die Einwohner versichern,

sichern, daß sich hier und in dem benachbarten Joosenhof, niemals Sperlinge sehen lassen, weder im Sommer, noch im Winter.

6. Wildenhöfle, in der Gegend von Höneck, etwas höher gelegen, ist 1706. angelegt worden, hat jezt 11. Einwohner-Seelen.

7. Spittelhöfle, nicht weit von jenem, ist noch neuer, hat 13. Einwohner-Seelen.

8. Mezlinshof, liegt nordwestwärts von Mittelbronn, ist mit der Veste Cransperg erworben worden. Der Hof ist ganz mit Waldung umgeben, und hat jezt 18. Einwohner-Seelen.

9. Bayerhöfle, (auch Vordernestelberg genannt,) liegt nahe an der Spize des Nestelbergs, gegen Sulzbach hin, ist noch nicht alt, und hat 14. Seelen.

10. Ottenried, liegt zwischen Mittelbronn und Seifertshofen. Der Ort wurde im Jahr 1436. mit der Burg Gröningen erworben. Er wird von 91. Seelen bewohnt.

11. Thonolzbronn (Donolzbronn, insgemein Donasprung genannt,) ist im Jahr 1371. von Adelheid von Rechberg, Albrecht des Haucken Wittib, durch Schenk Konrad erkauft worden. Der Ort liegt, mittagwärts 4. Stunden von Gaildorf, auf der schon beschriebenen schönen Ebene, zweyter Gebürgsstufe. Die größte hiesige Merkwürdigkeit ist die alte, von Alters her dem Kloster Lorch angehörige Kirche. Der Besiz derselben wurde dem Kloster im Jahr 1501. von Pabst Alexander bestättiget, wie Crusius berichtet. Ueber ihrem Eingang ließt man: milesimo quinquagesim. Ob es wirklich 1050.

oder

oder 1500. bedeuten soll, wäre die Frage. Die Mönche haben in Aufschriften zuweilen grobe Fehler gemacht. Wenn aber hier der Buchstabe gelten soll, wie man doch vermuthen mag, so wäre diese Kirche 52. Jahre älter, als das Kloster Lorch selbst, welchem sie einverleibet wurde. Jezt wird jeden dritten Sonntag, auch alle Feyertage, durch den Geistlichen von Frickenhofen in dieser Kirche der Vor- und Nachmittags-Gottesdienst gehalten, so wie alle Hochzeit- und Leichenpredigten von den nahgelegnen Orten. Das hiesige Wirthshaus ist Limpurgisch. Die ganze Einwohnerschaft besteht aus 68. Seelen, davon 43. Limpurg, die übrigen Wirtemberg angehören.

Ganz nahe um Thonolzbronn liegen die drey folgenden Orte.

12. **Steinebach**, (Steinenbach). Im Jahr 1414. hat eine gewisse Adelheid Wickhin zu Velben gesessen, welche Schenk Friedrichs Eigenfrau und Gotts-Leben war, diesem hier ein Gut, und ein anderes zu Velben, zur Versöhnung unterthänig gemacht, weil sie samt ihrem Sohn ihres Leibherrn Gebote oft überfahren haben, und sonderlich der Sohn sich ohne Schenk Friedrichs Willen, Wissen und Verhängnus zur priesterlichen Ordnung weihen lassen. Hier sehen wir ein Beyspiel von vornehmen Leibeigenen, die freye Güter besasen, ob sie schon über ihren Leib nicht Herren waren. Jezt sind hier 4. Limpurgische Unterthanen, und 27. Limpurgische Einwohnerseelen. 24. sind Wirtembergisch.

13. **Helpertes**

13. **Helpertshofen,,** wurde im Jahr 1410. mit der so genannten Waibelhueb von Wilhelm von Rechberg zu Gröningen, als Eigenthum erkauft. Es sind hier 2. Limpurgische Unterthanen, die dermalen zusammen 4. Seelen ausmachen, die übrigen 16. sind Wirtembergisch.

Anm. Die Waibelhueb, ein Amt, vielleicht so genannt, weil ihm ehemals ein Waibel vorstund, begrief theils Eigenthum, theils Lehen, welche leztere nach Aussterben des Limp. Mannsstamms an das Lehenhaus Wirtemberg heimfielen, und zum Oberamt Welzheim geschlagen wurden.

14. **Vellbach,** (insgemein Velben genannt,) ist theils im Jahr 1410. mit der Waibelhueb erkauft, theils von der Stadt Gmünd eingewechselt worden. Jezt sind in allem 79. Seelen hier, davon 21. Limpurgisch, die übrigen Wirtembergisch sind.

Anmerkung.

Die sämtlichen von N. 3. bis 14. angeführten und beschriebenen Orte sind durch die Sontheimer Landes-Theilung, von dem Amt Schmiedelfeld, zu diesem Antheil gekommen.

15. **Rupertshofen,** kaum eine Viertelstunde von Tonolzbronn, mittäglich, ist theils mit der Waibelhueb, theils schon vorher von Ellwangen, und nachher von Wirtemberg, so wie der grose Zehenden, an Limpurg gekommen. Jezt sind 61. Limpurg-Sontheim-Gaildorfische, 7. Limpurg-Wurmbrandische (in dem Wurmbrandischen Jägerhaus), und 60. Wirtembergische

Seelen

Seelen hier. Die hiesige alte Kapelle wurde dem Kloster Lorch, nach Crusius im Jahr 1501. von P. Alexander bestättiget. Der hiesige Schulmeister hat wöchentliche Betstunden darinn zu halten. Es sind 2. Wirthshäuser hier, ein Chirurg. Die umliegende Gegend ist eben, und fruchtbar an Getraide. Es wird auch viel Flachs gebaut. Die hohen Berge oder schwäbischen Voralpen, hinter der Stadt Gmünd, die sich dem Auge meistens blau darstellen, hat man hier auf dem freyen Felde immer vor Augen. Man siehet deutlich, daß man hier auf der Vortreppe jener Alpen sich befindet. Man findet hier unter der fruchtbaren lettigen Oberfläche überall eine Kalkschichte, und darinnen eine erstaunliche Menge von petrifizirten Schnecken, sonderlich auch Ammonshörner von seltner Größe, aber die Landleute schäzen sie nicht, und gewöhnlich werden sie nur zu Kalk gebrannt. Es ist wahrscheinlich, daß die Fluthbank, unter der Oberfläche der hohen Ebene, sich so weit erstrekt, als diese selbst.

16. **Striethof**, nicht weit davon, ein Hofgütchen, worauf 2. Unterthanen, überhaupt 16. Seelen wohnen.

17. **Höneck**, (insgemein Hönig genannt,) ein um den Fuß einer Bergecke herum gebauter Ort, unterhalb Rupertshofen gegen Abend, nahe an der Roth, von 109. Einwohnern, davon Limpurg 36. die übrigen Wirtemberg angehören. Etwas erkaufte Limpurg hier schon 1410. mit der Waibelhueb, in der Folge auch einige Güter von Gmünd und Rechberg.

18. Birken-

18. **Birkenlohe,** (insgemein Birkenlooch oder Birkenlauch genannt,) eine gute Stunde von Gschwend, südöstlich, bey dem Zusammenfluß des Schlechtbachs und der Roth. Es sind hier 1. Mahl- und 2. Sägmühlen. Die Feldgüter haben meistens zu viel Sand, doch wird Roggen, Haber, Flachs, Erdbirn, mit Nuzen gebaut. Mehrere Einwohner besizen auch Waldungen. Ein beträchtlicher herrschaftlicher See (Fischteich) ist nach der Landestheilung den Einwohnern überlassen worden, welche Wiesen darinn angelegt haben. Der Ort ist im Jahr 1586. mit Eschach, von Rechberg erkauft worden. Versteinerungen finden sich auch hier im Sand, aber nur von Holzstücken. Die Einwohnerschaft des Orts belauft sich dermalen auf 120. Seelen.

19. **Lindenhof,** ist eine neue Anlage, kaum ein paar Jahre alt, auf einem vorhin nach Birkenlohe gehörigen Feldgut, ostwärts. Es sind hier zwey Unterthanen, überhaupt dermalen 5. Seelen.

20. **Dietenhof,** etwas östlich von Birkenlohe auf der Berghöhe, wurde mit dem vorgedachten Ort erkauft, ist mit 4. Unterthanen besezt, überhaupt von 28. Seelen bewohnt.

21. **Hinterlinthal,** (insgemein Hinterlinthel genannt,) wurde theils mit der Waibelhueb, theils nachher von Gmünd erkauft. Jenes fiel als Lehen wieder an Wirtemberg, das leztere ist Limpurgisches Eigenthum. Der Ort liegt auf dem Wege von Gschwend nach Gmünd 1½ Stunde von dem erstern Ort, auf einer schmalen von Mitternacht gegen Mittag sich hinstreckenden Höhe

Höhe zweyter Gebürgsstufe. Hier sind zwey limpurgische Unterthanen, deren Familie in 16. Seelen bestehen. Die ganze Einwohnerschaft des Orts begreift 121. Seelen.

Anmerkung.

Die Orte von N. 15. — 21. sind durch die ——tere Landestheilung, diesem Antheil von dem Amt Gröningen zugelegt worden, außer N. 19. welches erst nachher entstanden.

22. Gebenweiler, liegt, wie alle folgende Orte in der Welzheim umkreisenden Gegend, und insbesondre auf der Höhe ohnweit Kaisersbach. Es ist ein sehr alter Ort, und kommt schon in einer Schenkungs-Urkunde Adelberts von Bielrieth ans Kloster Komburg v. Jahr 1078. unter dem Namen Gebenesvvilare vor. (Uffenh. Nebenst. 1. Band, Seite 1148.) Sonst findet man, daß Limpurg von alten Zeiten her die Vogten, das Kloster Lorch aber das Handlohn und starke Gülten auf den hiesigen Gütern gehabt. Beyde besezten auch wechselsweise die ehmals vorhandene, hiesige alte Kapelle mit einem Kaplan. Als nun um das Jahr 1488. ein solcher Kaplan seine Schuldigkeit nicht that, ersuchte der Abt zu Lorch Schenk Albrecht, denselben durch Zwangsmittel dazu anzuhalten, damit die armen Einwohner, und die Seelen, von welchen diese Kaplaney hergekommen, der gebührenden Hülfe und Fürbitte bey Gott nicht beraubt würden. (Crusius Annal. P. 3. l. 9. c. 1.) Durch die schwesterliche Theilung zu Gaildorf im Jahr 1707. wurde der Ort Solms-Assenheimisch, 1772. aber an Sontheim als Aequivalent überlassen,

laſſen, 1774. dieſem Antheil zugelegt. Er liegt in einer fruchtbaren Gegend, und hat jezt 99. Einwohner-Seelen.

23. *Breitenfürſt*, ohnweit Welzheim mittagwärts, ein Ort von 127. Limpurgiſchen Einwohner-ſeelen, auſſer welchen nur noch 3. Lorchiſche Amtsuntergebene mit ihren Familien hier ſind. Er iſt im Jahr 1478. und 1489. von Eberhard und Wilhelm von Uhrbach durch Schenk Albrecht erkauft worden.

24. *Thierbad*, bey Welzheim morgenwärts, ein Oertchen, von 16. Seelen, an dem Leinflüßchen. Es iſt 1487. und 1489. von einer Meyeriſchen und Maureriſchen Familie erkauft worden. Damals war ſchon ein Geſund-Bad hier. Im erſten Viertel des 17. Jahrhunderts war es in gutem Ruf, und bekam 1627. von Schenk Karl, eine beſondre Ordnung und Freyheiten. Damals waren hier ein ſo genanntes Herrenhaus, ein Badhaus, ein Wirthshaus, Alleen und andre Spaziergänge, wovon aber nichts mehr übrig iſt, als der Brunn, deſſen Waſſer etwas bläulich ſiehet, und etwas Schwefel, Bitterſalz und Alaun mit ſich führen ſoll. Es ſoll auch beſonders bey Contracturen und vorgeblichen Faſcinationen gute Hülfe geſchaft haben. Johannes Remmelin, Phyſicus und Medicinæ Doctor in Schorndorf, hat 2. Abhandlungen davon geſchrieben: Ferinæ Welzheimenſes und Obſervationes Ferinarum Welzheimenſium Effectus, welche 1619. und 1628. zu Augſpurg gedruckt erſchienen, aber ſehr ſelten worden ſind.

25. Die

25. Die Thanhöfe, nahe bey Welzheim, enthalten 20. Seelen.

26. Birkach- (Birkich-) Hof, hat 8. Seelen.

27. Haghof, wurde 1483. von Wilhelm von Urbach erkauft, hat jezt 17. Seelen.

28. Hagmühle, wurde 1478. mit Breitenfürst erkauft, enthält 8. Seelen.

29. Haldenhof, wurde aus dem Haghof gezogen, hat 5. Seelen.

30. Haselhof, ist eben so entstanden, hat 15. Seelen.

31. Schenkhöfle, hat 6. Seelen.

32. Schmidhöfle, hat 6. Seelen.

33. Die zwey Mezelhöfe, zwischen Welzheim und Lorch, von 15. Einwohner-Seelen.

34. Heldis, ein Weiler, worinn Wirtembergische und zu den Oberämtern Lorch, Schorndorf und Welzheim gehörige Unterthanen; insonderheit aber 26. Limpurgische Einwohner-Seelen. Der Limpurgische Antheil gehört zu der eigenthümlichen Waibelhueb.

35. Hüttenbühl, ein Weiler, von 51. Einwohner-Seelen.

36. Wahlheim, ein Weiler von 31. Seelen.

37. Kreut- (oder Gereut-) Hof, wo 6. Seelen leben.

38. Heinles- (Hainles-) Mühle, nahe an der Strase von Gschwend nach Welzheim, eine Mühle

Mühle von etlichen zusammenlaufenden kleinen Bächen getrieben. Sie enthält 15. Seelen, und ist 1557. von der Stadt Gmünd erwechselt worden.

39. **Heinleshof,** hat 11. Seelen.

40. **Hellershof,** vor Alters Ludels- und auch wohl Lutz-Weiler, an der Strase, die von Gschwend nach Welzheim und Lorch führt, ist auch 1557. von Gmünd erwechselt worden. Es sind hier 21. Seelen.

41. **Das neue Wirthshaus,** nahe am Hellershofe, an der Strase auf halbem Wege zwischen Gschwend und Welzheim, ist vor wenigen Jahren erbaut worden. Es wohnen hier 7. Seelen. Die oberländischen Unterthanen pflegen jährlich einmal bey diesem Wirthshaus im Gebrauch des Feuergewehrs geübt zu werden.

42. **Unter-Schlechtbach,** ein Dorf, in einem Thale, das die Wieslauf bewässert, und das mit dem Rems-Thal zusammenhängt. Die Hälfte dieses Orts ist Wirtembergisch, und gehört in das Oberamt Schorndorf. Limpurgische Unterthanen sind hier 35. die mit ihren Familien 167. Seelen ausmachen. Hier ist Weinwachs. Der limpurgische Antheil an diesem Orte ist 1478. von Eberhard von Urbach erkauft worden.

43. **Lindenthal,** etwas weiter gegen Abend, ein ganz limpurgischer Ort, von 36. Unterthanen oder Bürgern, und überhaupt 143. Einwohner-Seelen. Auch hier wächset Wein. Der deutsche Held Ritter Sebastian Schertlein war

eine

eine kurze Zeit Besitzer dieses Orts; im Jahr 1531. verkaufte er ihn an Limpurg. Die Hälfte des Orts hatte schon seine Mutter besessen.

Note.

Die von N. 23. bis 43. angeführten Ortschaften machen das Limpurgisch gebliebene, in Allodial-Stücken bestehende, Amt Welzheim aus, welches jezt 820. Einwohners Seelen begreift.

Auch bey diesem Antheil sind beträchtliche Kameral-Waldungen, ein ansehnlicher Jagdbezirk, Zehenden und andre Gefälle, ausser den Gränzen des Antheils.

VIII. Der

VIII.

Der
Limpurg-Sontheim-Michelbachische
Landes-Antheil.

Dieser Antheil an den Limpurg-Sontheimischen Landen fiel bey der Landestheilung im Jahr 1774. dem Gräflich-Limpurg-Erbach-Wertheimischen Loose zu. Die hohen Besitzer desselben findet man in dem 20. Abschnitt der ersten Hauptabtheilung.

Die Gränzen dieses Antheils, dasjenige ausgenommen, was davon in der Herrschaft Speckfeld liegt, sind gegen Morgen hauptsächlich der Limpurg-Sontheim-Obersontheimische Antheil und das Reichsstadt-Hallische Gebiet, welches denselben auch auf der Mitternacht-Seite begränzt, samt einem Theile der Ritterstift-Komburgischen Besitzungen; gegen Abend hat es den Kocherfluß, und an demselben Komburg, Hall und Wirtemberg zu Nachbarn, gegen Mittag aber das Limpurg-Gaildorf-Wurmbrandische.

Diese Landesgegend ist ihrer Natur nach größtentheils gebürgig und waldig; gegen Hall hin ist etwas ebenes Land, so wie auch hie und da auf den Rücken der Berge. In der Tiefe ist so genannter schwerer Boden, auf der Höhe der Berge findet man Sandland. Nirgend aber ist ein unfruchtbarer Strich, der nicht benüzt werden könnte. Es giebt gute Getraide-Felder, vortrefliche Wiesen, die Berge sind mit Hölzern bedeckt, in welchen sich sonderlich eine Menge Eichen findet, die in einigen Limpurgischen Gegenden selten zu werden anfangen. Nach der Stadt Hall wird viel Brennholz auf der Axe gebracht, woran die Bauren Fracht verdienen. Es werden grose Ochsen gezogen, und zum Theil gemästet ausser Land verkauft.

Die zu diesem Antheil gehörigen Regierungs- und Konsistorial-Kanzley-Personen wohnen in Ober-Sontheim; in Michelbach aber der Beamte, der zugleich die Forst- und Jagdsachen zu besorgen hat.

Von der Herrschaft Speckfeld, in dem innern Franken, ist diesem Antheil noch der halbe Flecken Gollhofen zugetheilt worden, welcher in der Beschreibung jener Herrschaft unten vorkommen wird.

Von dem Zustand des Amtes Michelbach insonderheit, in Hinsicht auf Bevölkerung, Gewerbsarten, insbesondre den vorhandnen Viehstand, gibt ein Tabellarischer Zusammentrag über die im Jahr 1787. in dem Amt Limpurg-Michelbach befindlich gewesene Volksmenge, wie auch deren gegenwärtigen Viehstand, welcher am Schluß des Jahrs abgefaßt, und der Landesherrschaft von Seite des Amts eingesender wurde, sehr genauen Bericht.

Folgende Angaben sind aus demselben getreu gezogen.

Die ganze Volksmenge im Amt beläuft sich auf 579. männliche, 568. weibliche, zusammen 1147. Einwohner-Seelen.

Davon gehörten 66. Personen zu der herrschaftlichen Dienerschaft, mit Ausschluß der Kanzleypersonen, aber mit Einschluß des damaligen Hofbeständers auf dem herrschaftlichen Benzenhof.

Unter der wirklich ansäßigen Unterthanenschaft waren 61. Handwerker, 38. ganze Bauren, (die ganze Bauernhöfe besitzen,) 19. Halb-Bauren, (die halbe Höfe besitzen,) 54. Söldner, (die etwas geringere, so genannte Söldengüter besitzen,) 48. Häußler, (die neben einem Wohnhaus etwa nur einen Garten oder sonst

sonst ein Gut-Stück, auch wohl gar keins dergleichen besizen). Diese Unterthanenschaft machte überhaupt 821. Seelen aus. Davon waren Ehemänner und Wittwer 145. Ehefrauen und Wittwen 145. männliche Kinder 217. weibliche Kinder 194. Dienstboten männlichen Geschlechts 69. weiblichen Geschlechts 51.

Die Schuzverwandten und Hausgenossen, (die weder Häuser noch liegende Güter besizen,) und die Ausgedinger, (die von einem Leibgeding leben,) machten samt ihren Familien 260. Personen zusammen aus. Darunter waren 10. Handwerker, 21. Taglöhner. Der hausgenößischen Personen waren insonderheit 128. nemlich 26. Männer, 34. Frauen, 28. männliche Kinder, 38. weibliche Kinder, 1. männlicher und 1. weiblicher Dienstbote. Der Ausgedinger Personen waren 132. nemlich 30. Männer, 44. Frauen, 31. männliche und 26. weibliche Kinder, 1. weiblicher Dienstbote.

Von den 71. Handwerkern und Professionisten, in allen Ortschaften des Amts, waren Becker 3. Chirurgen 1. Hafner 2. Kübler 2. Nagelschmidte 1. Maurer 3. Müller 2. Schneider 10. Schmidte 2. Schreiner 2. Schuhmacher 6. Wagner 4. Weber 27. wovon aber einige die meiste Zeit des Jahrs hindurch mit dem Landbau sich beschäfigen, und nur vornemlich in den Wintertagen weben oder durch Gesellen weben lassen, Ziegler 2. Zimmerleute 4.

Der Viehestand des ganzen Amtes belief sich überhaupt auf 14. Pferde, 1111. Stücke Rindviehe, 1412. Stücke Schmalviehe, und 1024. Stücke Federviehe. Insbesondre waren vorhanden Pferde 13. Fohlen 1. Starke Ochsen 262. Grose Stiere 161. Kleine Stiere 200. Kühe 265. Kalben 81. Kälber 142.

142. Böcke und Ziegen 118. Schweine 139. Schaafe 1165. Hüner 745. Gänse 279.

Rechnet man die zu diesem Landesantheil gehörige Hälfte des Orts Gollhofen, und dessen halbe Einwohnerschaft mit 306. Seelen hieher, so hat man die Totalsumme der Limpurg-Sontheim-Michelbachischen Einwohner-Seelen, 1453.

Die Ortschaften des Amtes Michelbach sind:

1. **Michelbach**, mit dem Beynamen an der Bilz, welches der Name einer gegen Mittag nahe liegenden Höhe ist, ein Flecken, 1. Stunde von Hall, 2. Stunden von Gaildorf, an der Strasse von Gaildorf nach Hall. Er ist von Abend gegen Morgen in die Länge gebaut. An dem westlichen Ende stehet das Schloß, welches in den Jahren 1618. bis 1622. massiv erbauet worden. Es bestehet aus einem grosen Hauptgebäude, welches vor sich gegen Mittag einen länglich viereckten geräumigen Hof hat, der ganz mit etwas niedrigern Gebäuden eingeschlossen ist. In diesem Schloß ist der Amts-Siz. An dem östlichen Ende des Orts ist die Kirche. Es muß von alten Zeiten her hier eine Pfarrkirche gewesen seyn. Denn man findet schon bey dem Jahr 1347. einen hiesigen Pfarrer, Namens Seyfried. (Wibels H. K. u. R. H. I. S. 164.) Aus einer Urkunde vom Jahr 1417. ersieht man, daß der h. Martin Kirchenpatron gewesen. Der Kirchensaz war Hohenlohisch, wurde aber im Jahr 1541. durch Schenk Erasmus gegen gleiche Gerechtigkeit zu Gailenkirchen und Braunspach, die er mit Hohenlohe wechselsweise zu üben hatte, eingewechselt. Es gab

333

gab ein Mann hiezu Gelegenheit, der hier nicht mit Stillschweigen übergangen werden kann, Lorenz Reichlin, der seit 1497. hier Pfarrer war, und sicher 1540. noch lebte. Denn in diesem Jahr hatte er mit der limpurgischen Orts-Herrschaft Zehend-Strittigkeiten, die einen Vertrag mit Hohenlohe, und hernach den angeführten Tausch zur Folge hatten. Dieser Mann ist auch um deswillen merkwürdig, weil er als ein katholischer Priester noch vor den Zeiten, da der evangelisch-lutherische Lehrbegrif in dieser Gegend obrigkeitlich geduldet oder eingeführt wurde, im Ehestand lebte. Er ist, ohne Zweifel auf seine eigne Veranstaltung, in der Kirche, auf nassen Wurf gemahlt zu sehen, mit seiner Ehefrau, 7. Söhnen und 4. Töchtern. Er ist im Meßgewande, sie knieen alle, in der auf allen alten Epitaphien gewöhnlichen Attitüde, mit gefalteten Händen, das Gesicht gegen ein über ihnen stehendes Marienbild gerichtet. Ein fliegender Zettel drückt ihre Verehrung gegen die h. Jungfrau mit den Worten aus: Ora pro nobis beata virgo Maria. Es stehet die Jahrzahl 1517. dabey, und ein Wappenschild, worinn ein Fleischer-Beil zu sehen ist. Man weiß nicht gewiß, ob dieser Reichlin den evangelischen Lehrbegrif angenommen und gelehrt habe. Bey dem Fröschlin heißt er noch um das Jahr 1540. Meßpriester, und zwar ein unruhiger Meßpriester, und sein Epitaphium scheint zu bezeugen, daß er wenigstens in groser Verehrung der Jungfrau Maria gelebet habe. Daß er indessen doch wirklich verehelicht gewesen, ist wahrscheinlich, und das bleibende Daseyn jenes Epitaphiums scheint es zu verbürgen. Die Sache ist auch

so

so ausserordentlich nicht. Büsching macht unter andern, in der Beschreibung der Eidgenossenschaft bey der Stadt Mellingen, einen solchen beweibten katholischen Priester nahmhaft, nemlich den Vater Heinrich Bullingers, von welchem es dort heißt, daß er vor der Reformation in Mellingen Pfarrer und Dechant gewesen, und im Ehestand gelebet habe. Ein gleichzeitiges Beyspiel aus der Nähe hat Wibel aufbehalten. Ein gewisser Ewald Reuß wurde 1518. in Pfützingen Pfarrer, bekam aber Erlaubnis, noch drey Jahre Studierens halber abwesend zu seyn; bey seiner Wiederkunft that er Meß und Heiligendienst ab, und verehlichte sich. Er kam ins Gefängnis nach Bartenstein, wo er 1526. zwar wieder los kam, aber auf die Pfarre Verzicht thun mußte. Im Verzichtsbrief bekennet er unter andern, daß er sich nicht daran habe sättigen lassen, das Amt der heil. Messe abzuthun, sondern auch sich in den ehelichen Stand begeben, ob es wohl im Bisthum Wirzburg, auch der Herrschaft Hohenlohe noch zur Zeit nicht geduldet worden. Hier konnten aber Lokalursachen seyn, warum Reichlins eheliches Leben seines Priesterthums ohngeachtet geduldet wurde. Er ward vielleicht durch die Landleute selbst geschüzt, die einen allgemeinen Hang zur Religionsveränderung hatten. So viel zur Erläuterung des alten Gemäldes, das wenigstens hier eine Anzeige verdiente. Man weiß, daß das Langhaus des jezigen Kirchengebäudes im Jahr 1492. erbauet worden, weil sich diese Jahrzahl an demselben in Stein gehauen befindet. Es ist aber nachher 1587. und 1599. noch verbessert und erweitert worden.

Die

Die dißherrschaftlichen Parochial=Angehörigen der hiesigen Pfarrkirche belaufen sich auf 738. Im Jahr 1751. zählte man deren 600. Hierunter sind aber die in der Pfarrey befindlichen katholischen Ritter=Stift=Komburgischen Unterthanen nicht begriffen, deren im Jahr 1751. 17. Haushaltungen gezählt wurden, auch eine in Hirschfelden befindliche evangelische Haushaltung, Komburgischer Herrschaft nicht.

Die sämtliche hiesige Einwohnerschaft macht 343. Seelen aus. Davon gehören zur herrschaftlichen Dienerschaft 33. zur Unterthanenschaft 231. zur Hausgenossen= und Ausdingerschaft 79. Man zählet darunter 30. Handwerker und Professionisten, 5. ganze Bauren, 6. Halbbauren, 8. Söldner, 27. Häußler.

Ihr sämtlicher Viehstand betrug 2. Pferde, 229. Stücke Rindviehe, 320. Stücke Schmalviehe, 261. Stücke Federviehe.

Im Jahr 1380. besaß das Gotteshaus Ellwangen hier Güter, verkaufte sie aber in diesem Jahr an Konrad von Rinderbach, Burger zu Hall, und dieser sofort an Limpurg. So besasen auch andre hallische Edelbürger, als die Ysenhüte, die Eberharden und die Stetten, selbst die Stadt Hall hier einiges, welches in der Folge limpurgisch wurde.

Von einem alten hiesigen Hochgericht zeuget noch der Platz. In der Nähe des Orts brechen gute Werksteine, die sonderlich im Feuer über die Masse dauerhaft sind.

2. Hagen=

2. Hagenhof, liegt nordwärts in geringer Entfernung von Michelbach, war ehmals eine herrschaftliche Viehweide; wurde aber 1550. zu einem Hofgut gemacht. Der hiesige Unterthan wird für einen Söldner gerechnet. Seine Familie besteht in 6. Seelen. Sein Viehestand beträgt 10. Stücke Rindvieh, 17. Stücke Schmalvieh, 6. Stücke Federvieh.

3. Ostwärts von Michelbach, eine kleine halbe Stunde, auf der sandigen Höhe, liegt das so genannte Kohlhäu, welches vielleicht daher seinen Namen hat, weil in diesem Hau ehmals viele Kohlen gebrannt wurden. Es scheint, hier seye das Kohlhofen zu suchen, welches im Jahr 1541. ein nach Michelbach gepfarrter Ort gewesen seyn soll, wie Wibel berichtet. Es muß aber nachher verödet seyn. Das jezt da stehende Wohn- und Scheunen-Gebäude ist erst in neueren Zeiten dahin gesezt worden. Jezt wohnt der im Michelbacher Forst angestellte Jäger da. Seine Familie begreift 9. Personen. Der Viehstand 8. Stücke Rindvieh, 2. Schweine, 5. Stücke Federvieh.

Von hier an bis nahe an Oberfischach ist ein ebener sandiger Bergrücken, mit Wald bewachsen. Auf demselben findet man die älteste Limpurgische Holzpflanzung durch Saamen. Hier wuchsen, so viel man weiß, die ersten Limpurgischen Lerchenbäume auf, die nun auch in andern Försten gezogen werden. Die Pflanzung nahm vom Jahr 1757. ihren Anfang.

4. Buchhorn. Unter diesem Namen werden 6. zerstreute ländliche Wohnungen begriffen, zu

welchen nun ganz neuerlich ein Haus an dem Gaildorfer Wege gekommen ist, auf einer mittagwärts von Michelbach liegenden benachbarten Berghöhe. Es sind hier überhaupt 59. Seelen, davon 34. zu den Familien der hier wohnenden 6. Unterthanen, die für Söldner gerechnet werden, 25. den Hausgenossen und Ausdingern angehören. Deren Viehestand beträgt 50. Stücke Rindvieh, 80. Stücke Schmalviehe, 30. Stücke Federviehe.

Auf einer nordwestlichen Ecke des Bergs, auf drey Seiten steil, lag vorzeiten eine Burg, die Buchhorn hieß, und dem ganzen Berg und allem, was dazu gehört, bis jezt ihren Namen lies. Sie hatte eine angenehmere Lage, als man wohl vermuthet, wenn man den Burgstall nie bestiegen hat. Auf der Morgen-und Mittags Seite siehet man zwar mehrentheils nur auf waldige Reviere hin, aber gegen Abend und Mitternacht ist die Aussicht auf den so genannten Rosengarten und einen Theil des Hohenlohischen, Hallischen und Komburgischen, auch Limpurgischen Gebiets desto schöner, und waren die alten Thürne nur mäßig hoch, so mußte man gegen Mitternacht hin weit spähen können. Sie konnte mit ihrer Zwillings-Schwester, der alten Burg Westheim, die ihr gegen über lag, so daß sie nur das hier enge Kocherthälchen trennte, die Gegend auf- und abwärts leicht beherrschen, und wahrscheinlich sind beyde in dieser Absicht angelegt worden. Eine alte Hallische Chronick sagt, daß hier ein alter heidnischer Thurn gestanden seye. Gewißer ist, daß sie im Jahr 1357. den

Grafen

Grafen von Oettingen zugehört hat, und mit Cransperg in demselben Jahr an Limpurg verkauft wurde. Nicht viele Jahre darnach, im Städtekrieg, soll diese Burg eingeäschert worden seyn. Die Chroniken geben die Zeit der Regierung K. Wenzels an, und auch den Umstand, daß die Burg, weil Räuberey daraus getrieben worden, hätte zerstört werden sollen, die Burgwächter aber, so bald sie die Anstalten des Zugs in Hall erfahren, sie selbst angezündet, und sich davon gemacht hätten. Bis zum Jahr 1535. wurden die Burggüter in Pacht hingegeben, von dieser Zeit an aber, nach und nach die vorhandnen Unterthanen-Güter angelegt. Einer dieser Unterthanen ist in die Ruinen gelagert, und heißt noch der Schloßbauer. Die Burg hatte ein Gebiet. Es soll auch vor Alters, wie Westheim, den Kochergaugrafen zugehört haben; und dies kann wohl seyn.

Die südliche Spize des Bergs heißt noch die Schanze. Gegen Morgen unten am Berg läuft der Madelbach, in einem engen Thal, durch welches sich eine der Strassen von Gaildorf nach Hall zieht. Die Verbesserung dieser Strase ist schon viele Jahre gewünscht worden; sie hat aber ihre Schwierigkeiten.

5. Hirschfelden, ein Dorf nahe am Kocher, westwärts von Buchhorn, eine ehemalige Zugehörde der Burg. Es sind hier 2. Komburgische Unterthanen=Haushaltungen, davon die eine katholisch, die andre evangelisch ist. Einige andre Güter sind dem Ritterstift nur lehenbar.

bar. Die limpurgischen Unterthanen machen 109. die Hausgenossen und Ausdinger 19. folglich alle zusammen 128. Seelen aus. Darunter waren insonderheit 8. Handwerker, 5. ganze, 3. Halb=Bauren, 7. Sölöner, 5. Häußler. Ihr Viehstand bestund in 168. Stücken Rindvieh, 212. Stücken Schmalviehe, 137. Stücken Federviehe.

Die hier befindliche Mühle war ehmals eine herrschaftliche Domäne, ist aber nun auch mit einem Unterthanen besezt. Die alte hiesige Kirche oder Kapelle zu St. Ulrich ist längst abgebrochen worden. Haller Chronicken geben an, daß hier auch ein adelicher Siz gewesen seye; nicht unglaublich ein Burg=und Burghut=lehen. Eine Zügelhütte ist noch hier.

6. **Steinbrück**, liegt nur ¼ Stunde von Michelbach, mitternachtwärts an der Hallischen Straße. Unterhalb einer steinernen Brücke, welche hier über ein Bachwasser führt, steht eine Mühle, seitwärts ein Wirths=und Becken=Haus. Jene wurde schon 1538. dieses 1617. erbauet. Hier wohnen zusammen nur 4. Personen. Man fand hier bey Untersuchung des Viehestands 4. Stücke Rindvieh, 1. Ziege, 4. Stücke Federvieh.

7. **Geschlachten=** (auch wohl Schlechten=) Brezingen, ein Dorf, ½ Stunde von Michelbach, westwärts von der Hallischen Strase. Es sind hier auch Komburgische katholische Unterthanen=Familien; 1751. waren ihrer 11. Haus=

haltung=

haltungen. Andre sonst dißherrschaftliche Güter sind dem Ritterstifte lehenbar. Der hieher gehörigen Einwohner-Seelen sind 76. Davon gehören 64. zu der Unterthanenschaft, 12. zu den Hausgenossen und Ausgedingern. Es sind darunter 2. Handwerker, 6. ganze Bauren, 5. Söldner. Ihr Viehstand betrug 2. Pferde, 110. Stücke Rindvieh, worunter 47. grose Ochsen, 130. Stücke Schmalviehe, 107. Stück Federviehe.

Was hier limpurgisch ist, war ehmals eine Zugehörde der Veste Buchhorn. Die hiesigen Katholicken besuchen den Gottesdienst in Steinbach oder Komburg, woher zuweilen auch ein Geistlicher kommt, hier Katechisationen zu halten. Sie werden aber von Michelbach, wie alle in der Pfarrey befindliche Komburger Unterthanen, als Pfarrkinder angesehen.

8. Rauen-Brezingen, ein Dorf, dem vorigen gegen über, ostwärts, das durch seinen etwas rauhern oder weniger ergiebigen Boden von jenem unterschieden seyn soll. Es hat aber doch auch fruchtbare Feldgüter. Hier sind auch einige katholische Komburger-Unterthanen-Familien; fünfe waren ihrer 1751. Andre Güter sind dem Stifte lehenbar. Der limpurgischen Einwohner-Seelen sind 113. nemlich 78. die zu den Unterthanen, 35. die zu den Hausgenossen und Ausgedingern gehören. Darunter waren 7. Handwerker, 4. ganze Bauren, 2. Halbbauren, 8. Söldner, 5. Häußler. Ihr Viehestand betrug 113. Stücke
Rind-

Rindvieh, 146. Stücke Schmalvieh, 110. Stücke Federvieh.

Limpurg erwarb seine Besizung mit Buchhorn, 1. Gut nachher von Hall. Im Jahr 1037. war auch das Stift zu Oehringen hier angesessen, wie in dem gegen über liegenden Orte. Der Stiftungsbrief hat davon folgende klare Stelle: in duabus villis, que ambo dicuntur Brezzingen due hobe et dimidia.

9. **Oberfischach**, ein Kirch- und Pfarrdorf, auf halbem Wege von Michelbach nach Obersontheim, und von jedem Orte 1. Stunde entlegen. Hier senkt sich die sandige Höhe, die man von Michelbach bis hieher antrift, und man findet wieder lettigen und kalkartigen Boden, wie in dem ganzen Strich, welchen die Fischach bewässert. Dieses kleine Flüßchen kommt hinter Oberfischach aus dem Wald hervor, und fließt durch den Ort. Es sind hier etliche Komburgische Unterthanen-Güter, und mehrere dergleichen Lehen-Güter. Limpurgische Einwohner-Seelen sind 187. vorhanden, davon 6. zur geistlichen Dienerschaft, 143. zur Unterthanenschaft, 38. zu den Hausgenossen und Ausgedingern gehören. Darunter sind 14. Handwerker, 8. ganze Bauren, 4. Halbbauren, 8. Söldner, 7. Häußler. Ihr Viehstand bestund in 4. Pferden, 171. Stücken Rindvieh, 218. Stücken Schmalvieh, 194. Stücken Federvieh. Der Ort hat gute ländliche Gebäude, auch ein Wirthshaus.

Die

Die hiesige Kirche ist alt, wurde aber im dreyßigjährigen Kriege von einer kaiserlichen Partey durch Brand beschädigt, nachher wieder hergestellt. Sie hat erweißlich wenigstens vom Jahr 1585. an, evangelische Lehrer gehabt. Alle limpurgische Unterthanen in dem Bezirk der Pfarrey, auch die Bewohner eines Komburgischen Unterthanenguts zu Oberfischach, zweyer dergleichen zu Rappoltshofen, und dreyer Ellwangischen Güter ebendaselbst, bekennen sich noch zu dieser Lehre, uud machen zusammen 463. Seelen aus; 82 aber sind dermalen katholische auf lauter Komburgischen Unterthanengütern in der Pfarrey vorhanden. Sie sind allmählig zu dieser Anzahl angewachsen; in Rappoltshofen ist ein katholischer Schulhalter, und in Herlebach werden sonntägliche Katechisationen gehalten, durch einen Komburger Geistlichen, der deswegen hieher kommt. Sonst sind diese Leute zum Gottesdienst in Steinbach gewiesen. Limpurg erkaufte hier 1431. ein Gut von einem Prokurator der Brüderschaft zu St. Catharein in Hall; Schenk Erasmus 1546. eines von Schenk Wilhelm zu Gaildorf.

10. Herlebach, (Hörlebach), ein kleines Dorf, oder Weiler, ¼ Stunde nordwärts von Oberfischach. Auſſer einigen Komburgischen Unterthanen, sind hier 130. Limpurgische Einwohner-Seelen, davon 100. zu der Unterthanenschaft, 30. zu den Hausgenossen und Ausgedingern gehören. Darunter sind 3. Handwerker, 4. ganze Bauren, 4. Halbbauren, 7. Söldner, 1. Häußler. Ihr Viehstand betrug 3. Pferde, 129. Stücke Rind-

Rindvieh, 175. Stücke Schmalvieh, 104. Stücke Federvieh. Auch hier hat Limpurg vom Jahr 1420. an, nach und nach verschiedene ausherrische Güter erkauft, als von den Nypergen und Stetten, Bürgern zu Hall, von dem vorgedachten Prokurator der St. Catharein= Brüderschaft, von der Stadt Hall und von Vellberg.

11. **Rappoltshofen**, (insgemein Rappelshofen), ein kleines Dorf oder Weiler, südwärts nur ¼ Stunde von Oberfischach. Auſſer den Ellwangischen und Komburgischen Unterthanen, sind hier limpurgisch 74. Seelen, nemlich 53. die zu der Unterthanenschaft, und 21. die zu den Hausgenoſſen und Ausgedingern gehören. Darunter waren 2. Handwerker, 6. ganze Bauren, 4. Söldner, 1. Häuſſler. Ihr Viehstand begrief 90. Stücke Rindvieh, 131. Stücke Schmalvieh, 93. Stücke Federvieh.

Ein Walther von Suntheim besaß noch 1349. ein Gut, und ein Kraft von Suntheim, Mönch zu Komburg, noch 1380. zwey Güter hier. Sie sind aber, wie andre, die einem von Thalheim und der Stadt Hall angehörten, nachher limpurgisch worden. Im Jahr 1546. hat Schenk Erasmus auch zwey hiesige Güter von Schenk Wilhelm zu Gaildorf erkauft.

12. **Benzenhof**, ein einzelnes schönes Hofgut, oberhalb Rappoltshofen, welches mit wohlgebauten Oekonomie=Gebäuden besezt ist, und über 216. fränkische Morgen in sich begreift. Es

war

war ein herrschaftlicher Hof, welcher bis zu Petri Cathedra 1789. verpachtet war, im September des vorhergehenden Jahres aber an 2. Kammer-Unterthanen, unter bestimmten jährlichen Abgaben, und mit Vorbehalt des Zehenden verkauft wurde. Unter dem Hofbeständer waren 10. Menschen hier. Dessen Viehstand bestund in 1. Pferd, 12. Ochsen und Stieren, 6. kleinen Stieren, 6. Kühen, 3. Kalben, 6. Kälbern, 2. Schweinen, 47. Schaafen, 16. Stücken Federvieh.

Schenk Erasmus erkaufte diesen Hof im Jahr 1543. von gewissen Mollischen Erben um 850. Gulden. Er war aber dem Stifte Komburg mit Gült und Handlohn verwandt, wovon ihn der Schenk durch einen Ersaz von gleichem Werthe im folgenden Jahre frey machte. Jezt ist der Hof unter obgedachten Bedingungen um 11,600. Gulden verkauft.

13. Das Fallhaus auf dem Reschbühl, oberhalb der Beutenmühle, ist schon bey dem Antheil Limpurg-Sonheim-Obersontheim bemerkt worden. Des hiesigen Scharfrichters Familie begrief 8. Personen; dessen Viehstand 2. Pferde, 4. Stücke Rindvieh, 5. Stücke Federvieh.

14. Zur Geographie des mittlern Zeitalters gehört folgendes:

Im Wald oberhalb Michelbach, dem Fischachthal zu, lag nach Wiedemanns Anzeige, die Crusius seinen Annalen einverleibt hat, (P. 2. L. 8.

l. 8. c. 3.) ein altes festes Schloß, mit Namen Entzsewe. Es benannte sich davon ein edles Geschlecht, das man aber nicht mit den alten Herrn von Endsee verwechseln muß, die ihr Castrum bey Rothenburg an der Tauber gehabt haben. (Uffenh. Nebenst. 9. Stück. S. 1167. und 4. St. S. 222.) Man weiß, daß ein Konrad von Entsew, oder Entsewe im Jahr 1215. Abbt zu Komburg gewesen; wie aber das Schloß Entsewe zubrochen wurde, sagt eine alte Haller Chronick, will niemand davon wissen.

15. Um der Nachbarschaft willen verdient noch der, zwar auf Komburgischem Boden liegende, Einkorn bemerkt zu werden. Dieser ziemlich hohe Berg erhebt sich in der Nähe von Michelbach, ostwärts hinter Rauen-Brezingen. Er ist mit einer Wallfahrts-Kirche zu den 14. Nothhelfern besezt, welche weit gesehen wird, und den Wandrern zu einem Zeichen dienen kann. Man hat hier eine ungemein schöne Aussicht in die umliegenden Gegenden.

Das zu dem Amte Michelbach schöne Waldungen gehören, ist oben schon gesagt worden. Auch der Jagd-Bezirk ist ansehnlich. Einige Gefällen auſſer den Gränzen des Amts gehören auch hieher.

Note.

Die Ortschaften unter Nro. 9. 10. 11. 13. sind durch die lezte Landestheilung zu dem Amt Michelbach von dem Amt Sontheim gekommen. Die übrigen machten vor derselben das Amt Michelbach aus.

IX.

IX.
Die
Herrschaft Limpurg-Speckfeld.

§. 1.

Name.

Diese Herrschaft hat ihre Benennung von dem Schloß Speckfeld, fast mitten in Franken, um welches auch der beträchtlichste Theil derselben herliegt. Der Ursprung des Namens jener Burg aber ist wahrscheinlich in dem setten Erdreich der Gegend zu suchen.

§. 2.

Lage. Gränzen. Umfang.

Sie ist in Ansehung der Lage zerstückt. Der größte Theil derselben, worinn das Bergschloß Speckfeld selber liegt, ist von dem Bisthum Wirzburg, dem Fürstenthum Brandenburg-Onolzbach und der Grafschaft Kastell umgeben; ein andrer Theil, worinn Sommerhausen und Winterhausen liegen, am Mayn, nicht weit von der Stadt Wirzburg, ist überall von dem bischöflichen Gebiet umschlossen; ein dritter kleinerer Theil, nicht weit von der Stadt Uffenheim, liegt auf der Gränze des Wirzburgischen und Onolzbachischen Gebiets. Diese drey Theile betragen zusammen beyläufig 2. Quadrat-Meilen.

§. 3.

Erzeugnisse. Handel.

Das Amt Markt-Einersheim, und das von Gollhofen liegen beyde in einer fruchtbaren Ebene, das Amt Sommerhausen aber diß- und jenseits des Maynflußes in einem weiten Thale, welches auf beyden Seiten durch hohe Berge begränzt wird. Die vornehmsten Erzeugnisse sind treflicher Wein, der von
Som-

Sommerhausen den Namen führt, viel Getraide, und vorzügliche Obstarten. Bey Sommerhausen wächst eine Art Frühweichsel, die besonders geschäzt wird. Mit diesen, wie auch mit Zwetschgen und anderm Obst wird ein einträglicher Handel bis Rotenburg, Nürnberg, Bamberg und Wirzburg getrieben. Ausser dem Landbau bestehet die Nahrung der Einwohner vornemlich im Wein- und Getreide-Handel. Hiezu haben sie auch vermöge der Lage des Landes alle Bequemlichkeit. Vermittelst des schiffbaren Mayns ist das Verkehr mit Frankfurt, dem ganzen Rheinstrom und Holland sehr leicht. Durchs Amt Markt-Einersheim gehet die stark befahrne Strase zwischen Frankfurt und Nürnberg; durch Gollhofen die Landstrase von Uffenheim nach Ochsenfurth. Beyde sind chaussirt, und in recht gutem Stand. An Holz ist kein Ueberfluß, weil die zur Forsten Neundorf gehörigen, in Laubholz bestehenden Waldungen, wenn sie auch hinreichend wären, der Entlegenheit halber die ganze Herrschaft nicht einmal versehen könnten.

§. 4.
Volksmenge. Unterthanen.

Die gegenwärtige Volksmenge der Herrschaft Speckfeld lässet sich nicht so detaillirt, wie in den schon beschriebenen Limpurg-Gaildorf- und Sontheimischen Landesantheilen angeben, weil keine neuere Volkszählungen von derselben bekannt sind. Jedoch kann man dieselbe aus der Anzahl der Unterthanen, die im Jahr 1772. wirklich angesessen waren, beyläufig berechnen. Es befanden sich nemlich damals, nach der bey der Speckfeld- und Sontheimischen Landes-Abtheilung zum Grund gelegten Angabe

in

in dem Amt Sommerhausen 429.
in dem Amt Markt-Einersheim 198.
in dem Amt Gollhofen   107.

folglich in der ganzen Herrschaft   734. Unterthanen.

Rechnet man nun auf jeder dieser Unterthanen-Familien überhaupt 6. Personen oder Seelen, welches nicht zu viel seyn wird, wenn man zumal die Familien der sämtlichen herrschaftlichen, weltlichen und geistlichen Dienerschaft, der Ausgedinger und Schuzverwandten, als darunter begriffen annimmt, so wären nach dieser Voraussezung

in dem Amt Sommerhausen   2574.
in dem Amt Markt-Einersheim 1188.
in dem Amt Gollhofen   642.

in der ganzen Herrschaft   4404. Seelen.

Wahrscheinlich beträgt aber auch der Zuwachs seit dem Jahr 1772. eine ziemliche Summe.

Folglich kämen auf eine Quadratmeile etwas über 2000. Menschen, ein Verhältnis, welches demjenigen in der Grafschaft Limpurg an den Schwäbischen Gränzen im Ganzen ziemlich gleich ist.

Die Baurengüter sind meistens bona censitica, darunter wohl auch Erblehen, aber keineswegs, wie in der Kochergegend, bona vitalitia, oder Fall- und Bestand-Güter. Leibeigene sind hier gar nicht zu finden. Die Matrikular-Summe der Herrschaft ist schon im 1. Theil angegeben.

§. 5.

§. 5.

Geschichte der ältern Landesherrn.

Ehedessen hat sich eine besondre edle Familie von Speckfeld geschrieben. Es kommen davon in sichern Documenten vor

A. 1226. Wasmudus de Speckveld, in Uffenheim Nebenstunden, B. 1. S. 203.

A. 1242. Conradus de Spekuelt und dessen Söhne Wahsmud und Godfrid, eben daselbst,

A. 1291. Nobilis vir Godfridus de Specvelt, als fide jusfor nebst andern, Alberti et Friderici fratrum Dominorum de Hohenloch, als diese ihr Castrum in Ergersheim cum hominibus an den Johanniter-Orden verkauften. l. c. B. 2. S. 652.

A. 1340. Heinricus de Speckvelt. l. c. B. I. S. 203.

A. 1354. Götz von Speckfeldt. S. 253.

Es ist aber nichts ausführliches von der Geschichte dieses Geschlechts bekannt. Das Prädicat Nobilis vir zeigt ihren freyen Stand an, und dieses vorausgesezt, könnte man vermuthen, daß sie vorzeiten das Castrum Speckfeld oder etwas daran besessen haben, wiewohl sie zulezt zu blosen Vasallen des Hauses Hohenlohe geworden seyn mögen. Wie dem sey, so gehörte ihnen wenigstens im Jahr 1330. das Schloß Speckfeld mit seiner Zugehörung nicht mehr zu. Denn als in diesem Jahr die Hohenlohe-Uffenheimische Linie theilte, so fiel dem einen Bruder Lutzen (Ludwig) von Hohenlohe unter andern auch die Veste Speckfeldt mit seiner Zugehörung zu. Aus dem Theilungsbrief vom gedachten Jahr, welcher in der

Limp.

Limp. Deduction' von Jahr 1714. ausgezogen ist, *) ersieht man, worinn damals die sämtlichen Besitzungen der Hohenlohe-Uffenheimischen Linie bestanden haben, und es wird wohl der Mühe werth seyn, sie hier kürzlich anzuführen. Albrecht, der eine Bruder, ein Geistlicher, der nachgehends im Jahr 1345. Bischof zu Wirzburg wurde, erhielt nemlich zu seinem Antheil 1. die Veste Gailenau, mit Zugehörung, 2. die Veste Vogtsperg, 3. Goßmannsdorf, was Hohenlohe da hatte, 4. einen Hof zu Erlichsheim, 5. und 6. Fuchsstadt und Umpfenheim, was Hohenlohe da hatte, 7. am Reiches-Guth auf dem Mayn und unter den Bergen ein Drittel, 8. am Dorf Gollhofen ein Drittel, 9. am Markt Aw ein Viertheil, 10. Schwebheim, was Hohenlohe daselbst hatte, 11. alle Güter, die Hohenlohe hatte auf dem Wald, die Grafen Conrads von Oettingen waren; der andre Bruder Lutz aber erhielt folgende Vesten: 1. Specksfeld, 2. Schernau, 3. Frankenberg, 4. Landsberg, 5. Uffenheim, 6. Kropfsberg, 7. Hohenlohe, mit allen Dörfern, die dazu von Alters gehörten, mit Leuthen, mit Gülden, mit Kirchsätzen ꝛc. 8. an des Reiches Guth auf dem Mayn und unter den Bergen zwey Theile, 9. das Reyngau **) mit Dörffern ꝛc. 10. am Dorf Gollhofen zwey Theile, 11. u. 12. zu Untern und Obern-Braith, was Hohenlohe daselbst hatte, 13. am Markt Aw drey Theile, 14. die Hölzer hinter Frankenberg und Landsberg, 15. Hemmersheim, 16. Pfahlheim, 17. u. 18. Geilichsheim samt dem Gelaith daselbst. Lutz von Hohenlohe scheint also der erste

*) Seite 42.

**) Dies kann keineswegs der Pagus Rhingowe des mittlern Zeitalters seyn, sondern wahrscheinlich der Strich am Flüßchen Rannach in der Gegend von Uffenheim, Pagus Rangovve sive Rongowe, stricte sensu.

erste gewesen zu seyn, der unter den Hohenlohern Speckfeld zu seiner Residenz machte, und eine Hohenlohe-Speckfeldische Linie anfieng. Da aber durch den Tod seines Bruders Albrechts dessen Antheil auch wieder mit dem seinigen vereinigt wurde, so theilten seine Söhne Gottfried und Gerlach aufs neue. Der leztere bekam insonderheit Uffenheim, verdusserte es aber auch im Jahr 1378. an Burggraf Friedrich zu Nürnberg umb vier und zweinzig tausend Gulden ungerisch und beheimischer Werung, *) weil er keine Kinder hatte. Gottfried, der eine Gräfin von Henneberg zur Gemahlin hatte, pflanzte die von seinem Vater angefangene Hohenlohe-Speckfeldische Linie fort, welche aber, was den männlichen Stamm betrift, in seinem Sohn Johann im Jahr 1411. schon wieder erlosch. **) Des leztern Schwestern, Anna, Gr. Leonhards v. Castell, und Elisabeth, Schenk Friedrichs von Limpurg Gemahlin, erbten seine Verlassenschaft, welche aber nur noch in einem Bruchstücke jener vorangeführten weitläuftigen Besitzungen der Hohenlohe-Uffenheim- und Speckfeldischen Linie bestund. Wie die Castellische Hälfte jener Erbschaft zu der Limpurgischen erkauft worden, und wie sich Limpurg gegen die damaligen Ansprüche der ältern Hohenlohischen noch fortblühenden Linie behauptet habe, ist im ersten Theil an seinem Ort deutlich und hinlänglich ausgeführt.

Von dieser Zeit an ist die Herrschaft Speckfeld beständig bey dem Hause Limpurg geblieben, und hat einer besondern Hauptlinie desselben den Namen

*) Den Kaufbrief s. Uff. Nebenst. B. 1. S. 12.
**) S. das Geschlechtsregister in der Abhandlung über die älteste Limpurgische Stammreihe.

Namen gegeben, welche sich aber zu verschiednen Zeiten wieder in die Linien Sontheim und Speckfeld abtheilte, wovon man ebenfalls im ersten Theil das eigentliche findet.

Die Final=Abtheilung zwischen den hohen Nachkommen und Allodial=Erben beyder Linien geschah aber erst im Jahr 1772. zu Obersontheim, wobey von der Herrschaft Speckfeld die Hälfte des Fleckens Gollhofen, doch mit Ausschluß des Zolls und der Zollstrafen, zu völliger Gleichstellung der Theile zu dem Antheil Limpurg=Sontheim=Michelbach geschlagen worden.

§. 6.
Heutige Landes = Herrschaften.

Die dermaligen Besitzer der Herrschaft Speckfeld sind bereits im 20. Abschnitt der ersten Abtheilung angegeben.

§. 7.
Anmerkung.

Es ist übrigens, wie man auch nur aus Vergleichung mit jenen Gütern siehet, welche 1330. in Theilung kamen, die heutige Herrschaft Speckfeld nur ein kleiner Ueberrest der ehmaligen Hohenlohe=Uffenheim= und nachher Speckfeldischen Stammgüter, wahrscheinlich Trümmer verschiedner Dynastien, wie auch ihre zerstreute Lage anzuzeigen scheint. Es gehörte so gar ehmals das Dorf Sulzbach, oder die Weilerstadt bey Schmiedelfeld in dem Kochergau dazu, *) welches aller Wahrscheinlichkeit nach

ur-

---

*) In der angeführten Limp. Deduction wird aber Sulzbach und die Weilerstadt bey Schmiedelfeld am Hopfenbach verwechselt, wovon bey dem Antheil Schmiedelfeld das nöthige gemeldet worden.

ursprünglich keine Zugehörung der so weit entlegnen Veste Speckfeld, sondern vielmehr, so wie mehrere Orte in dem obern Theil des Kochergaues ein uraltes Erbstück des ganzen Hohenlohischen Hauses war, und erst durch Theilung an die Hohenlohe-Uffenheim- und zulezt Speckfeldische Linie kam.

§. 8.
Zu welchen Gauen im mittlern Zeitalter die Speckfeldischen Orte gehörten.

Sonst lag Speckfeld, die Veste mit den zunächst daran liegenden Orten im Pago Iphigowe, und wie es scheint, auch zum Theil im Pago Rangowe, wie denn die Hohenlohe-Speckfeldische Linie auch wirklich einen besondern District unter dem Namen Reyngau im Besiz hatte, (§. 5.) Winterhausen im Pago Badenegewe, Sommerhausen im Pago Gozfeld, Gollhofen im Pago Gollahagowe oder Gollachgau. Schon die blose Ansicht der schönen Charte von den Gauen des östlichen Franziens im zweyten Theil des Hanselmannischen Werks von der Römer Macht, kann hier überzeugen, und noch mehr die Bestimmung der Gränzen jener Gauen im Text.

§. 9.
Noch etwas von den Schicksalen des Landes.

Die Waffen der Römer sind hieher nie gedrungen, wie Hanselmann im angeführten Werk gezeigt hat, daher man auch in dieser Gegend keine Spuren derselben suchen darf. Dagegen ist gewiß, daß das Christenthum sehr frühzeitig hier eingeführt worden. Dann dem h. Burkard wurde schon die Kirche S. Johannes des Täufers in Gollhofen geschenkt, wie bey dem leztern Orte genauer wird bemerkt werden,

und

und sie mag wohl nicht erst damals erbaut worden seyn.

An dem bäurischen Aufruhr im 16. Jahrhundert nahmen die Landes=Einwohner, gleich andern, grosen Antheil. Peter Goßwein, ein Wirth von Possenheim, diente dabey andern zum Anführer, und half das Schloß Speckfeld plündern und verbrennen. Das lezte widerfuhr auch dem Bruckhof.

Im dreysigjährigen Krieg hat die Herrschaft durch Einquartierungen und Brandschazen von Freund und Feind viel erlitten. Man mußte auch deswegen, weil die Kräften des Landes aufgezehrt waren, einst in Wirzburg 10,000. Fl. aufnehmen, um die Schweden zu befriedigen, welche das ganze Bisthum Wirzburg inne hatten.

Zur evangelischen Lehre bekannten sich die Landeseinwohner frühzeitig, welches um so weniger zu bewundern, da selbst in dem benachbarten Wirzburgischen die Reformation so viel Beyfall fand, und auf der andern Seite die Brandenburgischen Unterthanen sie leicht mit der Liebe zur Reformations=Lehre anstecken konnten, wenn auch ihre Regenten derselben nicht so geneigt gewesen wären, wovon man mehr im 1. Theil nachsehen kann. Seit dieser Zeit ist die evangelisch=lutherische Lehre im Land- ununterbrochen fortgepflanzt worden, wenn man nur die kurze Zeit von 1628. bis 1631. ausnimmt, in welcher den Katholiken die Kirchen zu Markt=Einersheim, Possenheim und Helmizheim eingeräumt werden mußten, und die evangelischen Gemeinden dieser Orte sich zum Gottesdienst in der Schloßkirche zu Speckfeld zu halten genöthiget waren, welches aber durch die Ankunft des Schwedischen Königs, im leztangezeigten Jahr wieder aufgehoben wurde. Andre Religions-Verwandte sind nirgends im Land ansäßig; aber wohl benüzen die Protestanten in Wirzburg die Nähe der Orte Sommerhausen und Winterhausen, und die Bequemlichkeit, auf dem Mayn hieher zu kommen, um da zu beichten und zu communiciren.

§. 10.

Vom Titel und Wappen der ehemaligen Herren von Speckfeld, Hohenlohischen Stammes.

Der Titel der ehemaligen Besizer dieser Herrschaft aus dem Hohenloh-Uffenheimischen Geschlechte, war gewöhnlich Dominus de Hohenlohe, oder Nobilis de Hohenloch, welches in alten Zeiten ein hohes Prädicat war. Der lezte des Hohenlohe-Speckfeldischen Astes wird in deutschen Urkunden genennt: Der Edel Johann, Herr zu Hohenlohe. Ihr Wappen enthielt entweder die zwey Hohenlohischen Leoparden, mit einem Pfauen-Schwanz auf dem Helm, oder nur einen einzelnen grosen Löwen, oder auch die Leoparden, mit einem seine Flügel schwingenden Adler auf dem Helm. *) Es wurde folglich von wegen der Veste und Herrschaft Speckfeld insonderheit, weder ein besondrer Titel noch ein besondres Wappen geführt. Daher auch nachher das Haus Limpurg, welches dem von Hohenlohe im Besiz von Speckfeld nachfolgte, um desselben willen, auch weder in seinem Titel noch in seinem Wappen etwas veränderte oder beysezte.

§. 11.

*) Die beyden ersten sind in Siegeln vorhanden. Uff. Nebenst. B. 2. S. 640. und 643. das dritte in unsrer Kupfertafel IV. 2. zu sehen, wie es ein altes steinernes Monument im Ritterstift Komburg, in der äussern Schenken-Kapelle darstellt.

§. 11.

Weltliche und geistliche Verfassung des Landes.

Die Landes=Herrschaften sind gewöhnlich im Land nicht anwesend. In Sommerhausen befindet sich aber eine Regierungs=Kanzley, unter welcher die Beamten der drey Aemter Sommerhausen, Markt=Einersheim und Gollhofen stehen. Ebendaselbst ist auch ein besondrer Amtsschuldheiß und Rathschreiber, der erstere als Staabhalter, und der andre als Actuarius bey dem Gericht. Rathhäuser sind in allen Orten zu finden, und die alte gerichtliche Verfassung, wie überall in Franken. Zu Helmitzheim ist die Limpurgische Cent, welche sich auch über andre Orte ausser der Herrschaft erstrecket, und von einem Rath als Centgrafen, der gewöhnlich zu Markt=Einersheim wohnt, verwaltet wird. An dem leztern Orte wohnt auch der Forstmeister, der die herrschaftlichen Waldungen unter seiner Aufsicht hat.

Das Konsistorium wird durch den präsidirenden Hof= und Regierungsrath, und den Oberpfarrer, welche Stelle bald mit der Pfarrey Sommerhausen, bald mit der von Winterhausen verknüpft ist, formirt, wo alle geistliche Sachen ihre lezte Entscheidung finden. Pfarreyen sind 1. in Sommerhausen, 2. Winterhausen, in welchen beyden Orten die Gemeinden das Jus denominandi behaupten, 3. in Lindelbach, 4. Markt=Einersheim, 5. Helmitzheim, 6. Possenheim, 7. Gollhofen. Die Speckfelder Kirchenordnung von 1666. wird noch beobachtet. Die Heiligen=Pflegen werden Gotteshauß=Pflegen genennet, ihnen stehen Gotteshauß=Pfleger vor, welche Gotteshauß=Rechnungen führen.

Es folgen die Beschreibungen der drey besondern Aemter.

1. Kellerey-Amt Sommer-und Winterhausen.

1. **Sommerhausen**, ein schöner bemauerter und geschlossener, stadtähnlicher Marktflecken am Mayn, und zwar an dessen rechtem Ufer, oder an der Sommerseite, woher ohne Zweifel der Name kommt, oberhalb der bischöflichen Stadt Wirzburg. Die Einwohner haben ihre gute Nahrung, theils von dem starken und vortreflichen Wein- und Obstbau, theils von dem stark befahrnen Maynfluß, welcher zum Handel alle Bequemlichkeit verschaft. Auch gehet die Ochsenfurter Poststraße durch den Ort. Es ist ein altes Schloß hier, welches gewöhnlich die Kellerey genennt wird, und ordentlich von keiner Landesherrschaft bewohnt wird, ausserordentlicher Weise aber, wenn solche dahin kommen, denselben zur Wohnung dient. Graf und Schenk Georg Eberhard von Limpurg, der Stammvater des neuern Hauses Limpurg-Speckfeld ist den 15. April 1705. hier gestorben, und auch in der hiesigen Kirche begraben. Die Regierungs-Kanzley und das Konsistorium der ganzen Herrschaft, ein dem hiesigen Amt vorgesezter Rath und Amtmann, ein Amtsschuldheiß und Rathschreiber, ein Pfarrer, und zuweilen, wie schon bemerkt worden, auch der Oberpfarrer haben hier ihren Siz. Zu den öffentlichen Gebäuden gehören auch ein schönes Rathhaus und ein Waisenhauß. Es sind hier Jahr- und Wochenmärkte. Die Geschichte der hiesigen Pfarrkirche ist von Oberpfarrer Eber im Jahr 1740. aus Gelegenheit der Einweihung eines neuen

neuen Kirchenbaues besonders beschrieben worden.

2. **Winterhausen**, ein ansehnlicher auch geschloßner Marktflecken, dem vorigen gegenüber, auch am Mayn, auf dem mittäglichen Ufer oder der Winterseite desselben. Der Pfarrer ist zuweilen zugleich Oberpfarrer. Es ist hier auch ein Amtsschuldheiß und Rathschreiber, wie in Sommerhausen. Die Einwohnerschaft hat gute Nahrung.

Das Kloster Heilsbronn hatte in Sommer- und Winterhausen einige Zins- und Gültwein-Gerechtsame, die mit einer Kapelle zu Sommerhausen 1533. käuflich an Limpurg kamen. Ein Philipp Wolfskeel zu Rothenbauer verkaufte 1550. und eine Maria von Rheinstein 1565. auch dergleichen Zinße an die Landesherrschaft.

3. **Lindelbach**, ein Flecken mit einer Pfarrkirche. Diese 3. Flecken, nebst Gollhofen, wurden im Jahr 1483. dem Hochstift Wirzburg kunkellehnbar gemacht. Die Ursache ist an seinem Ort, im ersten Theil, erzählt worden.

Not. Das Dorf **Westheim** ist nach Absterben des Limpurgischen Mannsstammes, als Wirzburgisches Lehen von dem Lehensherrn eingezogen worden.

2. Amt Markt-Einersheim, ehmals das Speckfelder Amt genannt.

1. Das Bergschloß **Speckfeld**, von welchem die ganze Herrschaft, und lange Zeit auch das Amt

Amt dem Namen trug, war zur Hälfte
bischöflich Wirzburgisches, und zur Hälfte bischöflich Bambergisches Lehen. Jener Theil trug
den besondern Namen Frankenland, dieser den
Namen Staigerwald. Beyde sind von den
Lehenherren nach Abgang des Limpurgischen
Mannsstammes, nebst den Zugehörungen, die
ebenfalls lehenbar waren, eingezogen worden,
und das Schloß darauf zerfallen. Es diente
der Hohenlohe-Speckfeldischen Linie geraume
Zeit zum Aufenthalt. In der Schloßkirche
wurde 1673. den 1. Sept. die Stammmutter
des neuern Hauses Limpurg-Sontheim mit
Graf Vollrath getraut.

2. Markt-Einersheim, oder Mark-Einersheim,
ein Marktflecken, in einer schönen, ebenen, frucht-
reichen Gegend, wovon jezt das Amt den Namen trägt. Die hiesige Pfarrkirche enthält
einige Grabstätten von Personen aus dem Limpurgischen Schenken-Hauß. Sonst ist hier
ein herrschaftliches Schloß, und ein dem Amt
vorgesezter Rath und Amtmann, der Forstmeister der Forsten Neundorf, und der Centgraf
über die Limpurgische Cent haben hier ihren
Siz. Durch den Ort gehet die Frankfurter
Land- und Zollstrase, welche chaussirt ist, daher hier ein groser und kleiner Zoll entrichtet
werden muß.

3. Possenheim, ein Flecken mit einer Pfarrkirche
und einer Post. Eine Margareth von Wil-
mersdorf verkaufte hier im Jahr 1498. vier
Güter an Limpurg.

4. Helmiz-

4. **Helmizheim**, ein Flecken mit einer Pfarrkirche, auf welchem eigentlich die vorangeführte Cent haftet. Von einem Seyfried von Cölln erkaufte Limpurg hier 1438. acht eigenthümliche Güter. Dieser Ort ist auch in der Literar-Geschichte merkwürdig, weil der berühmte Lehrer unter den Unitariern, Johannes Crellius, von welchem viele Schriften in der Bibliotheca fratrum Polonorum stehen, hier, wo sein Vater Prediger war, 1590. den 26. Jul. gebohren ist. Seine Stammsverwandte haben sich bis auf die neuere Zeit hier erhalten, sollen aber ihre Geschlechtsnamen in Kreller verwandelt haben.

5. **Neundorf**, ein Dorf, welches im Jahr 1471. von Schenk Wilhelm umb Petern von Tünnfeldt, nebst Zehenden und Schäferey, mit allen Rechten, als frey ledigs unbekümmertes Eigen erkauft worden.

6. **Der alte Speckfelder Hof**, der nach der oft angeführten Limp. Deduction nicht unter den Hohenlohischen Erbstücken sich befunden, sondern nachher erworben, doch aber von Wirzburg als Lehen eingezogen worden.

7. **Der Enzlar-Hof**, welcher 1419. Schenk Konrad, Herrn zu Limpurg, von Hanß Bühle von Helmizheim und Catharina, seiner ehlichen Würthin, vermacht, und vor dem Landgericht zu Wirzburg aufgegeben worden, als ein freyes Gut.

8. **Der Bruckhof**, von Hohenlohe ererbt, dessen Gebäude aber im Baurenkrieg von den Aufrührern Plünderung und Brand erfahren mußten.

Note.

Note. Oberlaimbach gehörte ehmals auch zu diesem Amt. S. unten bey Welzheim.

3. Das Oberschuldheisen=Amt Gollhofen,

welches sonst auch zum Speckfelder Amt gerechnet wurde, bestehet eigentlich in dem Flecken Gollhofen, in alten Urkunden Gollahova, am kleinen Gollachfluß, wovon der Ort und der ganze Gau den Namen hat, nicht weit von der Brandenburgischen Oberamtsstadt Uffenheim gelegen, in einer an Getraide ungemein fruchtbaren Gegend, nemlich in dem vortreflichen Uffenheimer und Ochsenfurter Frucht=Gäu. Es ist hier ein Pfarrer und Oberschuldheiß, und eine eigene bürgerliche Verfassung. Defsentliche Gebäude sind ausser der Pfarrkirche, ein Pfarr= und Schulhauß, ein Amthauß, ein Rathhauß, auch ein alte Kapelle, welche aber nicht gebraucht wird. Die Landstrase von Uffenheim nach Ochsenfurt, welche chaussirt ist, gehet durch den Flecken, daher hier auch eine Zollstatt ist, wozu 2. Benzölle Gollachostheim und Lipprichhausen gehören.

Der Ort kommt schon zur Zeit des h. Burkards urkundlich vor, und hatte schon damals eine dem h. Johannes, dem Täufer, gewidmete Kirche, welche von Karolomann der Wirzburgischen Diöces mit andern unterworfen wurde, — in pago Gollacgeue Ecclesia S. Johannis Bapt. in villa Gollahova. Wibels Hohenl. Kirchenhist. Th. 1. S. 149. und Eckhart de reb. Franc. Or. T. I. p. 391. Eine andre merkwürdige Urkunde, Gollhofen betreffend, liefert der sel. Herr Wibel l. c.

Th. 2.

Th. 2. S. 28. Aus derselben ersiehet man, daß das Stift zu Oehringen gewiße Zinsleute zu Gollhofen hatte, die ihm von seiner Stifterin, der Königin Adelheit übergeben worden. Sie waren von allen Diensten befreyt, mußten aber jährlich 3. Denarios oder den Werth derselben in Wachs zum Altar des h. Peters zahlen. Starb eine Mannsperson von ihnen, so mußte das beste Stück Zugvieh aus seiner Verlassenschaft oder 5. Solidi, starb aber eine Weibsperson, derselben bestes Kleid, welches sie selbst gewoben hatte, (contexuit,) den Brüdern zum gemeinen Nuzen abgereicht werden. Starb jemand ohne Erben, so fiel sein ganzes Vermögen den Brüdern im Stift zu. Die Urkunde ist vom Jahr 1157. Zeugen waren mehrere Grose, und gegenwärtig unter andern Fridericus dux (von Schwaben) adhuc inermis. Man wird also schwerlich mit Zuverläßigkeit einen ältern Besizer von Gollhofen außer dem Hauß Hohenlohe angeben können, so wie auch die oben (§. 5.) angeführte Theilungsacte beweißt, daß der Ort im Jahr 1330. in dessen Händen war, und bekannt ist, daß er von demselben nach dem Tode Johanns von Hohenlohe an das Hauß Limpurg gediehen. Es haben aber auch verschiedne edle Familien, als: Ussengheim, Seckendorf, Stetten, Ehenheim, Sausersheim, Biberehrn, Auerbach, ohne Zweifel Vasallen der Landesherrschaft, Güter daselbst gehabt, laut vieler Urkunden, welche aber dieselbe nach und nach an sich gekauft hat.

Vor der Reformation war der Pfarrer des Orts manchmal auch Dechant, wie denn Mag. Niclaus

Niclaus Rücker, Dech,ant und Pfarrer zu Gollhofen noch 1533. als Procurator der Brüderschaft der Becker in Uffenheim vorkommt. Uff.
Nebenst. B. 2. S. 73. Damals waren auch
die heut zu Tag Brandenburgischen Pfarren
Seuheim und Cuſtenlohr noch filiæ von der
Pfarr Gollhofen, sie wurden aber durch Mark-
graf Georg davon getrennt, und mit eignen
evangelischen Geistlichen versorgt. Uff. Nebenst.
B. 2. S. 610. 629. Im dreißigjährigen Kriege mußte der Ort viel leiden, brannte auch
mehrmal in demselben gänzlich ab. Seit 1772.
gehört die Hälfte desselben, zum Antheil Limpurg-Sontheim-Michelbach, in der oben be-
schriebnen Grafschaft Limpurg. Nach dem
Theilungsplan waren damals in Gollhofen
überhaupt 107. steuerbare Unterthanen, und
103. Unterthanen-Häuser.

Note.

Nach dem Absterben des Limpurgischen Mannsstammes wurde die Herrschaft Speckfeld durch
Einziehung mancher Lehenstücke, so wie nachher durch Ueberlassung mancher andrer eigenthümlichen Zugehörden an Brandenburg
sehr geschwächt, wovon in der Beschreibung
der ehemaligen Besitzungen der Schenken
von Limpurg, an seinem Ort, genauere
Nachricht vorkommt.

X. Ehe-

X.
Ehemalige
Besitzungen des Hauses Limpurg.

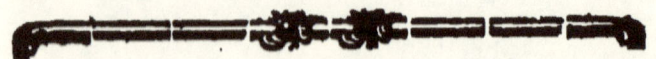

Num. 1.

Schenkenberg, ein Castrum, und die Orte Waldmannshofen, Rietheim, Wolfigshausen, Biberere.

Diese sämtliche Orte trat Schenk Walther im Jahr 1237. an Gottfried von Hohenlohe ab, zum Ersaz für zugefügten Schaden in einer Fehde, welcher auf tausend Mark Silbers und hundert Pfund Würzburger Münz geschäzet wurde. Sie waren theils Eigenthum, theils Wirzburgische und Bambergische Lehen, wie im Cessions-Brief bemerkt ist. Die leztern Orte liegen an der Tauber oder nicht weit davon, und die Veste Schenkenberg mag auch nicht weit davon entfernt gewesen seyn. Zu gleicher Zeit mußte Ludwig von Schipf seine Veste Schipf aus ebenderselben Ursache, in gleichem Werth an Hohenlohe überlassen. Hanselmanns Diplom. Bew. 2. Th. S. 399.

Num. 2.

Hall.

Was Schenk Walther an die Bürger zu Hall für Ansprüche gemacht, ist bereits an seinem Ort vorgekommen. Durch den Vertrag, welchen K. Rudolph I. im Jahr 1280. zwischen ihnen gemacht, wurde die Fehde aufgehoben, und beyde Theile zulezt an den kaiserlichen Landrichter Gottfried von Hohenlohe gewiesen. Es erhuben sich aber nachher gar oft neue Irrungen und gegenseitige Befehdungen, bis im Jahr 1541. das Schloß Limpurg und anderes der Stadt verkauft wurde.

Num. 3.
Schloß Limpurg und anderes.

Das Schloß Limpurg, das nun bis auf wenige Mauren abgetragen ist, hatte eine für einen Dynasten alter Zeit unvergleichliche Lage. Auf seiner rechten westlichen Seite, in sehr geringer Entfernung davon, senkte sich Hall, dieser alte Siz so vieler Edel-Bürger den Hügel hinab, zur linken hatte es das ehmalige gräfliche Schloß, nachmalige Kloster und Ritterstift Komburg, vor sich gegen Mittag eine gähe Höhe bis zum Kocher hinab, gegen Mitternacht eine geräumige Ebene. Seine natürliche Lage machte es fest, und zur Beherrschung der umliegenden Gegend geschickt, so daß man auch mit Stücken in die Stadt spielen konnte. Die Aussicht mußte vortreflich seyn und sehr mannichfaltig. Die Gelegenheit zum Fischen war nahe, und der Ausritt zur Jagd gemächlich, welches nicht der kleinste Reiz für Herren seyn mußte, die ihre Zeit, wenn der Panzer abgeschnallt war, nicht blos mit Zechen ausfüllen wollten. Doch auch die Vergnügungen der Gesellschaft konnte man genießen, ohne seine Ahnen zu entweihen, indem sich nicht nur in dem zur Burg gehörigen Flecken Unter-Limpurg eine gute Anzahl rittermäsiger Leute aufhielt, sondern auch die so genannte Adelstadt so nahe war. Für eine alte Veste lag das Schloß auch recht gut, an 3. Seiten durch einen hohen und steilen, natürlichen Erdwall geschüzt. Nach Mitternacht hin hing es durch eine Art von Erdzunge mit einer geräumigen Ebene zusammen, hatte dahinaus mehr als einen Abschnitt, einen tief in Felsen gehauenen Graben, und gewölbte Gänge, deren Ueberbleibsel die Zeit noch nicht ganz vertilgt hat.

Daß es sehr alt gewesen seyn müsse, beweißt unter anderm der Umstand, daß es auch zum Theil aus dem Grund seiner Baufälligkeit verkauft worden, und zwanzig Jahre nach dem Verkauf die Mauer gegen die Ebne von der Stadt Hall neu aus dem Grund erbauet wurde, weil sie den Einsturz drohete. Im Schloßhof befand sich ein Brunn, zwey und siebenzig Klafter oder 432. Schuhe tief, dem unten am Schloßberg vorbeyfliesenden Kocher gleich, wie man sagte. *) Es konnte also im Fall einer Belagerung das Wasser nicht abgeschnitten werden. Von einem solchen Werk kann man ziemlich sicher auf einen stattlichen Urheber schliesen. Denn die Tiefe desselben betrug nicht viel weniger, als die Höhe des Straßburger Thurns.

Es gehörten zum Schloß auch die Flecken Unter=Limpurg und Langenfeld. Der leztere war in der Gegend des heutigen Langenfelder Thors hart an die Stadt angebaut, wurde aber in einer Fehde, im lezten Viertel des vierzehnden Jahrhunderts niedergebrannt. Unter=Limpurg macht heutiges Tags eine Vorstadt der Stadt Hall aus, gerade unterm Schloß, längst dem Kocherfluß bis an das Stadt=Thor. Dieser Ort hatte während des Schenkischen Besizes eine Frauen=Clause, eine Kapelle, daraus im fünfzehnten Jahrhundert eine Pfarrkirche gemacht wurde, nächst daran ein Spital, von S. Wilhelm, einem Domherrn zu Cölln, Bamberg und Wirzburg († 1475.) gestiftet, wovon bey Obersontheim etwas ausführlicheres gemeldet worden, und mehrere kleinere Burgen oder nach alter Art befestigte Häuser, deren eines Brestenfels hieß, und zum limpurgischen Zollhauß

Aa 2   ge=

---

*) Freylich noch lang kein Königsteiner Ziehbrunn, und nicht ganz ein Viertel so tief, doch wohl immer merkwurdig.

gebraucht wurde, andere aber von edlen Vasallen der Schenken bewohnt waren, als von denen von Schwabenburg, von den Unmusen, denen von Hohenhart, den Recken, Rinderbach, Münzmeistern, Spiesen, Senften, und vielen andern.

Eine fatale Periode wars für Limpurg und insonderheit für den Ort Unter-Limpurg, vom Jahr 1431. bis gegen die Mitte des folgenden Jahrhunderts. Denn in dem langen Zeitraum von 112. Jahren war das Thor, das von der Stadt nach Unter-Limpurg führet, zugemauert. Wer die Lage weiß, kann sich leicht vorstellen, wie sehr dieß den Ort herunterbringen mußte. Dieß und mehr anders hat die Veräusserung des Schlosses Limpurg und der nächstgelegnen Zugehörde zur Folge gehabt. Schenk Erasmus ließ endlich diesen Hauptstein aus der Reihe der Limpurgischen Familien-Kleinode fallen, der von keinem sonderlichen Nuzen mehr für ihn war, und von der Stadt Hall nach damaligen Umständen theuer erkauft wurde. Der Kaufbrief ist gegeben uff Mitwoch nach Petri Cathedra 1541. Der Kaufschilling war nach demselben fünf vnd vierzig Tausend vnd Siebenhundert Gulden Reinischer Gemeiner Landswehrung In Müntz. *)

Verkäufer überließ der Stadt „von seines „beßern Nuz vnd frommen wegen, mehrern „seinen schaden damit zuvorkommen,"

1. das ganze Hauß und Schloß Limpurg mit seinem ganzen Umfang, zwo Scheuren vor dem Schloß,

*) Das Schloß um 42,000. fl. 3,000. fl. für die Oefnung, die den übrigen Schenken zugehörte, das andre Weinkauf der Frauen. Haller Chronik. 9000. fl. mußten gleich erlegt werden. Nachher soll doch Schenk Erasmus die Veräusserung bereut haben.

Schloß, einige Baumgärten, den Thiergarten und Ziegelhütten, den Schenken-See nebst Fischgruben, 112. Morgen Ackerbau, frey eigen, bey 46. Tagwerk Wiesen, die Weinberge, und das kleine Waidwerk in einem gewissen Bezirk,

2. den Flecken Unter-Limpurg, die Burg genannt, samt desselben Herrlichkeit, Gerechtigkeit, Zu- und Eingehörungen ꝛc. 41. Bürger- und Unterthanen-Häuser, deren Besizer benennt werden, mit zugehörigen Gärten und vielen andern Gütern, die zum Theil von Hallischen Bürgern besessen wurden, „welche berürte Güeiter und Gülten frey aigen sein,“ das Umgeld der Burg, die Hälfte der Kelter, (die andre Hälfte war Limpurg-Gaildorfisch,) den Spital mit aller Zugehörung, die Mahl- und Säg-Mühle, samt zugehörigen Gütern und Zoll, zwo eigne Behausungen, die Hofstatt uff der Schütte mit zugehörenden Gärten und andern Rechten und Gerechtigkeiten, den Holzzoll uff dem Wasser, der Kochen genannt, zum halben Theil, (der andre halbe Theil gehörte nach Gaildorf,) ein Stück Fischwasser im Kocherfluß von Steinbach bis an der Schlezen Wasser,

3. Neun und neunzig Morgen, ein halb Viertel Bau- und Brennholz an verschiednen Orten, samt der Forstgerechtigkeit zu Frankenberg,

4. das Pfarrlehen unsrer lieben Frauen Pfarr-Kirchen, unter Limpurg, samt derselben, auch Sanct Margarethen Kirchen zu Sulzdorf Ein- und Zugehörungen, laut Verzeichnisses, für frey ledig recht ꝛc.

5. Die

5. Die hohe Malefiz-Obrigkeit zu oft gemeldter Burg, deren Bezirk beschrieben wird,

6. den halben Theil an den Zöllen und Glaiten zu Hall und Geißlingen, innerhalb bemerkter Gränzen, „doch diß alles den obgedachten Vnsern freundl. lieben Vettern, Ihren Erben vnd Nachkhommen, an Ihrem halbtheil in allweg ohne Nachtheil,"

7. den hohen Wildbann im Dendelbach, dessen Bezirk beschrieben wird; „welche jetzt gemelte drey stückh, nemblich die hohe Malefiz-Obrigkeit zu Vnder Limpurg, die Glaid vnd Zoll zu Hall und Geißlingen, vnd der Wildpann Im Dendelbach von Kayserlicher Mayst. vnd dem Hey. Röm. Reich zu Lehen rühren vnd gehen, „

8. Bernhard und Ludwig von Rinderbach, Philipps Keck und Herr Caspar Faber, (vnser Diener) sollen, so lang sie leben, aller bürgerlichen Beschwerden und Diensten frey auf ihren Behausungen und Gütern in Unter-Limpurg seyn.

9. Mitgesigelt haben auch Carol, Wilhelm und Johannes, alle drey Herrn zu Limpurg ꝛc. als Mitverkäuffer und Bewilliger, wie auch Erasmus der jüngere, und Philipps, auch Herrn zu Limpurg, und Thumb-Herrn der hohen Stift Bamberg, Straßburg und Würzburg.

Zwey Jahre nach diesem Kauf wurde das vermauerte Thor wieder geöfnet; das Schloß Limpurg aber, ob man es schon im Anfang zu erhalten suchte, und im Jahr 1561. noch neue Mauren daran aufführte, endlich bis auf einige Ueberreste abgetragen.

Num. 4.

Num. 4.
Komburg.

Diesem ehemaligen Benedictiner-Kloster, heutigen Ritterstift, von dessen Stiftung und Schicksalen oben schon manches vorgekommen, haben sich die Schenken auf vielerley Weise wohlthätig erwiesen, sie hatten ihr Erbbegräbnis in demselben, und waren lange Zeit dessen Schuz- und Schirm-Vögte. Hier ist der Ort, wo davon noch mehr gesprochen werden kann.

Das Kloster wurde im Jahr 1088. eingeweiht. Nach Graf Burkard von Rotenburg trugen auch seine Brüder Rüger und Heinrich das ihrige redlich zur Begabung des Klosters bey, wie auch ein gewisser Wignand nebst seiner Gemahlin Adelheid, welche beyde von Maynz hieher zogen, ihr Vermögen aufopferten, um theils das Kloster noch ansehnlicher zu machen, theils gegen über auf einem niedrigern Berg ein andres für Klosterfrauen, Klein-Komburg genannt, (welches heutiges Tags die Kapuziner-Väter inne haben,) anzulegen, und darauf der eine in Groß- die andre in Klein-Komburg sich dem Klosterleben selbst widmeten. a) Erstlich alles, was man ausser sich hat, und hernach sich selbst Gott zum immerwährenden Dienst im Kloster-Leben zu weihen, war nach damaligen Ideen Heroismus vom ersten Rang. Daher sind auch ihre Namen sorgfältig aufbehalten worden. Dieser Stifter Gebeine ruhen in der Kirche zu Komburg unter einem grosen vergoldeten

Aa 4 Kron-

---

a) Quellen sind hier das reichhaltige Komburgische Registratur-Buch, Chronicon Rotenburgense mstum, Widemanns geschriebne Chronick, Crusius Annal. Menke Scriptor. rer. germ. und besonders Georgii Uff. Nebenst. I. Band.

Kronleuchter, der gleichsam ein schwacher Abglanz ihrer strålenden Glorie ist.

Die Güter der drey Gebrüder Grafen von Rotenburg in dieser Gegend waren also die erste Grundlage zu dem Vermögen des h. Nikolaus in Komburg, welches nachher durch viele andre Opfer pro remedio animarum reichlich vermehrt wurde.

Es verdient indessen angemerkt zu werden, daß unter den Gräflich-Rotenburgischen Gütern, die an dieß Kloster gegeben wurden, in den ältsten Urkunden manche genennet werden, die heutiges Tags noch Limpurgisch sind, oder es doch ehmals waren, welches durch Verwechselung geschehen seyn muß. So findet man schon im 11. Jahrhundert Fischach (Vischa und Vischaha, ist wohl das heutige Ober-Fischach,) Sulzdorf (Sulldorff und Sullzdorff,) Winzenweiler (Wittenuuillare und Winitzenvvilare,) Markertshofen (Marcuuarteshoven,) Geisertshofen (Giselbrechtshouen,) Gebenweiler (Gebenesvvilare,) und im Jahr 1095. wurden die Zehenden des h. Kilians zu Michelbach und Bresingen dem Kloster eingewechselt. b) Man siehet hieraus beyläufig abermal, daß die Gegend keineswegs im dreyzehenten Jahrhundert noch zu den ungebauten gehörte. c) Nicht zu gedenken, daß sie mit Schlössern und edlen Familien gleichsam besået war, welche von den noch heutiges Tags stehenden Orten Namen führten.

Schuz- und Schirmvögte hat das Kloster gar viele und mancherley gehabt, und es wird wohl

---

b) Georgii Uff. Nebenst. 1. B. S. 1139. 1148. 1143. Winzenweiler hat auch Wibel beym Jahr 1098. 3. Th. Cod. p. 34.

c) Wie Herr v. Ludewig muthmasen wollte. l. c.

wohl der Mühe werth seyn, sie von den ältesten Zeiten her kürzlich anzuführen.

Die ersten waren Graf Rüger und Graf Heinrich von Rotenburg, beyde Brüder des Hauptstifters Burkard. Diese kommen nach einander namentlich als Advocati des Klosters vor. d) Daß aber alle drey Brüder die Schirmvogtey abwechslungsweise versehen haben, und Burkard auch, seines Mönchsstands ohnerachtet, Schirmvogt gewesen, e) dieß ist nicht nur unerweißlich, sondern als Klosterbruder war Burkard der Verwaltung dieser Würde nicht einmal fähig. Eben deswegen weil die Mönche der Welt abgestorben waren, und eigentlich auch keine Waffen führen, noch mit weltlichen Regierungs- und Gerichts-Händeln sich abgeben sollten, bedurften sie eines ansehnlichen Schirmvogts aus dem Grafen- oder Herrn-Stand, der sie im Nothfall mit aller seiner Macht hinlänglich beschützen, sie in auswärtigen Gerichten vertretten, ihre Vasallen und Unterthanen unter dem Panier der Kirche anführen, und in ihrem Gebiet selbst Recht und Gerechtigkeit handhaben könnte. Dieß konnte Burkard nicht mehr thun, da er gleich nach Vollendung seines Klosters die Welt selbst verlassen hatte, und als gemeiner Bruder in seinem Kloster lebte. f)

Eben

d) Rüger noch im Jahr 1096. Heinrich 1108. Mencke l. c. T. III. p. 286. n. p. 393. Uffenb. Nebenst. 1. B. S. 1149.

e) Und mögen diese drey Brüder allem Ansehen nach mit der Advocatia umgewechselt, oder einer nach dem andern solche gehabt haben. Georgii. l. c.

f) In der Stiftungsurkunde oder der Maynzer Bestättigung derselben heißt er daher, in so fern von ihm als Stifter die Rede ist, Dominus Burckardus, zulezt aber nur frater Burckardus. Mencke l. c. p. 490. Uff. Nebenst. 1. B. S. 1132.

Eben so wenig darf man den ersten Abt Hemmo zu einem Mitschuzvogt machen, theils aus erst angeführtem Grunde, theils weil die Urkunde, woraus es ersichtlich seyn soll, in der hieher gehörigen Stelle nichts mehr und nichts minder sagt, als: zur Zeit, da Hemmo Abt und Rugger desselben Orts Schirmvogt war. g)

Gern wählten die Kloster-Stifter Anverwandte zu Schirmvögten, wenn sie nur sonst unverdächtig waren. Daher siehet man hier auch die zween Brüder Burkards, seine und ihre Stiftung beschüzen, wie ihnen dieses Vorrecht auch ohne Zweifel zugesagt wurde, als sie ihre Einwilligung zum Klosterbau und zur Veräusserung ihrer Stammgüter an eine todte Hand gaben. Aber sie mußten es sich doch gefallen lassen, daß man in die Stiftungs-Urkunde eine Stelle einrückte, die ihr Recht zu beschränken schien. „Was die Erwählung eines „Schirmvogts betrift, ist festgesezt worden, daß der „Abt mit Rath seiner Brüder, zu Beschüzung der „Kloster-Freyheit und Gerechtigkeit, einen solchen, „der nicht auf den irrdischen Vortheil, sondern den „ewigen Lohn sieht, wenn er einen so tauglichen „finden kann, ohne jemands Einspruch wählen, „und ihn die hohe Obrigkeit nicht erblich vom König „zu Lehen nehmen lassen soll.„ h) Dieß war wohl

---

g) Hemmone Abbate, Ruggero ejusdem loci advocato. Traditio Alberti de Bielrieth. l. c. Vergl. Collands Versuch einer Wappenerklärung von Hall und Komburg. S. 36.

h) De advocati quoque electione hoc statutam esse notandum est, ut quemcunque Abbas loci illius cum consilio fratrum suorum, ad defendendam Monasterii libertatem et justitiam utilem invenire possit, qui non pro terreno commodo, sed pro æterna mercede hoc patrocinium suscipere velit, hunc absque alicujus contradictione eligat, et bannum legitimum non jure hereditario, eum a rege suscipere efficiat. Mencke und Georgii l. c.

wohl gut gemeint für das Kloster, indessen hätten wohl Auslegungen Statt gefunden, wenn man den Grafen von Rotenburg hätte die Vogtey entfremden wollen. Graf Heinrich, als der lezte seines Stamms starb aber bald nach dem Jahr 1108. in welchem er sein Kloster Klein=Komburg oder zu St. Aegidii vollendet hatte.

 Seine Güter fielen dem Kaiser Heinrich IV. heim, welcher sie seinem Tochtermann Friedrich von Stausen, der schon Herzog im Schwaben war, mit dem Titel eines Herzogs in Franken schenkte. Von diesem kamen sie an seinen Sohn Konrad, der unter dem Namen des Dritten hernach Kaiser worden, und sie wieder seinem jüngsten Sohn Friedrich hinterlies. Dieser Friedrich kommt namentlich als Advocatus des Klosters Komburg unterm Jahr 1156. vor, da durch seine milden Hände der Plaz der alten Burg Hall zu einer Kirche gewidmet, und derselben die vormalige Zugehörde der Burg übergeben wird. i) Es blieb also wahrscheinlich seit dem Abgang der alten Rotenburgischen Grafen die Komburgische Schirmvogtey bey den nachherigen Besizern der Rotenburgischen Stammgüter, aus dem Schwäbischen Herzogs= und Kaiserhauß. Von Herzog Friedrichen, dem so genannten reichen Herzog von Rotenburg, ists, wie schon gedacht, gewiß, von seinen Vorfahren sehr wahrscheinlich, nicht nur weil sie überhaupt Erben der Grafen von Rotenburg, und also auch zu dem erledigten Kloster=Schuz waren, sondern weil es auch
wohl

---

i) Die Sache ist an ihrem Ort oben schon weitläuftig genug angeführt worden. Man merke noch den nicht unwichtigen Umstand, daß Herzog Friedrich im Jahr 1157. noch nicht wehrhaft gemacht war, wie deutlich in einer Urkunde stehet, beym Wibel. 2. Th. Cod. p. 29.

wohl die Mönche nicht thunlich fanden, denselben einem andern aufzutragen, indem diese Schwäbische Herzoge sehr mächtig, vorhin schon nahe Angränzer, die nächsten Verwandten der Fränkischen Kaiser und geltende Prätendenten der KaiserKrone selbst waren. Ueberdieß sagt K. Konrad III. in einem Præcepto, daß er den Komitat Kochengeu, (wodurch er eine dem Kloster ganz nahe liegende Gegend verstehen mußte, weil er befiehlt, daß darinnen das Kloster von keinem benachbarten Grafen ausser dem rechtmäsigen Advokaten mit Gerichten, Frohnen und Schazungen beschwert werden solle,) vor seiner Krönung selbst besessen habe, wahrscheinlich also auch den Klosterschuz dazu, welcher dann von ihm mit den angränzenden Besizungen wohl auf den Sohn übergegangen seyn muß. k)

Als Herzog Friedrich im Jahr 1167. starb, so folgt wohl ganz natürlich, daß jener Kloster=Schuz mit dem übrigen Erbe wieder in eine und ebendieselbe Hand übergegan gen seye. Nun aber weiß man, daß K. Friedrich I. seines Vetters nächster Erbe in allem übrigen gewesen, und den Kloster=Schuz von Komburg treffen wir nach sicherer Urkunde in den Händen seines Urenkels K. Konrad IV. an, welcher ihn

k) Ne comes aliquis vel quisquis fub eo, qui vulgo Walpodo vocatur, ullum placitandi, angariandi, vel aliquas exactiones faciendi, per totam illam Abbatiam, poteftatem habeat, nifi tantum Advocatus, beneplacito Abbatis et Fratrum ejusdem Ecclefiæ inftitutus, hoc autem nominatim per totum Comitatum Kogengeu, quem ante noftram in Regno fublimationem, nos ipfi habuimus, fieri præcipimus, humili autem flexi petitione Hartulci, qui tunc temporis eandem rexit Ecclefiam, inftinctu quoque Waltheri de Lobenhufen et fratrum ejus nos iftud fecisfe fciatis. Mence l. c. T. I. p. 415. Der Komitat Kochengeu hat schon manche beschäftigt, es muß aber ein eingeschränkter Theil des grosen Kochengaues um Hall und Komburg gewesen seyn.

ihn an Schenk Walther von Limpurg pfandweise
überließ. Hier ist allenthalben Uebereinstimmung
und Wahrscheinlichkeit für die angegebne Vermuthung.

Schenk Walther gab im Jahr 1270. die
Schirmvogtey selbst freywillig auf, wie oben mit
mehrerem vorgekommen. Nach ihm war 37. Jahre
lang kein Vogt über Komburg vorhanden, und das
Kloster hatte sich also allein des allgemeinen kaiserlichen Schuzes zu getrösten. Doch mußte dieser
nicht zu allen Zeiten wirksam genug seyn, weil der
Kaiser 1307. dem Stuhl zu Mainz befahl, Komburg zu schirmen. Man erinnre sich, daß der edle
Wignand, Mitstifter von Gros- und Klein-Komburg, von Mainz hieher gekommen, und bemerke,
daß der Stiftungsbrief ausdrücklich das Kloster dem
Erzstift Mainz untergab, in der Absicht, dadurch
am besten zu verhüten, daß der Dienst Gottes in
demselben nicht in der Folge abgethan werden möchte, und man wird nun den Zusammenhang wohl
einsehen. 1) Doch wars dem Erzbischof von Mainz
nicht wohl möglich, das Kloster aus der weiten
Entfernung immer eilfertig und nachdrücklich genug
zu schüzen, die Reichsstadt Hall war dazu gelegner,
und an diese kam auch, vermuthlich mit Bewilligung
des Stuhls zu Mainz, dem seine Oberaufsicht doch
blieb, im Jahr 1318. der Kloster-Schuz. Es gab
aber auch gar bald Händel zwischen dem neuen
Schirmherrn und dem Kloster, die zu einem Krieg
aus-

---

1) Ne unquam a posteris suis, vel quibuslibet personis Dei
servicium deinceps illic destrui posset, propterea Dominus
Burckardus prudenter idem coenobium cum omnibus suis
pertinenciis — Archiepiscopali sedi Maguntinensi subdidit
propria manu sua, — tradendo absque omni contradictione
ad altare S. Martini. Uffenh. Nebenst. Band I. Seite 1122.

ausschlugen, in welchem der Abt Konrad, des Geschlechts von Münkheim, von den Hallern schwer verwundet gefangen wurde, im Jahr 1324. Er kam zwar durch Vermittelung des Erzbischofs Matthias zu Mainz wieder los, m) aber es fehlte so viel, daß diese Loslassung eine aufrichtige Versöhnung und Freundschaft zwischen beyden Theilen bewirkt hätte, daß vielmehr nach der Zeit der Haß heftiger wurde, als noch nie. Der Abt ließ nun durch Bischof Wolfram in Wirzburg Bannstrahlen schleudern. n) Dies geschah im Jahr 1327. Und nicht hieran gesättiget, war er ohne Zweifel auch Ursache, daß die Schirmvogtey seines Klosters der Stadt bald wieder entfremdet wurde. Denn Fröschlin schreibt ferner, daß sie 1333. Kraften von Hohenlohe, und 1335. Heinrichen von Türwang, Landvogt, von K. Ludwig befohlen worden. Doch dieß war nur Uebergang. Mit Abt Konrads Tod lebten die alten Schirmvogtey-Rechte der Stadt Hall wieder auf, und wurden auch von K. Karl IV. im 13. Jahr seines Reichs für gültig erkannt und bestättiget. o) Dieß ist das Jahr 1360. das Todes-Jahr Abt Konrads, der den Hallern seine Gefangen-

m) Cruf. Annal. P. 3. lib. 4. c. 6.

n) Uffenh. Nebenst. Band I. Seit. 975.

*) Diese ununterbrochene Folge der Komburgischen Schirmvögte, die sonst nirgend zu finden ist, habe ich dem Fröschlin zu danken, und kann mir also höchstens nur die Art ihrer Darstellung, wenn sie einleuchtend ist, zum kleinen Verdienst anrechnen. Fröschlin selbst nennt seine Quellen hier nicht besonders. Aber ausser der ehrlichen Miene, die er in seiner ganzen Chronik trägt, und der sorgfältigen Angabe der Zeitrechnung bey den einzelen Veränderungen, die glaublich macht, daß er nach sichern Quellen gearbeitet hat, stimmt auch die lezte durchgehends mit andern Nachrichten schön zusammen, so daß er wohl Glauben verdienen möchte. Crusius gibt Annal. P. 2. Lib. 8. c. 3. die Schirmvögte nur überhaupt, und ohne Ordnung an, die nun durch Fröschlin an einander gereihet sind.

genschaft und Narben so wenig vergessen konnte, und das Antritts = Jahr Abt Heinrichs, genannt Sieder, eines Hallischen Stadtkinds und Patriciers. Man siehet unerinnert, daß dieß alles nicht blos zufälliger Weise geschah. Hall blieb nun Schirmherr des Klosters bis ins Jahr 1485. in welchem der Kaiser Bischof Rudolphen von Wirzburg Schuz und Schirm über dasselbe zu ewigen Zeiten übergab, welcher aber so fort demselben wieder unter gewissen Bedingungen Lehensweise an Limpurg abtrat, wie oben ausführlich erzählt worden. Mit dem Aussterben des Limpurgischen Mannsstamms 1713. kam diese Schirmvogtey wieder an das Bisthum Wirzburg zurück, und ist noch bey demselben.

Num. 5.
Bielried.

Dieses Schloß, zu welchem eine Herrschaft gehörte, lag etwa eine Meile von Hall, ohnweit Kreſſelbach, nicht weit von dem Flüßchen Bühler, daher es seinen Namen erhielt. Man findet schon 1078. einen Adelbertus de Bilriet, der im Kloster Komburg ein Mönch wurde, und demselben sein väterliches Erbgut, die halbe Burg Bielried und viele andre Güter schenkte. Ein Wolframus aus demselben Geschlecht, war in der Mitte des 13. Jahrhunderts Abt zu Komburg. Er wandte dem Kloster das übrige zu. (Wovon das Komb. Registraturbuch, Crusius, Georgii u. a. Nachricht geben.) Wahrscheinlich hat Komburg die ganze Herrschaft Bielried wieder an Limpurg durch Kauf oder Tausch abgetretten. Denn im Jahr 1287. an S. Johannis Tag zu Sonnenwenden, erkaufte sie Lupold der Kuchenmeister von Nortenberg, mit

mit gemeinem Muth und mit gesamter Hand Herrn Friedrichs des Schenken von Limpurg und seiner Würthin Mechtilde und seiner Mutter und seiner Schwester Frau Elisabetha und seines Bruders Herrn Ulrichs. Es heißt in dem Kaufbrief: seine (Friedrichs) Burg Bilried zu rechten eigen gesucht und angesucht, alles das dazu gehört, Leuth und Guth, ohne seine edle Leuth, um 1300. Pfund Heller. Es wurde aber eine zehnjährige Frist zur Wiederlosung gesezt. In diesem Fall sollte Schenk Friedrich oder seine Erben 1300. Pfund Heller und 100. Mark Silber (dies war Heurathgut seiner an Lupolds Sohn Heinrich von Nortenberg vermählten Schwester Elisabetha,) erlegen, und im Fall er die Burg jemand Fremdem zuwenden würde, noch 130. Pf. Heller mehr. Das Pfand wurde nicht gelößt, und blieb den Herren Küchenmeistern von Nortenberg. In der Folge hatte die Burg, und was dazu gehörte, verschiedene Herren, bis es die Stadt Hall in Besitz brachte, zu deren Gebiet es noch gehört.

Num. 6.
Lorbach.

Diese Veste (bey Mosbach im Pfälzischen gelegen,) nebst der dazu gehörigen Herrschaft, hatte Schenk Walther aus der Verlassenschaft Graf Conrads von Dürne (Düren, Durn) an sein Haus gebracht. Schenk Friedrich III. verkaufte sie im Jahr 1409. mit ihrer Zugehörung, an Herrn Johann von Hirschhorn, Ritter, und Standen, Wildgräfin von Daun, seine eheliche Hausfrau, um 4000. Rheinische Gulden, auf Wiederlosung, welches Jahr er er oder seine Erben wollen. Aber die Wiederlosung kam nicht zu Stand.

Weiter unten bey Welzheim wird noch etwas von Lorbach vorkommen.

Num. 7.
Haldenbergstetten.

Dieses Schloß nebst Zugehörungen, war wenigstens zur Hälfte bis 1415. limpurgisch. In diesem Jahr verkaufte Schenk Conrad den halben Theil des Schlosses und Markts Haldenbergstetten, mit allen Zugehörungen, an Cunzen von Rosenberg zu Bocksberg, um 1500. Rheinische Goldgülden, auf Wiederlosung, welches Jahr Schenk Conrad oder seine Erben wollen, nach 2. Monate vorher geschehener Aufkündung. Indessen ist auch diese Wiedereinlösung nie zu Stande gekommen. Heutiges Tages gehöret diese unmittelbare Reichsherrschaft dem fürstlichen Hause Hatzfeld, wird aber zum Canton Odenwald gerechnet. Was oben ein Markt heißt, ist heutiges Tags die kleine Stadt Niederstetten, am Flusse Vorbach, wo eine fürstliche Regierung, ein Oberamt, eine evangelische Kirche und ein Decanat über vier evangelische Pfarrkirchen ist.

Num. 8.
Hohenstaufen mit Zugehörungen.

Das Schloß Hohenstaufen, auf dem Gipfel des Staufer-Bergs, von dem Kloster Lorch ohngefähr eine Meile Wegs südlich, zwischen der Reichsstadt Schwäbisch-Gmünd und der Wirtembergischen Landstadt Schorndorf liegend, der bekannte Stammsitz des von demselben benannten sehr berühmten Geschlechts, welches lange Zeit die schwäbische Herzogs- und römisch-deutsche Königs- und Kaiser-Würde getragen hat, kommt hier nur in Betrachtung, in wiefern es eine Zeitlang auch dem Hause Limpurg zugehörte. a)

Man hat ehedem darüber streiten können, ob es nicht von Graf Eberhard dem Durchlauchtigen von Wirtemberg, in den trübseligen Zeiten des Interregni auf irgend eine unbekannte Weise mit seinen Erblanden vereiniget worden. b) Daß dieser nie erwiesene und schon längst genugsam abgefertigte Vorwurf, auch mit der gleichzeitigen Geschichte streite, beweiset der limpurgische Besiz von Hohenstaufen und dessen Zugehörungen. Schenk Walther versezte nemlich im Jahr 1274. dieses Schloß mit Gütern und Leuten seinen Tochtermann Ulrich von Rechberg. Der Pfand-Brief ist datirt apud Urbach. Anno Domini MCCLXXIIII. prid. Calend. Maii. Folgende Hauptumstände werden daraus anmerkenswerth seyn:

1.) Schenk Walther versezt Schloß und Herrschaft mit Bewilligung seiner Brüder, seines Sohns (Friedrichs nemlich, des einzigen, der hauptsächlich ein Interesse dabey hatte, weil die beyden andern Söhne geistlich waren,) und seiner andern Erben. Also wurde Hohenstaufen als ein gemeines dem limpurgischen Hause zugehöriges Erbgut angesehen.

2.) Es

---

a) Crusius hat in seinen Annalen die Lage des Schlosses, und die Ueberbleibsel desselben, so wie sie noch zu seinen Zeiten zu sehen waren, gar eigentlich beschrieben. Man sehe P. 3. l. 12. c. 35.

b) In den Schwäb. Merkwürdigkeiten stehet ein besondrer Aufsaz über die Konradische Erbschaft, und was insonderheit hieher gehört, Seite 322.

2.) Es heißt darinn ferner: mit allen unsern Besizungen und Leuten, auf der andern Seiten des Flusses Raemse, auf welche Weise sie uns zugehören mögen, samt dem Patronatrecht der Kirche in Giengen. Also besaß es Schenk Walther mit der völligen Landeshoheit, indem auch die adelichen Dienstleute mit dazu gehörten.

3.) Die Versaz=Summe war nur 450. Pfund Heller. Es wurde aber dabey bedungen, daß Er oder seine Nachfolger um dieselbe Summe das Pfand wieder einlösen könnten, und alsdann jene Besizungen wieder frey zurückkommen sollten. Doch wenn diese sie verkaufen wollten, so sollte sie niemand kaufen können, als die von Rechberg, oder ein andrer mit ihrer Verwilligung, und alsdann sollte es auf weitere Uebereinkunft oder den Ausspruch der Schledsrichter ankommen, was noch darauf zu legen wäre. Man kann also aus der geringen Versaz=Summe nicht auf Unbeträchtlichkeit des Versezten schliesen.

4.) Schenk Walther verspricht dabey für sich und seine Nachfolger alles mögliche anzuwenden, daß ein solcher Kauf von K. Rudolph genehmigt werde, und sollte derselbe einige Jurisdiction auf denselben Besizungen behaupten, die Gebrüder von Rechberg durch ein Aequivalent von andern seinen, ihnen näher liegenden Gütern schadlos zu halten. Die Besorgnis war also schon in der Nähe, der König möchte wenigstens einen Theil des Versezten, als heimgefallnes Reichs=Lehen oder königliches Domänengut ansprechen, ob es schon der Schenk eigentlich nicht zugibt, sondern nur auf jeden Fall Gewährschaft leistet.

5.) bedinget er sich, daß die von Rechberg, bey sich ergebendem Fall, das Pfarr-Lehen in Giengen einem solchen, den er vorschlagen würde, leihen müßten. Den Pfandbrief haben viele Edle aus der Nachbarschaft, nemlich von Rechberg, von Stühlingen, von Uggingen, von Husen, von Urbach, von Ebersperg, von Hundersingen, auch ein Eberwinus Vænerius Cives de Gamundia als Zeugen bekräftigt, Schenk Walther aber, sein Tochtermann Ulrich von Rechberg und dessen Bruder Johann besiglet. Folglich war diese Verpfändung eine öffentliche redliche Handlung, und der limpurgische Besiz von Hohenstaufen und Zugehörde auch nicht Usurpation, indem es sonst weder Ulrich von Rechberg, der etwa das Heurathgut seiner Gemahlin daran einnahm, so leicht angenommen, noch so viele benachbarte Personen vom ersten Rang durch ihre Zeugschaft, als rechtmäsig in die Hände derer von Rechberg übergegangen, gleichsam mitgewährt haben würden.

Man darf sich aber nur erinnern, in welch vielfachem Zusammenhang Schenk Walther mit dem Hohenstaufischen Hause gestanden, um es wahrscheinlich zu finden, daß ihm entweder schon K. Konrad IV. den Besiz von Hohenstaufen für seine viele Vorschüsse und kostbare Dienstleistungen überlassen, oder er selbst gleich nach dessen Tode mit Hülfe der Benachbarten darnach gegriffen habe, um sich bezahlt zu machen, wenigstens hat Konradin dieß Schloß

mit

mit seiner Herrschaft selbst nicht mehr gehabt. c)
Immer erregt es eine nicht geringe Idee von Schenk
Walthers Macht und Ansehen, daß er Hohenstau‍fen bis 1274. besitzen, und die Gewährschaft darüber
mit einem unstrittigen Aequivalent, das denen von
Rechberg noch gelegner wäre, leisten konnte.

Wie lange aber hierauf Rechberg Hohenstau‍fen besessen, ob es König Rudolph an sich gezogen,
ehe es die Schenken vollends durch Kauf abgetret‍ten, oder ob der Kauf richtig worden, das Haus
Oesterreich aber dasselbe von Rechberg wieder erkauft,
oder durch andre Handlung an sich gebracht habe,
ist noch dunkel. d) Wenigstens ist so viel klar, daß
Graf Eberhard der Durchlauchtige von Wirtemberg,
es weder Konradinen bey seinem Leben entzogen,
noch unmittelbar nach seinem Tode in Besitz genom‍men hat.

Die ganze Urkunde, so wie sie Fröschlin in sei‍ner handschriftlichen Chronik gibt, ist von Wort zu
Wort folgende: e) Nos Waltherus Imperialis
aulæ Pincerna de Limpurg notum esse volumus
universis, quod nos de consensu fratrum, filii nostri
et aliorum hæredum nostrorum Turrem nostram
in Stauffen, et aream quod vulgo dicitur Burgsez
cum omnibus possessionibus et hominibus nostris
sitis ex altera parte fluvii, qui dicitur Ræmse
quocunque modo nobis pertinentibus, cum jure
patronatus Ecclesiæ in Giengen, VI. genero

nostro

---

c) Man sehe nur Herrn Hofrath Schmidts Geschichte der Deut‍schen, Th. 3. S. 88. wo unter den geringen Ueberbleibseln der
Hohenstaufischen Herrlichkeit schon kein Hohenstaufen mehr ge‍nennt wird.

d) Sattlers hist. Beschr. Wirt. II. S. 168.

e) Die Abschrift ist zwar nicht diplomatisch genau, aber der In‍halt hat vieles aus der gleichzeitigen Geschichte für sich.

noſtro de Rechberg f) et Johanni fratri ſuo et
caeteris fratribus ſuis et eorum ſucceſſoribus eo
jure, quo haƈtenus ea posſedimus, pro quadrin-
gentis et quinquaginta libris Halln. obligavimus,
tali interpoſita conditione, quod cum prædiƈtos
fratres cum ſumma memorata, vel nos vel etiam
noſtri ſucceſſores commonuerimus, eædem poſ-
ſeſſiones ad nos et noſtros ſuccesſores libere
velut ante redibunt. Hoc tamen adjeƈto, quod
ſi præfatas poſſesſiones noſtras vendere nos con-
tigerit, nulli omnino nobis ipſas vendere liceat,
niſi partibus memoratis, aut alioni de conſenſu
ipſorum; ipſique fratres aut eorum ſucceſſores
ſummam pecuniæ, quam discreta proviſio ac ar-
bitrium fidele discretorum virorum videlicet domini Conradi de Rechberg g) memoratorum
fratrum patrui et domini Benediƈti de Urbach h)
militum decreverit, ſuperaddere tenetur. Nos-
que autem et noſtri ſucceſſores eandem emtio-
nem ex parte apud Sereniſſimum Dominum
Rudolphum Dei gratia Regem Romanorum et
ſemper Auguſtum ratam et gratam habiturum
(ſo ſteht in der Abſchrift,) pro noſtra poſſibilitate
pro-

f) Die noch blühenden Freyherren (auch Grafen) von Rechberg aus
dem Hauſe Calatin, deren Stammhaus Rechberg in der Gegend
von Schwäbiſch-Gmünd liegt, hatten ehemals ſehr weitſchichtige
Beſitzungen. Daß ſie Hohenſtauffen im Beſitz hatten, wußte ſchon
Cruſius, ob er ſchon das eigentliche Jahr und die Art der Er-
werbung nicht angeben kunnte. Annal. P. 3. lib. 1. c. 4. Ulrichs von Rechberg gedenkt er ums Jahr 1272. l. 2. c. 22. des
Johannes von Rechberg, mit dem Zunamen Ritter von Stauf-
feneck l. 12. c. 1.

g) Dies iſt wahrſcheinlich der Conrad, den Cruſius bey dem Jahr
1270. anführt. l. c. lib. 2. c. 21.

h) Von dem Oberurbach benannt, einem Wirtembergiſchen Flecken
im Ramsthal oberhalb Schorndorf. Daß um dieſe Zeit und
lange nachher Edle von Urbach gelebt haben, iſt vermög vieler
Nachrichten auſſer Zweifel.

procurare tenemur, Profitemur item omnes pariter et protestamur, si forte praefatus Dominus Rex quicquid iurisdictionis in eisdem possessionibus obtinuerit, per quam iidem fratres sua pecunia et jure ipsis ex memorata nostra obligatione congruenti frustrati fuerint, ipsa bona memoratis fratribus, et eorum successoribus per alia nostra bona istis aequivalentia et eisdem fratribus magis adiacentia nos refundere debere. Adiecimus etiam quod quanquam Jus patronatus Ecclesiae in Giengen i) ipsis fratribus et eorum pertineat successoribus, iidem tamen fratres una tantum vice et non amplius, videlicet cum pro se locus obtulerit, et facultas, eandem Ecclesiam ad nostram petitionem conferre tenentur, in cuius rei testimonium praesentes conscribi fecimus, et Sigillorum videlicet nostri et fratrum praedictorum munimine roborari. Huius rei testes sunt hi, videlicet Dominus Hilt. de Rechberg, Archid9 Auge et Conradus frater suus, k) Dominus frater dictus Herter, l) Dominus Eglolfus de Stuh=

i) Das Haus Wirtemberg besitzt dieses Patronatrecht noch, und vermutlich ist es mit Hohenstaufen immer in eine und dieselbe Hand übergegangen.

k) Der Archidiaconus zu Augspurg, dessen Namen in der Urkunde nur mit den Anfangsbuchstaben ausgedrückt ist, ist wahrscheinlich der Hiltebrand von Rechberg, dessen Crusius (l. c. lib. 12. c. 1.) bey dem Jahr 1200. gedenket. Wenn er nemlich damals Kind war, konnte er ja wohl 1274. noch leben. Er gedenket auch gleich darauf wieder eines Hiltebrands, als Bruders Bischofs Siegfrieds von Augspurg, der 1227. starb. Conrad, dessen Bruder ist wohl ebenderselbe, der im Text als Patruus Ulrici und Johannis vorkommt.

l) Crusius führt bey dem Jahr 1274. einen Conrad, Herter genannt, an, der in demselben Jahr dem Frauen=Kloster Kilperg einen Zehenden schenkte. P. 3. lib. 3. c. 1. Ausserdem kommt diese adeliche Familie noch oft vor.

Stuhlingen, m) Dominus Dietmarus de gingen, n) Dominus Ruggerus de Hufen, milites, Dominus frater Decanus de Urbach, Otto de Ebeyfperg, q) Rudolphus de Hunderf gen, r) frater de Vrbach & Dietherus frat fuus, Conradus junior de Rechberg, s) Ebe winus Vænerius Cives de Gamundia et alii qua plures. Acta funt hæc apud Urbach Anno Domi MCCLXXIIII. prid. Calend. Maii.

Num. 9.

m) Von Stühlingen benannten sich ehemals Herren und Grafen. Einige derselben aus dem Zeitraum der Urkunde führt Sattler in Beschreibung des Amts Tuttlingen an, welcher auch berich= tet, daß die Herren von Lupfen die Grafschaft lange Zeit be= seßen haben. Heutiges Tags besizt das Haus Fürstenberg das Land, führt es auch als eine Landgrafschaft im Titel.

n) Icklingen (Jaggingen) liegt im Umfang des Gebiets der heu= tigen Reichsstadt Gmünd, gehört aber auch zum Theil dem Wirtem= bergischen Kloster Lorch zu. Das edle Geschlecht, das sich davon benannte, hatte Antheil an dem Gmünder Stadt = Regiment. Cruf. Annal. P. 2. l. 9. c. 4.

o) Einen Rutmannus de Hufin führt Sattler schon unterm Jahr 1095. an. Hift. B. W. II. S. 78.

p) Da hier eines Dechants und ferner eines Bruders von Urbach gedacht wird, so scheint eine geistliche Fraternität oder ein Stift in Urbach gewesen zu seyn.

q) Dieser Otto von Eberfperg, wird nebst seinem Bruder Albrecht, in eben diesem Zeitraum, von Sattlern angeführt. (H. B. W. I. S. 137.) Sie hatten in der Gegend von Welzheim, dem so genannten Nibelgow, Besizungen, und verziehen sich ge= meinschaftlich zu Gunsten des Klosters Lorch, der Advokatie darüber. Ihr Stammschloß, heutiges Tages Wirtembergisch, liegt ohnweit Backnang. Das Geschlecht gieng mit dem 14. Jahrhundert zu Ende.

r) Auch die Herren von Hunderfingen waren nicht von geringem Adel; sie hatten vielmehr aus diesem ihre Ministerialen. Sattl. H. B. W. I. S. 120. Die Burg Hunderfingen, die in der Gegend von Urach lag, kam 1352. käuflich an Wirtemberg.

s) Dieser Conrad, der jüngere von Rechberg, ist wahrscheinlich jenes ältern Conrads, des patrui der Pfantinhaber, Sohn. Denn daß jener Conrad von Rechberg, der ums Jahr 1270. lebt, einen Sohn gleiches Namens Domherrn zu Augsburg, ge= habt habe, sagt Crufius ausdrücklich P. 3. l. 2. c. 21. Wegen seiner Jugend stehet er vermuthlich so weit unten.

Num. 9.
Adelmannsfelden nebst Zugehörung.

Dieser Ort ist durch die alte berühmte Familie der Freyherrn Adelmann von Adelmannsfelden, welche davon ihren Zunamen tragen, bekannt genug. Man findet schon unterm Jahr 1236. in einer Urkunde des Klosters Adelberg, wodurch demselben ein angefochtenes Vermächtnis coram iudice septima manu ministerialium Imperatoris zugesprochen wurde, unter den astantibus *ministerialibus Imperii* gleich vornen an, einen Siferidum de Adelmanesvelde. J. J. Mosers Schwäb. Merkwürdigkeiten. Seit. 698. Und es kann nicht bezweifelt werden, daß dasjenige Adelmannsfelden gemeinet sey, welches zwischen den Limpurgischen und Ellwangischen Gränzen liegt, da die Freyherrn von Adelmann in dieser Gegend auch andre ansehnliche alte Stammgüter besizen.

Indessen gehörte dieses Gut a) bereits um die Mitte des vierzehenten Jahrhunderts dem gräflichen Hauß Oettingen zu, welches dasselbe im Jahr 1361. an das Gotteshauß und Abtey Ellwangen, als ledig und unverkümmert, nebst dem Steuer-Recht und mehr andern Rechten verkaufte, welches Gotteshauß und Abtey dasselbe aber nicht länger behielt, als bis 1380. in welchem Jahr Frau Ytta, Schenk Konrads von Limpurg nachgelassene Witwe, gebohrne von

Wein-

---

a) Die Quelle ist hier theils Informatio ex Actis in Causa Bohenstein contra Limpurg. Gedruckt im Jahr 1717. Fol. theils des bewährten Fröhlins Urkunden-Ausgaben, theils die von dem Freyherrn E. F. v. Gültlingen dem Druck überlassene und bekannt gemachte Erläuterte Bohensteinische Stammtafel. Der Historiker erzählt aber hier billig nur Facta und Angaben, ohne sie zu Gunsten des einen oder andern rechtenden Theils anzuwenden, da die Sache nicht unter sein Urtheil fallen können.

Weinsperg, es um 3600. Fl. und zwar ebenfalls gegen männiglich unbeschwert, mit dem Steuer-und andern Rechten, käuflich an sich brachte.

Von dieser Zeit an machte Adelmannsfelden, das Schloß mit aller seiner Zugehörung einen Theil der Limpurgischen Patrimonial-Güter aus, und wurde auch, mit der Pfarr daselbst, im Jahr 1441. in der brüderlichen Theilung dem Limpurg-Limpurgischen oder Speckfeldischen Loos, in welchem die Schenken Albrecht, Friedrich und Wilhelm beysammen waren, zugetheilt. Dabey wurde noch ausgemacht, daß zwar der See zu Adelmannsfelden in dem Dorf und der Graben an dem Schloß daselbst auch zu diesem Loos gehören, die übrigen Seen zu Adelmannsfelden aber mit vielem andern insgemein bleiben sollten.

Als im Jahr 1481. zwischen den beyden regierenden Limpurgischen Linien völlig abgetheilt wurde, so wurde unter andern auch folgendes in die deßhalb errichtete Theilungsurkunde, Adelmannsfelden betreffend, gesezt:

„ Es sollen nun zu ewigen Zeiten, Wir Schenk
„ Wilhelm, Unsers Bruders Kinder Mannlich Er-
„ ben, und Nachkommen, die jährliche Nuzungen zu
„ Limpurg, Adelmannsfelden und Buchorn gehören-
„ de, mit samt den Wälden darzu getheilt, haben
„ und einnehmen, mit allen Gülten und Obrigkeiten,
„ niessen und gebrauchen, Wie die von den Eltern
„ Herren zu Limpurg darzu gethailt worden sind. „

Auf solche Weise wurde nun Adelmannsfelden, woran bis dahin auch die Limpurg-Gaildorfische Linie noch eine Ansprache gehabt hatte, völlig der Limpurg-Speckfeldischen Linie zu Theil, gleich darauf aber, im Jahr 1482. (um welche Zeit Schenk Wilhelm, an der Verwandlung des Benedictiner-Klosters Komburg auf eine für sein Hauß kostbare Weise besondern Antheil nahm,) an den damaligen limpurgischen Amtmann Gözen von Bachenstein daselbst, nichts ausgenommen, als die Lehenschaft der Pfarr und St. Leonhards-Pfründe, auf Wiederlosung verkauft um 2000. Fl.

Im Jahr 1493. wurde dieses Schloß Adelmannsfelden mit seiner Zugehörung von Schenk Wilhelm für sich selbst, und als Vormund seines Bruders, Schenk Georgen Söhne, Georg und Gottfrieds, an Georgen von Wohenstein*) um 3500. Fl. verkauft, doch mit der ausdrücklichen Bedingung, daß, wenn Limpurg den nach verflossenen 10. Jahren sich auf ewig bedungenen Wiederkauf vornehmen wollte, die von Wohenstein dagegen schuldig und gehalten seyn sollten, gegen Erlegung erstersagten Kauf-Schillings der 3500. Fl. das Gut Adelmannsfelden mit allen Zu- und Eingehörungen, wie sie in dem Kaufbrief specificirt sind, also in aller der Maas und Gestalt, wie es Wohenstein von Limpurg empfangen, hinwieder an Limpurg abzutretten und zu Handen zu stellen, auch alle arme Leute ihrer Pflicht, ihnen denen von Wohenstein gethan, wiederum ledig zu zählen. b)

Es blieb aber Wohenstein bis nach 1530. im ruhigen Besiz. Nun aber wollten die Gebrüder Schenken Carl und Erasmus den Wiederkauf vornehmen, darüber sich aber 1536. am Reichs-Kammer-

---

*) Dieses sehr alte edle Geschlecht hatte sein Stammhauß Wohenstein, ohnweit Kocher-Westheim, wo der Burgstall noch zu sehen ist.

b) Ist mit den Formalien der angeführten Informatio ex actis angegeben. pag. 2.

mer-Gericht ein Proceß erhob, der 1538. unter Vermittelung Pfalzgraf Heinrichs, Administrators zu Worms und Probsten zu Ellwangen durch einen Vergleich beygelegt wurde. Die Herrn Schenken willigten nemlich ein: „Daß Adelmannsfelden
„Schloß und Amt samt aller derselben Zu- und Ein-
„gehör, Ludwigen von Vohenstein und seinen ehe-
„lichen Kindern, so Er jezund oder in künftiger Ehe
„von seinem Leibe gebohren überkommen würde, so
„lang Er und dieselbigen im Leben seyn, bleiben,
„aber weiter nicht, auf sein, Ludwigs von Vohen-
„stein Enkel oder Nepotes verstanden werden, und
„die Herrn von Limpurg in bestimmter Weil einigen
„Wiederkauff zu thun nicht Macht haben, sondern
„gemeldter Ludwig von Vohenstein und seine eheliche
„Kinder, Söhne und Töchtere, Adelmannsfelden
„ihr Lebenlang nutzen, niessen und innhaben sollten,
„wie obgemeldt, und so Er und seine eheliche Kin-
„der alle mit Tobt abgangen, alsdann mögten die
„Herrn von Limpurg, ihre Erben und Nachkommen,
„zu ewigen Zeiten nicht nur das gemeldte Schloß
„und Amt Adelmannsfelden, samt aller Zu- und
„Eingehör, wie dann daffelbig des Ludwigs von
„Vohenstein Eltern kauffsweiß von denen Herrn zu
„Limpurg an sich gebracht, sondern auch diejenigen
„Stuck und Güther, so er und seine Eltern ausserts
„halben der alten Kauff-Verschreibung, es seyen
„Weyher, Wiesen, Hölzer oder andere Güther,
„wo und von wem sie die zu seinen oder ihren Han-
„den gebracht, auch Er die jezund besitzt und neußt,
„nichts ausgenommen, Innhalts eines versiegelten
„Registers, so offtermeldter Vohenstein denen Herren
„von Limpurg neben diesem Wertrag zugestellet, mit
„4000. Fl. Rhein. gemeiner Lands-Währung zu
„ihren Handen lößen, ohne Irrung oder Eintrag
„Ludwigs

„ Ludwigs von Vohenstein und seiner ehel. Kinder
„ Erben oder männiglichs rc. c) „

Da nun Ludwigs von Vohenstein Söhne
1624. alle verstorben waren, so suchten die noch übri=
gen 3. Töchter desselben bey Limpurg nach), sie in
das Gut und Amt Adelmannsfelden zu immittiren.
d) Allein es entstund abermal ein Proceß hierüber,
sonderlich aber in Ansehung der Meliorations=Er=
stattung, welchen erst d. 7. Jul. 1662. der gütliche
Vergleich zu Alffdorf folgenden Inhalts, endigte:
„ daß jezt besagte Herren von Vohenstein, (Hanß
„ Albrecht, Hanß Veit und Ernst Albrecht,) und
„ alle ihre männlich und ehelich gebohrne Descen=
„ denten Stamms und Namens deren v. Vohen=
„ stein, das Schloß und Amt Adelmannsfelden,
„ nach adelichem Recht und Gewohnheit, als ein
„ Rittermannlehen behalten, und jederzeit einen aus
„ ihrem Geschlecht nach Belieben zu einem Lehen=
„ träger wählen sollten, welcher, in ihrer aller und
„ der übrigen Namen, die Lehensgebühr erstatte;
„ hingegen sollen die von Limpurg, nach Abgang
„ des Vohensteinischen Mannsstamms, wenn Vohen=
„ steinische Tochter vorhanden wären, diesen 3000.
„ Rthlr. wenn aber nur allein Kinder von dieser
„ ihrem Leibe gebohren zurückblieben, solchen 2000.
„ Rthlr. auch einen von den beyden Höfen, Ot=
„ tenhofen oder Metzelgehrn erb= und eigenthüm=
„ lich überlassen. e) „

Dabey

c) Informatio ex actis etc. pag. 7.

d) Hierinn stimmt die Limpurgische Informatio und die Erläuterte Vohensteinische Stammtafel völlig überein.

e) Sind die eigenen Worte der Erläuterten Vohensteinischen Stammtafel, mit welchen der Hauptsache nach übereinstimmt Informatio rc. pag. 10.

Dabey blieb bis zur Erlöschung des limpurgischen Mannsstamms, 1713. Damals lebte Ludwig Christoph von Wohenstein, welcher 1696. seinem Vater Philipp Gottfried in dem gesammten Lehen Adelmannsfelden und dessen Zugehörde gefolgt war.

Wie nun unter ihm die Lage der Sache sich änderte, will ich am liebsten mit den eignen Worten der Erläuterten Wohensteinischen Stamm-Tafel erzählen. Es sind ohne alle Veränderung folgende:

„ Unter ihm starb anno 1713. der limburgi-
„ sche Mannsstamm aus. Es stunde also lediglich
„ in seiner Gewalt, ob er das dominium directum
„ sich appropriiren, und die Herrschaft Adelmanns-
„ felden, als ein noviter acquisitum allodium, be-
„ sitzen, oder aber zu Vermeidung der daraus ent-
„ springenden Weitläuftigkeiten, solche Herrschaft,
„ als ein Lehen der limburgischen weiblichen Re-
„ likten, fernerfort agnosciren — oder auch neuer-
„ dings deseriren wollte.

„ Er wählte das erstere, consolidirte also das
„ dominium directum cum utili, wurde aber
„ hierüber mit den limburgischen Allodial-Erben
„ in einen langwierigen und kostspieligen Proceß
„ verwickelt, welcher jedoch anno 1739. den 20.
„ Octob. vor K. R. Hofr. zum Faveur seiner Nach-
„ kommen dahin entschieden wurde: „daß das
„ „ Gut Adelmannsfelden, von der Zeit an, da
„ „ der gräfl. limburgische Mannsstamm erloschen,
„ „ pro allodio, zu achten sey. „ [4] Lit. A.
„ Act. Cam. in Sachen von Onz contra von
„ Wohenstein. Welcher Proceß aber jetzo noch da-
„ selbst in restitutorio anhängig ist. „

Ludwig

Ludwig Christoph starb 1729. und wenige Jahre darauf, 1737. durch einen unglücklichen Zufall im Wasser, auch sein einziger hinterlassener Sohn, Johann Ludwig von Woßenstein. Seine drey Schwestern folgten im Besiz der Herrschaft Adelmannsfelden. Sie sind, zum Theil mit Descendenz, in folgender kleinen Tabelle enthalten.

1. **Eleonora Magdalena Juliana von Woßenstein.**
    Gem. Martin Eberhard Jungkenn, gen. Münzer von Mohrenstamm. †.

2. **Maria Augusta von Woßenstein. †.**
    Gem. Johann Friedr. von Nettelhorst. †.
    Kinder und Erben:
    a. Charl. Christina Augusta, † 1768.
        Gem. Saumel Friedr. Freyherr von Gültlingen.
        Kinder:
        α. Christiana Frid. Augusta.
        β. Carl Ludwig Immanuel.
    b. Carolina Friderica.
        Gem. Franz Carl, Freyherr von Harling ꝛc.

3. **Joh. Dorothea Charlotte.**
    Gem. Ludwig Wilhelm, Freyherr von Bernerdin, †. f)

Die unter N. 1 — 3. genannten hochadelichen Schwestern besasen also die Herrschaft Adelmanns-

---

f) Diese Tabelle ist auch aus der angeführten Wohensteinischen Stammtafel.

mannsfelden zu drey Dritthellen bis 1762. Allein in diesem Jahr ergieng vom Reichs-Kammer-Gericht zu Gunsten Herrn Philipp Onz von der Ley, Churbayrischen Hauptmanns, welcher von Johann Veit von Vohenstein, † 1694. abstammte, und daher Ansprüche machte, ein Urtheil, und 1765. noch eines, wodurch ein ganzes Drittheil der Herrschaft an gedachten Johann Veits von Vohenstein Nachkömmlinge kam, wobey sich aber die von Vohensteinischen Allodial-Erben nicht beruhigen wollen. g) Indessen mußte es hier angeführt werden, um den gegenwärtigen Besitzstand der Adelmannsfeldischen Herrschaften deutlich vorlegen zu können; nach welchem an der Herrschaft Adelmannsfeldet

1) $\frac{2}{9}$ von Onzisch,
2) $\frac{2}{9}$ von Bernerdinisch,
3) $\frac{2}{9}$ von Jungkennisch,
4) $\frac{1}{9}$ von Gültlingisch,
5) $\frac{2}{9}$ von Harlingisch, oder nach dem Verkauf von Adelmännisch sind.

Die Lage der Herrschaft kann man auf unsrer, auch der Homännischen Charte von Limpurg so ziemlich sehen, wiewohl nur einige der dazu gehörigen Orte darauf vorkommen. Sie liegt der Grafschaft Limpurg ostwärts, und gränzt mit den Antheilen Limpurg-Sontheim-Schmiedelfeld und Limpurg-Sontheim-Gröningen, und übrigens mit der fürstlichen Probstey Ellwangen. Sie steuert zur unmittelbaren Reichsritterschaft, und zwar zum Kanton Kocher. Sie hat grosentheils Sandboden und beträchtliche Waldungen, ist aber doch ziemlich angebaut. Es werden sehr viele hölzerne Gefäse und Werkzeuge in derselben verfertigt, auch viel baumwollenes

g) Nach dem Inhalt derselben C. V. Stammtafel.

wollenes Garn in die Fremde versponnen. Die Zahl der Einwohner gibt man überhaupt auf beyläufig 2000. auch darüber an. Die meisten sind evangelisch-lutherisch, ein Theil derselben katholisch.

Der vornehmste Ort ist Adelmannsfelden, ein wohlgebauter Flecken von 800. Einwohners-Seelen, zwey starke Meilen von Gaildorf, nicht weit von dem Blinden-Roth-Fluß, welcher unter Abts-Gemünd in den Kocher fällt. Es ist hier ein neu-gebautes, von Jungkennisches Schloß, und ein besonderes Amthauß. Das Patronatrecht hat Limpurg von alten Zeiten bey der hiesigen Pfarrkirche hergebracht, das Episcopat aber gestehet das Hauß Bohenstein jenem nicht ohne Ausnahme zu. Der hiesige Heilige ist sehr beträchtlich. Aus der ehmaligen Frühmesse ist ein Limpurgisches Stipendium für Studirende errichtet worden. Nicht weit von dem Ort ist eine Papiermühle, welche schönes Post- und Schreib-Papier verfertigt, und in dieser ganzen Gegend nur die Ellwangische zu Unterkochen und die Hallische zu Scheffach zu Nebenbuhlerinnen hat.

Ausserdem sind noch vornemlich zu merken

1. **Mezelgehren**, der Siz des Freyherrn von Onz.
2. **Ortenhof**, der ehmalige Siz des Freyherrn von Bernerdin.
3. **Wildenhof**, der Siz des Freyherrn von Gültlingen.

Num. 10.

Nekar-Rems und Nekar-Gröningen.

Beyde besasen die Schenken von Limpurg einige Zeit als eine Pfandschaft. Folgende Stelle aus

aus Herrn Sattlers Hist. Beschr. Wirt. belegt
es. Er schreibt bey der Stadt Tuttlingen:

„Graf Ludwig und Ulrich verpfändeten selbige anno 1434. an Hannsen von Zimmern
und seines Sohnes Kinder Wernher, Gott-
friden, Conraden und andere derselben Ge-
schwistrigte um 4500. Fl. von welchem Geld
sie die Burg und Dörffer Remß und Neckar-
gröningen von denen Schenken von Limpurg
eingelöset haben. „

Num. 11.
Nellenburg.

Die heutige Landgrafschaft Nellenburg, die zu
Schwäbisch-Oestreich gehört, war auch einige Zeit
als Pfandschaft in der Schenken Händen.

Eine Stelle in der von Pistorius herausge-
gebenen Lebensbeschreibung Herrn Gözens von Berlichingen zugenannt mit der Eisern Hand, Seite
39. gehört hieher, die auch nebenbey die Geschichte
der Schenken in etwas erläutert. Nachdem Göz
von dem im Jahr 1499. angefangenen Schweizer-
krieg geredet und gemeldet hat, wie sich Kaiser
Maximilian mit einem Kriegshaufen bey Costanz
gestellt, so fährt er fort: „Wie mich nun der Kayser ersicht, so reit er von dem Marggrafen zu mir,
und spricht, wem ich zustehe, da sagt ich, meinem
gnädigsten Fürsten und Herrn, dem Marggraf Fri-
derichen ꝛc. Da hebt er an, und spricht, du hast
einen langen Spieß und ein grossen Fahnen daran,
reit mit dorthin zu jenem Hauffen, biß daß des
Reichs Fahnen der Adler von Costanz heraus kommt,
das thät ich nun, dieweil ich den Kayser kant, und
wust,

wüſt, daß Ers war, fragt derohalben niemands und kam alſo neben Schenk Chriſtophen von Limpurg, der hett der Zeit Nellenburg im Zegen innen Pfandweiß, und hielt mit einem Fahnen neben Ihm, das wehret irgend eine halbe Stund ungefehrlich mehr oder weniger, da gab man Schenk Chriſtophen von Limpurg den Adler des Reichs Fahnen in ſein Handt.„

Num. 12.
Vellberg.

Dieſes ohnweit dem Bühler=Flüßchen gelegene Schloß, welches nun die Reichsſtadt Hall ſamt einem davon benannten Amt beſizt, war im 15. Jahrhundert zum vierten Theil auch Limpurgiſch. Schenk Friedrich erkaufte im Jahr 1400. denſelben von Contz Lochern mit allen Rechten und Zugehörungen; ſo wie ihn jener vorher von Contzen Adelmann erkauft hatte. Da aber das Eigenthum Hohenlohiſch war, ſo erlangte Friedrich von den Herren Ulrich und Albrecht, Grafen von Hohenlohe, daß ihm dieſer Theil geeignet wurde. Sein Sohn Conrad gab ihn aber 1418. wieder Hanßen von Enßlingen zu rechtem Mannlehen, doch mit Vorbehalt der Oefnung. Bald darauf aber ereignete ſich der Lehens=Heimfall, weil jener unbeerbt ſtarb, und nun erhandelten ihn Georg und Hanß von Vellberg, Gebrüder, ſamt ihren Vettern Haug und Volkhard, Gebrüdern von Vellberg eigenthümlich, im Jahr 1432. jedoch auch mit Vorbehalt der Oefnung, und der Bedingung, die Veſte im Bau zu erhalten.

C c 2   Num. 13.

Num. 13.
Iphofen.

Im Jahr 1420. verschrieb Bischoff Johannes zu Wirzburg diese Stadt und das dazu gehörige Amt Schenk Conrad und seinen Brüdern, als Pfand für 6000. Fl. Hauptgut, so daß sie 300. Fl. jährlicher Gült davon zu erheben hatten. Schenk Conrad wurde zugleich als Amtmann darüber gesezt, und zog dafür eine gesezte Besoldung, Rath und Bürgerschaft waren ihm solchergestalt gelobt bis zur Auslösung. Seine Gemahlin Clara, geb. Gräfin von Montfort, wurde wegen ihres Heurathgutes auf dieser Pfandschaft noch im Jahr 1439. versichert.

Num. 14.
Schnait. Beutelspach.

Diesen schönen Flecken im Ramsthal, der von Alters her, und auch heutiges Tages zu dem Oberamt Schorndorf gehört, auch einen besondern Amtmann und eine Pfarrkirche hat, verkauften Graf Eberhard und Ulrich von Wirtemberg 1366. an das Geschlecht der Norbecken, diese an die Schenken von Limpurg, die ihn 1607. wieder an Herzog Friedrich vertauschten. Sattlers Hist. Beschr. W. I. S. 96.

Auch besasen die Schenken in Beutelspach und andern Orten Unterthanen, welche bey jenem Tausch mit abgetretten wurden.

Limpurg erhielt dagegen die Wirtembergischen Unterthanen zu Michelbach im Rothtal, Holzhausen ꝛc. und viele Zehenden hin und wieder, sonderlich im Rothtal.

Num. 15.

Num. 15.
Welzheim nebst Zugehörde.

Welzheim scheint ein sehr alter Ort zu seyn, und man wird schwerlich irren, wenn man seine Entstehung bis in den Zeitraum der Römischen Herrschaft über das südliche Deutschland hinaussext. Den ersten Beweis geben die häufigen Römischen Münzen, welche um Welzheim seit langer Zeit gefunden werden. Den andern noch stärkern der alte Römische Gränz-Wall, der sich hart an Welzheim vorbey ziehet, und davon von Hohenstaufen an bis gegen den Hohenlohischen Ort Mainhard; von wo an der berühmte Alterthumsforscher Hanselmann ein solches ungezweifelt Römisches Vallum bis in den Odenwald und weiter hin umständlich beschrieben hat, von einer Entfernung zur andern noch kenntliche Ueberreste unter dem Namen Schanz sich bis diese Stunde erhalten haben. Es ist hier der Ort nicht, weitläufig davon zu reden; aber die Bemerkung kann ich doch hier nicht übergehen, daß man hieraus siehet, daß die Römer von Pföringen an der Donau bis an den Mayn und Rhein nicht nur eine einige Linie gehabt haben, sondern hie und da, besonders in Gegenden, wo sie gefährliche Nachbarn hatten, deren mehrere hinter einander. Den dritten Beweis gibt die Burg an die Hand; welche gerade in der Richtung des eben berührten Gränzwalls, und hart an dem heutigen Welzheim lag. Der Plaz, worauf sie gestanden haben muß, jezt Ackerland, heißt noch auf der Burg, und ist ebenderselbe, worauf bisher am meisten Münzen gefunden worden. Der unterirrdische Wiederhall, welchen hier an einigen Stellen der Pflug und anderes Getöse macht, läßt auf noch vorhandne Gewölber

Cc 3   schliesen.

schliesen. Der Plaz liegt etwas südöstlich von Welzheim, und hat weiter morgenwärts vor sich den kleinen Lein-Fluß, welcher mit dem engen Thale, das er bewässert, der Burg auf dieser Seite zu mehrerer Festigkeit, so wie zur Bequemlichkeit diente. Diesen reihe ich noch einen vierten Hülfsbeweis an, nemlich den alten Namen des Orts. Er kommt unter verschiednen, und wenigstens sechserley Formen vor. Aus Wallenzingen und Wallenzen wurde nach und nach Welntzen, Welntze und Welzen, und endlich in neuern Zeiten Welzheim. a) Man kann hier bey dem ältsten bekannten Namen, der unterm Jahr 1335. vorkommt, das Wort Wall als seine Stammwurzel beynahe nicht miskennen. Wald scheint es wenigstens nicht zu seyn, weil keine alte Form damit übereinstimmt. Darf man auch die Ortsnamen Pfalheim und Pfalbach von jener Wurzel und von dem Römischen Wall, an welchem sie erbauet wurden, ableiten, so wird man diese Ableitung noch weniger unnatürlich finden, da das Römische Wort Vallum und das deutsche Wall einander noch näher entsprechen. Doch darauf beruhet die Sache nicht.

Im mitlern Zeitalter besasen die Hohenstaufen höchstwahrscheinlich die Gegend um Welzheim, und diesen Ort selbst. Jenes ist daraus klar, daß die beyden

---

a) In der topographischen Geschichte von Wirtemberg heißt es: vorzeiten sey diese Herrschaft auch Walsee genennet worden, indem im Jahr 1404. Ulrich von Walsee in einer Urkunde auch den Namen eines Herrn von Limpurg geführt habe. Seite 504. Allein da unsre bekannten Limpurgischen Geschlechts-Tabellen um diese Zeit von keinem Ulrich wissen, auch keine der bekannten Urkunden das heutige Welzheim Walsee nennet, so scheint es, daß jene Urkunde ein andres Walsee bezeichnen müsse. Es ist auch leicht zu beweisen, daß von unserm Limpurgischen Schenkenhauß, welches Welzheim ungetheilt besaß, in obigem Jahr nur eine einzige mündige Mannsperson, nemlich Schenk Friedrich III. lebte.

den Hohenstaufischen Stiftungen, die Klöster Lorch und Adelberg noch jezt rings um Welzheim ganze Orte, und viele einzele Güter besizen, und darunter das Dorf Kaisersbach; das andre läßt sich aus der Hohenstaufischen Stiftung in Welzheim selbst schliesen, davon ich in einer besondern Abhandlung geredet habe, worauf ich Kürze halber verweisen muß.

Die nächsten Besizer von Welzheim nach den Hohenstaufen waren die Herren von Hohen-Rechberg, welchen viele Hohenstaufische Güter zu Theil worden sind, wie man auch unter dem Artikel Hohenstaufen in dieser Abtheilung finden wird. Von diesen kam Welzheim im Jahr 1335. durch freyen Kauf an das Hauß Limpurg. Der Kaufbrief ist gegeben an Georgen Tag des angezeigten Jahrs. Der Verkäufer war Albrecht von Hohen-Rechberg, dessen Bruder Konrad den Verkauf mitbewilligt und mit seinem Insigel bekräftigt hat; die Käuferin Mechtild, die Schenkische Wittwe von Limpurg, welche der Verkäufer im Kaufbrief seine liebe Schwester nennt, die es aber nur im uneigentlichen Verstand als Schwägerin, und eine gebohrne Pfalzgräfin von Tübingen war, wovon die Abhandlung über die älteste Limpurgische Stammreihe mehr Erläuterung und Beweis gibt. Die Kauf-Summe war Tausend Pfund guter Heller. Es war aber ein freies und lediges aigen, wofür es auch der Verkäufer in allen geistlichen und weltlichen Gerichten zu gewähren versprach, und heißt in der Urkunde Wallenzingen *) Burg und Stadt. Da die Hohenstaufen eine so ansehnliche Stiftung daselbst machten,

---

*) In einer Abschrift Wallenzwingen; ich halte aber die Lesart im Text, die auch Fröschlin hat, für ächter. Das Original konnte ich nicht einsehen.

ten, so muß der Ort allerdings nicht unbeträchtlich gewesen seyn. Man sah auch noch vor nicht vielen Jahren einen grosen Graben ausser dem Ort, der ein Ueberrest eines Stadtgrabens zu seyn schien, und findet noch jezt Spuren von sehr alten Gebäuden ausser demselben, die auf seine ehemalige Beträchtlichkeit schliesen lassen.

Bald nach dem Erkauf müssen aber die Schenken von Limpurg die Hälfte des Orts dem Hause Wirtemberg zu Lehen aufgetragen haben, indem schon im Jahr 1379. Schenk Konrad in dem Lehenbrief meldet, daß ihn Graf Eberhard mit dem halben Dorff Welzheim und was darzu an Leuten und Gütern gehört, belehnet habe, wie solches sein Bruder Albrecht und seine Voreltern inngehabt, und zu Lehen empfangen haben. b) Damals war nur das halbe Dorf Welzheim und die Burg Lorbach Lehen, doch leztere auch nur halb. Als Graf Eberhard von Wirtemberg im Jahr 1394. Schenk Friedrichen wieder belehnte, so heißt es im Lehenbrief: zu rechtem Mannlehen Lorbach die Burg halber mit Leuthen und mit Güttern, und was darzu gehöret, als das Schenk Conrad sein Vater selig zu Lehen gehabt, darzu Welzen das Dorff halb mit Leuthen und Güttern, und was darzu gehört. Erst 1418. wurde auch die andre Helfte von Welzheim dem hohen Hauß Wirtemberg zu Lehen aufgetragen, von Schenk Friedrichs Witwe und ihrem ältesten Sohn und Mitregenten Conrad,

---

b) So meldet es Herr Sattler in der hist. Beschreibung, und topographischen Geschichte. Aber in der Jahrzahl muß ein kleiner Verstoß oder sonst ein Fehler seyn. Denn Schenk Konrad, Albrechts jüngerer Bruder, war schon 1376. gestorben, laut Aufschrift auf seinem Grabmal zu Komburg. 1377. wurde auch denen von Rechberg die Vormundschaft über seine Kinder vom Kaiser bestättiget.

Conrad, gegen Eignung der halben Veste Lorbach. Allein es war hieran noch nicht genug. Sondern es wurde auch zugleich das noch nicht lang erworbne Hohenlohe=Speckfeldische Erbstück Oberleinebach, die Vestin halb, mit ihrer Zugehörung, ausgenommen die Zölle daselbsten, von Limpurg als Lehen aufgetragen, und dagegen auch die Waibelhub, in so weit sie vorhin Lehen war, von Wirtemberg zugleich mit Welzheim zu Lehen empfangen. Denn die leztere hatte schon Schenk Friedrich im Jahr 1410. von Wilhelm von Rechberg, zu Gröningen erkauft, um 1700. Fl. Rheinisch, Lehen für Lehen, eigen für eigen. Von nun an wurden daher Oberleinebach, Welzheim und die Waibelhub miteinander von Wirtemberg an Limpurg zu Mannlehen gereicht, welches auch 1428. und so fort an geschah.

Das eigentliche Jahr, in welchem die Kirche zu Welzheim, in der Ehre des h. Gallus, gestiftet und gebauet worden, ist nicht bekannt; aber daß es von den Hohenstaufischen Kaisern, und insonderheit von Kaiser Philipp und seiner Gemahlin Irene, also vor dem Jahr 1208. geschehen, kann wenigstens vermuthet werden. Die Vermuthungsgründe habe ich in dem Aufsaz über das alte Monument an der Kirche zu Welzheim, angegeben. Es ist daher wohl vereinbar mit der Geschichte, daß diese Kirche in der Mitte des 13. Jahrhunderts durch Bischof Sibotho von Augspurg, als Diöcesan, mit ungezweifelter Einwilligung des Kaisers, mit dem Kloster Lorch vereiniget worden, welche Vereinigung auch nachmals durch Pabst Alexander VI. bestättiget wurde. Es konnte dieses gewissermasen unter der Voraussezung, daß die Manes der beyderseitigen Stifter nichts dawider haben würden, geschehen.

Der Abt und Konvent zu Lorch war also von nun an Patronus der Pfarr. Der Frühmeß halber wurde aber 1432. zwischen demselben und zwischen Limpurg, als der Landes- und Orts-Herrschaft ein Vertrag errichtet, daß solche von beyden Theilen wechselweise verliehen werden sollte. Was im Jahr 1488. für ein Umstand deswegen sich ereignet hat, ist bey Gebenweiler angegeben worden. Sonst findet man, daß nach der Vereinigung mit dem Kloster Lorch, der Kirche ein Vicepfarrer vorgestanden. Ein Heinrich Vicepfarrer zu Wallenzin kommt unter dem Jahr 1269. vor, als Zeuge bey einem gütlichen Vertrag zwischen Ulrich, Abt zu Lorch und Wipert, Scultetus zu Wallenzin, einen Novalzehenden zu Burcstall betreffend. e)

Welzheim war auch manchmal in ältern Zeiten ein Limpurgischer Wittwen-Sitz. Man findet, daß im Jahr 1413. der Frauen Mechtild, gebohrnen von Limpurg, Schenk Konrads und Frau Yta von Weinsperg Tochter, hinterlassenen Wittwe Graf Rudolphs von Sulz, durch ihren Bruder Schenk Friedrich uf dem Schloß und Marck Welntze 60. Fl. jährlicher Gült verschrieben worden, auch daß er ihr versprochen, weil sie eine devote Dame war, sie von dem lustigern Limpurg an einen andern Ort zu versezen, woher wahrscheinlich wird, daß sie ihre Wittwentage in Welzheim zugebracht habe. Auch die Gräfin Maria Juliana, geb. Gräfin von Hohenlohe, Mutter der beyden lezten Limpurg-Gaildorfischen männlichen Zweige, die vor ihr hinwelkten, erblaßte hier, d. 14. Jan. 1695. Ihre Leiche wurde am 13. Febr. von da nach Schmiedelfeld abge-

e) Cruſ. Annal. Part. 3. lib. 2. c. 20.

abgeführt, und in der Schloßkirche daselbst beyge=
sezt. d)

Damals war Welzheim mit der ganzen Waibel=
hub noch immer Limpurgisch, ob es wohl nach Er=
löschung des Limpurg. Gaildorfischen Mannsstamms
an den Speckfeldischen übergieng, aber im Jahr 1713.
da auch dieser in männlichen Erben ausgieng, endig=
te sich der beynahe vierhundertjährige Limpurgische
Besiz von Welzheim und ihrer Zugehörde, doch was
leztere betrift, nur zum Theil. Das hochfürstliche
Hauß Wirtemberg zog Welzheim und den Theil von
der Waibelhub, welcher zu Lehen rührte, als ein er=
öfnetes Lehen ein, und nur derjenige Theil von der
Waibelhub und andern Welzheimischen Amts=Orten
blieb den gräflichen Töchtern des Limpurg=Speckfeld=
Sontheimischen Hauses, als Allodial=Erben, welcher
völlig eigenthümlich war. Er ist im Jahr 1774.
durch die Limpurg=Sontheimische Theilung dem Lim=
purg=Sontheim=Gaildorfischen oder Limpurg=Pück=
lerischen Loos zugelegt worden.

Aber auch mit dem heimgefallnen Lehen gieng
noch einige Veränderung vor, bis es in die jezige
Verfassung gesezt wurde. Herzog Eberhard Ludwig
schenkte Welzheim mit Zugehörde als eine Herrschaft
den 13. Nov. 1718. der Gräfin Christine Wilhelmine
von Würben, welche sie aber d. 13. Nov. 1726. dem
hochfürstlichen Hause wieder zu Lehen auftrug, doch
so, daß ihr Bruder, Graf Wilhelm Friedrich von
Grävenitz sie gemeinschaftlich mit ihr besitzen sollte,
welcher hierauf auch 1727. auß neue von wegen
dieser Herrschaft Siz und Stimme auf der fränkischen
Grafenbank erhielt, und einen Matricular=Anschlag
von

d) Aus sichern Handschriften.

von 5. Fl. ihretwegen übernahm. Bey nachfolgender Landesveränderung wurde diese Herrschaft aber dem hochfürstlichen Lehenhause wieder aufgegeben, und den Kammerschreiberey-Gütern beygelegt.

Nun ist noch übrig, den Ort Welzheim und seine Zugehörde nach dem heutigen Zustand selbst kürzlich zu beschreiben.

Welzheim, der Siz eines Oberamtmanns, welcher zugleich Keller und Amtsschreiber ist, liegt auf dem Wege Gaildorf nach Schorndorf, 2. Meilen von dem ersten, und $1\frac{1}{2}$ Meilen von dem leztern Orte, in einer waldichten Gegend, welche insgemein mit dem Namen des Welzheimer Walds bezeichnet wird, doch fruchtbaren Leimen-Boden, mit etwas Sand vermischt hat, welcher sehr geschickt zum Flachsbau ist, und auch dergleichen in grosser Menge erzeugt. Es wird auch viel Holz- und Schneid-Waare in der Gegend verfertigt, und durch Welzheim ins Rams-Thal und noch weiter ins Herzogthum verführt. Ehemals muß der Ort wohl auch bemauert gewesen seyn, und hat wahrscheinlich die Municipal-Freyheit von den Hohenstaufischen Kaisern, zu deren Erbgütern er gehört haben mag, erhalten, aber mit dem Abgang dieses mächtigen Hauses andre minder mächtige Herren bekommen, die zu seinem Flor nicht so viel, als jenes, beytragen konnten, zumal bey dem Aufkommen andrer Städte in seiner Nachbarschaft. Seine 3. jährliche Viehmärkte sind indessen von Alters her berühmt, und an deren lezterm, welcher auf den Feyertag Simonis und Judä fällt, wird auch ein beträchtlicher Flachs-Markt gehalten. Die Einwohner nähren sich größtentheils von Handwerkern und dem Landbau. Sie machen zusammen eine Anzahl von 1100. Seelen, die eigentliche Bürgerschaft aber

aber 240. Köpfe aus. Diese besizet eine sehr weitläuftige Allmand mit vielen Seen, und schönen Gemein-Waldungen. Vieles davon ist den Bürgerhäusern zugetheilt, urbar gemacht, und hilft den Wohlstand der Einwohner vermehren. Es stehen auch zu dieser Zeit 1486. fruchtbare Bäume darauf, wozu jeder angehende Bürger 2. neue zu sezen und zu unterhalten hat. Die ansehnliche Kirche des Orts, welche das schon angeführte alte Denkmal von 4. steinernen Bildnissen am Haupteingang aufweiset, ist noch mit Ringmauren besonders verwahret, welches wohl noch von den ehemaligen fehdevollen Zeiten herrühret, und hat auch noch zu ihrem Schuz vor nicht vielen Jahren einen besondern Graben gehabt, der aber eingefüllet worden. Ueberhaupt hat der Ort in neuern Zeiten ein vortheilhaft verändertes Ansehen gewonnen.

Das Welzheimer Amt

wird noch die Waibelhueb genannt, e) und begreift folgende Orte:

1. **Rupertshofen**, wo ein Amtsverweser,
2. **Hinterlinthal**,
3. **Höneck**,
4. **Velbach**,
5. **Holzhausen**.

Diese

---

e) So im Herzogl. Wirtemb. Adreß-Buch. Art. Welzheim. Aber eigentlich, wie man schon oben im 17. Abschnitt findet, war das Amt der Waibelhueb und das Amt Welzheim vor Alters ganz unterschieden. Was von der Waibelhueb Lehen war, macht nun das heutige Wittemb. Amt Welzheim aus; die ehmalige zu Welzheim gehörige Amtsorte sind heutiges Tags nicht mehr dabey.

Diese fünf Orte sind mit Lorch, Limpurg und der Reichsstadt Gmünd geminschaftlich.

6. **Heldis**, ist gemeinschaftlich mit Schorndorf, Lorch und Limpurg.

7. **Hafenthal, Hetzenhof, Eigenhof, Hölhöf, Waldmannshofen, Gehrenhof, Ernst und Reichenbach**, gehören ganz nach Welzheim.

* Oberleimbach im innern Franken, wovon oben etwas vorgekommen, ist als zu weit entlegen, veräussert worden.

Num. 16.
Hausen.

Die kleine Herrschaft Hausen, von welcher hier die Rede ist, bestehet nur in dem Dorf Hausen, in der Gegend von Obersontheim. Die Schenken trugen sie von Churbayern zu Lehen. Da sie durch Aussterben des Limpurgischen Mannsstamms dem Lehenhaus heimgefallen war, so gieng sie durch verschiedene Hände, und kam endlich an Brandenburg-Onolzbach. In der im Jahr 1746. zwischen diesem hochfürstlichen Hause und den Limpurgischen Allodial-Erben errichteten Konvention, ist Art. X. folgende diesen Ort betreffende Stelle befindlich:

„Wie dann letzlichen ex parte des hochfürstlichen Hauses in gegenwärtiger Transaction, nach ob verstandenen Puncten und Clausuln, nichts weiter ausgenommen und vorbehalten wird, als allein das neu acquirirte, und von dem Churhauß Bayern zu Ritter-Mann-Lehen rührende Reichs-Affter-Lehenbare Gut Haußen, mit dessen hoher und niederer Gericht- und
Jagd-

Jagdbarbeit auf dessen ganzer Markung, samt allen dessen Recht= und Gerechtigkeit, auch Ein= und Zugehörungen."

Num. 17.

Kurze Aufzählung dessen, was an das hochfürstliche Haus Brandenburg=Onolzbach, an adelichen Vasallen, an Unterthanen und andern Nuzbarkeiten durch die Konvention vom 15. Aug. 1746. abgetretten worden.

I. Der ganze Limpurgische Schild= Lehen=Hof.

1. Von Berlichingen.
    Lehen: ein Antheil an dem Hof zu Wüsten= Erlbach, und an dem Zehenden, groß und klein daselbst.

2. Von Ellrichshausen.
    Lehen: der Kirchensaz zu Jaxtheim, nebst allerley Zugehörungen.

3. Ellwangen, Dechant und Kapitel daselbst.
    Lehen: viele Söldengüter zu Neuler, und andre einzelne Acker= und Wiesen=Stücke.

4. Von Eyb zu Dörzbach.
    Lehen: das ganze Schloß Dörzbach, Antheile an den Zehenden zu Rengershausen und zu Dörzbach.

5. Von Forster.
    Lehen: zu Hausen die Dorfsherrschaft, Vogtey und Obrigkeit, der Burgstall daselbst, viele
    Unter=

Unterthanen daselbst, und ⅔ am Zehenden zu Birkach.

6. Von Geyern zu Syburg.

Lehen: der Hof zu Hilpertsweiler.

7. Hall, Burgermeister und Rath.

Lehen: Orlach, das Dorf, mit aller seiner Zugehörung, Gericht und Vogtey, nebst vielen andern Gütern in dem Hallischen Gebiet.

8. Von Holz.

Lehen: Einige Güter im Hallischen Gebiet.

9. Hölzel von Sternstein.

Lehen: Antheile an Zehenden zu Orlach, Bruck und andern Orten, gewisse Feldlehen zu Braunspach und Munkheim, Gülten aus einigen Häusern in der Stadt Hall, und gewissen Feldgütern in derselben Nähe, die Hatz und klein Weidwerk zu Bieberofeld, eine Anzahl Güter daselbst mit hergebrachter Vogtey und Obrigkeit rc.

10. Horneck von Weinheim.

Lehen: Einige Weingarten und Aecker.

11. Von Muggenthal, Grafen und Herren.

Lehen: Das Schloß Leippach, mit aller Zugehörung, Antheile an Zehenden, groß und klein, zu Cleyßheim, und zu Rengershausen.

12. Von Stetten.

Lehen: der Zehende zu Nieder-Mulfingen, zu Berndshofen, zu Bittelbrunn, Antheile am Weinzehenden zu Alten-Krautheim, und am Frucht- und Wein-Zehenden zu Haimphausen.

Anm.

Anmerkung. Diese sämtlichen adelichen Lehenleute und andere Schildlehens-Inhaber wurden im Jahr 1747. ihrer bisherigen Lehenspflichten von dem Hause Limpurg, (jedoch mit Ausschliessung dessen, so viel hieran zu dem Wurmbrandischen Landes-Antheil gehörte,) quit, ledig und los gezählt, und an Sr. Hochfürstliche Durchlaucht zu Brandenburg-Onolzbach gewiesen.

II. Unterthanen, Güter und Gefälle, in folgenden Ortschaften:

1. Oberspeltach.

Zwey Unterthanen, Söldner, mit beständigen und unbeständigen Gefällen.

Anmerkung. Ein Filialkirchdorf, von 19. Anspachischen, und 14. fremden Unterthanen, im Oberamt Creilsheim.

2. Goldbach und Ingersheim.

An jedem Ort Ein heimgefallener Graf-Generischer-Lehens-Unterthan.

Anmerkung. Goldbach, ein Pfarrdorf, von 28. Anspachischen Unterthanen; Ingersheim, ein Filialdorf, von 62. Anspachischen und 7. fremden Unterthanen; beyde im Oberamt Creilsheim.

3. Gollach-Ostheim.

An Unterthanen und Lehenleuten, die beständige Gefälle an Geld, Küchen-Rechten und Gültfrüchten zu entrichten hatten, wurden hier abgetretten 19. Die unbeständigen Gefälle bestunden in 1. Schuzgeld von Hausgenossen, 2. Frevel und Bußen, 3. Handlohn, 4. Hauptrecht, 5. Nachsteuer, 6. Frohn- und Dienstgeld.

Gesch. Limp. 2. Bd.   D d   Anm.

Anm. Liegt in der Nähe von Uffenheim. Die Fränkische Ritterschaft Orts Odenwald, erhebt die Schazung.

4. Pfahlenheim.

Hier waren Unterthanen und Lehenleute, welche eben genannte beständige und unbeständige Gefälle zu entrichten hatten, 6.

Anm. Liegt in der Nähe von Uffenheim. Die Fränkische Ritterschaft Orts Odenwald, erhebt die Schazung.

5. Herrnbergtheim.

Die Herrnbergtheim- und Gollhöfer Frühmeß-Güter an diesem Orte. Ihre Besizer waren zu beständigen Gefällen an Kuchenrechten, neuen Gülten und Früchten und zu unbeständigen an Schazung und Handlohn verbunden.

Anm. Der Ort, ein Pfarrdorf, liegt im Oberamt Uffenheim, hat jezt 45. Anspachische, und 8. fremde Unterthanen.

6. Seyderzell.

Hier war ein der Herrschaft Limpurg-Schmiedelfeld lehenbares, im Jahr 1739. zerschlagenes, und zur Zeit der Konvention in 30. Theile zerstücktes Hofgut, deren Besizer jährliche Gülten und in Veränderungsfällen Handlohn abzureichen hatten.

Ferner einige alte Lehenstücke, davon Handlohn zu geben war, auf der Seyderzeller Markung.

Anm. Der Ort liegt im Oberamt Feuchtwang, und hat jezt 12. Anspachische, und 6. auswärtige Unterthanen.

7. Markertshofen.

Dieser Ort war zur Zeit der Konvention ganz limpurgisch, und hatte 17. Wohnhäuser, und 18. einwohnende wirkliche Unterthanen, darunter ein Müller;

Müller; wurde mit aller hohen und niedern Gerichtsbarkeit abgetretten. Die beständigen Gefälle bestunden in Geld- Hüner- und Frucht-Gülten; die unbeständigen in 1. Gülten von Hausgenossen und Schuzverwandten, 2. Haupt-Recht und Bestehe-Geldern, 3. Handlohn, 4. Straffen, 5. Viehzoll, 6. Schazung von Kindspflegschaften, 7. Schazung und Steuer, 8. Nachsteuer und Abzugsgeldern, 9. vom Brandtweinbrennen, 10. vom Salpetergraben, 11. Dienstgeld, 12. von Leibeigenschaften, 13. im Ertrag des Fruchtzehenden.

Anm. Die Fischerische Beschreibung des Fürstenthums Brandenburg-Anspach, zweyten Theil 1787. gibt für Markertshofen jezt nur 11. Unterthanen an. Der Ort gehört jezt zum Oberamt Creilsheim, liegt in der Nähe von Obersontheim, ostwärts.

8. Unter-Sontheim.

Drey Unterthanen, nemlich 1. ganzer Bauer, 1. Halbbauer, 1. Söldenguts-Besizer. Gefälle, wie bey Markertshofen, den Zehenden ausgenommen.

Anm. Untersontheim ist ein Pfarrdorf, bey Obersontheim nordwestwärts, und enthält sonst noch Ellwangische und Hallische Unterthanen.

9. Ummenhofen.

Hier wurden durch die Konvention 10. Unterthanen abgetretten, darunter 1. Gastwirth; Besizer von ganzen Hofgütern 4, von halben 3, von Söldengütern 1. Häußler 2. Die beständigen und unbeständigen Gefälle waren, wie bey Markertshofen angegeben worden, nur mit dem Unterschied, daß hier der Zehende fehlte, dagegen das Umgeld von der Erbschenke dazu kommt. Auch wurden mehrere limpurg lehenbare Nebenstücke auf der Um, menhöfer und Unter-Sontheimer Markung mit ab, getretten.

Anm. Ummenhofen, ein Filialdorf, etwas weiter westwärts von Unter-Sontheim, gehöret sonst, wie dieser Ort, zu dem Hallischen Amt Vellsberg.

In Ansehung des Orts Gollach-Ostheim ist noch zu bemerken, daß der dortige Benzoll, die davon abfallenden Zollstrafen und Stellung der Zoll-Defraudanten, wie auch die in dasiger Gegend herkömmliche Kuppeljagd der Limpurg-Speckfeldischen Linie vorbehalten worden.

Die Königl. Preussische Ratification der Convention erfolgte den 30. Oft. 1747. Die Hochfürstlich Brandenburg-Onolzbachische den 2. Sept. 1747. Die Hochfürstlich Brandenburg-Culmbachische den 21. Novbr. 1747. Die Ratification von sämtlichen im Vergleich begriffenen Gräflich-Limburgischen Allodial-Erben und Interessenten vom 25. März bis 3. Jul. 1747.

Die Vollmacht für die zu Vollziehung des Recesses und wechselseitigen Immissions-Geschäftes, abgeordneten Hochfürstlich-Brandenburgischen Bevollmächtigten, wurde den 14. März 1748. ausgefertiget, und unter eben diesem Datum ein hochfürstl. Brandenburg-Onolzbachisches Patent gedruckt, wodurch die Gräflichen Allodial-Herrschaften als nunmehro rechtmäsige Inhaber der Regalien in der Herrschaft Limpurg anerkannt und declarirt wurden, welches Patent von der bisherigen Reichs-Lehens-Inspections-Verwaltung zu Gaildorf, mit einem begleitenden Schreiben vom 29. März 1748. an die Benachbarten gesendet wurde.

Beylagen.

I.

Ueber die vornehmsten Quellen und Hülfs-
mittel der Limpurgischen Geschichte.

Alte, gleichzeitige, mit den Kennzeichen ihrer Aechtheit versehene Urkunden und andre Ueberbleisel der Vorwelt sind es hauptsächlich, wodurch wir uns längst vergangne Zeiten wieder vergegenwärtigen können. Es sind gleichsam Züge, wodurch sich die Vorwelt den Nachkommen selbst kopirt hat, damit diese sich nicht allein mit den Relationen der Chronikschreiber, die oft eben so schief, als unvollständig verfaßt sind, begnügen dürften. Man hat es nur zu beklagen, daß die Alten in Aufbewahrung der zu diesem Behufe dienlichen Aktenstücke nicht immer sorgfältig genug waren, und viele der aufbehaltnen durch Schuld der Zeiten und mancherley Zufälle ihre Dauer schon überlebt haben. Dies ist der Fall mit den Limpurgischen Archiven, deren Urkunden nicht ins erste Viertel des 13. Jahrhunderts reichen, ob sie wohl aus spätern Zeiten einen Schaz von vielerley guten Sachen enthalten. Fröschlin (von welchem weiter unten mehr,) schreibt daher in der Vorrede zu seiner handschriftlichen Limp. Chronik: daß er in einer Verzeichnus gelesen, daß der Herrn zu Limpurg Monumenta im Feuer auf einem alten Schloß verdorben, wann aber und was Orten? werde nicht gemeldet.

Daher rührt vornemlich die Dunkelheit, worin die älteste Geschichte des Geschlechts der Reichsschenken von Limpurg verhüllt ist. Nur eine noch vorhandene alte Geschlechtsbeschreibung, von 11. mit kleiner Schrift beschriebenen pergamentnen Folio-Blättern, betitelt: Alt Herkommen des Stammens Lympurg, hilft hier etwas aus der Noth. Sie ist deutsch und lateinisch verfaßt; wann das leztere geschehen, lehrt der Schluß: Descripta hæc singula sunt, latinitatique donata anno Millesimo quingentesimo et quadragesimo, decimo calendas Octobris. Der deutsche Text scheint geraume Zeit vorher verfaßt zu seyn. Die Beschreibung geht nur bis zum Tode Schenk Georgs, der 1475. starb. Was sie von Schenk Walthers Voreltern enthält, ohne Zweifel aus einer ältern Schrift, weil es am Rand heißt: in antiqua carta, ex qua hæc transposita, ist in der Abhandlung über die älteste Stammreihe schon benüzt worden. Sie enthält aber auch Auszüge, mit alten Rythmen, aus Chroniken, die zu Wirzburg und zu Frankfurt in Sant Bartholmes Kyrchenn befindlich gewesen seyn sollen, in Bezug auf K. Conrad II. der in der Beschreibung dem Geschlecht der Schenken von Limpurg zugesprochen wird.

Die ältesten Urkunden der Stadt Hall sind bekanntlich schon 1376. in einem großen Brand verunglückt. Fröschlin schreibt: in dieser Brunst seyn denen von Hall alle ihre alte Brieff, Monumenta und Antiquitäten verbrunnen, also daß man von dem Ursprung dieser Stadt und andern Denkwürdigkeiten keine Nachrichten gehaben mag. Das hat ohne Zweifel auch der Limp. Geschichte ältester Zeiten Schaden gebracht.

Die

Die Hohenlohischen Archive sind vor andern reich an alten schäzbaren Urkunden, und man ist gewiß den Herren Hanßelmann und Wibel für die öffentliche Bekanntmachung vieler derselben Dank schuldig, woraus der Limpurgischen Geschlechts- und Landes-Geschichte mehrere Erläuterungen zu wachsen. Doch führen uns alle diese Strahlen zusammengenommen, nicht tief in graue Zeiten zurück.

Wären nur die Nachrichten von den alten Kochergau-Grafen, mit welchen die Schenken von Limpurg aller Vermuthung nach Eines Stamms waren, nicht so äusserst rar! Sollten sie auch im Kloster Murrhard, zur Zeit des großen Bauern-Aufruhrs, vernichtet worden seyn? Möglich ist so etwas, da ohnehin die Verlassenschaft des lezten Kochergaugrafen zu Westheim dem Kloster soll zugefallen seyn. Aber da man überall so wenig von diesen alten Dynasten zu Westheim findet, so wird man vielleicht vermuthen dürfen, daß sie schon früher erloschen seyn mögen, als im Jahr 1378. wiewohl der Hallische Chronickschreiber Wiedmann es bestimmt also angibt.

So viel von Urkunden zur Limpurgischen Geschichte, und deren Mangel insonderheit in den frühen Jahrhunderten. Die Kanzley- Amts- und Pfarr- Registraturen enthalten auch mancherley, das einen geduldigen Nachforscher vergnügen kann. Nur sind die Sachen meistentheils von keinem ausgebreiteten Nuzen. Die öffentlichen Kirchen-Register sind zum Theil im dreyßigjährigen Kriege verlohren gegangen. Doch sind hie und da noch alte vorhanden, woraus sich schließen läßt, daß bald

Dd 5 nach

nach dem Religions-Frieden dergleichen angeordnet worden. In Geifertshofen fangen sie mit dem Jahr 1559. an, in Obersontheim 1585. in Sulzbach am Kocher 1588. andre noch später. Eine Gaildorfische Kirchen-Chronik, die allerley brauchbare Nachrichten enthält, ist von Sup. Albrecht 1631. angefangen, aber nicht ununterbrochen fortgesezt worden. Sie hat große Lücken; das lezte darinn sind die Bemerkungen Sup. Majers, die von 1719. bis 1735. reichen.

Stein- und Grabschriften trift man nicht wenige an, und zwar vornemlich zu Komburg, wo das alte limpurgische Erbbegräbnis war, in den Kirchen zu Gaildorf, Obersontheim, Markt-Einersheim, und der Schlösser Schmiedelfeld und Gröningen, wo die neuern Begräbnisse sind, auch zu Bamberg und Wirzburg, wo viele Schenken der ältern Zeit geistliche Pfründen besaßen, und begraben liegen.

Zu dieser Klasse kann man auch die mancherley Gratulations- und Trauergedichte, Gedächtnispredigten u. d. g. zählen. Sie enthalten zuweilen mit unter gute Materialien; und wo man in Ansehung derselben leer ausgehet, möchte man doch die Angaben der Zeitbestimmungen für einzelne Fälle bemerkbar finden.

Oeffentliche Staatsschriften haben sonderlich die Strittigkeiten in Ansehung der Reichs-Lehen und der Succession veranlaßt. Man kann sie nicht übergehen, wenn man sich eine ausführlichere Kenntnis der verschiednen gegenseitigen Ansprüche verschaffen will. Es sind hin und wieder in diesem Werk-

Werkchen schon verschiedne solcher Schriften angeführt worden. Die neueste ist: Rechtliche Ausführung des dem Herrn Grafen Philipp Friedrich Carl von Pückler und Limpurg auf die Limpurgische Allodial- und Lehens-Verlassenschaft seiner verstorbenen Tochter, Gräfin Caroline Sophie Louise von Pückler und Limpurg zuständigen Erbrechts. Von D. C. C. Hofacker, ord. Rechtslehrer zu Tübingen. Tüb. 1789. Fol.

Ein Limpurgischer Secretarius **Christoph Fröschlin** (oder Fröschel) ist der erste, der ein Limpurgisches Geschichtsbuch verfaßt hat, welches aber nie gedruckt worden. Es hat den Titel: Das uralte Herkommen Stammen und Geschlecht der Herren zu Limpurg, des h. R. R. Erbschenken und Semperfreyen. Der Verf. überreichte es seinem Herrn, Schenk Friedrich zu Obersontheim 1593. zum neuen Jahr. Nachher ist es noch etwas fortgesezt worden. Das Ganze ist in 5. Bücher abgetheilt. Das erste fängt mit dem Jahr Christi 372. an, und erzählt viele alte Traditionen, unter andern, die von der Verwandtschaft des Hauses mit Carl dem Großen im 14. Grad, und mit K. Conrad II. Es sind auch demselben am Ende ebendieselben Extracte einverleibet, die wir oben bey dem alten Pergament bemerkt haben. Das zweyte und die folgenden Bücher sind fast durchgehends aus den vorhandnen Diplomen geschöpft, und sehr achtungswürdig.

Alle Genealogisten der reichsständischen Häuser haben Fröschlins Angaben hie und da mit Aenderungen, wiederholt; aber wie er, insgemein Herzoge von Limpurg in den Niederlanden, und Herren
von

von Limpurg an der Lahn, mit den Schenken als Verwandte aufgeführt. Spener bemerkt im Opere heraldico, daß Henninges unsern Schenken das Wappen der Limpurge an der Lahn beylege. Vor andern hat Pastorius in Franconia rediviva eine sehr unrichtige Geschlechtsbeschreibung geliefert; desgleichen Rauchpar in Oettingischer Geschlechtsbeschreibung. Herr v. Ludewig in Erl. güld. Bulle, überläßt sich gar zu sehr seinen Muthmasungen. Biedermann in Gen. Tab. der hohen fränk. Grasenhäuser, ist sehr brauchbar, aber der Anfang seiner Limp. Geschlechts-Tabelle schwebt auch in der Luft. Hübner hat weißlich über Johannes, Schenk Walthers Vater, nicht hinausgehen mögen. Nähere Beurtheilungen einzelner Angaben Limp. Ahnen enthält die Abhandlung über die älteste Geschlechtsreihe. De ortu Fam. Lymp. hat insonderheit D. u. Prof. Harpprecht in Oratione funebri super obitu Dn. Eberhardi, Dn. in Lympurg, Tub. 1622. gehandelt, bringt uns aber nicht weiter, als andre.

Zur Kirchengeschichte hat man im Druck die Limp. Speckfeldische Kirchenordnung, und einige andre Verordnungen. Sup. Weinheimer in Gaildorf, ließ 1653. eine Predigt: Gottes geistlicher Fuhrwagen drucken, welcher ein Verzeichnis aller zu den Herrschaften Gaildorf und Schmiedelfeld gehörigen Kirchendiener, von der Reformation bis auf seine Zeiten, angehängt ist. Hofprediger Ge. Sal. Ziegler in Mark-Einersheim gab 1730. einen Limp. Jubelhall in Versen heraus, welche durch angehängte Anmerkungen erläutert sind, aber alles ist sehr kurz. M. Joh. Volpert Eber, Oberpf. in Sommerhausen hieng seiner Einweihungspredigt der
Sommerh.

Sommerh. Kirche, eine kurze Geschichte derselben an, die 1740. gedruckt wurde. Man kann etwa noch eine und andre Predigt hieher rechnen, die aber alle zusammen nicht viele Aufklärung in diesem Fache geben.

Was zur politischen Regenten- und Landesgeschichte gehört, ist sehr mühsam zusammen zu suchen. Fröschlin hat weder im Manuscript, noch im Druck einen Fortsezer gefunden, und hat sich selbst über seine Dokumente hinaus nicht viel verbreitet. Man hat daher, ausser den einheimischen Quellen in Registraturen, die aber eben so zerstreut sind, als dem Gebrauch nach eingeschränkt seyn müssen, nichts übrig, als vielerley, sonderlich von Schriftstellern über Geschichte benachbarter Lande, zu lesen, und etwa hie und da etwas auszuzeichnen, das Limpurg angeht. Dahin gehören vornemlich:

M. Johann Herolds Hällische Chronick. Er lebte in der ersten Hälfte des 16. Jahrh. und hat vieles von Hallischen und benachbarten Sachen aufgezeichnet zum Theil als Augenzeuge, wenigstens Zeitgenosse.

Ge. Widmann (Wiedemann) Komburgischer Syndicus hat um ebendiese Zeit gelebt, und eine schäzbare Chronik hinterlassen, welche auch viele Nachrichten vom Stift Komburg und Kloster Murrhard enthält. Er war ein verständiger und erfahrner Mann.

Andre Hallische Chroniken, die bis in die neueren Zeiten reichen, sind dabey nicht zu umgehen, wenn man sich eine weitläuftigere Kenntnis erwerben will.

Crusius

Crusius Schwäb. Annalen. Er hat diesem Zeitbuch vieles aus Herold und Widmann einverleibt, und aus vielen andern guten Quellen. Nur ist seine Ordnung nicht die beste, und die Sachen liegen oft bunt über einander.

Georgii (Dechants in Uffenheim) Uffenheimische Nebenstunden, in 13. Stücken, die 1740 — 1754. herauskamen, enthalten Chronik=Auszüge, aber auch gute diplomatische Sachen aus der ältern Zeit.

Hanßelmanns (Hofraths in Oehringen) diplomatische Werke und von der Römer Macht in Ostfranken.

Wiebels (Hofpredigers in Langenburg) hohenlohische Kirchen= und Reformations=Historie in 4. Bänden. Die öftern Anführungen dieser Quelle in der Geschichte und Beschreibung Limpurgs, zeugen, wie oft und nüzlich für diese aus jener geschöpft werden kann.

Auch Sattlers (Regierungsraths und Archivars in Stuttgard) historische und geographische Werke gaben manche nüzliche Belehrung an die Hand.

Nun muß man immer, so viel möglich, die Einheimischen und auswärtigen Quellen miteinander vergleichen, und untersuchen, auf welchem Wege sich zuweilen manche Umstände genauer erörtern lassen, und zu künftigen Untersuchungen vorbereitet wird.

Zu

Zu der Beschreibung des Landes, nach der heutigen Abtheilung, konnte freylich keine in den vorhandnen Erdbeschreibungen, kleinen und grosen, vorkommende Notiz viel beytragen. Hier war unumgänglich Selbstbereisen, Selbstsehen und eigenes Nachforschen nöthig. Zur documentarischen Angabe der speziellen Umstände, die einzelnen Orte betreffend, dienten Auszüge und Belehrungen aus alten Kauf- und Tausch-Documenten und Lagerbüchern. Die detaillirten Bevölkerungs-Summen sind theils aus öffentlichen Listen, wo sie eingeführt sind, theils erst in dem verwichnen Sommer 1789. durch genaue Nachfragen einzeln eingeholt worden. Die Kirchenbücher gaben auch bey einigen Orten eine Vergleichung mit der ältern Bevölkerung vor und nach dem dreysigjährigen Krieg an die Hand.

Ich will diese Anzeige mit einem mir mitgetheilten Fragment einer Beschreibung des Kocherthals aus Ladislaus Suntheims Chronick im Manuscript, beschließen. Man siehet beyläufig daraus, wie man zu Ende des 15. Jahrhundert Länder beschrieb.

Item das kochenutal ist ain guts lnndel hat visch vogel willpredt vil ochssenn zu dem Ackherpaw vil viech gut koren haber vnnd obs Wund da der koch enntspringt da wechst Inn sünff meylen kain wein der weinwachs vacht allerst an pey Gaillendorff ain stättl vnnd slos — — vnnd ist sawrer slechter wein kochenweinn genannt — — Item Gaylendorff ain stättl vnnd Gslos schenk Albrecht von Iympurg Gesäß Schwebisch Hall ain Reichstatt hat ain aigne mauer („Landwehr‚‚) die get nit waitter wann souerr Ir gepiett ist oder werdt vnnd vill
adels

adels sitzt zu Hall in der Stat da ain kostliche salzpfannen vund das saltz seltz gar wol vnd ist gar klein vnnd ways furt man Jn Franncken vnnd in den Reinstrom — — Konburg etwann ain munch closter vnnd Itzunt weltich korherrn haben die Herrn von Lympurg gestifft („nein! die Grafen von Rotenburg, aber die Schenken haben es begaben und fördern helfen,") vnnd zuvodrist Conrad Rcᵗ kayᵗ Hertzog Jnn franncken ist di sag der sey ain Her von lympurg gewesenn („die Tradition war also damals allbekannt,") lympurg ain flos vnnd margkht dovon die schennckhen von lympurg Jrn namen haben — — — Grieningen ain Slos schennckh Albrecht von Limpurg krainichsperg („jetzt Cransperg,") ain purgstall auch sein desgleichen puchhorn ain purgstal ꝛc.

Es ist dies ohne Zweifel eine der ältesten noch vorhandnen Beschreibungen des Kocherthals; Sebastian Münsters ist ihr ähnlich; aber sichtbar nachgeformter Auszug.

www.ingramcontent.com/pod-product-compliance
Lightning Source LLC
Chambersburg PA
CBHW022147300426
44115CB00006B/386